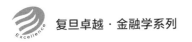 复旦卓越·金融学系列

风险理论与精算建模

段白鸽　主编

Risk Theory and Actuarial Modeling

复旦大學 出版社

内容简介

本书着眼于"纯粹风险"的精算建模，基于"状态-时间"分析工具，运用统计模型与方法，研究保险领域的核心问题。全书内容共分七章。第一章为导论，通过分享大师思想，理解风险与保险的关系、保险的本质与保险体系的风险分担功能，领悟"状态-时间"分析工具及其在精算建模中的核心作用。第二、三章关注非寿险领域的纯粹风险状态，介绍短期保险合约（合同）建模的结构模型，以及模型应用与R软件实现。第四、五、六章关注寿险领域的人类死亡风险状态和动态（时间）演变规律，介绍长期风险建模的结构模型。这三章内容包括：生存模型、寿命分布估计、人类死亡率数据库的动态生命表编制方法，以及模型应用与R软件实现。第七章基于随机过程的视角，关注保险领域的状态转移模型，介绍马尔科夫链（Markov链）与经验费率系统，以及模型应用与R软件实现。

本书适用于高校保险学、精算学及相关专业高年级本科生和研究生教学，使学生学会运用这些风险理论与精算建模方法分析保险领域的实际问题，为从事保险与金融、精算与风险管理、统计与大数据等领域的相关工作提供精算建模技术，提升实践操作能力。

目　录

☑ 第一章　导论 …………………………………………………………… 001
　　第一节　风险与保险 ……………………………………………… 001
　　第二节　状态-时间分析工具 …………………………………… 003
　　第三节　本书的结构与特色 ……………………………………… 005
　　本章专业术语 ……………………………………………………… 007

☑ 第二章　损失分布与风险分担设计 …………………………………… 009
　　第一节　分布函数与矩母函数 …………………………………… 009
　　第二节　常见的损失次数和损失金额的分布 …………………… 010
　　第三节　厚尾分布和轻尾分布 …………………………………… 015
　　第四节　风险分担设计及其理赔额分布 ………………………… 017
　　第五节　损失分布和理赔额分布的参数估计及模型检验与选择 … 030
　　第六节　本章R软件操作与实现 ………………………………… 039
　　本章习题与扩展思考题 …………………………………………… 050
　　本章专业术语 ……………………………………………………… 075

☑ 第三章　风险模型 ……………………………………………………… 077
　　第一节　短期保险合同模型 ……………………………………… 077
　　第二节　集体风险模型 …………………………………………… 079
　　第三节　个体风险模型 …………………………………………… 099
　　第四节　模型参数的可变性 ……………………………………… 101
　　第五节　本章R软件操作与实现 ………………………………… 114
　　本章习题与扩展思考题 …………………………………………… 127
　　本章专业术语 ……………………………………………………… 151

第四章 生存模型 153
- 第一节 0岁新生儿的死亡时间随机变量的分布 153
- 第二节 连续型生存分布 157
- 第三节 x 岁的人的剩余死亡时间随机变量的分布 160
- 第四节 生命表方法 169
- 第五节 本章 R 软件操作与实现 174
- 本章习题与扩展思考题 177
- 本章专业术语 193
- 附表Ⅰ 中国人身保险业经验生命表(1990—1993) 195
- 附表Ⅱ 中国人身保险业经验生命表(2000—2003) 198
- 附表Ⅲ 中国人身保险业经验生命表(2010—2013) 202
- 附表Ⅳ 中国人身保险业经验生命表(2023) 205

第五章 寿命分布估计 213
- 第一节 完全数据和不完全数据 213
- 第二节 完全数据下的经验分布函数估计 215
- 第三节 不完全数据下的经验分布函数估计 226
- 第四节 本章 R 软件操作与实现 239
- 本章习题与扩展思考题 242
- 本章专业术语 254

第六章 人类死亡率数据库的动态生命表编制方法 256
- 第一节 HMD 中人口估计的一般原则 256
- 第二节 全年龄死亡人口估计方法 258
- 第三节 整个生命周期人口估计方法 266
- 第四节 动态死亡率 274
- 第五节 动态生命表 278
- 本章习题与扩展思考题 285
- 本章专业术语 286

第七章 Markov 链与经验费率系统 288
- 第一节 Markov 过程 288
- 第二节 转移概率与 Chapman-Kolmogorov 方程 289
- 第三节 Markov 链的时间相依性 291
- 第四节 Markov 链示例 292

第五节　Markov 链的长期概率分布 ·· 299
第六节　应用 Markov 链建模 ·· 302
第七节　本章 R 软件操作与实现 ·· 303
本章习题与扩展思考题 ·· 308
本章专业术语 ·· 316

参考文献 ·· 318

第一章

导　论

📝 本章学习目标

1. 理解风险与保险的关系、保险的本质与保险体系的风险分担功能。
2. 领悟"状态-时间"分析工具及其在短期和长期保险合约的精算建模中的区别与联系。
3. 熟悉本书的核心思想和内容结构。

第一节　风险与保险

我们生活在一个充满风险和不确定性的时代。世界上有太多的风险没有相应的市场(包括保险市场)来化解。伟大的经济学家肯尼斯·阿罗(Kenneth J. Arrow)[①]告诉我们,世界上的很多问题不是由市场造成的,而是由"市场的缺失"造成的;其解决之道在于寻找并创造出"缺失的市场"(Missing Market)。这意味着,我们需要深入研究和理解各类风险的本质,并努力去创造一个又一个化解风险的"缺失的市场",使市场变得更加完全。

就应对风险的保险市场而言,有些风险似乎超出了"可保性"(Insurability)的范畴,如考研失败的风险、创业失败的风险、网络风险(Cyber Risk)等等。当前以人工智能、大数据为代表的新一轮科技革命也悄然兴起了"类保险"的新模式。众筹(Crowd-funding)是保险吗,点对点保险(Peer-to-Peer Insurance,也称 P2P 保险)、专属保险(Captive Insurance,也称自保)与传统保险有哪些异同。这些问题都可以归属于"什么是保险"这一看似简单的保险边界(Borders of Insurance)问题,但却已成为目前全球金融领域最重要的问题之一(Hufeld 等,2017),也关乎中国保险的未来。因此,前瞻性地思考这些问题,有助于理解保险的宏观经济角色及其保险体系的功能定位,把握保险创新(Insurance Innovation)的方向,更好地促进中国经济高质量发展(High-quality Development)。

---

① 美国经济学家 1972 年诺贝尔经济学奖得主。

从保险的本质来看,传统保险至少具备以下四个特征。

(1) 保险利益(Insurable Interest)。《中华人民共和国保险法》[①]自2009年修订以来,明确规定:"人身保险的投保人在保险合同订立时,对被保险人应当具有保险利益。财产保险的被保险人在保险事故发生时,对保险标的应当具有保险利益。""保险利益是指投保人或者被保险人对保险标的具有的法律上承认的利益。"由此可见,是否具有保险利益是保险合约(Insurance Contracts)区别于其他金融合约(Financial Contracts)的首要条件。例如,信用违约互换(Credit Default Swap,CDS)[②]是一种金融合约,而非保险合约。

(2) 纯粹风险(Pure Risks)。纯粹风险是指可能造成损失,而不会产生收益的风险。它区别于收益风险(Return-risks)和投机风险(Speculative Risk)。收益风险是指可能产生收益,而不会造成损失的风险,只是收益的大小具有不确定性,如受教育的风险。投机风险是指既可能产生收益,也可能造成损失的风险,如股票投资的风险。在保险实务中,分红保险(Participating Insurance)可以视为一种纯粹风险和收益风险组合的保险创新,投资连结保险(Investment-linked Insurance)、万能保险(Universal Insurance)、变额年金(Variable Annuity)可以视为一种纯粹风险和投机风险组合的保险创新。更确切地说,保险公司承保的纯粹风险是可以利用大数法则(Law of Large Numbers)进行分散的风险[③]。而大数法则是世界上为数不多的"免费午餐",应用大数法则这一数理基础的保险体系可以实现被保险人之间的风险分担(Risk Sharing),是一种天然的"帕累托有效"(Pareto Efficiency)的制度安排。

(3) 损失驱动(Damage-driven)。保险损失的发生是由相对外生的、客观的损害驱动,如洪水、火灾等,而非内生的事件驱动(Event-driven);事件驱动往往与价值波动的内生风险相关联,更多的涉及到人们的激励和行为。因此,保险公司承保的纯粹风险通常外生于经济体,不是内生的系统性风险(Systemic Risk),也往往与经济周期(Business Cycle)和金融周期(Financial Cycle)无关。

(4) 金融属性(Financial Attribute)。保险合约高度依赖于状态(State-contingent),故保险合约属于股类(Equity-like)合约,而非债类(Debt-like)合约。当购买寿险的被保险人出险时,保险公司向其受益人给付保险金额。类似地,投资者在股价上涨时赚钱,在股价下跌时赔钱。而无论未来状态如何,借款人都需要偿还银行贷款;债券发行人都需要每期支付投资者息票,且到期支付票面值(或赎回值)。因此,保险合约是一种股类的金融合约,具有天然的风险分担功能,是现代金融体系的重要组成部分。

风险与保险是人类社会永恒的话题。纵观历史,人类社会主要还是通过集中管理风险来减少不确定性(Uncertainty)。全球气候变暖、极端天气频发、海平面上升,人类面临巨大的生存压力;机器人和人工智能的兴起,新科技革命和产业变革的浪潮奔涌而至,人类还面临着前所未有的被机器人替代的收入风险(Income Risk)、失业风险(Unemployment

---

① 《中华人民共和国保险法》自1995年订立以来,经历2002年、2014年、2015年三次修正,以及2009年一次修订。
② CDS是国外债券市场中一种常见的信用衍生品,实质上是与抵押贷款支持证券(Mortgage-backed Security,MBS)的违约风险状态挂钩的衍生品。它满足传统保险的第四个特征,但并不满足前三个特征。
③ 它是一种非系统性风险(Non-systemic Risk),也称特定风险、可分散风险。

Risk);全球化遭遇逆流、经济增速减缓、不时出现的金融危机(Financial Crisis)、房价波动、债务高企、收入差距问题等,人类面临的各类风险和全球性挑战日益突出。这些超出个人、家庭、企业等微观主体控制范围的行业、地区,甚至国家层面的更大范围内的宏观风险(Macro Risks)也需要集中管理的方法来解决。

因此,我们要科学地构建客观的、不依赖于个体行为的、与宏观风险状态挂钩的"指数",设计新的金融合约(保险合约),充分利用金融创新(保险创新)的利器,创造更多有价值的宏观市场(Macro Markets),在更大的社会范围内化解各类"宏观风险"。这就是著名的经济学家罗伯特·希勒(Robert J. Shiller)在20世纪90年代所畅想的宏观市场愿景[①],而今也已经付诸实践。例如,天气指数保险(Index-based Weather Insurance)、天气衍生品(Weather Derivative)、收入指数保险(Indexed Income Insurance)、巨灾指数保险(Catastrophe Index Insurance)等。这些指数保险(Index-based Insurance)的优势在于,以客观的"气象指数"或者相对个体行为足够外生的"行业中位收入指数"作为保险赔偿标准,不依赖于投保方的个体行为(保险赔偿金额与个体实际损失没有直接联系),既实现了高效的保险理赔,又缓解了不完美信息(Imperfect Information)和不完全合约(Incomplete Contract)导致的保险供给不足问题,还有利于激励投保人开展防灾减损工作。这意味着,我们通过管理宏观风险,可以达到对减轻微观风险的良性循环,释放保险体系的风险分担潜能,实现更大的"帕累托改进"(Pareto Improvements)。

综上所述,风险是经济发展和人类社会前进的重要约束,而保险可以实现"帕累托改进",完善的保险体系可以为经济和社会发展保驾护航[②]。国家层面的社会保险是对劳动者人身风险分担的基本制度安排,而商业保险则是对人身、财产及其有关利益的更大范围、更高层次的风险分担的市场化机制,是金融市场上纯粹风险分担的最大的市场。

保险体系的风险分担功能归根到底是由不同的保险合约实施的,其实施效果决定了保险市场的完全程度和发展水平。保险市场不完全本质上就是保险合约可以张成的空间与真实世界的纯粹风险状态空间并不满秩(Full Rank)。为了应对保险市场不完全,首先要识别出哪种纯粹风险状态对应的保险市场是缺失的,然后再引入应对这种纯粹风险状态的保险合约,广义上称之为阿罗证券(Arrow Security),以使保险市场变得更加完全。

第二节 状态-时间分析工具

引入保险合约,首先需要解决的是合约如何定价这一基本问题。如前所述,保险合约是状态依存(State-contingent)的合约。与商品市场交易的商品不同,合约具有跨期性,是

[①] Shiller, R. J. Macro Markets: Creating Institutions for Managing Society's Largest Economic Risks[M]. New York: Oxford University Press, 1993; Shiller, R. J. The New Financial Order: Risk in the 21st Century[M]. New Jersey: Princeton University Press, 2004.

[②] 联合国贸易与发展会议(UNCTAD)早在1964年就已经宣布"一个健全的国家的保险市场和再保险市场是经济增长的基本特征"。

一种跨期的承诺(Promise)。因此,在合约定价(如厘定净保费等)时,除了状态空间(State Space)之外,时间空间(Time Space)也至关重要。也就是说,合约定价的一般公式可以表示为

$$premium = f(promise) = f[g(state, time)] \tag{1.2.1}$$

其中,$premium$ 表示合约价格,$state$ 表示状态,$time$ 表示时间,$promise$ 表示依赖于状态和时间的或有承诺(Contingent Promise),可以视为随机变量。$f(\cdot)$、$f[g(\cdot)]$是一般的函数和复合函数[①]。

特别地,针对保险合约,根据保险期限不同,可以分为短期保险合约(Short-term Insurance Contracts)和长期保险合约(Long-term Insurance Contracts)两种类型。其中,前者是指保险期限小于等于1年,如1天、1个月、半年、1年等。常见的家庭财产保险、企业财产保险、机动车辆保险、货物运输保险、责任保险、工程保险、信用保证保险、农业保险、短期健康保险、短期意外伤害保险大多是1年期的短期非寿险(Non-life Insurance)合约,到期可以续保。而后者则是指保险期限大于1年,如10年、20年、30年甚至终身等。常见的定期寿险、终身寿险、两全保险、年金保险、长期健康保险都是长期合约。

就保险合约定价而言,通常短期保险合约在定价时不需要考虑货币的时间价值(Time Value of Money,TVM),而长期保险合约在定价时则需要考虑 TVM。因此,在净保费原则(Net Premium Principle)下,短期保险合约的净保费(Net Premium)可以进一步表示为

$$net\ premium = \underbrace{claim\ amout}_{\substack{c_t \\ promise}} \times \underbrace{probability}_{\substack{P(claim\ amout) \\ state}} \tag{1.2.2}$$

其中,$net\ premium$ 表示净保费,c_t 和 $P(claim\ amout)$ 表示理赔金额随机变量及其相应的概率。

长期寿险合约的趸缴净保费(Single Benefit Premium,SBP),也称精算现值(Actuarial Present Value,APV)可以进一步表示为

$$\begin{aligned} &APV(Actuarial\ present\ value\ of\ benefit\ at\ time\ t) \\ &= \underbrace{benefit}_{\substack{b_t \\ promise}} \times \underbrace{probability}_{\substack{P(benefit) \\ state}} \times \underbrace{discount\ to\ t=0}_{\substack{v^t \\ time}} \end{aligned} \tag{1.2.3}$$

其中,APV 表示签订保险合约时刻($t=0$)的或有给付(Contingent Payment)精算现值,b_t 和 $P(benefit)$ 表示给付时刻 t 的给付金额(随机变量)及其相应的概率,v^t 表示从给付时刻 t 贴现到时刻 0 的贴现因子,且 $v=1/(1+i)$,i 表示利率。

可以看出,在净保费原则下,净保费等于承诺的现值随机变量的期望,从而它们本身就蕴含着"我为人人、人人为我"的跨期风险分担思想。

需要指出,在时间维度上,提出"耐心水平决定均衡利率"的奠基者是美国第一位数

[①] 这里,函数的解析表达式(或解析解)不一定存在,可以只有数值解。

理经济学家欧文·费雪(Irving Fisher),其代表作《利息理论》(*Theory of Interest*)是经济学领域不可忽视的经典名著。从某种意义上讲,精算学(Actuarial Science)①也可以视为肯尼斯·阿罗涉足的状态空间、欧文·费雪涉足的时间空间在保险领域的应用。

综上所述,在保险实务中,针对人身风险,由于人寿保险的保险标的是人的寿命,关注的是一定年龄区间乃至一生的生、死两种风险状态,状态种类天然少、但时间区间天然长。因此,在精算建模中需要同时考虑状态和时间,编制经验生命表。目前中国保险市场已积累了四套经验生命表,分别是:中国人身保险业经验生命表(CL1990—1993)、中国人身保险业经验生命表(CL2000—2003)、中国人身保险业经验生命表(CL2010—2013)、中国人身保险业经验生命表(CL2023)。而健康保险、人身意外伤害保险的保险标的是人的身体,关注的是短则一年以内、长则一生的各种健康风险状态,而由于疾病种类天然繁多,与基因、年龄、性别、职业、环境等因素相关,从而分病种风险建模需要颗粒度更细致的微观数据,才能更好地实现从短期合约到长期合约的转变。目前中国保险市场已积累了中国人身保险业重大疾病经验发生率表(2006—2010)、中国人身保险业重大疾病经验发生率表(2020),以及中国保险业意外伤害经验发生率表(2021)。

针对财产风险,由于财产保险的保险标的是财产及其相关利益,险种种类天然繁多,各类纯粹风险发生率差异大。因此,采用精算建模方法逐步开展中国财产保险业各类纯粹风险发生率表的研究工作,对财产保险行业稳健经营,搭建涵盖各类产品形态的、基本健全完善的精算制度体系都至关重要②。

第三节 本书的结构与特色

本书着眼于"纯粹风险"的精算建模,基于"状态-时间"分析工具,按照"价值、理论、方法、实践、前沿"五要素贯通融合的方法组织内容结构,遵循由简单到复杂的写作思路,在结构安排上做到逻辑清晰、循序渐进、由浅入深。

全书内容共分七章。第一章为导论,大师思想的分享与解读可以理解风险与保险的关系、保险的本质与保险体系的风险分担功能,领悟"状态-时间"分析工具及其在精算建模中的核心作用。

第二、三章关注非寿险领域的纯粹风险状态,介绍短期保险合约(合同)建模的结构模型(Construct Model)。这两章主要内容包括:保险合约的风险分担思想和设计原则;单张保单的损失和理赔的分布模型、风险分担设计、模型参数估计、模型检验与选择,以及模型应用与 R 软件实现;保单组合的损失和理赔的聚合风险模型(集体风险模型和个体风险模型)、风险分担设计,复合分布模型的三种度量方法(矩母函数法、正态近似法、随机模拟法),异质保单组合和同质保单组合建模;以及模型应用与 R 软件实现。

---

① 精算学起源于保险业,它的历史悠久,可以追溯到 18 世纪末期。
② 段白鸽,丁北晨,沈婕.中国的保险发展:重要特征性事实与解释[J].中央财经大学学报,2021,(7):25—41.

第四、五、六章关注寿险领域的人类死亡风险状态和动态(时间)演变规律,介绍长期风险建模的结构模型。这三章内容包括:生存模型、寿命分布估计、人类死亡率数据库(Human Mortality Database,HMD)的动态生命表编制方法。其中,第四章的生存模型的主要内容包括:生存分布的基本函数,死亡率建模的三种指标(死亡力、条件死亡概率、中心死亡率),平均预期(剩余)寿命的计算,生命表的分类、构造原理和编制方法,以及模型应用与R软件实现。

第五章的寿命分布估计的主要内容包括:完全数据(Complete Data)和不完全数据(Incomplete Data)的定义和分类,两种数据类型下经验生存函数的均值估计和方差估计,不完全数据下经验生存函数的Kaplan-Meier乘积极限估计和方差的Greenwood近似估计,累积危险率(累积死力)函数的Nelson-Aalen估计,Δ方法在生存函数和累积危险率函数的置信区间估计中的应用,以及模型应用与R软件实现。

第六章的HMD的动态生命表编制方法的主要内容包括:HMD中的人口估计的一般原则,全年龄死亡人口估计方法,整个生命周期人口估计方法,时期死亡率和队列死亡率的计算方法,完全生命表(时期生命表、队列生命表)的构造原理、假设条件和编制过程,从完全生命表提取简易生命表的方法。

第七章基于随机过程的视角,关注保险领域的状态转移模型,介绍Markov链与经验费率系统。主要内容包括:基于状态空间和时间空间的随机过程(Stochastic Process)的定义及其分类,离散时间Markov链的转移概率、转移图和结构属性(如时间齐次性、是否有限状态空间、是否可约、周期性、是否存在平稳概率分布等),平稳概率分布的存在性和唯一性,以及模型应用与R软件实现。

本书特色在于:第一,本书注重"价值塑造、知识传授、能力培养"的有机融合,每章都有学习目标、理论知识与重要知识点一览表、统计模型与方法、模型应用与软件实现、例题和思考题、习题和扩展思考题(含详细解答过程),希望学生学以致用、触类旁通,着力提升专业能力。第二,本书创新性地采用"状态-时间"分析框架,坚持科研反哺教学的理念,组织全书内容结构,注重保险学、精算学、统计学、人口学、经济学和计算机等多学科知识的交叉融合,培养学生"跳出保险看保险、跳出精算看精算",逐步形成独到的看问题、观察世界的直觉和观点,着力提升综合素养。第三,本书注重问题意识,以解决"保险市场不完全"问题为导向,为保险市场的"纯粹风险状态"的精算建模提供系统的分析方法,也为以保险的方法解决经济社会问题提供基础的分析工具,旨在释放保险体系的风险分担潜能,实现更大的帕累托改进。

本书适用于高校保险学、精算学及相关专业高年级本科生和研究生教学,使学生学会运用这些风险理论与精算建模方法分析保险领域的实际问题,为从事保险与金融、精算与风险管理、统计与大数据等领域的相关工作提供精算建模技术,提升实践操作能力。此外,本书也适合作为"纯粹风险"建模的工具书,适合作为准备国内外精算师资格考试、参加建模竞赛的学生,以及保险、精算等相关领域从业人员的参考用书。

本章专业术语

第一节 风险与保险		风险分担	Risk Sharing
保险市场	Insurance Market	损失驱动,也称损害驱动	Damage-driven
缺失的市场	Missing Market	事件驱动	Event-driven
可保性	Insurability	经济周期	Business Cycle
网络风险	Cyber Risk	金融周期	Financial Cycle
众筹	Crowd-funding	金融属性	Financial Attribute
点对点保险,也称P2P保险	Peer-to-Peer Insurance	状态依存	State-contingent
专属保险,也称自保	Captive Insurance	股类合约	Equity-like Contract
保险边界	Borders of Insurance	债类合约	Debt-like Contract
保险利益	Insurable Interest	不确定性	Uncertainty
保险合约,也称保险合同	Insurance Contract	收入风险	Income Risk
金融合约	Financial Contract	失业风险	Unemployment Risk
信用违约互换	Credit Default Swap, CDS	金融危机	Financial Crisis
抵押贷款支持证券	Mortgage-backed Security, MBS	宏观风险	Macro Risk
保险创新	Insurance Innovation	宏观市场	Macro Market
高质量发展	High-quality Development	指数保险	Index-based Insurance
纯粹风险	Pure Risk	天气指数保险	Index-based Weather Insurance
收益风险	Return-risk	天气衍生品	Weather Derivative
投机风险	Speculative Risk	收入指数保险	Indexed Income Insurance
分红保险	Participating Insurance	巨灾指数保险	Catastrophe Index Insurance
投资连结保险	Investment-linked Insurance	不对称信息	Asymmetric Information
万能保险	Universal Insurance	不完美信息	Imperfect Information
变额年金	Variable Annuity	不完全合约	Incomplete Contract
非系统性风险	Non-systemic Risk,也称特定风险(Specific Risk)、可分散风险(Diversifiable Risk)	不完全市场	Incomplete Market
系统性风险	Systemic Risk	帕累托最优	Pareto Optimality,也称帕累托效率(Pareto Efficiency)
大数法则	Law of Large Number	帕累托改进	Pareto Improvement

续表

满秩	Full Rank	净保费原则	Net Premium Principle
阿罗证券	Arrow Security	净保费	Net Premium
第二节 状态-时间分析工具		趸缴净保费	Single Benefit Premium, SBP
承诺	Promise	精算现值	Actuarial Present Value, APV
状态空间	State Space	利息理论	Theory of Interest
时间空间	Time Space	精算学	Actuarial Science
或有承诺	Contingent Promise	第三节 本书的结构与特色	
短期保险合约	Short-term Insurance Contract	结构模型	Construct Model
长期保险合约	Long-term Insurance Contract	人类死亡率数据库	Human Mortality Database, HMD
寿险	Life Insurance	完全数据	Complete Data
非寿险	Non-life Insurance	不完全数据	Incomplete Data
货币的时间价值	Time Value of Money, TVM	随机过程	Stochastic Process

第二章

损失分布与风险分担设计

本章学习目标

1. 理解分布函数与矩母函数之间的关系,熟悉矩母函数的性质,掌握运用矩母函数计算随机变量各阶原点矩和中心矩的方法,学会运用矩母函数计算随机变量的均值、方差等数字特征。

2. 熟悉掌握保险领域的常见的损失次数和损失金额(损失额)分布及其特征。

3. 理解厚尾分布和轻尾分布的概念,掌握不同分布的厚尾比较方法,熟悉常见分布的厚尾和轻尾特征。

4. 领悟风险分担设计的思想,掌握保险市场和再保险市场中好的风险分担设计应具备的标准;理解损失额分布与理赔额分布的区别与联系;学会结合具体保险问题,运用常见的损失额分布以及不同分担设计下理赔额分布进行相关计算和 R 实现。

5. 掌握有无风险分担下的常见分布(尤其是常用保险损失分布和理赔额分布)的分布参数的矩估计、极大似然估计和分位数估计方法;理解分布模型的比较与选择,学会运用 Q-Q 图来直观选择合适分布的方法,以及利用 χ^2 拟合优度检验进行分布拟合效果检验或分布选择的方法。

第一节 分布函数与矩母函数

一、分布函数与矩母函数的定义

随机变量 X 的分布函数为 $F(x)$,其矩母函数,亦称矩生成函数(Moment Generating Function,MGF)为

$$M_X(t) = E(e^{tX}) \tag{2.1.1}$$

其中,离散型随机变量 X 的矩母函数可以表示为

$$M_X(t) = E(e^{tX}) = \sum e^{tx} p(x) > 0 \tag{2.1.2}$$

连续型随机变量 X 的矩母函数可以表示为

$$M_X(t)=E(e^{tX})=\int_{-\infty}^{+\infty}e^{tx}f(x)\mathrm{d}x>0 \tag{2.1.3}$$

二、分布函数与矩母函数的性质

显然,X 的矩母函数在原点($t=0$)总是有定义的,且 $M_X(0)=1$。若 X 的矩母函数在原点的某邻域 $|t|<r(r>0)$ 内存在,则在此邻域内,$M_X(t)$ 具有如下四个性质。

性质 1:在 $|t|<r$ 内,X 的分布函数 $F(x)$ 由矩母函数 $M_X(t)$ 唯一确定。这意味着,如果两个分布函数 $F_1(x)$ 和 $F_2(x)$ 的矩母函数相同,那么 $F_1(x)\equiv F_2(x)$。

$$M_{X_1}(t)\equiv M_{X_2}(t)\Leftrightarrow F_{X_1}(x)\equiv F_{X_2}(x)$$

性质 2:X 的 k 阶原点矩 $E(X^k)=M_X^{(k)}(0)(k=1,2,\cdots)$,$k$ 阶中心矩 $E(X-E(X))^k=\ln M_X^{(k)}(0)(k=2,3)$。

进一步地,$M_X(t)$ 在 $t=0$ 处可以进行如下泰勒展开:

$$M_X(t)=\sum_{k=0}^{\infty}M_X^{(k)}(0)\frac{t^k}{k!}=\sum_{k=0}^{\infty}E(X^k)\frac{t^k}{k!},\ |t|<r, \tag{2.1.4}$$

即有

$$M_X(t)=1+tE(X)+\frac{t^2}{2}E(X^2)+\frac{t^3}{6}E(X^3)+\cdots \tag{2.1.5}$$

也就是说,$M_X(t)$ 可以写成关于 t 的多项式,且除了 $k!$ 之外的多项式的系数即为随机变量 X 的各阶原点矩。

性质 3:若 $X_1,X_2,\cdots,X_n$ 为相互独立的随机变量,则 $S=\sum_{i=1}^{n}X_i$ 的矩母函数为

$$M_S(t)=M_{X_1}(t)\times M_{X_2}(t)\times\cdots\times M_{X_n}(t) \tag{2.1.6}$$

性质 4:若 $Y=aX+b$,其中 a、b 为常数,则随机变量 Y 的矩母函数为

$$M_Y(t)=e^{bt}M_X(at) \tag{2.1.7}$$

由**性质 1** 可知,$M_{X_1}(t)=M_{X_2}(t)$ 在包含 $t=0$ 的区间成立 $\Leftrightarrow X_1$ 和 X_2 具有相同的概率分布。在具体问题中,当 $M_X^{(n)}(0)$ 不存在时,可以令 $t\rightarrow 0$,取极限。

由**性质 2** 可知,利用矩母函数可以直接计算随机变量的均值、方差等数字特征。

第二节 常见的损失次数和损失金额的分布

一、常见的离散型和连续型概率分布

表 2-1 给出了常见的离散型和连续型概率分布。

第二章 损失分布与风险分担设计

表 2-1 常见的离散型和连续型概率分布

分布	参数范围	$P(X=x), f(x)$	期望 $E(X)$	方差 $\text{var}(X)$	矩母函数 $M_X(t)$	分布表示
二项分布	$n\in \mathbf{N}^*$, $0<p<1$	$C_n^x p^x (1-p)^{n-x}$ $(x=0,1,\cdots,n)$	np	$np(1-p)$	$(1-p+pe^t)^n$	$X\sim B(n,p)$
泊松分布	$\lambda>0$	$\dfrac{e^{-\lambda}\lambda^x}{x!}$ $(x=0,1,\cdots)$	λ	λ	$e^{\lambda(e^t-1)}$	$X\sim \pi(\lambda)$
几何分布	$0<p<1$	$(1-p)^x p$ $(x=0,1,\cdots)$	$\dfrac{1-p}{p}$	$\dfrac{1-p}{p^2}$	$\dfrac{p}{1-(1-p)e^t}$	$X\sim G(p)$
均匀分布	$a<b$	$\dfrac{1}{b-a}(a<x<b)$	$\dfrac{a+b}{2}$	$\dfrac{(b-a)^2}{12}$	$\dfrac{e^{bt}-e^{at}}{(b-a)t}$	$X\sim U(a,b)$
正态分布	μ, $\sigma>0$	$\dfrac{1}{\sqrt{2\pi}\sigma}e^{-\frac{(x-\mu)^2}{2\sigma^2}}$ $(-\infty<x<\infty)$	μ	σ^2	$e^{\mu t+\frac{1}{2}\sigma^2 t^2}$	$X\sim N(\mu,\sigma^2)$
指数分布	$\lambda>0$	$\lambda e^{-\lambda x}$ $(x>0)$	$\dfrac{1}{\lambda}$	$\dfrac{1}{\lambda^2}$	$\dfrac{\lambda}{\lambda-t}$	$X\sim E(\lambda)$

表 2-2 和表 2-3 进一步给出了在保险实务、非寿险精算学、各国精算考试中常用的损失次数和损失金额分布。

表 2-2 常用的保险损失次数分布

分布	参数范围	分布律 概率 $P(X=x)$	期望 $E(X)$	方差 $\text{var}(X)$	矩母函数 $M_X(t)=\sum e^{tx}p(x)$	分布表示
均匀分布	$N\in \mathbf{N}^*$	$\dfrac{1}{N}$ $(x=1,2,\cdots,N)$	$\dfrac{N+1}{2}$	$\dfrac{N^2-1}{12}$	$\dfrac{e^t(e^{Nt}-1)}{N(e^t-1)}$	
二项分布	$n\in \mathbf{N}^*$, $0<p<1$	$C_n^x p^x (1-p)^{n-x}$ $(x=0,1,\cdots,n)$	np	$np(1-p)$	$(1-p+pe^t)^n$	$X\sim B(n,p)$
泊松分布	$\lambda>0$	$\dfrac{e^{-\lambda}\lambda^x}{x!}$ $(x=0,1,\cdots)$	λ	λ	$e^{\lambda(e^t-1)}$	$X\sim \pi(\lambda)$
几何分布	$0<p<1$	$(1-p)^x p$ $(x=0,1,\cdots)$	$\dfrac{1-p}{p}$	$\dfrac{1-p}{p^2}$	$\dfrac{p}{1-(1-p)e^t}$	$X\sim G(p)$ $=NB(r=1,p)$
		$(1-p)^{k-1}p$ $(k=1,2,\cdots)$	$\dfrac{1}{p}$	$\dfrac{1-p}{p^2}$	$\dfrac{pe^t}{1-(1-p)e^t}$	
负二项分布	$r>0$, $0<p<1$	$C_{r+x-1}^x p^r (1-p)^x$ $(x=0,1,\cdots)$	$\dfrac{r(1-p)}{p}$	$\dfrac{r(1-p)}{p^2}$	$\left(\dfrac{p}{1-(1-p)e^t}\right)^r$	$X\sim NB(r,p)$
		$C_{k-1}^{r-1} p^r (1-p)^{k-r}$ $(k=r,r+1,\cdots)$	$\dfrac{r}{p}$	$\dfrac{r(1-p)}{p^2}$	$\left(\dfrac{pe^t}{1-(1-p)e^t}\right)^r$	

表 2-3 常用的保险损失金额分布

分布	参数范围	概率密度 $f(x)$	随机变量取值范围	期望 $E(X)$	方差 $\mathrm{var}(X)$	矩母函数 $M_X(t)$或$F(x)$	分布表示
指数分布	$\lambda>0$	$\lambda e^{-\lambda x}$	$x>0$	$\dfrac{1}{\lambda}$	$\dfrac{1}{\lambda^2}$	$M_X(t)=\dfrac{\lambda}{\lambda-t}$	$X\sim E(\lambda)$ $=Gamma(\alpha=1,\lambda)$ $=Weibull(\tau=1)$
伽马分布	$\alpha>0$ $\lambda>0$	$\dfrac{\lambda^\alpha x^{\alpha-1}e^{-\lambda x}}{\Gamma(\alpha)}$	$x>0$	$\dfrac{\alpha}{\lambda}$	$\dfrac{\alpha}{\lambda^2}$	$M_X(t)=\left(\dfrac{\lambda}{\lambda-t}\right)^\alpha$	$X\sim Gamma(\alpha,\lambda)$
对数正态分布	μ $\sigma>0$	$\dfrac{1}{x\sqrt{2\pi}\sigma}e^{-\frac{(\ln x-\mu)^2}{2\sigma^2}}$	$x>0$	$e^{\mu+\frac{1}{2}\sigma^2}$	$(e^{\sigma^2}-1)e^{2\mu+\sigma^2}$		$\ln X\sim N(\mu,\sigma^2)$
帕累托分布	$\alpha>0$ $\lambda>0$	$\dfrac{\alpha\lambda^\alpha}{(x+\lambda)^{\alpha+1}}$	$x>0$	$\dfrac{\lambda}{\alpha-1}$	$\dfrac{\alpha\lambda^2}{(\alpha-2)(\alpha-1)^2}$	$F(x)=1-\left(\dfrac{\lambda}{x+\lambda}\right)^\alpha$	$X\sim Pareto(\alpha,\lambda)$
	$\alpha>0$ $\lambda>0$	$\dfrac{\alpha\lambda^\alpha}{x^{\alpha+1}}$	$x>\lambda$	$\dfrac{\alpha\lambda}{\alpha-1}$	$\dfrac{\alpha\lambda^2}{(\alpha-2)(\alpha-1)^2}$	$F(x)=1-\left(\dfrac{\lambda}{x}\right)^\alpha$	$X\sim Pareto_2(\alpha,\lambda)$
Burr分布	$\alpha>0$ $\lambda>0$ $\gamma>0$	$\dfrac{\alpha\lambda^\alpha\gamma x^{\gamma-1}}{(x^\gamma+\lambda)^{\alpha+1}}$	$x>0$			$F(x)=1-\left(\dfrac{\lambda}{x^\gamma+\lambda}\right)^\alpha$	$X\sim Burr(\alpha,\lambda,\gamma)$
三参数帕累托分布	$\alpha>0$ $k>0$ $\delta>0$	$\dfrac{\Gamma(\alpha+k)\delta^\alpha}{\Gamma(\alpha)\Gamma(k)}\cdot\dfrac{x^{k-1}}{(\delta+x)^{\alpha+k}}$	$x>0$				$X\sim Pareto(\alpha,k,\delta)$
韦伯分布	$c>0$ $\gamma>0$	$c\gamma x^{\gamma-1}e^{-cx^\gamma}$	$x>0$			$F(x)=1-e^{-cx^\gamma}$	$X\sim Weibull(c,\gamma)$
	$\tau>0$ $\theta>0$ $\begin{cases}\tau=\gamma\\ \theta=c^{-1/\tau}\end{cases}$	$\dfrac{\tau(x/\theta)^\tau e^{-(x/\theta)^\tau}}{x}$	$x>0$			$F(x)=1-e^{-(x/\theta)^\tau}$	$X\sim Weibull(\tau,\theta)$

二、常见分布中矩母函数及其推导

1. 二项分布 $X\sim B(n,p)$

利用二项式定理可得：$\sum_{x=0}^{n}C_n^x p^x(1-p)^{n-x}=(p+1-p)^n=1$

$$M_X(t)=E(e^{tX})=\sum_{x=0}^{n}e^{tx}C_n^x p^x(1-p)^{n-x}=\sum_{x=0}^{n}C_n^x(pe^t)^x(1-p)^{n-x}=(1-p+pe^t)^n$$

2. 泊松分布 $X\sim\pi(\lambda)$

$$\sum_{x=0}^{\infty}\dfrac{e^{-\lambda}\lambda^x}{x!}=1\Rightarrow\sum_{x=0}^{\infty}\dfrac{\lambda^x}{x!}=e^\lambda$$

$$M_X(t) = E(e^{tX}) = \sum_{x=0}^{\infty} e^{tx} \frac{e^{-\lambda} \lambda^x}{x!} = \sum_{x=0}^{\infty} \frac{e^{-\lambda}(\lambda e^t)^x}{x!} = e^{-\lambda} e^{\lambda e^t} = e^{\lambda(e^t-1)}$$

3. 几何分布 $X \sim G(p)$

$$M_X(t) = E(e^{tX}) = \sum_{x=0}^{\infty} e^{tx}(1-p)^x p = \sum_{x=0}^{\infty} [(1-p)e^t]^x p = \frac{p}{1-(1-p)e^t}$$

4. 负二项分布 $X \sim NB(r, p)$

(1) 形式一：

$$\sum_{x=0}^{\infty} C_{r+x-1}^x p^r (1-p)^x = 1 \Rightarrow \sum_{x=0}^{\infty} C_{r+x-1}^x (1-p)^x = p^{-r}$$

$$M_X(t) = E(e^{tX}) = \sum_{x=0}^{\infty} e^{tx} C_{r+x-1}^x p^r (1-p)^x = \sum_{x=0}^{\infty} C_{r+x-1}^x p^r [(1-p)e^t]^x$$

$$= p^r \sum_{x=0}^{\infty} C_{r+x-1}^x \{1 - [1-(1-p)e^t]\}^x$$

$$= \left(\frac{p}{1-(1-p)e^t}\right)^r$$

(2) 形式二：

① 方法一：

$$\sum_{k=r}^{\infty} C_{k-1}^{r-1} p^r (1-p)^{k-r} = 1 \Rightarrow \sum_{k=r}^{\infty} C_{k-1}^{r-1} (1-p)^{k-r} = p^{-r}$$

$$M_K(t) = E(e^{tK}) = \sum_{k=r}^{\infty} e^{tk} C_{k-1}^{r-1} p^r (1-p)^{k-r} = \sum_{k=r}^{\infty} C_{k-1}^{r-1} p^r (1-p)^{-r} [(1-p)e^t]^{k-r} [(1-p)e^t]^r$$

$$= p^r (1-p)^{-r} [(1-p)e^t]^r \sum_{k=0}^{\infty} C_{k-1}^{r-1} \{1 - [1-(1-p)e^t]\}^{k-r}$$

$$= p^r (1-p)^{-r} [(1-p)e^t]^r [1-(1-p)e^t]^{-r}$$

$$= \left(\frac{pe^t}{1-(1-p)e^t}\right)^r$$

② 方法二：

$$k = x + r \;(k = r, r+1, \cdots)$$

$$M_K(t) = E(e^{tK}) = E(e^{t(X+r)}) = e^{tr} E(e^{tX}) = \left(\frac{pe^t}{1-(1-p)e^t}\right)^r$$

5. 离散型均匀分布

$$M_X(t) = E(e^{tX}) = \sum_{x=1}^{N} e^{tx} \frac{1}{N} = \frac{e^t(e^{Nt}-1)}{N(e^t-1)}$$

6. 连续型均匀分布 $X \sim U(a, b)$

$$M_X(t) = E(e^{tX}) = \int_a^b e^{tx} \frac{1}{b-a} dx = \frac{e^{bt} - e^{at}}{(b-a)t}$$

7. 正态分布 $X \sim N(\mu, \sigma^2)$

$$M_X(t) = E(e^{tX}) = \int_{-\infty}^{+\infty} e^{tx} \frac{1}{\sqrt{2\pi}\sigma} e^{-\frac{(x-\mu)^2}{2\sigma^2}} dx$$

$$= \int_{-\infty}^{+\infty} \frac{1}{\sqrt{2\pi}\sigma} e^{-\frac{[x-(\mu+\sigma^2 t)]^2 - 2\mu\sigma^2 t - \sigma^4 t^2}{2\sigma^2}} dx$$

$$= e^{\mu t + \frac{1}{2}\sigma^2 t^2} \int_{-\infty}^{+\infty} \frac{1}{\sqrt{2\pi}\sigma} e^{-\frac{[x-(\mu+\sigma^2 t)]^2}{2\sigma^2}} dx$$

$$= e^{\mu t + \frac{1}{2}\sigma^2 t^2}$$

8. 对数正态分布 $Y = \ln X \sim N(\mu, \sigma^2)$

如表 2-3 所示，对数正态分布中矩母函数的解析表达式不存在。我们可以通过下面方法计算其随机变量 X 的期望和方差。

$$f(x) = \frac{1}{x\sqrt{2\pi}\sigma} e^{-\frac{(\ln x - \mu)^2}{2\sigma^2}}$$

$$X = e^Y$$

$$M_Y(t) = E(e^{tY}) = e^{\mu t + \frac{1}{2}\sigma^2 t^2} = E(X^t) = M_X^{(t)}(0)$$

也就是说，对数正态分布随机变量 X 的期望和方差可以利用正态分布随机变量 Y 的矩母函数来计算。

进而得到：

$$E(X) = e^{\mu + \frac{1}{2}\sigma^2}$$

$$E(X^2) = e^{2\mu + 2\sigma^2}$$

$$\text{var}(X) = E(X^2) - [E(X)]^2 = e^{2\mu + 2\sigma^2} - e^{2\mu + \sigma^2} = e^{2\mu + \sigma^2}(e^{\sigma^2} - 1)$$

$$E(Y) = \ln X \sim N(\mu, \sigma^2)$$

9. 指数分布 $X \sim E(\lambda)$

$$M_X(t) = E(e^{tX}) = \int_0^\infty e^{tx} \lambda e^{-\lambda x} dx$$

$$= \int_0^\infty \lambda e^{(t-\lambda)x} dx = \frac{\lambda}{t-\lambda} e^{(t-\lambda)x} \Big|_0^\infty = \frac{\lambda}{\lambda - t}$$

10. 伽马分布 $X \sim Gamma(\alpha, \lambda)$

$$\int_0^\infty \frac{\lambda^\alpha x^{\alpha-1} e^{-\lambda x}}{\Gamma(\alpha)} dx = 1 \Rightarrow \int_0^\infty x^{\alpha-1} e^{-\lambda x} dx = \frac{\Gamma(\alpha)}{\lambda^\alpha}$$

$$M_X(t) = E(e^{tX}) = \int_0^\infty e^{tx} \frac{\lambda^\alpha x^{\alpha-1} e^{-\lambda x}}{\Gamma(\alpha)} dx$$

$$= \frac{\lambda^\alpha}{\Gamma(\alpha)} \int_0^\infty x^{\alpha-1} e^{(t-\lambda)x} dx = \frac{\lambda^\alpha}{\Gamma(\alpha)} \int_0^\infty x^{\alpha-1} e^{-(\lambda-t)x} dx$$

$$= \frac{\lambda^\alpha}{\Gamma(\alpha)} \times \frac{\Gamma(\alpha)}{(\lambda-t)^\alpha} = \left(\frac{\lambda}{\lambda-t}\right)^\alpha$$

第三节　厚尾分布和轻尾分布

一、厚尾分布和轻尾分布的定义

实践中,保险损失通常是厚尾的。因此,有必要区分厚尾分布和轻尾分布。下面给出两种定义。

1. 第一种定义

厚尾分布(Heavy-tailed Distribution,Fat-tailed Distribution):X 的矩母函数 $M_X(t)$ 不存在。

轻尾分布(Light-tailed Distribution):X 的矩母函数 $M_X(t)$ 存在。

这里的存在和不存在是指解析表达式是否存在或者不存在。通常,解析表达式存在是指可以用初等函数表示出来;而解析表达式不存在是指无法用初等函数表示出来,但我们可以求解数值解。

显然,矩母函数 $M_X(t)$ 有无解析表达式与轻尾分布和厚尾分布是一一对应的,解析表达式存在就是轻尾分布,解析表达式不存在就是厚尾分布。

2. 第二种定义

厚尾分布:X 的有限 k 阶原点矩 $E(X^k)$ 存在。

轻尾分布:X 的所有 k 阶原点矩 $E(X^k)$ 存在,即 $E(X^k)$ 收敛。

这里的存在是指数值存在,而非无穷大。

表 2-4 给出了常见的连续型概率分布的厚尾与轻尾比较。

表 2-4　常见的连续型概率分布的厚尾与轻尾比较

分　布	分布函数 $F(x)$ 是否存在解析表达式	矩母函数 $M_X(t)$ 是否存在解析表达式	厚尾分布和轻尾分布
均匀分布	√	√	轻尾分布
正态分布	×	√	轻尾分布
指数分布	√	√	轻尾分布
伽马分布	×	√	轻尾分布
对数正态分布	×	×	厚尾分布
帕累托分布	√	×	厚尾分布
Burr 分布	√	×	厚尾分布
三参数帕累托分布	×	×	厚尾分布
韦伯分布	√	×	厚尾分布

二、不同分布的厚尾程度比较方法

比较两个分布哪个更厚尾的方法是

$$L = \lim_{x \to \infty} \frac{s_X(x)}{s_Y(x)} = \lim_{x \to \infty} \frac{f_X(x)}{f_Y(x)} \left(\frac{0}{0} \text{型}\right) \tag{2.3.1}$$

若 $L \to \infty$，则随机变量 X 比 Y 更厚尾；若 $L \to 0$，则随机变量 Y 比 X 更厚尾。其中，$s_X(x) = 1 - F_X(x)$ 是 X 的尾分布函数（Tail Distribution Function）。在生存分析中，也称为生存函数（Survival Function）。

三、判断是否厚尾的常用方法

下面给出三种常见的判断分布是否厚尾的方法。

(1) 利用式(2.3.1)直接计算：抓大头、罗必塔法则等。

(2) 计算 $E(X^k)$。若所有正阶矩存在（收敛），则为轻尾分布；若有限正阶矩存在（收敛），但所有正阶矩不存在（发散），则为厚尾分布。

(3) 利用厚尾分布和轻尾分布的图形判断，如图 2-1 所示。

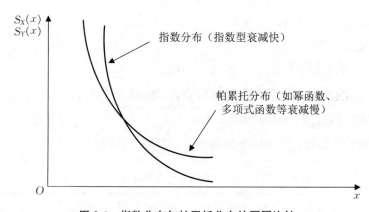

图 2-1　指数分布与帕累托分布的厚尾比较

四、指数分布、帕累托分布、韦伯分布的厚尾程度比较

令随机变量 X、Y 和 Z 分别服从指数分布（Exponential Distribution）、帕累托分布（Pareto Distribution）和韦伯分布（Weibull Distribution），则有

$$\begin{cases} s_X(x) = e^{-\lambda x} \\ s_Y(x) = \left(\dfrac{\lambda}{x+\lambda}\right)^\alpha, \ \alpha, \lambda, \gamma > 0 \\ s_Z(x) = e^{-\lambda x^\gamma} \end{cases} \tag{2.3.2}$$

进而得到 $L_1 = \lim\limits_{x \to \infty} \dfrac{s_X(x)}{s_Y(x)} = \lim\limits_{x \to \infty} \dfrac{f_X(x)}{f_Y(x)} = \lim\limits_{x \to \infty} \dfrac{\lambda e^{-\lambda x}}{\dfrac{\alpha \lambda^\alpha}{(x+\lambda)^{\alpha+1}}} = 0$

因此，帕累托分布比指数分布更厚尾。

对于韦伯分布来说，

(1) 当 $\gamma=1$ 时，$Z \sim E(\lambda)$。

(2) 当 $\gamma<1$ 时，有 $s_Z(x)>s_X(x)$，进而得到

$$L_2 = \lim_{x \to \infty} \frac{s_X(x)}{s_Z(x)} = \lim_{x \to \infty} \frac{f_X(x)}{f_Z(x)} = \lim_{x \to \infty} \frac{\lambda e^{-\lambda x}}{\lambda \gamma x^{\gamma-1} e^{-\lambda x^\gamma}} = 0$$

因此，韦伯分布比指数分布更厚尾。

$$L_3 = \lim_{x \to \infty} \frac{s_Y(x)}{s_Z(x)} = \lim_{x \to \infty} \frac{f_Y(x)}{f_Z(x)} = \lim_{x \to \infty} \frac{\dfrac{\alpha \lambda^\alpha}{(x+\lambda)^{\alpha+1}}}{\lambda \gamma x^{\gamma-1} e^{-\lambda x^\gamma}} = \infty$$

因此，韦伯分布比帕累托分布更轻尾。

(3) 当 $\gamma>1$ 时，有 $s_Z(x)<s_X(x)$，进而得到

$$L_4 = \lim_{x \to \infty} \frac{s_X(x)}{s_Z(x)} = \lim_{x \to \infty} \frac{f_X(x)}{f_Z(x)} = \lim_{x \to \infty} \frac{\lambda e^{-\lambda x}}{\lambda \gamma x^{\gamma-1} e^{-\lambda x^\gamma}} = \infty$$

因此，韦伯分布比指数分布更轻尾。

综上所述，三种分布的厚尾和轻尾特征可以概括为

$$\begin{cases} \gamma<1 & 帕累托分布>韦伯分布>指数分布 \\ \gamma=1 & 帕累托分布>韦伯分布=指数分布 \\ \gamma>1 & 帕累托分布>指数分布>韦伯分布 \end{cases} \quad (2.3.3)$$

从中可以看出，韦伯分布是一种比指数分布更灵活的分布，且当 $\gamma<1$ 时，通常适用于为保险损失建模。

第四节　风险分担设计及其理赔额分布

在（原）保险市场上存在被保险人和保险公司之间的风险分担。类似地，在再保险市场上也存在保险公司与再保险公司之间的风险分担。作为扩展，整个保险市场上存在被保险人、保险公司、再保险公司之间的风险分担。

一、绝对风险分担设计

1. 五种常见的绝对风险分担设计

表 2-5 给出了五种常见的绝对风险分担设计，对应于免赔额保险（Deductible Insurance）、限额保险（Policy Limit）、混合型保险（Combination of Caps and Deductibles）、特许免赔额保险（Franchise Deductible）和消失型免赔额保险（Disappearing Deductible）五

种常见的保险类型。在保险实务中，免赔额保险也称绝对免赔额保险，抑或称超额保险（Policy Excess）；特许免赔额保险也称相对免赔额保险。

表 2-5 五种常见的绝对风险分担设计

风险分担设计	保险公司分担的损失额随机变量 Y_1	被保险人分担的损失额随机变量 Y_2	Y_1、Y_2 与损失 X 的关系
免赔额保险	$Y_1 = \begin{cases} 0 & X \leq d \\ X-d & X > d \end{cases}$ $= \max(X-d, 0) = (X-d)_+$	$Y_2 = \begin{cases} X & X \leq d \\ d & X > d \end{cases} = \min(X, d) = X \wedge d$	$Y_1 + Y_2 = X$
限额保险	$Y_1 = \begin{cases} X & X \leq u \\ u & X > u \end{cases}$ $= \min(X, u) = X \wedge u$	$Y_2 = \begin{cases} 0 & X \leq u \\ X-u & X > u \end{cases}$ $= \max(X-u, 0) = (X-u)_+$	$Y_1 + Y_2 = X$
混合型保险	$Y_1 = \begin{cases} 0 & X \leq d \\ X-d & d < X \leq u \\ u-d & X > u \end{cases}$ $= (X-d)_+ \wedge (u-d)_+$ $= (X \wedge u) - (X \wedge d)$	$Y_2 = \begin{cases} X & X \leq d \\ d & d < X \leq u \\ X-u+d & X > u \end{cases}$ $= X \wedge d + (X-u)_+$	$Y_1 + Y_2 = X$
特许免赔额保险	$Y_1 = \begin{cases} 0 & X \leq d \\ X & X > d \end{cases}$	$Y_2 = \begin{cases} X & X \leq d \\ 0 & X > d \end{cases}$	$Y_1 + Y_2 = X$
消失型免赔额保险	$Y_1 = \begin{cases} 0 & X \leq d \\ d'\dfrac{X-d}{d'-d} & d < X \leq d' \\ d' & X > d' \end{cases}$ $= \left(d'\dfrac{X-d}{d'-d}\right)_+ \wedge d'$	$Y_2 = \begin{cases} X & X \leq d \\ d\dfrac{d'-X}{d'-d} & d < X \leq d' \\ X-d' & X > d' \end{cases}$ $= \left(X \wedge d\dfrac{d'-X}{d'-d}\right) + (X-d')_+$	$Y_1 + Y_2 = X$

下面给出五种风险分担设计的图示。

（1）免赔额保险，如图 2-2 所示。

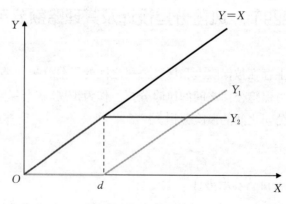

图 2-2 免赔额保险图示

（2）限额保险，如图 2-3 所示。

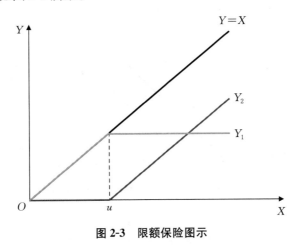

图 2-3　限额保险图示

（3）混合型保险，如图 2-4、图 2-5、图 2-6 所示。

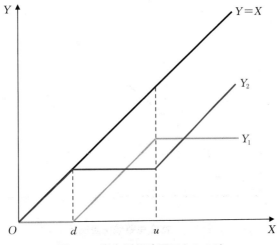

图 2-4　混合型保险图示（$u>2d$）

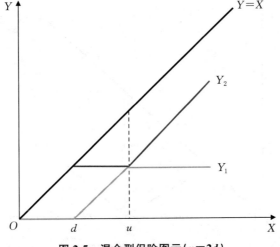

图 2-5　混合型保险图示（$u=2d$）

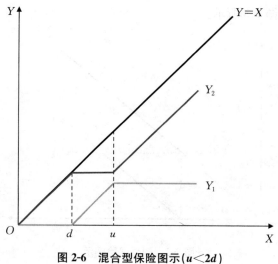

图 2-6　混合型保险图示($u<2d$)

（4）特许免赔额保险,如图 2-7 所示。

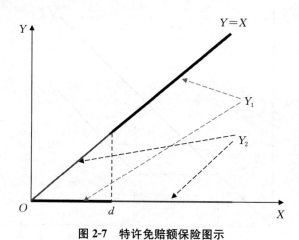

图 2-7　特许免赔额保险图示

（5）消失型免赔额保险,如图 2-8 所示。

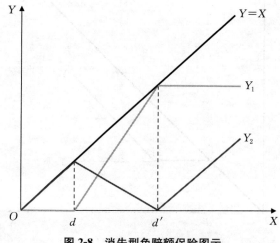

图 2-8　消失型免赔额保险图示

从图 2-8 可以看出，消失型免赔额保险在 $[d, d']$ 区间内，保险公司承担的免赔额从 d 消失到 0。这也是俗称消失型免赔额保险的原因。

2. 什么是好的风险分担设计

从均值、方差的角度来看，好的风险分担设计至少应满足以下两个基本条件：

$$Y = Y_1 + Y_2 \Rightarrow \begin{cases} E(Y) = E(Y_1) + E(Y_2) \\ \mathrm{var}(Y) > \mathrm{var}(Y_1) + \mathrm{var}(Y_2) \Rightarrow \mathrm{cov}(Y_1, Y_2) > 0 \Rightarrow 1 \geq \rho_{Y_1, Y_2} > 0 \end{cases} \quad (2.4.1)$$

也就是说，好的风险分担设计要求 Y_1 和 Y_2 满足正向关系。特别地，在线性情况下，退化为正相关关系。这意味着，通过保险合约设计，在实现损失的金额分担的同时，也应使得风险承担主体（保险公司和被保险人）承担的损失的波动性之和小于损失本身的波动性。

下面以思考题的形式来探讨上述五种常见的绝对风险分担设计在保险实务中的可行性。

【例题 2-1】

(1) 你们认为上述五种风险分担设计，在保险实务中都是可行的吗？哪些是不可行？为什么？

(2) 在再保险市场上，超额损失再保险与上述五种风险分担设计中的哪一种类似？针对超额损失再保险，给定损失 X 的分布函数 $F(x)$ 和密度函数 $f(x)$，请同学们写出保险公司和再保险公司各自承担的损失额随机变量的期望、矩母函数的表达式。

(3) 在(2)的基础上，外生的索赔通胀和索赔通缩分别会对保险公司和再保险公司各自承担的损失额随机变量的期望产生怎样的影响？

(4) 针对(3)的结果，你如何给出直觉解释？

答：(1) 由表 2-5 可知，$E(Y_1) + E(Y_2) = E(X)$。

由图 2-2 至图 2-8 可知，在免赔额保险、限额保险和混合型保险中，Y_1 和 Y_2 都是正相关的，即有 $0 < \rho_{Y_1, Y_2} \leq 1$，从而 $\mathrm{cov}(Y_1 Y_2) > 0$，进而得到 $\mathrm{var}(Y_1) + \mathrm{var}(Y_2) < \mathrm{var}(X)$。

也就是说，这三种类型保险合同在实现保险公司和被保险人共担损失的同时，两者承担的损失波动性之和小于被保险人全部自留损失的波动性，也小于被保险人将损失全部转移给保险公司的波动性。（我们将被保险人全部自留损失的行为称为自我保险，被保险人将损失全部转移给保险公司的行为称为足够保险）。故这三种类型保险产品在实际中是可行的。

然而，在特许免赔额保险中，$-1 \leq \rho_{Y_1, Y_2} \leq 0$，从而 $\mathrm{cov}(Y_1 Y_2) \leq 0$，可以得出 $\mathrm{var}(Y_1) + \mathrm{var}(Y_2) \geq \mathrm{var}(X)$。

在消失型免赔额保险中，$-1 \leq \rho_{Y_1, Y_2} \leq 1$，从而 $\mathrm{cov}(Y_1 Y_2) \begin{cases} > \\ = 0 \\ < \end{cases}$，可以得出 $\mathrm{var}(Y_1) + \mathrm{var}(Y_2) \begin{cases} < \\ = \\ > \end{cases} \mathrm{var}(X)$。故这两种类型保险产品在实际中是不可行的。

(2) 超额损失再保险类似于免赔额保险(超额保险)。

在超额损失再保险中,令损失额随机变量记为 X,自留水平(Retention Level)或称自留额(Retention Amount)为 M,保险公司承担的损失额随机变量记为 Y,再保险公司承担的损失额随机变量记为 Z。则有

$$X=Y+Z$$

$$Y=\begin{cases}X & X\leqslant M \\ M & X>M\end{cases}=\min(X,M)=X\wedge M$$

$$Z=\begin{cases}0 & X\leqslant M \\ X-M & X>M\end{cases}=\max(X-M,0)=(X-M)_+$$

由于 X 的分布函数 $F(x)$ 和密度函数 $f(x)$ 已知,则有

$$E(X)=\int_0^\infty xf(x)\mathrm{d}x=\int_0^\infty[1-F(x)]\mathrm{d}x$$

$$M_X(t)=E(e^{tX})=\int_0^\infty e^{tx}f(x)\mathrm{d}x$$

进而保险公司和再保险公司各自承担的损失额随机变量的概率密度函数可以表示为

$$f_Y(y)=\begin{cases}f_X(x) & y=x<M \\ P(Y=M)=1-F_X(M)=s_X(M) & y=M\leqslant x\end{cases}$$

$$f_Z(z)=\begin{cases}F(M) & z=0 \\ f_X(x) & z=x-M>0\end{cases}$$

也就是说,保险公司承担的损失额随机变量 Y 和再保险公司承担的损失额随机变量 Z 都是连续型随机变量与离散型随机变量的混合。

因此,保险公司和再保险公司各自承担的损失额随机变量的期望可以表示为

$$E(Y)=\int_0^M xf(x)\mathrm{d}x+M\times P(X>M)=\int_0^M[1-F(x)]\mathrm{d}x$$

$$E(Z)=\int_M^\infty(X-M)f(x)\mathrm{d}x=\int_M^\infty[1-F(x)]\mathrm{d}x$$

相应的矩母函数可以表示为

$$M_Y(t)=E(e^{tY})=\int_0^M e^{tx}f(x)\mathrm{d}x+e^{tM}\times P(X>M)$$

$$M_Z(t)=E(e^{tZ})=F(M)+\int_M^\infty e^{t(x-M)}f(x)\mathrm{d}x$$

(3) 索赔通胀和索赔通缩的影响。

① 索赔通胀的影响。令 k 为通胀因子($k>1$),考虑索赔通胀后,保险公司承担的损失额随机变量记为 Y',再保险公司承担的损失额随机变量记为 Z'。则有

$$kX=Y'+Z'$$

$$Y' = \begin{cases} kX & kX \leqslant M \\ M & kX > M \end{cases} = \min(kX, M) = kX \wedge M = k(X \wedge M)$$

$$Z' = \begin{cases} 0 & kX \leqslant M \\ kX - M & kX > M \end{cases} = \max(kX - M, 0) = (kX - M)_+ = k(X - M/k)_+$$

$$E(kX) = \int_0^\infty kxf(x)\mathrm{d}x = k\int_0^\infty [1 - F(x)]\mathrm{d}x = kE(X)$$

$$E(Y') = \int_0^{M/k} kxf(x)\mathrm{d}x + M \times P(X > M/k) = k\int_0^{M/k} [1 - F(x)]\mathrm{d}x \neq kE(Y)$$

$$E(Z') = \int_{M/k}^\infty (kx - M)f(x)\mathrm{d}x = k\int_{M/k}^\infty [1 - F(x)]\mathrm{d}x > kE(Z) > E(Z)$$

下面利用期望的定义,给出证明 $E(Y') > E(Y)$ 的第一种方法。

$$\begin{aligned} E(Y) &= \int_0^M xf(x)\mathrm{d}x + M \times P(X > M) \\ &= \int_0^{M/k} xf(x)\mathrm{d}x + \int_{M/k}^M xf(x)\mathrm{d}x + M \times P(X > M) \end{aligned}$$

$$\begin{aligned} E(Y') &= \int_0^{M/k} kxf(x)\mathrm{d}x + M \times P(X > M/k) \\ &= \int_0^{M/k} kxf(x)\mathrm{d}x + M \times P(M/k < X \leqslant M) + M \times P(X > M) \\ &= \int_0^{M/k} kxf(x)\mathrm{d}x + M \times [F(M) - F(M/k)] + M \times P(X > M) \\ &= \int_0^{M/k} kxf(x)\mathrm{d}x + \int_{M/k}^M Mf(x)\mathrm{d}x + M \times P(X > M) \end{aligned}$$

结合上面两式,可以看出,当通胀($k > 1$)时,有:$E(Y') > E(Y)$。

进一步地,利用随机变量的定义,给出证明 $E(Y') > E(Y)$ 的第二种方法。显然,有

$$Y = \begin{cases} X & X \leqslant M \\ M & X > M \end{cases} \qquad Y' = \begin{cases} kX & kX \leqslant M \\ M & kX > M \end{cases}$$

构造随机变量 $Y' - Y$:

$$Y' - Y = \begin{cases} (k-1)X & 0 < X \leqslant M/k \\ M - X & M/k < X \leqslant M \\ 0 & X > M \end{cases}$$

显然,$Y' - Y > 0 \Rightarrow E(Y' - Y) > 0 \Rightarrow E(Y') > E(Y)$。进而得到

$$E(Y') - E(Y) = \int_0^{M/k} (k-1)xf(x)\mathrm{d}x + \int_{M/k}^M (M-x)f(x)\mathrm{d}x > 0$$

类似地,有

$$Z = X - Y = \begin{cases} 0 & X \leqslant M \\ X - M & X > M \end{cases} \qquad Z' = \begin{cases} 0 & kX \leqslant M \\ kX - M & kX > M \end{cases}$$

构造随机变量 $Z'-Z$：

$$Z'-Z=\begin{cases} 0 & 0<X\leqslant M/k \\ kX-M & M/k<X\leqslant M \\ (k-1)X & X>M \end{cases}$$

显然，$Z'-Z>0\Rightarrow E(Z'-Z)>0\Rightarrow E(Z')>E(Z)$。进而得到

$$E(Z')-E(Z)=\int_{M/k}^{M}(kx-M)f(x)\mathrm{d}x+\int_{M}^{\infty}(k-1)xf(x)\mathrm{d}x>0$$

② 索赔通缩的影响。当通缩（$k<1$）时，有：$E(Y')<E(Y)$。

类似地，下面利用期望的定义，给出证明 $E(Y')<E(Y)$ 的第一种方法。

$$E(Y)=\int_{0}^{M}xf(x)\mathrm{d}x+M\times P(X>M)$$
$$=\int_{0}^{M}xf(x)\mathrm{d}x+M\times P(M<X\leqslant M/k)+M\times P(X>M/k)$$
$$=\int_{0}^{M}xf(x)\mathrm{d}x+\int_{M}^{M/k}Mf(x)\mathrm{d}x+M\times P(X>M/k)$$

$$E(Y')=\int_{0}^{M/k}kxf(x)\mathrm{d}x+M\times P(X>M/k)$$
$$=\int_{0}^{M}kxf(x)\mathrm{d}x+\int_{M}^{M/k}kxf(x)\mathrm{d}x+M\times P(X>M/k)$$

结合上面两式，可以看出，当通缩（$k<1$）时，有：$E(Y')<E(Y)$。

进一步地，利用随机变量的定义，给出证明 $E(Y')<E(Y)$ 的第二种方法。显然，有

$$Y=\begin{cases} X & X\leqslant M \\ M & X>M \end{cases} \qquad Y'=\begin{cases} kX & kX\leqslant M \\ M & kX>M \end{cases}$$

构造随机变量 $Y'-Y$：

$$Y'-Y=\begin{cases} (k-1)X & 0<X\leqslant M \\ kX-M & M<X\leqslant M/k \\ 0 & X>M/k \end{cases}$$

显然，$Y'-Y<0\Rightarrow E(Y'-Y)<0\Rightarrow E(Y')<E(Y)$。进而得到

$$E(Y')-E(Y)=\int_{0}^{M}(k-1)xf(x)\mathrm{d}x+\int_{M}^{M/k}(kx-M)f(x)\mathrm{d}x<0$$

类似地，有

$$Z=X-Y=\begin{cases} 0 & X\leqslant M \\ X-M & X>M \end{cases} \qquad Z'=\begin{cases} 0 & kX\leqslant M \\ kX-M & kX>M \end{cases}$$

构造随机变量 $Z'-Z$：

$$Z'-Z=\begin{cases} 0 & 0<X\leq M \\ M-X & M<X\leq M/k \\ (k-1)X & X>M/k \end{cases}$$

显然，$Z'-Z<0 \Rightarrow E(Z'-Z)<0 \Rightarrow E(Z')<E(Z)$。进而得到

$$E(Z')-E(Z)=\int_M^{M/k}(M-x)f(x)\mathrm{d}x+\int_{M/k}^\infty (k-1)xf(x)\mathrm{d}x<0$$

综上所述，在通胀($k>1$)、无通胀和通缩($k=1$)和通缩($k<1$)三种情况下，分别有

$$\begin{cases} E(kX)>E(X), E(Y')>E(Y), E(Z')>E(Z) & k>1 \\ E(kX)=E(X), E(Y')=E(Y), E(Z')=E(Z) & k=1 \\ E(kX)<E(X), E(Y')<E(Y), E(Z')<E(Z) & k<1 \end{cases}$$

(4) 直觉解释。在超额损失再保险中，自留额 M 不变，通胀后，总的损失额（赔付额）增加，再保险公司的起赔点降低，受通胀和起赔点降低的双重负面影响，从而再保险公司承担的赔付额的期望值会增加；而起赔点降低虽有利于保险公司，但在超额损失再保险中，超过自留额 M 的部分，保险公司也要承担自留额 M 的部分，相当于超过自留额 M 之上的部分，保险公司也无法免除责任，还增加了通胀的影响，所以通胀后，保险公司承担的赔付额的期望值也是上升的。

相反地，通缩后，总的损失额（赔付额）减少，再保险公司的起赔点增加，受通缩和起赔点提高的双重正面影响，从而再保险公司承担的赔付额的期望值会减少；而起赔点的提高不有利于保险公司，通缩和起赔点提高对保险公司的影响是反向的，但通缩的正面影响大于起赔点提高的负面影响，所以通缩后，保险公司承担的赔付额的期望值也是下降的。

类似地，上面的解释也适用于保险市场的免赔额保险。也就是说，对于超额损失再保险、免赔额保险来说，通胀对保险公司和再保险公司都有不好的影响，但依然风险共担。这也是在保险市场中，免赔额保险比特许免赔额保险更好的原因。在特许免赔额保险中，通胀后，保险公司的风险分担增强，被保险人的风险分担减弱（可能存在道德风险），从而通胀有利于被保险人；通缩后，保险公司的风险分担减弱，被保险人的风险分担增强（也可能存在道德风险），从而通缩有利于保险公司。类似地，在再保险市场上，这种关系亦成立。

二、相对风险分担设计

在保险市场和再保险市场上，常见的相对风险分担设计有比例保险（Proportional Insurance）和比例再保险（Proportional Reinsurance）。以比例再保险为例，令损失额随机变量记为 X，自留水平（Retention Level）或称自留比例（Retention Proportion）为 α（$0<\alpha<1$），保险公司承担的损失额随机变量记为 Y，再保险公司承担的损失额随机变量记为 Z，则有

$$\begin{cases} X=Y+Z \\ Y=\alpha X \\ Z=(1-\alpha)X \end{cases} \tag{2.4.2}$$

显然，当 X 的分布已知时，Y 和 Z 的分布很容易利用 X 的分布的简单变换得到。

三、绝对风险和相对风险分担的混合设计

在保险市场和再保险市场上，绝对风险和相对风险分担的混合设计也很常见。例如，在保险市场上，针对同时含有免赔额和共保比例条款的保险合同，令损失额随机变量记为 X，免赔额为 d，被保险人的共保比例为 $\alpha(0<\alpha<1)$，则保险公司承担的损失额随机变量为

$$Y_1 = (1-\alpha)(X-d)_+ = \begin{cases} 0 & X \leqslant d \\ (1-\alpha)(X-d) & X > d \end{cases} \tag{2.4.3}$$
$$= (1-\alpha)\max(X-d, 0) = (1-\alpha)(X-d)_+$$

被保险人承担的损失额随机变量为

$$Y_2 = (X \wedge d) + \alpha(X-d)_+ = \begin{cases} X & X \leqslant d \\ d + \alpha(X-d) & X > d \end{cases} \tag{2.4.4}$$
$$= \min(X, d) + \alpha\max(X-d, 0) = X \wedge d + \alpha(X-d)_+$$

显然，有

$$Y_1 + Y_2 = (1-\alpha)(X-d)_+ + (X \wedge d) + \alpha(X-d)_+ = X \tag{2.4.5}$$

图 2-9 给出了这种混合设计的示意图。

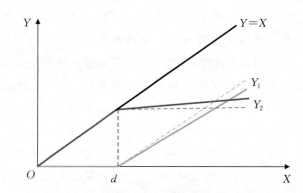

图 2-9 同时含有免赔额和共保比例的风险分担设计($\alpha=0.1$)

进一步地，在同时含有免赔额和共保比例条款的保险合同中，令损失额随机变量记为 X，免赔额为 d，被保险人的共保比例为 $\alpha(0<\alpha<1)$，同时设定保险公司的最高给付限额为 $L(L \gg d)$，则保险公司分担的损失额随机变量为

$$Y_1 = [(1-\alpha)(X-d)_+] \wedge L$$
$$= \begin{cases} 0 & X \leqslant d \\ (1-\alpha)(X-d) & d < X \leqslant \dfrac{L}{1-\alpha} + d \\ L & X > \dfrac{L}{1-\alpha} + d \end{cases} \tag{2.4.6}$$

被保险人分担的损失额随机变量为

$$Y_2 = (X \wedge d) + \alpha(X-d)_+ + [(1-\alpha)(X-d)_+ - L]_+$$

$$= \begin{cases} X & X \leqslant d \\ d + \alpha(X-d) & d < X \leqslant \dfrac{L}{1-\alpha} + d \\ X - L & X > \dfrac{L}{1-\alpha} + d \end{cases} \tag{2.4.7}$$

显然,有

$$\begin{aligned}Y_1 + Y_2 &= [(1-\alpha)(X-d)_+] \wedge L + (X \wedge d) + \alpha(X-d)_+ + [(1-\alpha)(X-d)_+ - L]_+ \\ &= X\end{aligned} \tag{2.4.8}$$

图 2-10 给出了这种混合设计的示意图。

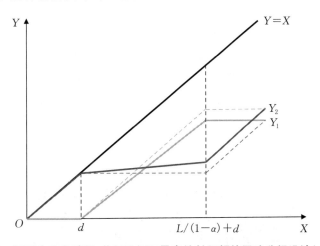

图 2-10　同时含有免赔额、共保比例和最高给付限额的风险分担设计($\alpha=0.1$)

综上所述,同时含有免赔额、共保比例和最高给付限额条款时,无论保单如何设计,被保险人和保险公司承担的损失额随机变量之和必定等于总损失额随机变量。

四、理赔额分布

1. 含免赔额的理赔额分布

在保险市场上,令损失额随机变量记为 X,免赔额为 d,保险公司承担的理赔额随机变量记为 Y。显然,仅当损失额超过 d 时,才会有理赔额 Y。因此,理赔额 Y 可以视为对损失额 X 的左截断(Left Truncated),也称截下尾。即有

$$Y = (X-d)_+ | X > d = (X-d) | X > d \tag{2.4.9}$$

这里,Y 是一个条件随机变量,其取值范围是 $y > 0$。Y 表示在 $X > d$ 的条件下,理赔额随机变量 $X-d$,对应于保险公司承担的剩余损失额随机变量,有时也写为 Y_d。

下面我们来求解 Y 的分布。令 Y 的分布函数为 $F_Y(y)$,概率密度函数为 $f_Y(y)$,则当

$y > 0$ 时,有

$$F_Y(y) = P(Y \leq y) = P(X - d \leq y | X > d) \qquad (2.4.10)$$
$$= \frac{P(d < X \leq d+y)}{P(X > d)} = \frac{F_X(d+y) - F_X(d)}{1 - F_X(d)}$$

$$f_Y(y) = F_Y'(y) = \frac{f_X(d+y)}{1 - F_X(d)} \qquad (2.4.11)$$

$$E(Y) = \frac{E(X-d)_+}{1 - F_X(d)} \qquad (2.4.12)$$

这里,我们给出推导式(2.4.12)的两种方法。

方法一:

$$E(Y) = \int_0^\infty y f_Y(y) \mathrm{d}y \stackrel{d+y=x}{=} \int_d^\infty (x-d) \frac{f_X(d+y)}{1 - F_X(d)} \mathrm{d}x$$
$$= \int_d^\infty (x-d) \frac{f_X(x)}{1 - F_X(d)} \mathrm{d}x = \frac{E(X-d)_+}{1 - F_X(d)}$$

方法二:

$$(X-d)_+ = \begin{cases} 0 & X \leq d \\ X-d & X > d \end{cases}$$

$$E(X-d)_+ = \int_0^d 0 \times f(x) \mathrm{d}x + \int_d^\infty (x-d) \times f(x) \mathrm{d}x$$
$$= \int_0^\infty y \times f_X(d+y) \mathrm{d}y = \int_0^\infty y \times f_Y(y)[1 - F_X(d)] \mathrm{d}y$$
$$= E(Y)[1 - F_X(d)] = E(Y) s_X(d)$$

显然,$E(Y) = \dfrac{E(X-d)_+}{1-F_X(d)} \neq \dfrac{E(X-d)}{1-F_X(d)}$。进一步地,由于 $E(X-d)_+ > E(X-d)$,故有 $E(Y) = \dfrac{E(X-d)_+}{1-F_X(d)} > \dfrac{E(X-d)}{1-F_X(d)}$。

最后指出,含免赔额的理赔额 Y 的分布同样适用于超额损失再保险中再保险公司承担的理赔额随机变量 Z 的分布。这里不再赘述。

2. 含保单限额的理赔额分布

在保险市场上,令损失额随机变量记为 X,保单限额(这里是指保单的损失限额)为 u,保险公司承担的理赔额随机变量记为 Y。显然,理赔额 Y 可以视为对损失额 X 的右删失(Right Censored),也称截上尾。即有

$$Y = \begin{cases} X & X \leq u \\ u & X > u \end{cases} = \min(X, u) = X \wedge u \qquad (2.4.13)$$

下面求解 Y 的分布。令 Y 的分布函数为 $F_Y(y)$,概率密度函数为 $f_Y(y)$,显然有

$$f_Y(y) = \begin{cases} f_X(x) & y=x<u \\ P(Y=u)=1-F_X(u)=s_X(u) & y=u\leqslant x \end{cases} \quad (2.4.14)$$

也就是说,理赔额 Y 是连续型随机变量与离散型随机变量的混合。

进一步地,也可以推导出

$$E(Y) = E(X \wedge u) = \int_0^u x f_X(x) \mathrm{d}x + u \times P(X>u) = \int_0^u [1-F_X(x)] \mathrm{d}x \quad (2.4.15)$$

3. 同时含免赔额、保单限额和比例赔付的理赔额分布

在保险市场上,令损失额随机变量记为 X,免赔额为 d,保单限额(这里是指保单的损失限额)为 u,保险公司的赔付比例为 $\beta(0<\beta<1)$,保险公司分担的损失额随机变量记为 Y^*,保险公司的理赔额随机变量记为 Y,则有

$$Y^* = \begin{cases} 0 & X\leqslant d \\ \beta(X-d) & d<X\leqslant u \\ \beta(u-d) & X>u \end{cases} = \beta[(X-d)_+ \wedge (u-d)_+] \quad (2.4.16)$$

$$Y = Y^* \mid X>d \quad (2.4.17)$$

$$E(Y^*) = \beta[E(X\wedge u) - E(X\wedge d)] \quad (2.4.18)$$

$$E(Y) = \frac{\beta[E(X\wedge u) - E(X\wedge d)]}{1-F(d)} \quad (2.4.19)$$

这里,式(2.4.18)和式(2.4.19)的推导如下:

$$E(Y^*) = \int_d^u \beta(x-d) f(x) \mathrm{d}x + \beta(u-d)[1-F(u)]$$
$$= \int_0^u \beta x f(x) \mathrm{d}x - \int_0^d \beta x f(x) \mathrm{d}x - \beta d[F(u)-F(d)] + \beta(u-d)[1-F(u)]$$
$$= \beta\{\int_0^u x f(x) \mathrm{d}x + u[1-F(u)]\} - \beta\{\int_0^d x f(x) \mathrm{d}x + d[1-F(d)]\}$$
$$= \beta[E(X\wedge u) - E(X\wedge d)]$$

进而得到

$$E(Y) = E(Y^* \mid X>d) = \frac{\beta[E(X\wedge u) - E(X\wedge d)]}{1-F(d)}$$

类似地,针对第三节的含免赔额、共保比例和最高给付限额条款的保险合同,见式(2.4.6)和式(2.4.7)所示,保险公司分担的损失额随机变量的期望值为

$$E(Y_1) = (1-\alpha)\left\{E\left[X \wedge \left(\frac{L}{1-\alpha}+d\right)\right] - E(X \wedge d)\right\} \tag{2.4.20}$$

保险公司的理赔额随机变量记为 Y，则有

$$E(Y) = E(Y_1 | X > d) = \frac{(1-\alpha)\left\{E\left[X \wedge \left(\frac{L}{1-\alpha}+d\right)\right] - E(X \wedge d)\right\}}{1-F(d)} \tag{2.4.21}$$

这里，式(2.4.20)和式(2.4.21)的推导如下：

$$E(Y_1) = \int_d^{\frac{L}{1-\alpha}+d}(1-\alpha)(x-d)f(x)\mathrm{d}x + \int_{\frac{L}{1-\alpha}+d}^{\infty} Lf(x)\mathrm{d}x$$

$$= \int_0^{\frac{L}{1-\alpha}+d}(1-\alpha)xf(x)\mathrm{d}x - \int_0^d(1-\alpha)xf(x)\mathrm{d}x - (1-\alpha)d\left[F\left(\frac{L}{1-\alpha}+d\right) - F(d)\right]$$

$$+ (1-\alpha)\left(\frac{L}{1-\alpha}+d-d\right)\left[1-F\left(\frac{L}{1-\alpha}+d\right)\right]$$

$$= (1-\alpha)\left\{\int_0^{\frac{L}{1-\alpha}+d}xf(x)\mathrm{d}x + \left(\frac{L}{1-\alpha}+d\right)\left[1-F\left(\frac{L}{1-\alpha}+d\right)\right]\right\}$$

$$- (1-\alpha)\left\{\int_0^d xf(x)\mathrm{d}x + d[1-F(d)]\right\}$$

$$= (1-\alpha)\left\{E\left[X \wedge \left(\frac{L}{1-\alpha}+d\right)\right] - E(X \wedge d)\right\}$$

$$E(Y) = E(Y_1 | X > d) = \frac{(1-\alpha)\left\{E\left[X \wedge \left(\frac{L}{1-\alpha}+d\right)\right] - E(X \wedge d)\right\}}{1-F(d)}$$

最后指出，左截断数据和右删失数据是两种常见的不完全数据。第五章将详细介绍不完全数据的定义及其分类。

第五节　损失分布和理赔额分布的参数估计及模型检验与选择

如前所述，损失分布通常不涉及免赔额、保单限额、共保比例等风险分担设计，属于完全数据下的统计分析；而不同分担设计下理赔额分布应至少含有免赔额、保单限额、共保比例等的任意一个，特别是绝对风险分担下的理赔额分布属于含有左截断或右删失样本的不完全数据下的统计分析。在现实世界中，通常有损失不一定有报案；没有报案，也不会有理赔；保险公司、再保险公司也没有完整的全部损失数据信息。也就是说，无风险分担和有风险分担下的估计问题本质上是完全信息和不完全信息下的估计问题，且后者在保险实务（尤其是保险产品合约设计和定价、最优再保险策略选择）中有着重

要应用。

因此,我们有必要掌握有无风险分担两种情况下常见分布模型的参数估计和模型比较与选择方法。通常,当分布形式已知、分布参数未知时,可以利用样本数据的矩估计、极大似然估计(MLE)、分位数估计等方法估计分布参数;当分布形式未知时,此时可以先假定若干种分布形式,然后利用样本数据的矩估计、极大似然估计、分位数估计各个分布参数,最后再利用 χ^2 拟合优度检验等方法进行分布拟合效果检验与分布选择。

一、无风险分担下的估计问题

1. 常见分布参数的矩估计和极大似然估计

表 2-6 给出了常见分布参数的矩估计和极大似然估计,感兴趣的同学可以利用概率论与数理统计知识自行推导。

表 2-6 常见分布参数的矩估计和极大似然估计一览表

分 布	矩估计	极大似然估计
$X \sim B(n, p)$(n 已知)	$\hat{p} = \dfrac{\overline{X}}{n}$	$\hat{p} = \dfrac{\overline{X}}{n}$
$X \sim \pi(\lambda)$	$\hat{\lambda} = \overline{X}$	$\hat{\lambda} = \overline{X}$
$X \sim NB(r, \beta)$(r 已知)	$\hat{\beta} = \dfrac{\overline{X}}{r}$	$\hat{\beta} = \dfrac{\overline{X}}{r}$
$X \sim U(0, \theta)$	$\hat{\theta} = 2\overline{X}$	$\hat{\theta} = \max\{x_1, \cdots, x_n\}$（即最大的样本观测值）
$X \sim N(\mu, \sigma^2)$	$\begin{cases} \hat{\mu} = \overline{X} \\ \hat{\sigma}^2 = \dfrac{1}{n}\sum\limits_{i=1}^{n}(X_i - \overline{X})^2 \end{cases}$	$\begin{cases} \hat{\mu} = \overline{X} \\ \hat{\sigma}^2 = \dfrac{1}{n}\sum\limits_{i=1}^{n}(X_i - \overline{X})^2 \end{cases}$
$X \sim E(\lambda = 1/\theta)$	$\hat{\lambda} = \dfrac{1}{\hat{\theta}} = \dfrac{1}{\overline{X}}$	$\hat{\lambda} = \dfrac{1}{\hat{\theta}} = \dfrac{1}{\overline{X}}$
$X \sim Gamma(\alpha, \lambda = 1/\theta)$($\alpha$ 已知)	$\hat{\lambda} = \dfrac{1}{\hat{\theta}} = \dfrac{\alpha}{\overline{X}}$	$\hat{\lambda} = \dfrac{1}{\hat{\theta}} = \dfrac{\alpha}{\overline{X}}$

从表 2-6 可以看出,在这 7 种常见的分布中,均匀分布的分布参数的矩估计和极大似然估计不同,其他 6 种分布的分布参数的矩估计和 MLE 都相同。

2. 常用保险损失分布参数的极大似然估计

表 2-7 进一步给出了常用的保险损失额随机变量 X 和相应的转换函数 Z 的分布,以及它们的分布参数的 MLE。其中,伽马分布是更一般的指数分布,对数正态分布可以利用其与正态分布的关系,两者都可以直接利用 MLE 估计分布参数;其他常用的保险损失分布可以通过相应的函数转换为指数分布,进而保险损失分布参数的估计问题可以转化为更简单的指数分布参数的估计问题。

表 2-7 常用保险损失分布和转换函数的分布及其分布参数的 MLE 一览表

X 的分布	$Z=g(X)$的分布	分布参数的 MLE
$X \sim Gamma(\alpha, \lambda)$ （α 已知）		$\hat{\lambda} = \dfrac{\alpha}{\bar{x}} = \dfrac{n\alpha}{\sum_{i=1}^{n} x_i}$
$\ln X \sim N(\mu, \sigma^2)$		$\begin{cases} \hat{\mu} = \dfrac{1}{n}\sum_{i=1}^{n} \ln x_i \\ \hat{\sigma}^2 = \dfrac{1}{n}\sum_{i=1}^{n} (\ln x_i - \hat{\mu})^2 \end{cases}$
$X \sim Pareto(\alpha, \lambda)$ （λ 已知）	$Z = g(X) = \ln \dfrac{X+\lambda}{\lambda} \sim E(\alpha)$	$\hat{\alpha} = \dfrac{n}{\sum_{i=1}^{n} \ln \dfrac{x_i+\lambda}{\lambda}}$
$X \sim Pareto_2(\alpha, \lambda)$ （λ 已知）	$Z = g(X) = \ln \dfrac{X}{\lambda} \sim E(\alpha)$	$\hat{\alpha} = \dfrac{n}{\sum_{i=1}^{n} \ln \dfrac{x_i}{\lambda}}$
$X \sim Weibull(c, \gamma)$ （γ 已知）	$Z = g(X) = X^\gamma \sim E(c)$	$\hat{c} = \dfrac{n}{\sum_{i=1}^{n} x_i^\gamma}$
$X \sim Weibull(\tau, \theta)$ （τ 已知）	$Z = g(X) = X^\tau \sim E(\theta^{-\tau})$	$\hat{\theta} = \left(\dfrac{\sum_{i=1}^{n} x_i^\tau}{n}\right)^{\frac{1}{\tau}}$

下面以帕累托分布为例，推导其分布参数的 MLE。感兴趣的同学可以类似推导其他分布的参数估计。

【例题 2-2】

假设 $X \sim Pareto(\alpha, \lambda)$（$\lambda$ 已知），证明 $Z = g(X) = \ln \dfrac{X+\lambda}{\lambda} \sim E(\alpha)$，且参数 α 的 MLE 为 $\hat{\alpha} = \dfrac{n}{\sum_{i=1}^{n} \ln(x_i+\lambda) - n\ln\lambda}$。

证明：

（1）由题意得

$$P(Z \leqslant z) = P\left(\ln \dfrac{X+\lambda}{\lambda} \leqslant z\right) = P[X \leqslant (e^z-1)\lambda] = \int_0^{(e^z-1)\lambda} \dfrac{\alpha\lambda^\alpha}{(x+\lambda)^{\alpha+1}} dx$$

进而得到

$$f_Z(z) = \dfrac{\alpha\lambda^\alpha}{[(e^z-1)\lambda+\lambda]^{\alpha+1}} e^z\lambda = \dfrac{\alpha\lambda^\alpha}{(e^z\lambda)^{\alpha+1}} e^z\lambda = \dfrac{\alpha\lambda^\alpha}{(e^z\lambda)^\alpha} = \alpha e^{-z\alpha}$$

故有

$$Z = g(X) = \ln \dfrac{X+\lambda}{\lambda} \sim E(\alpha)$$

(2) 随机变量 Z 的参数 α 的似然函数为

$$L(\alpha) = \prod_{i=1}^{n} f(z_i ; \alpha) = \prod_{i=1}^{n} \alpha e^{-z_i \alpha} = \alpha^n e^{-\alpha \sum_{i=1}^{n} z_i}$$

进而参数 α 的对数似然函数为

$$\ln L(\alpha) = n \ln \alpha - \alpha \sum_{i=1}^{n} z_i$$

令 $\dfrac{\mathrm{d}\ln L(\alpha)}{\mathrm{d}\alpha} = 0$，得到 $\dfrac{\mathrm{d}\ln L(\alpha)}{\mathrm{d}\alpha} = \dfrac{n}{\alpha} - \sum_{i=1}^{n} z_i = 0$

进而得到

$$\hat{\alpha} = \frac{n}{\sum_{i=1}^{n} z_i} = \frac{n}{\sum_{i=1}^{n} \ln\left(\dfrac{x_i + \lambda}{\lambda}\right)} = \frac{n}{\sum_{i=1}^{n} \ln(x_i + \lambda) - n \ln \lambda} = \frac{n}{\sum_{i=1}^{n} \ln \dfrac{x_i + \lambda}{\lambda}}$$

3. 分位数估计和矩估计的选择

针对单一参数的分位数估计，一般选取中位数，即 50% 的分位数估计，即选取的分位数为 $F^{-1}(0.5)$；针对双参数的分位数估计，一般选取 25% 分位数（25th Quantiles or the Lower Quartiles）和 75% 分位数（75th Quantiles or the Upper Quartiles），即选取的分位数为 $F^{-1}(0.25)$ 和 $F^{-1}(0.75)$。

显然，当 $E(X^k)$ 存在时，矩估计更好；当 $F(x)$ 存在时，分位数估计更好。因此，帕累托分布及其扩展分布（Burr 分布、三参数帕累托分布）、韦伯分布这些厚尾分布通常采用分位数估计。

二、有风险分担下的估计问题

1. 常用保险理赔额分布参数的矩估计和极大似然估计

以超额损失再保险为例，来讨论有风险分担下的矩估计和极大似然估计。由于矩估计比较简单，下面重点介绍极大似然估计。

假设保险公司的一组索赔记录如下：有 n 个索赔未超过自留额（Retention Amount）M：$x_1, x_2, \cdots, x_n$，有 m 个索赔超过了 M，保险公司为每个超过 M 的损失只记录了值为 M 的索赔。

显然，这属于样本数据为右删失的不完全数据下的分布参数的估计问题。其矩估计可以表示为

$$E(X \wedge M)^k = \frac{1}{n+m} \sum_{i=1}^{n+m} (X_i \wedge M)^k \tag{2.5.1}$$

其似然函数为

$$L(\theta) = \underbrace{\prod_{i=1}^{n} f(x_i ; \theta)}_{X < M} \times \underbrace{\prod_{j=1}^{m} P(X > M)}_{X \geqslant M} \tag{2.5.2}$$

$$= \prod_{i=1}^{n} f(x_i ; \theta) \times [P(X > M)]^m = \prod_{i=1}^{n} f(x_i ; \theta) \times [1 - F(M ; \theta)]^m$$

这里，θ 可以是单个参数，也可以是多个参数。

有了似然函数，我们就可以使用 MLE 来估计分布参数。表 2-8 进一步给出了各种常见的完全数据、分组数据、不完全数据下损失分布参数 θ 的 MLE 的似然函数。其中，针对分组数据，假设分段点为：$c_0 < c_1 < \cdots < c_r$；落在 c_{j-1} 与 c_j 之间的观测值为 n_j 个，且 $\sum_{j=1}^{r} n_j = n$。

表 2-8 不同数据类型下损失分布参数 θ 的 MLE 的似然函数

数据类型	似然函数	样本数
完全数据	$L(\theta) = \prod_{i=1}^{n} f(x_i; \theta)$	n
分组数据	$L(\theta) = \prod_{j=1}^{r} [F(c_j; \theta) - F(c_{j-1}; \theta)]^{n_j}$	n
左截断数据 $(X-d)_+ \mid X > d$	$L(\theta) = \begin{cases} \underbrace{\left[\prod_{i=1}^{n} \dfrac{f(x_i; \theta)}{1-F_X(d; \theta)}\right]}_{X \geq d} = \underbrace{\left[\prod_{i=1}^{n} \dfrac{f(y_i+d; \theta)}{1-F_X(d; \theta)}\right]}_{Y \geq 0} & \text{单个 } d \text{ 时} \\ \underbrace{\left[\prod_{i=1}^{n} \dfrac{f(x_i; \theta)}{1-F_X(d_i; \theta)}\right]}_{X \geq d_i} = \underbrace{\left[\prod_{i=1}^{n} \dfrac{f(y_i+d_i; \theta)}{1-F_X(d_i; \theta)}\right]}_{Y \geq 0} & \text{多个 } d \text{ 时} \end{cases}$	n
右删失数据 $X \wedge u$	$L(\theta) = \begin{cases} \underbrace{\left[\prod_{j=1}^{n} f(x_j; \theta)\right]}_{X \leq u} \underbrace{[1-F(u; \theta)]^m}_{X > u} & \text{单个 } u \text{ 时} \\ \underbrace{\left[\prod_{j=1}^{n} f(x_j; \theta)\right]}_{X \leq u_i} \prod_{i=1}^{m} \underbrace{[1-F(u_i; \theta)]}_{X > u_i} & \text{多个 } u \text{ 时} \end{cases}$	$n+m$
左截断和右删失数据 $(X \wedge u - X \wedge d) \mid X > d$ $(u > d)$	$L(\theta) = \dfrac{\underbrace{\left[\prod_{j=1}^{n} f(x_j; \theta)\right]}_{X \leq u} \underbrace{[1-F(u; \theta)]^m}_{X > u}}{\underbrace{[1-F(d; \theta)]^{n+m}}_{X > d}}$	$n+m$

注：表中的 θ 可以是单个参数，也可以是多个参数。

利用表 2-8 中的似然函数，表 2-9 进一步给出了免赔额保险、限额保险和混合型保险三种好的风险分担设计下，保险公司承担的理赔额 Y 的分布参数的 MLE。以损失额 $X \sim E(\lambda)$ 为例，在免赔额保险中，理赔额 $Y \sim E(\lambda)$，其参数 λ 的 MLE 为未截断的赔款次数除以总的保险理赔额；在限额保险中，参数 λ 的 MLE 为未删失的赔款次数除以总的保险理赔额；在混合型保险中，参数 λ 的 MLE 为既未截断又未删失的赔款次数除以总的保险理赔额。感兴趣的同学可以利用本章知识自行推导表 2-9 中的结论，并给出其他分布中分布参数的 MLE 的合理的直观解释。

表 2-9 三种风险分担设计下常用保险损失分布参数的 MLE 一览表

保险类型	损失额 X 的分布	理赔额 Y	Y 的分布参数的 MLE	Y 的样本数
免赔额保险	$X \sim E(\lambda)$	$Y=(X-d)_+ \| X>d \sim E(\lambda)$	$\hat{\lambda} = \dfrac{n}{\sum_{i=1}^{n} y_i}$	n
	$X \sim Pareto(\alpha, \lambda)$ (λ 已知)	$Y=(X-d)_+ \| X>d \sim Pareto(\alpha, d+\lambda)$	$\hat{\alpha} = \dfrac{n}{\sum_{i=1}^{n} \ln \dfrac{y_i+d+\lambda}{d+\lambda}}$	n
	$X \sim Pareto_2(\alpha, \lambda)$ (λ 已知)	$Y=(X-d)_+ \| X>d \sim Pareto_2(\alpha, d)$	$\hat{\alpha} = \dfrac{n}{\sum_{i=1}^{n} \ln \dfrac{y_i+d}{d}}$	n
	$X \sim Weibull(c, \gamma)$ (γ 已知)	$Y=(X-d)_+ \| X>d$	$\hat{c} = \dfrac{n}{\sum_{i=1}^{n}(x_i^{\tau}-d_i^{\tau})}$	n
	$X \sim Weibull(\tau, \theta)$ (τ 已知)	$Y=(X-d)_+ \| X>d$	$\hat{\theta} = \left(\dfrac{\sum_{i=1}^{n}(x_i^{\tau}-d_i^{\tau})}{n}\right)^{\frac{1}{\tau}}$	n
限额保险	$X \sim E(\lambda)$	$Y=X \wedge u$	$\hat{\lambda} = \dfrac{n}{\sum_{i=1}^{n} x_i + mu}$	$n+m$
	$X \sim Pareto(\alpha, \lambda)$ (λ 已知)	$Y=X \wedge u$	$\hat{\alpha} = \dfrac{n}{\sum_{i=1}^{n}\ln\dfrac{x_i+\lambda}{\lambda}+m\ln\dfrac{u+\lambda}{\lambda}}$	$n+m$
	$X \sim Pareto_2(\alpha, \lambda)$ (λ 已知)	$Y=X \wedge u$	$\hat{\alpha} = \dfrac{n}{\sum_{i=1}^{n}\ln\dfrac{x_i}{\lambda}+m\ln\dfrac{u}{\lambda}}$	$n+m$

续表

保险类型	损失额 X 的分布	理赔额 Y	Y 的分布参数的 MLE	Y 的样本数
限额保险	$X \sim Weibull(c, \gamma)$ (γ 已知)	$Y = X \wedge u$	$\hat{c} = \dfrac{n}{\sum_{i=1}^{n} x_i^{\tau} + mu^{\tau}}$	$n+m$
	$X \sim Weibull(\tau, \theta)$ (τ 已知)	$Y = X \wedge u$	$\hat{\theta} = \left[\dfrac{\sum_{i=1}^{n} x_i^{\tau} + mu^{\tau}}{n} \right]^{\frac{1}{\tau}}$	$n+m$
	$X \sim E(\lambda)$	$Y = (X \wedge u - X \wedge d) \mid X > d$ ($u > d$)	$\hat{\lambda} = \dfrac{n}{\sum_{i=1}^{n} y_i + m(u-d)}$	$n+m$
	$X \sim Pareto(\alpha, \lambda)$ (λ 已知)	$Y = (X \wedge u - X \wedge d) \mid X > d$ ($u > d$)	$\hat{\alpha} = \dfrac{n}{\sum_{i=1}^{n} \ln \dfrac{y_i + d + \lambda}{d + \lambda} + m \ln \dfrac{u+\lambda}{d+\lambda}}$	$n+m$
混合型保险	$X \sim Pareto_2(\alpha, \lambda)$ (λ 已知)	$Y = (X \wedge u - X \wedge d) \mid X > d$ ($u > d$)	$\hat{\alpha} = \dfrac{n}{\sum_{i=1}^{n} \ln \dfrac{y_i + d}{d} + m \ln \dfrac{u}{d}}$	$n+m$
	$X \sim Weibull(c, \gamma)$ (γ 已知)	$Y = (X \wedge u - X \wedge d) \mid X > d$ ($u > d$)	$\hat{c} = \dfrac{n}{\sum_{i=1}^{n} x_i^{\tau} + m(u^{\tau} - d^{\tau})}$	$n+m$
	$X \sim Weibull(\tau, \theta)$ (τ 已知)	$Y = (X \wedge u - X \wedge d) \mid X > d$ ($u > d$)	$\hat{\theta} = \left[\dfrac{\sum_{i=1}^{n} x_i^{\tau} + m(u^{\tau} - d^{\tau})}{n} \right]^{\frac{1}{\tau}}$	$n+m$

2. 多个保单组合的理赔额分布参数的极大似然估计

下面进一步将上述结论推广到存在多个免赔额 d_i 和保单限额 u_i 的保单组合的情况。显然该保单组合同时包含了免赔额保险、限额保险、混合型保险三种风险分担设计。

为了得到该保单组合的理赔额 Y 的分布参数的 MLE，我们可以结合三种风险分担设计中保险公司承担的理赔额随机变量的表达式，将该保单组合的理赔样本分解为以下四种类型。

第 1 类为不超过保单限额 u_i 的保单组。其对应的理赔额随机变量为 X。令该组理赔保单数为 n_1，其中任意一个理赔额样本 i 的观测值为 x_i，总理赔额为 c_1。显然，$c_1 = \sum_{i=1}^{n_1} x_i$。

第 2 类为超过保单限额 u_i 的保单组。其对应的理赔额随机变量为 u_i。令该组理赔保单数为 n_2，其中任意一个理赔额样本 i 的观测值为 u_i，总理赔额为 c_2。显然，$c_2 = \sum_{i=1}^{n_2} u_i$。

第 3 类为超过免赔额 d_i 但不超过保单限额 u_i 的保单组。其对应的理赔额随机变量为 $X - d_i$。令该组理赔保单数为 n_3，其中任意一个理赔额样本 i 的观测值为 $x_i - d_i$，总理赔额为 c_3。显然，$c_3 = \sum_{i=1}^{n_3} (x_i - d_i)$。

第 4 类为超过免赔额 d_i 且超过保单限额 u_i 的保单组。其对应的理赔额随机变量为 $u_i - d_i$。令该组理赔保单数为 n_4，其中任意一个理赔额样本 i 的观测值为 $u_i - d_i$，总理赔额为 c_4。显然，$c_4 = \sum_{i=1}^{n_4} (u_i - d_i)$。

需要说明的是，为了简化符号表示，这里 x_i、u_i、$x_i - d_i$、$u_i - d_i$ 是针对每个观测的理赔额样本 i 而言的，而非免赔额 d_i 和保单限额 u_i 的个数。

我们以损失额 $X \sim E(\lambda)$ 为例，推导该保单组合的理赔额 Y 的分布参数的 MLE。显然 $Y \sim E(\lambda)$。这四种类型下的密度函数或尾分布函数依次为：

$$f(x_i) = \lambda e^{-\lambda x_i}, \quad s(u_i) = e^{-\lambda u_i}, \quad f(x_i | X > d_i) = \lambda e^{-\lambda(x_i - d_i)}, \quad s(u_i | X > d_i) = e^{-\lambda(u_i - d_i)}$$

因此，该保单组合的理赔额 Y 的分布参数 λ 的似然函数可以表示为

$$L(\lambda) = \prod_{i=1}^{n_1} \lambda e^{-\lambda x_i} \prod_{i=1}^{n_2} e^{-\lambda u_i} \prod_{i=1}^{n_3} \lambda e^{-\lambda(x_i - d_i)} \prod_{i=1}^{n_4} e^{-\lambda(u_i - d_i)} \quad (2.5.3)$$

进而对数似然函数可以表示为

$$\ln L(\lambda) = n_1 \ln \lambda - \lambda \sum_{i=1}^{n_1} x_i - \lambda \sum_{i=1}^{n_2} u_i + n_3 \ln \lambda - \lambda \sum_{i=1}^{n_3} (x_i - d_i) - \lambda \sum_{i=1}^{n_4} (u_i - d_i)$$

令 $\dfrac{\mathrm{d} \ln L(\lambda)}{\mathrm{d} \lambda} = 0$，得到

$$\frac{\mathrm{d}\ln L(\lambda)}{\mathrm{d}\lambda} = \frac{n_1}{\lambda} + \frac{n_3}{\lambda} - \left[\sum_{i=1}^{n_1} x_i + \sum_{i=1}^{n_2} u_i + \sum_{i=1}^{n_3}(x_i - d_i) + \sum_{i=1}^{n_4}(u_i - d_i)\right] = 0$$

进而得到

$$\hat{\lambda} = \frac{n_1 + n_3}{\sum_{i=1}^{n_1} x_i + \sum_{i=1}^{n_2} u_i + \sum_{i=1}^{n_3}(x_i - d_i) + \sum_{i=1}^{n_4}(u_i - d_i)} = \frac{n_1 + n_3}{c_1 + c_2 + c_3 + c_4} \quad (2.5.4)$$

感兴趣的同学可以进一步推导帕累托分布、韦伯分布下,保单组合的理赔额 Y 的分布参数的 MLE。显然,类似指数分布的推导过程,我们可以直接推导这两种分布下的参数的 MLE;也可以利用表 2-7 中的转换函数,将它们转换成指数分布,再估计参数的 MLE。表 2-10 给出了转换函数下的主要结论。

表 2-10 多个保单组合的理赔额分布参数的 MLE 一览表

损失额 X 的分布	四种类型	理赔额 Y 的分布参数的 MLE（多个 d_i 和 u_i 的情况）	Y 的样本数
$X \sim E(\lambda)$	① x_i $\quad c_1 = \sum_{i=1}^{n_1} x_i$ ② u_i $\quad c_2 = \sum_{i=1}^{n_2} u_i$ ③ $x_i - d_i$ $\quad c_3 = \sum_{i=1}^{n_3}(x_i - d_i)$ ④ $u_i - d_i$ $\quad c_4 = \sum_{i=1}^{n_4}(u_i - d_i)$	$\hat{\lambda} = \dfrac{n_1 + n_3}{c_1 + c_2 + c_3 + c_4}$	$n_1 + n_2 + n_3 + n_4$
$X \sim Pareto(\alpha, \lambda)$ （λ 已知）	① $z_i = \ln\dfrac{x_i + \lambda}{\lambda}$ $\quad c_1 = \sum_{i=1}^{n_1} z_i = \sum_{i=1}^{n_1} \ln\dfrac{x_i + \lambda}{\lambda}$ ② $v_i = \ln\dfrac{u_i + \lambda}{\lambda}$ $\quad c_2 = \sum_{i=1}^{n_2} v_i = \sum_{i=1}^{n_2} \ln\dfrac{u_i + \lambda}{\lambda}$ ③ $w_i = \ln\dfrac{x_i + \lambda}{d_i + \lambda}$ $\quad c_3 = \sum_{i=1}^{n_3} w_i = \sum_{i=1}^{n_3} \ln\dfrac{x_i + \lambda}{d_i + \lambda}$ ④ $y_i = \ln\dfrac{u_i + \lambda}{d_i + \lambda}$ $\quad c_4 = \sum_{i=1}^{n_4} y_i = \sum_{i=1}^{n_4} \ln\dfrac{u_i + \lambda}{d_i + \lambda}$	$\hat{\alpha} = \dfrac{n_1 + n_3}{c_1 + c_2 + c_3 + c_4}$	$n_1 + n_2 + n_3 + n_4$
$X \sim Pareto_2(\alpha, \lambda)$ （λ 已知）	① $z_i = \ln\dfrac{x_i}{\lambda}$ $\quad c_1 = \sum_{i=1}^{n_1} z_i = \sum_{i=1}^{n_1} \ln\dfrac{x_i}{\lambda}$ ② $v_i = \ln\dfrac{u_i}{\lambda}$ $\quad c_2 = \sum_{i=1}^{n_2} v_i = \sum_{i=1}^{n_2} \ln\dfrac{u_i}{\lambda}$ ③ $w_i = \ln\dfrac{x_i}{d_i}$ $\quad c_3 = \sum_{i=1}^{n_3} w_i = \sum_{i=1}^{n_3} \ln\dfrac{x_i}{d_i}$ ④ $y_i = \ln\dfrac{u_i}{d_i}$ $\quad c_4 = \sum_{i=1}^{n_4} y_i = \sum_{i=1}^{n_4} \ln\dfrac{u_i}{d_i}$	$\hat{\alpha} = \dfrac{n_1 + n_3}{c_1 + c_2 + c_3 + c_4}$	$n_1 + n_2 + n_3 + n_4$

续表

损失额 X 的分布	四种类型	理赔额 Y 的分布参数的 MLE（多个 d_i 和 u_i 的情况）	Y 的样本数
$X \sim Weibull(c, \gamma)$ （γ 已知）	① $z_i = x_i^\gamma$ $\quad c_1 = \sum_{i=1}^{n_1} z_i = \sum_{i=1}^{n_1} x_i^\gamma$ ② $v_i = u_i^\gamma$ $\quad c_2 = \sum_{i=1}^{n_2} v_i = \sum_{i=1}^{n_2} u_i^\gamma$ ③ $w_i = x_i^\gamma - d_i^\gamma$ $\quad c_3 = \sum_{i=1}^{n_3} w_i = \sum_{i=1}^{n_3} (x_i^\gamma - d_i^\gamma)$ ④ $y_i = u_i^\gamma - d_i^\gamma$ $\quad c_4 = \sum_{i=1}^{n_4} y_i = \sum_{i=1}^{n_4} (u_i^\gamma - d_i^\gamma)$	$\hat{c} = \dfrac{n_1 + n_3}{c_1 + c_2 + c_3 + c_4}$	$n_1 + n_2 + n_3 + n_4$
$X \sim Weibull(\tau, \theta)$ （τ 已知）	① $z_i = x_i^\tau$ $\quad c_1 = \sum_{i=1}^{n_1} z_i = x_i^\tau$ ② $v_i = u_i^\tau$ $\quad c_2 = \sum_{i=1}^{n_2} v_i = \sum_{i=1}^{n_2} u_i^\tau$ ③ $w_i = x_i^\tau - d_i^\tau$ $\quad c_3 = \sum_{i=1}^{n_3} w_i = \sum_{i=1}^{n_3} (x_i^\tau - d_i^\tau)$ ④ $y_i = u_i^\tau - d_i^\tau$ $\quad c_4 = \sum_{i=1}^{n_4} y_i = \sum_{i=1}^{n_4} (u_i^\tau - d_i^\tau)$	$\hat{\theta} = \left[\dfrac{c_1 + c_2 + c_3 + c_4}{n_1 + n_3}\right]^{\frac{1}{\tau}}$	$n_1 + n_2 + n_3 + n_4$

三、分布模型的检验与选择

无论是无风险分担下的估计问题，还是有风险分担下的估计问题，当分布形式未知时，需要假定多个适合的分布形式，然后利用样本数据的矩估计、极大似然估计或分位数估计相应的分布参数，再使用合适的模型检验与选择方法来选择最优的分布模型。

通常，χ^2 拟合优度检验是进行分布拟合效果检验或分布选择的常用方法。此外，Q-Q 图也是一种直观的选择合适分布的简单方法。Q-Q 图绘制的是利用拟合的理论分布的分位数（x 轴）和样本数据的经验分布的分位数（y 轴）之间的 $(x_i, y_i)(i=1, 2, \cdots, n)$ 关系图。显然，(x_i, y_i) 与 $Y = X$ 越重合，选取的拟合分布越好，即用拟合分布近似理论分布越好。

第六节　本章 R 软件操作与实现

一、R 软件内置的分布函数及其 R 实现

1. R 软件内置的分布函数

表 2-11 列出了 R 软件内置的离散型和连续型概率分布函数。

表 2-11 R 软件内置的离散型和连续型概率分布一览表

分　　布	R 软件中对应的名称	分布参数
二项分布	binom	size, prob
泊松分布	pois	lambda
几何分布	geom	prob
负二项分布	nbinom	size, prob
超几何分布	hyper	m, n, k
均匀分布	unif	min, max
正态分布	norm	mean, sd
指数分布	exp	rate
t 分布	t	df, ncp
贝塔分布	beta	shape1, shape2, ncp
对数正态分布	lnorm	meanlog, sdlog
柯西分布	cauchy	location, scale
卡方分布	chisq	df, ncp
F 分布	f	df1, df1, ncp
伽马分布	gamma	shape, scale
logistic 分布	logis	location, scale
韦伯分布	weibull	shape, scale
威尔科克森分布	wilcox	m, n

2. R 可以内置实现的分布函数的基本运算

R 软件可以内置实现的分布函数的基本运算有以下四种。

(1) r:随机模拟(Random Deviates)或者随机数发生器。

(2) d:概率密度函数(Probability Density Function, PDF):$f(x)$。

(3) p:累积分布函数(Cumulative Distribution Function, CDF):$F(x)$。

(4) q:分位数函数(Quantiles):符合 $P(X \leqslant x) > q$ 的最小的 x,即对应的分位数,也称分位点)。

利用上述 4 种基本运算,可以实现从表 2-11 给出的任一分布中随机抽取样本,计算任一分布的概率密度函数、累积分布函数和分位数函数的数值解及其衍生的其他估计问题。

3. R 中分布函数的调用和实现举例

(1) 指数分布。

假设 $X \sim E(\lambda = 0.5)$,则从该指数分布中模拟 100 个随机数(随机观测值)的 R 代码是:

```
x <- rexp(100, 0.5)
```

需要指出,不同的随机数发生器("种子"数)会产生不同的随机数序列。因此,在应用 R

软件进行随机模拟时,可以设定不同的"种子"数。选择同一个"种子"数,不但可以唯一确定模拟结果,而且有助于对不同模拟方法的结果进行比较。例如,在上述 100 次模拟前,加上 set.seed(123)函数,就可以得到唯一的 100 个随机数向量。

```
set.seed(123)
x <- rexp(100, 0.5)
```

这 100 个随机数的概率密度函数(PDF)可以采用以下 R 代码获得。

```
y <- dexp(x, 0.5)
```

我们可以使用以下 plot 函数来绘制该指数分布的概率密度图。

```
plot(x, y)
```

若需要绘制某指定区间(如 $X \in (0, 10]$)的概率密度图,则可以使用以下 R 代码。

```
plot(seq(0, 10, by = 0.01), dexp(seq(0, 10, by = 0.01), 0.5))
plot(seq(0, 10, by = 0.01), dexp(seq(0, 10, by = 0.01), 0.5), type = "p")
plot(seq(0, 10, by = 0.01), dexp(seq(0, 10, by = 0.01), 0.5), type = "l")
```

这里,seq(0, 10, by = 0.01)函数可以得到从 0 到 10 的等差数列,公差为 0.01,共 1001 个数。dexp(seq())函数为嵌套函数,()中为函数的参数。同学们可以在 R 软件中输入 "?plot"来查看 plot 函数所在的软件包及其使用方法。例如,plot 函数绘制的图形类型(type)可以是点图(points)、线图(lines)、点线图等,缺省(即默认)情况下,图形类型为点图。其他内置函数的调用类似处理,这里不再赘述。

为了计算该指数分布的累积分布函数(CDF),我们可以使用 pexp 函数。例如,计算 $P(X \leqslant 2) = 0.6321206$ 的 R 代码是:

```
pexp(2, 0.5)
```

类似地,计算某概率值对应的分位数可以使用 qexp 函数。计算上述概率值对应的分位数 2 的 R 代码是:

```
qexp(pexp(2, 0.5), 0.5)
```

显然,pexp 函数和 qexp 函数可以实现互逆运算。

(2)伽马分布。

假设 $X \sim Gamma(\alpha = 2, \lambda = 0.25)$,则从该伽马分布中模拟 100 个随机数(随机观测值)的 R 代码是:

```
rgamma(100, 2, 0.25)
```

类似地，伽马分布的 PDF、CDF 和分位数可以分别使用 dgamma 函数、pgamma 函数和 qgamma 函数得到。

（3）对数正态分布。

假设 $\ln X \sim N(\mu=0, \sigma^2=1)$，则从该对数正态分布中模拟 100 个随机数（随机观测值）的 R 代码是：

```
rlnorm (100, 0, 1)
```

类似地，对数正态分布的 PDF、CDF 和分位数可以分别使用 dlnorm 函数、plnorm 函数和 qlnorm 函数得到。

（4）韦伯分布（类型二）。

假设 $X \sim Weibull(c=2, \gamma=0.25)$，则从该韦伯分布中模拟 100 个随机数（随机观测值）的 R 代码是：

```
rweibull(100, 0.25, 2^(-1/0.25))
```

需要特别注意的是，R 软件内置的韦伯分布采用的是 $X \sim Weibull(\tau, \theta)$ 形式，其中，τ 为形状（shape）参数，θ 为尺度（scale）参数。因此，同学们需要掌握两种形式下韦伯分布的两参数之间的转化关系。

类似地，韦伯分布的 PDF、CDF 和分位数可以分别使用 dweibull 函数、pweibull 函数和 qweibull 函数得到。

二、R 软件没有内置的分布函数及其实现举例

对于 R 软件没有内置的分布，如帕累托分布及其扩展分布、第一种类型的韦伯分布等，我们可以自行定义函数，来实现上述四种基本运算。

1. 帕累托分布

我们定义 rpareto 函数、dpareto 函数、ppareto 函数和 qpareto 函数，可以实现帕累托分布 $X \sim Pareto(\alpha=a, \lambda=lambda)$ 的四种基本运算。下面给出相应的 R 代码。

```
rpareto <- function(n, a, lambda){lambda * ((1-runif(n))^(-1/a)-1)}
dpareto <- function(x, a, lambda){a * lambda^(a)/((lambda+x)^(a+1))}
ppareto <- function(q, a, lambda){1-(lambda/(lambda+q))^a}
qpareto <- function(p, a, lambda){lambda * ((1-p)^(-1/a)-1)}
```

2. Burr 分布

类似地，我们定义 rburr 函数、dburr 函数、pburr 函数和 qburr 函数，可以实现 Burr 分

布 $X \sim Burr(\alpha = a, \lambda = lambda, \gamma = g)$ 的四种基本运算。下面给出相应的 R 代码。

```
rburr <- function(n, a, lambda, g){(lambda * ((1 - runif(n))^(-1/a) - 1))^(1/g)}
dburr <- function(x, a, lambda, g){a * g * lambda^(a) * x^(g-1)/((lambda + x^g)^(a+1))}
pburr <- function(q, a, lambda, g){1 - (lambda/(lambda + q^g))^a}
qburr <- function(p, a, lambda, g){(lambda * ((1-p)^(-1/a) - 1))^(1/g)}
```

3. 三参数帕累托分布

我们定义 d3pareto 函数,可以实现三参数帕累托分布 $X \sim Pareto(\alpha = a, k, \delta = delta)$ 的概率密度函数的计算。下面给出相应的 R 代码。

```
d3pareto <- function(x, a, k, delta){gamma(a+k) * ((delta)^a)/(gamma(a) * gamma(k)) * x^(k-1)/((delta+x)^(a+k))}
```

这里,gamma 函数可以实现 $\Gamma(n) = (n-1)!$ 的计算。然而,由于三参数帕累托分布的分布函数没有封闭形式的解析表达式,因此,定义函数来获取累积分布函数、分位数函数和随机模拟值并不容易。

4. 韦伯分布(类型一)

类似地,我们定义 rweibull1 函数、dweibull1 函数、pweibull1 函数和 qweibull1 函数,可以实现帕累托分布 $X \sim Weibull(c, \gamma = g)$ 的四种基本运算。下面给出相应的 R 代码。

```
rweibull1 <- function(n, c, g){(-log(1-runif(n))/c)^(1/g)}
dweibull1 <- function(x, c, g){c * g * x^(g-1) * exp(-c * x^g)}
pweibull1 <- function(q, c, g){1 - exp(-c * q^g)}
qweibull1 <- function(p, c, g){(-log(1-p)/c)^(1/g)}
```

综上所述,我们可以根据需要,自行定义任意感兴趣的函数,并不局限于分布函数。

三、再保险的 R 实现举例

1. 超额损失再保险

在超额损失再保险中,假设损失 $X \sim E(\lambda = 0.0005)$,且保险公司的自留额为 M。则从该指数分布中模拟 10 000 个损失额的 R 代码是:

```
x <- rexp(10000, 0.0005)
```

进而保险公司和再保险公司支付的模拟损失额 y 和 z 的 R 代码是:

```
y <- pmin(x, M)
z <- pmax(0, x - M)
```

显然,给定 M 的值,我们可以分别得到 10 000 个模拟损失额 y 和 z。例如,当 $M=1\,000$ 时,相应的 R 代码是:

```
y <- pmin(x, 1000)
z <- pmax(0, x - 1000)
```

然后,我们可以使用 mean 函数、var 函数、summary 函数来计算 y 和 z 的均值、方差和描述性统计(包括最小值、25%分位数、中位数、均值、75%分位数、最大值)。

```
mean(y)
mean(z)
var(y)
var(z)
summary(y)
summary(z)
```

进一步地,我们也可以使用这些模拟值来估计感兴趣的概率和分位数等。例如,估计保险公司支付的模拟损失额小于 1 000 的概率、再保险公司支付的模拟损失额大于 5 000 的概率:

```
length(y[y<1000])/length(y)
length(z[z>5000])/length(z)
```

估计保险公司、再保险公司分别在 90%、50% 的概率下对应的模拟损失额的分位数:

```
quantile(y, 0.9)
quantile(z, 0.5)
```

2. 含通胀的超额损失再保险

下面在上述超额损失再保险中,进一步考虑通胀对保险公司和再保险公司的影响。令 k 为通胀因子($k>1$),则考虑通胀后,保险公司和再保险公司支付的模拟损失额 y 和 z 变为:

```
y <- pmin(k * x, M)
z <- pmax(0, k * x - M)
```

类似地,我们也可以估计保险公司和再保险公司的相应的均值、方差、概率和分位数等分布特征。

3. 含截断数据的超额损失再保险

下面进一步扩展到含截断数据的超额损失再保险中。此时,再保险公司支付的模拟损失额 w 变为:

```
w <- z[z>0]
```

类似地,我们也可以估计再保险公司对应的截断分布(Truncated Distribution)的均值、方差、概率和分位数等分布特征。

4. 比例再保险

在比例再保险中,假设保险公司的自留比例为 a,则保险公司和再保险公司支付的模拟损失额 y 和 z 变为:

```
y <- a*x
z <- (1-a)*x
```

类似地,我们也可以估计保险公司和再保险公司的相应的均值、方差、概率和分位数等分布特征。

四、极大似然估计的 R 实现举例

下面介绍两种常见的获得感兴趣的分布下观测样本(或模拟样本)的似然函数和模型参数的 MLE 值的方法。其中,第一种方法是调用 R 软件的 MASS 软件包中的 fitdistr 函数。第二种方法是定义(构造)函数来计算观测样本(或者模拟样本)的负的对数似然函数值,并使用非线性优化函数(nlm 函数)对其进行最小化处理。这等价于最大化对数似然函数。

1. 指数分布

方法一:调用 R 软件的 MASS 软件包中的 fitdistr 函数。其模型参数的 MLE 的 R 代码形式为:

```
install.packages("MASS")    #若未安装 MASS 包,则先进行安装。
library(MASS)
fitdistr(<data vector>, "exponential")
```

例如,针对前面例子中的指数分布,相应的 MLE 的 R 代码分别为:

```
library(MASS)
fitdistr(seq(0, 10, by = 0.01), "exponential")


x <- rexp(10000, 0.0005)
fitdistr(x, "exponential")
```

方法二:使用 nlm 函数。其模型参数的 MLE 的 R 代码形式为:

```
nlm(<negative log-likelihood function>, <parameter(s) starting value(s)>)
```

例如,我们使用 $X \sim E(\lambda = 0.5)$ 来拟合一组观测样本数据(这里,参数 λ 的初始值为 0.5),再利用观测样本数据和 nlm 函数迭代寻找参数 λ 的 MLE。其 R 代码形式为:

```
lambda <- 0.5
nfMLE <- function(param){-sum(log(dexp(<data vector>, param)))}
nlm(nfMLE, lambda)
```

这里,对数似然函数的计算中用到了概率密度函数乘积的对数等于对数概率密度函数的求和。

针对前面例子中的指数分布,假设参数 λ 的初始值为 0.2,则相应的 MLE 的 R 代码可以写成如下形式:

```
lambda <- 0.2
nfMLE <- function(param){-sum(log(dexp(seq(0, 10, by = 0.01), param)))}
nlm(nfMLE, lambda)

x <- rexp(10000, 0.2)
lambda <- 0.2
nfMLE <- function(param){-sum(log(dexp(x, param)))}
nlm(nfMLE, lambda)
```

值得注意的是,这两种方法得到的似然函数和模型参数的估计值可能不同。这是因为,fitdistr 函数是利用相应分布的概率密度函数的解析表达式进行估计的;而 nlm 函数则是使用数值方法进行迭代来最大化似然函数的。即使 fitdistr 函数也能使用数值方法进行估计,两者的估计值也可能仍然不同。

通常,这种差异在非线性优化问题中是普遍存在的。与线性回归不同,非线性优化程序不一定会收敛到一个稳定值。例如,nlm 函数需要设定参数搜索的初始值,而参数估计是否收敛在很大程度上依赖于初始值设定的质量,一般可以使用一些经验方法判断初始的参数设定,也可以根据具体设定的模型,同时考虑 R 软件中不同求解 MLE 的函数命令和软件包,如 nlminb 函数、optim 函数、maxLik 软件包、ismev 软件包等来辅助得到最佳的参数估计值。另外,在函数调用时,模型参数自身的约束也需要合理考虑。

2. 伽马分布

下面仅给出第一种方法,感兴趣的同学可以根据指数分布中介绍的两种方法比较结果差异。

调用 R 软件的 MASS 软件包中的 fitdistr 函数。其模型参数的 MLE 的 R 代码形式为：

```
library(MASS)
fitdistr(<data vector>, "gamma")
fitdistr(<data vector>, "gamma", list(shape = <alpha>, rate = <lambda>), lower = 0.001)
```

这里，"lower＝0.001"表示设置下限为 0.001，以防止出现无效的结果。

例如，我们从 $X \sim Gamma(\alpha=5, \lambda=0.1)$ 中模拟 100 个样本数据（这里，参数 α 和 λ 的初始值分别为 5 和 0.1），再利用模拟样本数据和 fitdistr 函数寻找两参数 α 和 λ 的 MLE。其 R 代码形式为：

```
set.seed(123)
x <- rgamma(100, shape = 5, rate = 0.1)
fitdistr(x, "gamma")
fitdistr(x, "gamma", list(shape = 1, rate = 0.1), lower = 0.001)
fitdistr(x, dgamma, list(shape = 1, rate = 0.1), lower = 0.001)
```

3. 对数正态分布

下面仅给出第一种方法，感兴趣的同学可以根据指数分布中介绍的两种方法比较结果差异。

调用 R 软件的 MASS 软件包中的 fitdistr 函数。其模型参数的 MLE 的 R 代码形式为：

```
library(MASS)
fitdistr(<data vector>, "log-normal")
```

例如，我们从 $\ln X \sim N(\mu=0, \sigma^2=1)$ 中模拟 100 个样本数据（这里，参数 μ 和 σ^2 的初始值分别为 0 和 1），再利用模拟样本数据和 fitdistr 函数寻找两参数 μ 和 σ^2 的 MLE。其 R 代码形式为：

```
x <- rlnorm(100, 0, 1)
fitdistr(x, "log-normal")
```

4. 韦伯分布

下面仅给出第一种方法，感兴趣的同学可以根据指数分布中介绍的两种方法比较结果差异。

调用 R 软件的 MASS 软件包中的 fitdistr 函数。其模型参数的 MLE 的 R 代码形式为：

```
library(MASS)
fitdistr(<data vector>, "weibull")
fitdistr(<data vector>, "weibull", list(shape = <gamma>, scale = <c^(-1/gamma)>), lower = 0.001)
```

例如，我们从 $X \sim Weibull(c=2, \gamma=0.25)$ 中模拟 100 个样本数据（这里，参数 c 和 γ 的初始值分别为 2 和 0.25），再利用模拟样本数据和 fitdistr 函数寻找两参数 c 和 γ 的 MLE。其 R 代码形式为：

```
x <- rweibull(100, 0.25, 2^(-1/0.25))
fitdistr(x, "weibull", lower = 0.001)
```

五、Q-Q 图的 R 实现举例

Q-Q 图是一种直观的选择合适分布的简单方法。在 R 软件中，利用 qqplot 函数可以实现样本数据和拟合的理论分布的模拟值的比较。显然，图像与 45°的对角线越重合，表明选取的拟合分布越好。其 Q-Q 图的 R 代码形式为：

```
qqplot(<simulated theoretical values>, <sample values>)
abline(0, 1)
```

或者

```
qqplot(<simulated theoretical values>, <simulated compound distribution values>)
abline(0, 1)
```

例如，我们从 $Y \sim t(n=5)$（即自由度 n 为 5 的 t 分布）中模拟 200 个样本数据，并将其作为模拟的理论分布；再从自由度 n 为 5 的 t 分布中模拟 300 个样本数据，并将其作为观测值。则该 Q-Q 图的 R 代码为：

```
set.seed(123)
y <- rt(200, df = 5)
qqplot(y, rt(300, df = 5))
abline(0, 1)
```

这里，abline 函数可以在当前绘制的图形中添加一条或多条直线。相应的 Q-Q 图如图 2-11 所示。

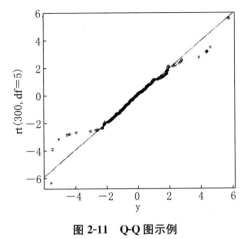

图 2-11　Q-Q 图示例

特别地，当选取的理论分布为正态分布时，Q-Q 图也可以直接使用 qqnorm( ) 函数来实现。其 R 代码形式为：

```
qqnorm(<simulated values>)
```

例如，我们从 $X \sim N(\mu=0, \sigma^2=1)$ 中模拟 100 个样本数据。针对这些模拟样本，其正态分布检验的 Q-Q 图的 R 代码为：

```
set.seed(123)
x <- rnorm(100, 0, 1)
qqnorm(x, xlab = "理论分位数", ylab = "样本分位数", main = "正态分布检验的 Q-Q 图")
qqline(x, col = "blue")
```

相应的正态 Q-Q 图如图 2-12 的左图所示。

再比如，我们从 $Y \sim t(n=5)$（即自由度 n 为 5 的 t 分布）中模拟 200 个样本数据。针对这些模拟样本，其正态分布检验的 Q-Q 图的 R 代码为：

```
set.seed(123)
y <- rt(200, df = 5)
qqnorm(y, xlab = "理论分位数", ylab = "样本分位数", main = "正态分布检验的 Q-Q 图")
qqline(y, col = 2)
```

相应的正态 Q-Q 图如图 2-12 的右图所示。

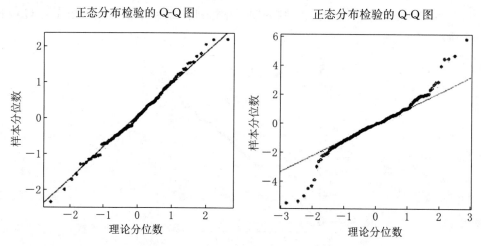

图 2-12　正态分布检验的 Q-Q 图示例

 本章习题与扩展思考题

一、本章习题

1. 证明矩母函数的性质2。

答：下面给出两种证明方法。

方法一：直接利用 $M_X(t)$ 和 $\ln M_X(t)$ 对 t 求导，得到随机变量 X 的各阶原点矩和二、三阶中心矩。

(1) 计算 X 的各阶原点矩：

$$M_X(0)=1 \quad M_X'(0)=E(X) \quad M_X''(0)=E(X^2) \quad \cdots\cdots \quad M_X^{(n)}(0)=E(X^n)$$

$$\mathrm{var}(X)=E(X^2)-[E(X)]^2=M_X''(0)-[M_X'(0)]^2$$

(2) 计算 X 的各阶中心矩：

$$\frac{\mathrm{d}}{\mathrm{d}t}\ln M_X(t)\bigg|_{t=0}=\frac{M_X'(0)}{M_X(0)}=M_X'(0)=E(X)$$

$$\frac{\mathrm{d}^2}{\mathrm{d}t^2}\ln M_X(t)\bigg|_{t=0}=\frac{M_X''(t)M_X(t)-[M_X'(t)]^2}{M_X^2(t)}\bigg|_{t=0}=\frac{M_X''(0)M_X(0)-[M_X'(0)]^2}{M_X^2(0)}$$

$$=M_X''(0)-[M_X'(0)]^2=\mathrm{var}(X)$$

$$\frac{\mathrm{d}^3}{\mathrm{d}t^3}\ln M_X(t)\bigg|_{t=0}=\frac{[M_X'''(t)M_X(t)+M_X''(t)M_X'(t)-2M_X'(t)M_X''(t)]M_X^2(t)}{M_X^4(t)}\bigg|_{t=0}$$

$$-\frac{\{M_X''(t)M_X(t)-[M_X'(t)]^2\}2M_X(t)M_X'(t)}{M_X^4(t)}\bigg|_{t=0}$$

$$=EX^3+EX^2EX-2EXEX^2-[EX^2-(EX)^2]2EX$$

$$=EX^3-3EXEX^2+2(EX)^3$$

$$=E(X-EX)^3$$

方法二：对矩母函数进行泰勒展开，然后再对 t 求导，得到随机变量 X 的各阶原点矩和二、三阶中心矩。

(1) 计算 X 的各阶原点矩：

$$M_X(t)=E(e^{tX})=E\left(\sum_{k=0}^{\infty}\frac{(tX)^k}{k!}\right)=\left(\sum_{k=0}^{\infty}E\left(\frac{(tX)^k}{k!}\right)\right)=\sum_{k=0}^{\infty}\left(\frac{t^k}{k!}E(X^k)\right)$$

$$=1+tE(X)+\frac{t^2}{2}E(X^2)+\frac{t^3}{6}E(X^3)+\cdots$$

对上式两边在 $t=0$ 处求各阶导数，得到

$$\frac{\mathrm{d}}{\mathrm{d}t}M_X(t)\bigg|_{t=0}=E(X)$$

$$\frac{\mathrm{d}^2}{\mathrm{d}t^2}M_X(t)\bigg|_{t=0}=E(X^2)$$

$$\frac{\mathrm{d}^3}{\mathrm{d}t^3}M_X(t)\bigg|_{t=0}=E(X^3)$$

……

(2) 计算 X 的各阶中心矩：

显然，$\ln M_X(t)=\ln\left(1+tE(X)+\frac{t^2}{2}E(X^2)+\frac{t^3}{6}E(X^3)+\cdots\right)$。

利用重要幂级数展示式 $\ln(1+x)=\sum_{n=0}^{\infty}\frac{(-1)^n}{n+1}x^{n+1}(x\in(-1,1])$，得到：

$$\ln M_X(t)=\ln\left(1+tE(X)+\frac{t^2}{2}E(X^2)+\frac{t^3}{6}E(X^3)+\cdots\right)$$

$$=\sum_{n=0}^{\infty}\frac{(-1)^n}{n+1}\left(tE(X)+\frac{t^2}{2}E(X^2)+\frac{t^3}{6}E(X^3)+\cdots\right)^{n+1}$$

类似地，对上式两边在 $t=0$ 处（或 $t\to 0$ 取极限）求各阶导数，得到

$$\frac{\mathrm{d}}{\mathrm{d}t}\ln M_X(t)\bigg|_{t=0}=\sum_{n=0}^{\infty}\frac{(-1)^n}{n+1}(n+1)\left(tE(X)+\frac{t^2}{2}E(X^2)+\frac{t^3}{6}E(X^3)+\cdots\right)^n\cdot$$

$$\left(E(X)+tE(X^2)+\frac{t^2}{2}E(X^3)+\cdots\right)\bigg|_{t=0}$$

$$=E(X)$$

$$\frac{\mathrm{d}^2}{\mathrm{d}t^2}\ln M_X(t)\bigg|_{t=0}=\sum_{n=0}^{\infty}\frac{(-1)^n}{n+1}(n+1)n\left(tE(X)+\frac{t^2}{2}E(X^2)+\frac{t^3}{6}E(X^3)+\cdots\right)^{n-1}\cdot$$

$$\left(E(X)+tE(X^2)+\frac{t^2}{2}E(X^3)+\cdots\right)^2\bigg|_{t=0}$$

$$+\sum_{n=0}^{\infty}\frac{(-1)^n}{n+1}(n+1)\left(tE(X)+\frac{t^2}{2}E(X^2)+\frac{t^3}{6}E(X^3)+\cdots\right)^n\cdot$$

$$(E(X^2)+tE(X^3)+\cdots)\bigg|_{t=0}$$

$$= -(EX)^2 + E(X^2)$$
$$= \text{var}(X)$$

$$\left.\frac{d^3}{dt^3} \ln M_X(t)\right|_{t=0}$$
$$= \sum_{n=0}^{\infty} \frac{(-1)^n}{n+1}(n+1)n(n-1)\left(tE(X) + \frac{t^2}{2}E(X^2) + \frac{t^3}{6}E(X^3) + \cdots\right)^{n-2} \cdot$$
$$\left.\left(E(X) + tE(X^2) + \frac{t^2}{2}E(X^3) + \cdots\right)^3\right|_{t=0}$$
$$+ \sum_{n=0}^{\infty} \frac{(-1)^n}{n+1}(n+1)n\left(tE(X) + \frac{t^2}{2}E(X^2) + \frac{t^3}{6}E(X^3) + \cdots\right)^{n-1}$$
$$\left.\times 2\left(E(X) + tE(X^2) + \frac{t^2}{2}E(X^3) + \cdots\right)(E(X^2) + tE(X^3) + \cdots)\right|_{t=0}$$
$$+ \sum_{n=0}^{\infty} \frac{(-1)^n}{n+1}(n+1)n\left(tE(X) + \frac{t^2}{2}E(X^2) + \frac{t^3}{6}E(X^3) + \cdots\right)^{n-1}$$
$$\left.\times \left(E(X) + tE(X^2) + \frac{t^2}{2}E(X^3) + \cdots\right)[E(X^2) + tE(X^3) + \cdots]\right|_{t=0}$$
$$+ \left.\sum_{n=0}^{\infty} \frac{(-1)^n}{n+1}(n+1)\left(tE(X) + \frac{t^2}{2}E(X^2) + \frac{t^3}{6}E(X^3) + \cdots\right)^n [E(X^3) + \cdots]\right|_{t=0}$$
$$= 2(EX)^3 - 2(EX)E(X^2) - (EX)E(X^2) + E(X^3)$$
$$= E(X^3) - 3(EX)E(X^2) + 2(EX)^3$$
$$= E(X - EX)^3$$

需要注意，上面推导中用到了 $\lim_{t \to 0} t^0 = 1$。其中，指数含 n 的表达式只需要考虑指数等于 0 的情况，其他指数非 0 的情况都是 0。即 0 的任何非 0 次方都是 0；0 的 0 次方没有意义，因此这里考虑 $\lim_{t \to 0} t^0 = 1$。

2. 已知 $X \sim Gamma(\alpha, \lambda)(\alpha > 0, \lambda > 0)$，证明 $E(X^k) = \frac{\Gamma(\alpha + k)}{\Gamma(\alpha)\lambda^k}$。

证明：

$$E(X^k) = \left.\frac{d^k}{dt^k}M_X(t)\right|_{t=0} = \left.\frac{d^k}{dt^k}\left(\frac{\lambda}{\lambda - t}\right)^\alpha\right|_{t=0} = \left.\frac{\alpha \lambda^\alpha (\alpha+1)(\alpha+2)\cdots(\alpha+k-1)}{(\lambda-t)^{\alpha+k}}\right|_{t=0}$$
$$= \frac{\alpha(\alpha+1)(\alpha+2)\cdots(\alpha+k-1)}{\lambda^k} = \frac{\Gamma(\alpha+k)}{\Gamma(\alpha)\lambda^k}$$

3. 证明以下经典结论。

(1) 已知 $X \sim Pareto(\alpha, \lambda)$，则 $Y = (X-d)_+ | X > d \sim Pareto(\alpha, d+\lambda)$，$E(Y) = \frac{d+\lambda}{\alpha - 1}$。

(2) 已知 $X \sim Pareto_2(\alpha, \lambda)$，则 $Y = (X-d)_+ | X > d \sim Pareto(\alpha, d)$，$E(Y) = \frac{d}{\alpha - 1}$。

(3) 已知 $X \sim U(0, \omega)$,则 $T(x) = (X-x)_+ | X > x \sim U(0, w-x)$。

(4) 已知 $X \sim E(\lambda)$,则 $T(x) = (X-x)_+ | X > x \sim E(\lambda)$。

证明: (1) 方法一:

两参数情况: $f(x) = \dfrac{\alpha \lambda^\alpha}{(x+\lambda)^{\alpha+1}} (x > 0, \alpha > 0, \lambda > 0)$

$$s_Y(y) = P(Y > y) = P[(X-d)_+ > y | X > d] = P(X - d > y | X > d)$$
$$= \frac{P(X > d+y)}{P(X > d)} = \frac{s_X(d+y)}{s_X(d)}$$

进而得到

$$s_Y(y) = \frac{\left(\dfrac{\lambda}{d+y+\lambda}\right)^\alpha}{\left(\dfrac{\lambda}{d+\lambda}\right)^\alpha} = \left(\frac{d+\lambda}{d+y+\lambda}\right)^\alpha$$

即 $Y = (X-d)_+ | X > d \sim Pareto(\alpha, d+\lambda)$

进而得到 $E(Y) = \dfrac{d+\lambda}{\alpha - 1}$

方法二:

$$E(Y) = \frac{E(X-d)_+}{1-F_X(d)} = \frac{E(X-d)_+}{s_X(d)}$$

其中,$E(X-d)_+ = \displaystyle\int_d^\infty s(x) \mathrm{d}x = \int_d^\infty \left(\dfrac{\lambda}{x+\lambda}\right)^\alpha \mathrm{d}x = \dfrac{d+\lambda}{\alpha-1}\left(\dfrac{\lambda}{d+\lambda}\right)^\alpha$, $s_X(d) = \left(\dfrac{\lambda}{d+\lambda}\right)^\alpha$

进而得到 $E(Y) = \dfrac{E(X-d)_+}{1-F_X(d)} = \dfrac{d+\lambda}{\alpha-1}$

方法三:

$$E(Y) = \frac{E(X-d)_+}{1-F_X(d)} = \frac{E(X) - E(X \wedge d)}{s_X(d)}$$

其中,$E(X \wedge d) = \displaystyle\int_0^d s(x) \mathrm{d}x = \int_0^d \left(\dfrac{\lambda}{x+\lambda}\right)^\alpha \mathrm{d}x = \dfrac{\lambda}{\alpha-1}\left[1 - \left(\dfrac{\lambda}{d+\lambda}\right)^{\alpha-1}\right]$, $s_X(d) = \left(\dfrac{\lambda}{d+\lambda}\right)^\alpha$

进而得到 $E(Y) = \dfrac{E(X) - E(X \wedge d)}{s_X(d)} = \dfrac{d+\lambda}{\alpha-1}$

(2) 方法一:

$$f(x) = \frac{\alpha \lambda^\alpha}{x^{\alpha+1}} (x > \lambda, \alpha > 0, \lambda > 0)$$

$$F(x) = 1 - \left(\frac{\lambda}{x}\right)^\alpha$$

$$E(X^k) = \frac{\alpha\lambda^k}{\alpha-k}(k<\alpha)$$

$$E(X^k) = \int_\lambda^\infty x^k \frac{\alpha\lambda^\alpha}{x^{\alpha+1}}\mathrm{d}x = \int_\lambda^\infty \alpha\lambda^\alpha x^{k-\alpha-1}\mathrm{d}x = \frac{\alpha\lambda^\alpha}{k-\alpha}x^{k-\alpha}\bigg|_\lambda^\infty = \frac{\alpha\lambda^k}{\alpha-k}$$

$$s_Y(y) = P(Y>y) = P[(X-d)_+ > y \mid X>d] = P(X-d>y \mid X>d)$$
$$= \frac{P(X>d+y)}{P(X>d)} = \frac{s_X(d+y)}{s_X(d)}$$

进而得到

$$s_Y(y) = \frac{\left(\dfrac{\lambda}{d+y}\right)^\alpha}{\left(\dfrac{\lambda}{d}\right)^\alpha} = \left(\dfrac{d}{d+y}\right)^\alpha$$

即 $Y = (X-d)_+ \mid X>d \sim Pareto(\alpha,d)$

进而得到 $E(Y) = \dfrac{d}{\alpha-1}$

方法二：

$$E(Y) = \frac{E(Z-d)_+}{1-F_Z(d)} = \frac{\int_d^\infty \left(\dfrac{\lambda}{x}\right)^\alpha \mathrm{d}x}{\left(\dfrac{\lambda}{d}\right)^\alpha} = \frac{\lambda^\alpha d^{1-\alpha}}{\alpha-1} \times \frac{d^\alpha}{\lambda^\alpha} = \frac{d}{\alpha-1}$$

方法三：

令(2)中的随机变量为 Z。显然，(1)和(2)中的随机变量之间存在以下关系：$Z = X+\lambda$。

$$E(Y) = \frac{E(Z-d)_+}{1-F_Z(d)} = \frac{E(X+\lambda-d)_+}{s_Z(d)} = \frac{E[X-(d-\lambda)]_+}{s_Z(d)}$$
$$= \frac{\int_{d-\lambda}^\infty \left(\dfrac{\lambda}{x+\lambda}\right)^\alpha \mathrm{d}x}{\left(\dfrac{\lambda}{d}\right)^\alpha} = \frac{\lambda^\alpha d^{1-\alpha}}{\alpha-1} \times \frac{d^\alpha}{\lambda^\alpha} = \frac{d}{\alpha-1}$$

显然 $E(X) = E(X \wedge d) + E(X-d)_+$ 且 $E(Z) = E(X)+\lambda = E(Z \wedge d) + E(Z-d)_+$

方法四：

$$E(Y) = \frac{E(Z-d)_+}{1-F_Z(d)} = \frac{E[X-(d-\lambda)]_+}{s_Z(d)} = \frac{E(X) - E[X \wedge (d-\lambda)]}{s_Z(d)}$$

其中，$E(X) = \dfrac{\lambda}{\alpha-1}$，

$$E[X \wedge (d-\lambda)] = \int_0^{d-\lambda} s(x)\mathrm{d}x = \int_0^{d-\lambda} \left(\dfrac{\lambda}{x+\lambda}\right)^\alpha \mathrm{d}x = \dfrac{\lambda}{\alpha-1}\left[1-\left(\dfrac{\lambda}{d}\right)^{\alpha-1}\right]$$

$$s_X(d) = \left(\frac{\lambda}{d}\right)^\alpha$$

进而得到 $E(Y) = \dfrac{E(X) - E[X \wedge (d-\lambda)]}{s_Z(d)} = \dfrac{\lambda}{\alpha-1}\left(\dfrac{\lambda}{d}\right)^{\alpha-1} \times \left(\dfrac{d}{\lambda}\right)^\alpha = \dfrac{d}{\alpha-1}$

方法五：利用 $E(Z-d)_+ = E(Z) - E(Z \wedge d)$

$$E(Z) = \frac{\alpha\lambda}{\alpha-1}$$

$$E(Z \wedge d) = \int_\lambda^d z f_Z(z) \mathrm{d}z + d[1 - F_Z(d)] = \int_\lambda^d z \frac{\alpha\lambda^\alpha}{z^{\alpha+1}} \mathrm{d}z + d\frac{\lambda^\alpha}{d^\alpha}$$
$$= \frac{\alpha\lambda^\alpha}{-\alpha+1} z^{-\alpha+1}\Big|_\lambda^d + d\frac{\lambda^\alpha}{d^\alpha} = \frac{\alpha\lambda}{\alpha-1} - \frac{\alpha\lambda^\alpha}{\alpha-1}\frac{d}{d^\alpha} + d\frac{\lambda^\alpha}{d^\alpha}$$
$$= \frac{\alpha\lambda}{\alpha-1} - \frac{\lambda^\alpha d^{1-\alpha}}{\alpha-1}$$

$$E(Z-d)_+ = E(Z) - E(Z \wedge d) = \frac{\lambda^\alpha d^{1-\alpha}}{\alpha-1}$$

进而得到 $E(Y) = \dfrac{E(Z-d)_+}{1-F_Z(d)} = \dfrac{\lambda^\alpha d^{1-\alpha}}{\alpha-1} \times \dfrac{d^\alpha}{\lambda^\alpha} = \dfrac{d}{\alpha-1}$

方法六：直接用密度函数求解期望。

$$E(Z-d)_+ = \int_d^\infty (z-d) f_Z(z) \mathrm{d}z = \int_0^\infty u f_Z(u+d) \mathrm{d}u$$
$$= \int_0^\infty u \frac{\alpha\lambda^\alpha}{(u+d)^{\alpha+1}} \mathrm{d}u = \int_0^\infty u \frac{\alpha d^\alpha \lambda^\alpha}{(u+d)^{\alpha+1} d^\alpha} \mathrm{d}u = \frac{\lambda^\alpha}{d^\alpha} \times \frac{d}{\alpha-1}$$

$$E(Y) = \frac{E(Z-d)_+}{1-F_Z(d)} = \frac{d}{\alpha-1}$$

(3) 证明：由于 $T(x) = (X-x)_+ | X > x$。则有

$$s_T(t) = P(T > t) = P[(X-x)_+ > t | X > x] = P(X - x > t | X > x)$$
$$= \frac{P(X > x+t)}{P(X > x)} = \frac{s_X(x+t)}{s_X(x)}$$

当 $X \sim U(0, \omega)$ 时，有：$s_T(t) = \dfrac{s_X(x+t)}{s_X(x)} = \dfrac{\dfrac{\omega-x-t}{\omega}}{\dfrac{\omega-x}{\omega}} = \dfrac{\omega-x-t}{\omega-x}$

因此，$T(x) \sim U(0, \omega-x)$

(4) 当 $X \sim E(\lambda)$ 时，有：$s_T(t) = \dfrac{s_X(x+t)}{s_X(x)} = \dfrac{e^{-\lambda(x+t)}}{e^{-\lambda x}} = e^{-\lambda t}$

因此，$T(x) \sim E(\lambda)$

最后指出，(3) 和 (4) 常见于生存模型中。在生存模型中，令 X 表示 0 岁的人的死亡时

间随机变量，$T(x)$ 表示 x 岁的人的剩余死亡时间随机变量。我们将在第四章介绍这些内容。

4. 已知 $X \sim Pareto(\alpha=2, \lambda)(x>0, \lambda>0)$。已知 $3E(Y_{100})=5E(Y_{50})$，求解 $E(Y_{150})$。

解：由题意得

$$\begin{cases} E(Y_{100}) = \dfrac{100+\lambda}{\alpha-1} = 100+\lambda \\ E(Y_{50}) = \dfrac{50+\lambda}{\alpha-1} = 50+\lambda \end{cases}$$

代入 $3E(Y_{100})=5E(Y_{50})$，得到 $3(100+\lambda)=5(50+\lambda)$，进而得到 $\lambda=25$。

因此，$E(Y_{150})=150+\lambda=175$。

5. 假设某一保险业务的损失服从韦伯分布，且该业务的一组损失样本数据的 25% 分位数为 400、75% 分位数为 2 800。采用分位数估计方法估计韦伯分布的参数 c 和 γ。

解：由 $F(x)=1-e^{-cx^\gamma}$ 可得：$\begin{cases} F(400)=1-e^{-c\times 400^\gamma}=0.25 \\ F(2\ 800)=1-e^{-c\times 2\ 800^\gamma}=0.75 \end{cases}$

进而得到 $\begin{cases} -c\times 400^\gamma = \ln 0.75 \\ -c\times 2\ 800^\gamma = \ln 0.25 \end{cases}$

因此，得到 $\begin{cases} \hat{c}=0.002\ 3 \\ \hat{\gamma}=0.808\ 1 \end{cases}$

6. (1) 假设 $X \sim Gamma(\alpha, \lambda)$（$\alpha$ 已知），证明参数 λ 的 MLE 为 $\hat{\lambda} = \dfrac{\alpha}{\bar{x}} = \dfrac{n\alpha}{\sum\limits_{i=1}^{n} x_i}$。

(2) 假设 $\ln X \sim N(\mu, \sigma^2)$，证明参数 μ 的 MLE 为 $\hat{\mu} = \dfrac{1}{n}\sum\limits_{i=1}^{n}\ln x_i$，参数 σ^2 的 MLE 为 $\hat{\sigma}^2 = \dfrac{1}{n}\sum\limits_{i=1}^{n}(\ln x_i - \hat{\mu})^2$。

(3) 假设 $X \sim Pareto_2(\alpha, \lambda)$（$\lambda$ 已知），证明 $Z=g(X)=\ln\dfrac{X}{\lambda} \sim E(\alpha)$，且参数 α 的 MLE 为 $\hat{\alpha} = \dfrac{n}{\sum\limits_{i=1}^{n}\ln\dfrac{x_i}{\lambda}}$。

(4) 假设 $X \sim Weibull(c, \gamma)$（$\gamma$ 已知），证明 $Z=g(X)=X^\gamma \sim E(c)$，且参数 c 的 MLE 为 $\hat{c} = \dfrac{n}{\sum\limits_{i=1}^{n} x_i^\gamma}$。

(5) 假设 $X \sim Weibull(\tau, \theta)$（$\tau$ 已知），证明 $Z=g(X)=X^\tau \sim E(\theta^{-\tau})$，且参数 θ 的 MLE 为 $\hat{\theta} = \left[\dfrac{\sum\limits_{i=1}^{n} x_i^\tau}{n}\right]^{\frac{1}{\tau}}$。

证明：

(1) 由题意得，随机变量 X 的参数 λ 的似然函数为

$$L(\lambda) = \prod_{i=1}^{n} f(x_i; \lambda) = \prod_{i=1}^{n} \frac{\lambda^\alpha x_i^{\alpha-1} e^{-\lambda x_i}}{\Gamma(\alpha)} = \frac{\lambda^{n\alpha} (\prod_{i=1}^{n} x_i)^{\alpha-1} e^{-\lambda \sum_{i=1}^{n} x_i}}{[\Gamma(\alpha)]^n}$$

进而参数 λ 的对数似然函数为

$$\ln L(\lambda) = n\alpha \ln \lambda + (\alpha - 1) \sum_{i=1}^{n} \ln x_i - \lambda \sum_{i=1}^{n} x_i - n \ln \Gamma(\alpha)$$

令 $\dfrac{\mathrm{d}\ln L(\lambda)}{\mathrm{d}\lambda} = 0$，得到 $\dfrac{\mathrm{d}\ln L(\lambda)}{\mathrm{d}\lambda} = \dfrac{n\alpha}{\lambda} - \sum_{i=1}^{n} x_i = 0$

进而得到 $\hat{\lambda} = \dfrac{\alpha}{\bar{x}} = \dfrac{n\alpha}{\sum_{i=1}^{n} x_i}$

(2) 由题意得，随机变量 X 的参数 μ 和 σ^2 的似然函数为

$$L(\mu, \sigma^2) = \prod_{i=1}^{n} f(x_i; \mu, \sigma^2) = \prod_{i=1}^{n} \frac{1}{x_i \sqrt{2\pi} \sigma} e^{-\frac{(\ln x_i - \mu)^2}{2\sigma^2}} = \frac{e^{-\sum_{i=1}^{n} \frac{(\ln x_i - \mu)^2}{2\sigma^2}}}{(2\pi)^{n/2} \sigma^n \prod_{i=1}^{n} x_i}$$

进而参数 μ 和 σ^2 的对数似然函数为

$$\ln L(\mu, \sigma^2) = -\sum_{i=1}^{n} \frac{(\ln x_i - \mu)^2}{2\sigma^2} - \frac{n}{2} \ln 2\pi - \frac{n}{2} \ln \sigma^2 - \sum_{i=1}^{n} \ln x_i$$

令 $\begin{cases} \dfrac{\partial \ln L(\mu, \sigma^2)}{\partial \mu} = 0 \\ \dfrac{\partial \ln L(\mu, \sigma^2)}{\partial \sigma^2} = 0 \end{cases}$，得到 $\begin{cases} \dfrac{\partial \ln L(\mu, \sigma^2)}{\partial \mu} = \sum_{i=1}^{n} \dfrac{2(\ln x_i - \mu)}{2\sigma^2} = 0 \\ \dfrac{\partial \ln L(\mu, \sigma^2)}{\partial \sigma^2} = \sum_{i=1}^{n} \dfrac{(\ln x_i - \mu)^2}{2(\sigma^2)^2} - \dfrac{n}{2\sigma^2} = 0 \end{cases}$

进而得到 $\begin{cases} \hat{\mu} = \dfrac{1}{n} \sum_{i=1}^{n} \ln x_i \\ \hat{\sigma}^2 = \dfrac{1}{n} \sum_{i=1}^{n} (\ln x_i - \hat{\mu})^2 \end{cases}$

(3) ① 由题意得

$$P(Z \leqslant z) = P\left(\ln \frac{X}{\lambda} \leqslant z\right) = P(X \leqslant e^z \lambda) = \int_0^{e^z \lambda} \frac{\alpha \lambda^\alpha}{x^{\alpha+1}} \mathrm{d}x$$

进而得到

$$f_Z(z) = \frac{\alpha \lambda^\alpha}{(e^z \lambda)^{\alpha+1}} e^z \lambda = \frac{\alpha \lambda^\alpha}{(e^z \lambda)^\alpha} = \alpha e^{-z\alpha}$$

故有 $Z = g(X) = \ln \dfrac{X}{\lambda} \sim E(\alpha)$

② 随机变量 Z 的参数 α 的似然函数为

$$L(\alpha)=\prod_{i=1}^{n}f(z_i;\alpha)=\prod_{i=1}^{n}\alpha e^{-z_i\alpha}=\alpha^n e^{-\alpha\sum_{i=1}^{n}z_i}$$

进而参数 α 的对数似然函数为

$$\ln L(\alpha)=n\ln\alpha-\alpha\sum_{i=1}^{n}z_i$$

令 $\dfrac{\mathrm{d}\ln L(\alpha)}{\mathrm{d}\alpha}=0$,得到 $\dfrac{\mathrm{d}\ln L(\alpha)}{\mathrm{d}\alpha}=\dfrac{n}{\alpha}-\sum_{i=1}^{n}z_i=0$

进而得到 $\hat{\alpha}=\dfrac{n}{\sum\limits_{i=1}^{n}z_i}=\dfrac{n}{\sum\limits_{i=1}^{n}\ln\left(\dfrac{x_i}{\lambda}\right)}=\dfrac{n}{\sum\limits_{i=1}^{n}\ln(x_i)-n\ln\lambda}=\dfrac{n}{\sum\limits_{i=1}^{n}\ln\dfrac{x_i}{\lambda}}$

(4) ① 由题意得

$$P(Z\leqslant z)=P(X^\gamma\leqslant z)=P(X\leqslant z^{1/\gamma})=\int_0^{z^{1/\gamma}}c\gamma x^{\gamma-1}e^{-cx^\gamma}\mathrm{d}x$$

进而得到

$$f_Z(z)=c\gamma(z^{1/\gamma})^{\gamma-1}e^{-c(z^{1/\gamma})^\gamma}\dfrac{1}{\gamma}z^{1/\gamma-1}=ce^{-cz}$$

故有 $Z=g(X)=X^\gamma\sim E(c)$

② 参数 c 的似然函数为

$$L(c)=\prod_{i=1}^{n}f(z_i;c)=\prod_{i=1}^{n}ce^{-cz_i}=c^n e^{-c\sum_{i=1}^{n}z_i}$$

进而参数 c 的对数似然函数为

$$\ln L(c)=n\ln c-c\sum_{i=1}^{n}z_i$$

令 $\dfrac{\mathrm{d}\ln L(c)}{\mathrm{d}c}=0$,得到 $\dfrac{\mathrm{d}\ln L(c)}{\mathrm{d}c}=\dfrac{n}{c}-\sum_{i=1}^{n}z_i=0$

进而得到 $\hat{c}=\dfrac{n}{\sum\limits_{i=1}^{n}z_i}=\dfrac{n}{\sum\limits_{i=1}^{n}x_i^\gamma}$

(5) ① 由题意得

$$P(Z\leqslant z)=P(X^\tau\leqslant z)=P(X\leqslant z^{1/\tau})=\int_0^{z^{1/\tau}}\dfrac{\tau(x/\theta)^\tau e^{-(x/\theta)^\tau}}{x}\mathrm{d}x$$

进而得到 $f_Z(z)=\dfrac{\tau(z^{1/\tau}/\theta)^\tau e^{-(z^{1/\tau}/\theta)^\tau}}{z^{1/\tau}}\dfrac{1}{\tau}z^{1/\tau-1}=\dfrac{1}{\theta^\tau}e^{-\frac{z}{\theta^\tau}}$

故有 $Z=g(X)=X^\tau\sim E(\theta^{-\tau})$

② 参数 θ 的似然函数为

$$L(\theta)=\prod_{i=1}^{n}f(z_i;\theta)=\prod_{i=1}^{n}\frac{1}{\theta^{\tau}}e^{-\frac{z_i}{\theta^{\tau}}}=\frac{1}{\theta^{n\tau}}e^{-\frac{\sum_{i=1}^{n}z_i}{\theta^{\tau}}}$$

进而参数 θ 的对数似然函数为

$$\ln L(\theta)=-n\tau\ln\theta-\frac{\sum_{i=1}^{n}z_i}{\theta^{\tau}}$$

令 $\dfrac{\mathrm{d}\ln L(\theta)}{\mathrm{d}\theta}=0$，得到 $\dfrac{\mathrm{d}\ln L(\theta)}{\mathrm{d}\theta}=-\dfrac{n\tau}{\theta}+\dfrac{\tau\sum_{i=1}^{n}z_i}{\theta^{\tau+1}}=0$

进而得到 $\hat{\theta}=\left(\dfrac{\sum_{i=1}^{n}z_i}{n}\right)^{\frac{1}{\tau}}=\left(\dfrac{\sum_{i=1}^{n}x_i^{\tau}}{n}\right)^{\frac{1}{\tau}}$

7. 推导表 2-10 中帕累托分布、韦伯分布下，保单组合的理赔额 Y 的分布参数的 MLE。

(1) 若 $X\sim Pareto(\alpha,\lambda)(\lambda$ 已知$)$，则有：$Z=g(X)=\ln\dfrac{X+\lambda}{\lambda}\sim E(\alpha)$。对于 Z 来说，这四种类型下的密度函数或尾分布函数依次为

$$f_Z(z_i)=\alpha e^{-\alpha z_i}=\alpha e^{-\alpha\ln\frac{x_i+\lambda}{\lambda}}=\alpha\left(\frac{x_i+\lambda}{\lambda}\right)^{-\alpha}$$

$$s_X(u_i)=s_Z(v_i)=e^{-\alpha v_i}=e^{-\alpha\ln\frac{u_i+\lambda}{\lambda}}=\left(\frac{u_i+\lambda}{\lambda}\right)^{-\alpha}$$

$$f_Z\left(w_i\mid Z>\ln\frac{d_i+\lambda}{\lambda}\right)=f_Z\left(\ln\frac{x_i+\lambda}{d_i+\lambda}\bigg|Z>\ln\frac{d_i+\lambda}{\lambda}\right)$$

$$=\alpha e^{-\alpha\ln\frac{x_i+\lambda}{d_i+\lambda}}=\alpha\left(\frac{x_i+\lambda}{d_i+\lambda}\right)^{-\alpha}$$

$$s_X(u_i\mid X>d_i)=s_Z\left(y_i\mid Z>\ln\frac{d_i+\lambda}{\lambda}\right)=s_Z\left(\ln\frac{u_i+\lambda}{d_i+\lambda}\bigg|Z>\ln\frac{d_i+\lambda}{\lambda}\right)$$

$$=e^{-\alpha\ln\frac{u_i+\lambda}{d_i+\lambda}}=\left(\frac{u_i+\lambda}{d_i+\lambda}\right)^{-\alpha}$$

因此，该保单组合的理赔额 Y 的分布参数 α 的似然函数最大化可以转化为以上四种类型下的似然函数最大化。即可以表示为

$$L(\alpha)=\prod_{i=1}^{n_1}\alpha\left(\frac{x_i+\lambda}{\lambda}\right)^{-\alpha}\prod_{i=1}^{n_2}\left(\frac{u_i+\lambda}{\lambda}\right)^{-\alpha}\prod_{i=1}^{n_3}\alpha\left(\frac{x_i+\lambda}{d_i+\lambda}\right)^{-\alpha}\prod_{i=1}^{n_4}\left(\frac{u_i+\lambda}{d_i+\lambda}\right)^{-\alpha}$$

进而对数似然函数可以表示为

$$\ln L(\alpha)=n_1\ln\alpha-\alpha\sum_{i=1}^{n_1}\ln\frac{x_i+\lambda}{\lambda}-\alpha\sum_{i=1}^{n_2}\ln\frac{u_i+\lambda}{\lambda}+n_3\ln\alpha-\alpha\sum_{i=1}^{n_3}\ln\frac{x_i+\lambda}{d_i+\lambda}-\alpha\sum_{i=1}^{n_4}\ln\frac{u_i+\lambda}{d_i+\lambda}$$

令 $\dfrac{\mathrm{d}\ln L(\alpha)}{\mathrm{d}\alpha}=0$，得到

$$\frac{\mathrm{d}\ln L(\alpha)}{\mathrm{d}\alpha}=\frac{n_1}{\alpha}+\frac{n_3}{\alpha}-\left(\sum_{i=1}^{n_1}\ln\frac{x_i+\lambda}{\lambda}+\sum_{i=1}^{n_2}\ln\frac{u_i+\lambda}{\lambda}+\sum_{i=1}^{n_3}\ln\frac{x_i+\lambda}{d_i+\lambda}+\sum_{i=1}^{n_4}\ln\frac{u_i+\lambda}{d_i+\lambda}\right)=0$$

进而得到

$$\hat{\alpha}=\frac{n_1+n_3}{\sum_{i=1}^{n_1}\ln\dfrac{x_i+\lambda}{\lambda}+\sum_{i=1}^{n_2}\ln\dfrac{u_i+\lambda}{\lambda}+\sum_{i=1}^{n_3}\ln\dfrac{x_i+\lambda}{d_i+\lambda}+\sum_{i=1}^{n_4}\ln\dfrac{u_i+\lambda}{d_i+\lambda}}=\frac{n_1+n_3}{c_1+c_2+c_3+c_4}$$

(2) 若 $X\sim Pareto_2(\alpha,\lambda)$ (λ 已知)，则有：$Z=g(X)=\ln\dfrac{X}{\lambda}\sim E(\alpha)$。对于 Z 来说，这四种类型下的密度函数或尾分布函数依次为

$$f_Z(z_i)=\alpha e^{-\alpha z_i}=\alpha e^{-\alpha\ln\frac{x_i}{\lambda}}=\alpha\left(\frac{x_i}{\lambda}\right)^{-\alpha}$$

$$s_X(u_i)=s_Z(v_i)=e^{-\alpha v_i}=e^{-\alpha\ln\frac{u_i}{\lambda}}=\left(\frac{u_i}{\lambda}\right)^{-\alpha}$$

$$f_Z\left(w_i\,\Big|\,Z>\ln\frac{d_i}{\lambda}\right)=f_Z\left(\ln\frac{x_i}{d_i}\,\Big|\,Z>\ln\frac{d_i}{\lambda}\right)=\alpha e^{-\alpha\ln\frac{x_i}{d_i}}=\alpha\left(\frac{x_i}{d_i}\right)^{-\alpha}$$

$$s_X(u_i\,|\,X>d_i)=s_Z\left(y_i\,\Big|\,Z>\ln\frac{d_i}{\lambda}\right)=s_Z\left(\ln\frac{u_i}{d_i}\,\Big|\,Z>\ln\frac{d_i}{\lambda}\right)=e^{-\alpha\ln\frac{u_i}{d_i}}=\left(\frac{u_i}{d_i}\right)^{-\alpha}$$

因此，该保单组合的理赔额 Y 的分布参数 α 的似然函数最大化可以转化为以上四种类型下的似然函数最大化。即可以表示为

$$L(\alpha)=\prod_{i=1}^{n_1}\alpha\left(\frac{x_i}{\lambda}\right)^{-\alpha}\prod_{i=1}^{n_2}\left(\frac{u_i}{\lambda}\right)^{-\alpha}\prod_{i=1}^{n_3}\alpha\left(\frac{x_i}{d_i}\right)^{-\alpha}\prod_{i=1}^{n_4}\left(\frac{u_i}{d_i}\right)^{-\alpha}$$

进而对数似然函数可以表示为

$$\ln L(\alpha)=n_1\ln\alpha-\alpha\sum_{i=1}^{n_1}\ln\frac{x_i}{\lambda}-\alpha\sum_{i=1}^{n_2}\ln\frac{u_i}{\lambda}+n_3\ln\alpha-\alpha\sum_{i=1}^{n_3}\ln\frac{x_i}{d_i}-\alpha\sum_{i=1}^{n_4}\ln\frac{u_i}{d_i}$$

令 $\dfrac{\mathrm{d}\ln L(\alpha)}{\mathrm{d}\alpha}=0$，得到

$$\frac{\mathrm{d}\ln L(\alpha)}{\mathrm{d}\alpha}=\frac{n_1}{\alpha}+\frac{n_3}{\alpha}-\left(\sum_{i=1}^{n_1}\ln\frac{x_i}{\lambda}+\sum_{i=1}^{n_2}\ln\frac{u_i}{\lambda}+\sum_{i=1}^{n_3}\ln\frac{x_i}{d_i}+\sum_{i=1}^{n_4}\ln\frac{u_i}{d_i}\right)=0$$

进而得到

$$\hat{\alpha}=\frac{n_1+n_3}{\sum_{i=1}^{n_1}\ln\dfrac{x_i}{\lambda}+\sum_{i=1}^{n_2}\ln\dfrac{u_i}{\lambda}+\sum_{i=1}^{n_3}\ln\dfrac{x_i}{d_i}+\sum_{i=1}^{n_4}\ln\dfrac{u_i}{d_i}}=\frac{n_1+n_3}{c_1+c_2+c_3+c_4}$$

(3) 若 $X \sim Weibull(c, \gamma)$（$\gamma$ 已知），则有：$Z = g(X) = X^\gamma \sim E(c)$。对于 Z 来说，这四种类型下的密度函数或尾分布函数依次为

$$f_Z(z_i) = ce^{-cz_i} = ce^{-cx_i^\gamma}$$

$$s_X(u_i) = s_Z(v_i) = e^{-cv_i} = e^{-cu_i^\gamma}$$

$$f_Z(w_i | Z > d_i^\gamma) = f_Z(x_i^\gamma - d_i^\gamma | Z > d_i^\gamma) = ce^{-c(x_i^\gamma - d_i^\gamma)}$$

$$s_X(u_i | X > d_i) = s_Z(y_i | Z > d_i^\gamma) = s_Z(u_i^\gamma - d_i^\gamma | Z > d_i^\gamma) = e^{-c(u_i^\gamma - d_i^\gamma)}$$

因此，该保单组合的理赔额 Y 的分布参数 c 的似然函数最大化可以转化为以上四种类型下的似然函数最大化。即可以表示为

$$L(c) = \prod_{i=1}^{n_1} ce^{-cx_i^\gamma} \prod_{i=1}^{n_2} e^{-cu_i^\gamma} \prod_{i=1}^{n_3} ce^{-c(x_i^\gamma - d_i^\gamma)} \prod_{i=1}^{n_4} e^{-c(u_i^\gamma - d_i^\gamma)}$$

进而对数似然函数可以表示为

$$\ln L(c) = n_1 \ln c - c \sum_{i=1}^{n_1} x_i^\gamma - c \sum_{i=1}^{n_2} u_i^\gamma + n_3 \ln c - c \sum_{i=1}^{n_3} (x_i^\gamma - d_i^\gamma) - c \sum_{i=1}^{n_4} (u_i^\gamma - d_i^\gamma)$$

令 $\dfrac{\mathrm{d}\ln L(c)}{\mathrm{d}c} = 0$，得到

$$\frac{\mathrm{d}\ln L(c)}{\mathrm{d}c} = \frac{n_1}{c} + \frac{n_3}{c} - \left[\sum_{i=1}^{n_1} x_i^\gamma + \sum_{i=1}^{n_2} u_i^\gamma + \sum_{i=1}^{n_3} (x_i^\gamma - d_i^\gamma) + \sum_{i=1}^{n_4} (u_i^\gamma - d_i^\gamma) \right] = 0$$

进而得到

$$\hat{c} = \frac{n_1 + n_3}{\sum_{i=1}^{n_1} x_i^\gamma + \sum_{i=1}^{n_2} u_i^\gamma + \sum_{i=1}^{n_3} (x_i^\gamma - d_i^\gamma) + \sum_{i=1}^{n_4} (u_i^\gamma - d_i^\gamma)} = \frac{n_1 + n_3}{c_1 + c_2 + c_3 + c_4}$$

(4) 若 $X \sim Weibull(\tau, \theta)$（$\tau$ 已知），则有：$Z = g(X) = X^\tau \sim E(\theta^{-\tau})$。对于 Z 来说，这四种类型下的密度函数或尾分布函数依次为

$$f_Z(z_i) = \theta^{-\tau} e^{-\theta^{-\tau} z_i} = \theta^{-\tau} e^{-\theta^{-\tau} x_i^\tau}$$

$$s_X(u_i) = s_Z(v_i) = e^{-\theta^{-\tau} v_i} = e^{-\theta^{-\tau} u_i^\tau}$$

$$f_Z(w_i | Z > d_i^\gamma) = f_Z(x_i^\tau - d_i^\tau | Z > d_i^\gamma) = \theta^{-\tau} e^{-\theta^{-\tau}(x_i^\tau - d_i^\tau)}$$

$$s_X(u_i | X > d_i) = s_Z(y_i | Z > d_i^\gamma) = s_Z(u_i^\tau - d_i^\tau | Z > d_i^\gamma) = e^{-\theta^{-\tau}(u_i^\tau - d_i^\tau)}$$

因此，该保单组合的理赔额 Y 的分布参数 $\theta^{-\tau}$ 的似然函数最大化可以转化为以上四种类型下的似然函数最大化。即可以表示为

$$L(\theta^{-\tau}) = \prod_{i=1}^{n_1} \theta^{-\tau} e^{-\theta^{-\tau} x_i^\tau} \prod_{i=1}^{n_2} e^{-\theta^{-\tau} u_i^\tau} \prod_{i=1}^{n_3} \theta^{-\tau} e^{-\theta^{-\tau}(x_i^\tau - d_i^\tau)} \prod_{i=1}^{n_4} e^{-\theta^{-\tau}(u_i^\tau - d_i^\tau)}$$

进而对数似然函数可以表示为

$$\ln L(\theta^{-\tau}) = n_1 \ln \theta^{-\tau} - \theta^{-\tau} \sum_{i=1}^{n_1} x_i^{\tau} - \theta^{-\tau} \sum_{i=1}^{n_2} u_i^{\tau} + n_3 \ln \theta^{-\tau} - \theta^{-\tau} \sum_{i=1}^{n_3}(x_i^{\tau} - d_i^{\tau}) - \theta^{-\tau} \sum_{i=1}^{n_4}(u_i^{\tau} - d_i^{\tau})$$

令 $\dfrac{\mathrm{d}\ln L(\theta^{-\tau})}{\mathrm{d}\theta^{-\tau}} = 0$,得到

$$\frac{\mathrm{d}\ln L(\theta^{-\tau})}{\mathrm{d}\theta^{-\tau}} = \frac{n_1}{\theta^{-\tau}} + \frac{n_3}{\theta^{-\tau}} - \Big[\sum_{i=1}^{n_1} x_i^{\tau} + \sum_{i=1}^{n_2} u_i^{\tau} + \sum_{i=1}^{n_3}(x_i^{\tau} - d_i^{\tau}) + \sum_{i=1}^{n_4}(u_i^{\tau} - d_i^{\tau})\Big] = 0$$

进而得到

$$\hat{\theta}^{-\tau} = \frac{n_1 + n_3}{\sum_{i=1}^{n_1} x_i^{\tau} + \sum_{i=1}^{n_2} u_i^{\tau} + \sum_{i=1}^{n_3}(x_i^{\tau} - d_i^{\tau}) + \sum_{i=1}^{n_4}(u_i^{\tau} - d_i^{\tau})} = \frac{n_1 + n_3}{c_1 + c_2 + c_3 + c_4}$$

即有 $\hat{\theta} = \Big[\dfrac{c_1 + c_2 + c_3 + c_4}{n_1 + n_3}\Big]^{\frac{1}{\tau}}$

二、扩展思考题

1. 在例题 2-1 中,你们觉得上述可行的风险分担设计适用于哪些险种?人寿保险、财产保险、健康保险、意外伤害保险产品的风险分担设计有哪些相同点和不同点?

2. 在例题 2-1 中,已知损失 X 的分布函数 $F(x)$ 和密度函数 $f(x)$,以特许免赔额在再保险市场的应用为例,外生的索赔通胀和索赔通缩分别会对保险公司和再保险公司各自承担的损失额随机变量的期望产生怎样的影响?可以进行举例说明。

3. 针对(2)的结果,你如何给出直觉解释?

4. 已知损失 X 的分布函数 $F(x)$ 和密度函数 $f(x)$,推导 X 的期望 $E(X)$、二阶原点矩 $E(X^2)$、方差 $\mathrm{var}(X)$;以及表 2-5 中免赔额保险、限额保险、混合型保险、特许免赔额保险中保险公司和被保险人分担的损失额随机变量的期望 $E(Y_1)$ 和 $E(Y_2)$、方差 $\mathrm{var}(Y_1)$ 和 $\mathrm{var}(Y_2)$、协方差 $\mathrm{cov}(Y_1, Y_2)$ 的表达式。

答:1. 略。

2. 索赔通胀和索赔通缩的影响。

(1) 索赔通胀的影响。

令 k 为通胀因子($k>1$),考虑索赔通胀后,保险公司承担的损失额随机变量记为 Y',再保险公司承担的损失额随机变量记为 Z'。则有

$$kX = Y' + Z'$$

$$Y' = \begin{cases} kX & kX \leqslant M \\ 0 & kX > M \end{cases} \quad Z' = \begin{cases} 0 & kX \leqslant M \\ kX & kX > M \end{cases}$$

由于 X 的分布函数 $F(x)$ 和密度函数 $f(x)$ 已知,则有

$$E(X) = \int_0^\infty xf(x)\mathrm{d}x = \int_0^\infty [1-F(x)]\mathrm{d}x$$

进而保险公司和再保险公司各自承担的损失额随机变量的期望可以表示为

$$E(Y) = \int_0^M xf(x)\mathrm{d}x = \int_0^M [1-F(x)]\mathrm{d}x - M \times P(X > M)$$

$$E(Z) = \int_M^\infty xf(x)\mathrm{d}x = \int_M^\infty [1-F(x)]\mathrm{d}x + M \times P(X > M)$$

通胀后,相应的期望依次是

$$E(kX) = \int_0^\infty kxf(x)\mathrm{d}x = k\int_0^\infty [1-F(x)]\mathrm{d}x = kE(X)$$

$$E(Y') = \int_0^{M/k} kxf(x)\mathrm{d}x = k\int_0^{M/k} [1-F(x)]\mathrm{d}x - M \times P(X > M/k) \neq kE(Y)$$

$$E(Z') = \int_{M/k}^\infty kxf(x)\mathrm{d}x = k\int_{M/k}^\infty [1-F(x)]\mathrm{d}x + M \times P(X > M/k) \neq kE(Z)$$

显然,$E(Z') = \int_{M/k}^\infty kxf(x)\mathrm{d}x > E(Z) = \int_M^\infty xf(x)\mathrm{d}x$(即 $E(Z') > E(Z)$)。

下面利用随机变量的定义,给出推导过程。显然,

$$Y = \begin{cases} X & X \leqslant M \\ 0 & X > M \end{cases} \quad Y' = \begin{cases} kX & kX \leqslant M \\ 0 & kX > M \end{cases}$$

构造随机变量 $Y'-Y$:

$$Y'-Y = \begin{cases} (k-1)X & 0 < X \leqslant M/k \\ -X & M/k < X \leqslant M \\ 0 & X > M \end{cases}$$

显然,$Y'-Y = \begin{cases} (k-1)X > 0 & 0 < X \leqslant M/k \\ -X < 0 & M/k < X \leqslant M \\ 0 & X > M \end{cases}$

可以看出:存在 $Y' > Y$、$Y' = Y$、$Y' < Y$ 三种情况,进而得到 $E(Y') > E(Y)$、$E(Y') = E(Y)$、$E(Y') < E(Y)$ 三种情况皆可。

类似地,有

$$Z = \begin{cases} 0 & X \leqslant M \\ X & X > M \end{cases} \quad Z' = \begin{cases} 0 & kX \leqslant M \\ kX & kX > M \end{cases}$$

构造随机变量 $Z'-Z$:

$$Z'-Z = \begin{cases} 0 & 0 < X \leqslant M/k \\ kX & M/k < X \leqslant M \\ (k-1)X & X > M \end{cases}$$

显然,$Z'-Z>0 \Rightarrow E(Z'-Z)>0 \Rightarrow E(Z')>E(Z)$。进而得到

$$E(Z')-E(Z)=\int_{M/k}^{M} kxf(x)\mathrm{d}x+\int_{M}^{\infty}(k-1)xf(x)\mathrm{d}x>0$$

(2) 索赔通缩的影响。

类似地,当通缩($k<1$)时,有 $kX=Y'+Z'$

下面利用随机变量的定义,给出推导过程。显然,

$$Y=\begin{cases} X & X\leqslant M \\ 0 & X>M \end{cases} \quad Y'=\begin{cases} kX & kX\leqslant M \\ 0 & kX>M \end{cases}$$

构造随机变量 $Y'-Y$:

$$Y'-Y=\begin{cases} (k-1)X & 0<X\leqslant M \\ kX & M<X\leqslant M/k \\ 0 & X>M/k \end{cases}$$

显然,$Y'-Y=\begin{cases} (k-1)X<0 & 0<X\leqslant M \\ kX>0 & M<X\leqslant M/k \\ 0 & X>M/k \end{cases}$

可以看出:存在 $Y'>Y$、$Y'=Y$、$Y'<Y$ 三种情况,进而得到 $E(Y')>E(Y)$、$E(Y')=E(Y)$、$E(Y')<E(Y)$ 三种情况皆可。

类似地,有

$$Z=\begin{cases} 0 & X\leqslant M \\ X & X>M \end{cases} \quad Z'=\begin{cases} 0 & kX\leqslant M \\ kX & kX>M \end{cases}$$

构造随机变量 $Z'-Z$:

$$Z'-Z=\begin{cases} 0 & 0<X\leqslant M \\ -X & M<X\leqslant M/k \\ (k-1)X & X>M/k \end{cases}$$

显然,$Z'-Z<0 \Rightarrow E(Z'-Z)<0 \Rightarrow E(Z')<E(Z)$。进而得到

$$E(Z')-E(Z)=\int_{M}^{M/k} -xf(x)\mathrm{d}x+\int_{M/k}^{\infty}(k-1)xf(x)\mathrm{d}x<0$$

综上所述,在通胀($k>1$)、无通胀和通缩($k=1$)和通缩($k<1$)三种情况下,有

$$\begin{cases} E(kX)>E(X), E(Y')\begin{cases}>\\=\\<\end{cases}E(Y), E(Z')>E(Z) & k>1 \\ E(kX)=E(X), E(Y')=E(Y), E(Z')=E(Z) & k=1 \\ E(kX)<E(X), E(Y')\begin{cases}>\\=\\<\end{cases}E(Y), E(Z')<E(Z) & k<1 \end{cases}$$

(3) 举例说明。

① 当通胀($k>1$)时,$E(Y')>E(Y)$、$E(Y')<E(Y)$皆可。

示例1:已知损失额 $X=55$:1,2,3,4,5,6,7,8,9,10;自留额 $M=9.5$。则保险公司承担损失额 $Y=45$,再保险公司承担损失额 $Z=10$。

假设通胀($k=1.01$),则有:损失额 $X'=55.55$:1.01,2.02,3.03,4.04,5.05,6.06,7.07,8.08,9.09,10.1;$M=9.5$。此时保险公司承担损失额 $Y'=45.45>Y$,再保险公司承担损失额 $Z'=10.1>Z=10$。

示例2:已知损失额 $X=55$:1,2,3,4,5,6,7,8,9,10;自留额 $M=5$。则保险公司承担损失额 $Y=15$,再保险承担损失额 $Z=40$。

假设通胀($k=1.2$),则有:损失额 $X'=66$:1.2,2.4,3.6,4.8,6,7.2,8.4,9.6,10.8,12;$M=5$。此时保险公司承担损失额 $Y'=12<Y$,再保险承担损失额 $Z'=54>Z=40$。

② 当通缩($k<1$)时,$E(Y')>E(Y)$、$E(Y')<E(Y)$也皆可。

示例1:已知损失额 $X=55$:1,2,3,4,5,6,7,8,9,10;自留额 $M=9.9$。则保险公司承担损失额 $Y=45$,再保险公司承担损失额 $Z=10$。

假设通缩($k=0.99$),则有:损失额 $X'=55.55$:0.99,1.98,2.97,3.96,4.95,5.94,6.93,7.92,8.91,9.9;$M=9.9$。此时保险公司承担损失额 $Y'=54.45>Y$,再保险公司承担损失额 $Z'=0<Z=10$。

示例2:已知损失额 $X=55$:1,2,3,4,5,6,7,8,9,10;自留额 $M=5$。则保险公司承担损失额 $Y=15$,再保险公司承担损失额 $Z=40$。

假设通缩($k=0.8$),则有:损失额 $X'=44$:0.8,1.6,2.4,3.2,4,4.8,5.6,6.4,7.2,8;$M=5$。此时保险公司承担损失额 $Y'=16.8>Y$,再保险公司承担损失额 $Z'=27.2<Z=40$。

示例3:已知损失额 $X=55$:1,2,3,4,5,6,7,8,9,10;自留额 $M=5$。则保险公司承担损失额 $Y=15$,再保险承担损失额 $Z=40$。

假设通缩($k=0.9$),则有:损失额 $X'=44$:0.9,1.8,2.7,3.6,4.5,5.4,6.3,7.2,8.1,9;$M=5$。此时保险公司承担损失额 $Y'=13.5<Y$,再保险承担损失额 $Z'=36<Z=40$。

3. 直觉解释

通胀和起赔点降低对保险公司的影响是反向的,从而保险公司承担的赔付额的期望值受这两种相反力量的共同作用,结果可能是增加、减少,也可能保持不变(这取决于通胀的大小以及起赔点的高低)。类似地,通缩和起赔点提高对保险公司的影响也是反向的,从而保险公司承担的赔付额的期望值受这两种相反力量的共同作用,结果可能是增加、减少,也可能保持不变(这也取决于通缩的大小以及起赔点的高低)。

结合本题与思考题2-1中外生的索赔通胀和索赔通缩对风险分担设计的影响,也可以看出,保险市场中免赔额保险、再保险市场中的超额损失再保险是一种好的绝对风险分担设计;而特许免赔额保险则是一种不好的绝对风险分担设计。

4.（1）方法一：利用密度函数 $f(x)$ 计算 $E(X)$、$E(X^2)$ 和 $\mathrm{var}(X)$。

$$E(X) = \int_0^\infty x f(x) \mathrm{d}x$$

$$E(X^2) = \int_0^\infty x^2 f(x) \mathrm{d}x$$

$$\mathrm{var}(X) = E(X^2) - [E(X)]^2 = \int_0^\infty x^2 f(x) \mathrm{d}x - \left[\int_0^\infty x f(x) \mathrm{d}x\right]^2$$

方法二：利用分布函数 $F(x)$ 计算 $E(X)$、$E(X^2)$ 和 $\mathrm{var}(X)$。

利用分部积分，得到

$$E(X) = \int_0^\infty x f(x) \mathrm{d}x = \int_0^\infty x \mathrm{d}F(x) = xF(x)\Big|_0^\infty - \int_0^\infty F(x) \mathrm{d}x$$

$$= \int_0^\infty 1 \mathrm{d}x - \int_0^\infty F(x) \mathrm{d}x = \int_0^\infty [1 - F(x)] \mathrm{d}x$$

$$E(X^2) = \int_0^\infty x^2 f(x) \mathrm{d}x = \int_0^\infty x^2 \mathrm{d}F(x) = x^2 F(x)\Big|_0^\infty - \int_0^\infty 2x F(x) \mathrm{d}x$$

$$= \int_0^\infty 2x \mathrm{d}x - \int_0^\infty 2x F(x) \mathrm{d}x = \int_0^\infty 2x [1 - F(x)] \mathrm{d}x$$

$$\mathrm{var}(X) = E(X^2) - [E(X)]^2 = \int_0^\infty 2x[1 - F(x)] \mathrm{d}x - \left\{\int_0^\infty [1 - F(x)] \mathrm{d}x\right\}^2$$

为了表述更清晰，下面四种保险类型中，分布函数记为 $F_X(x)$，密度函数记为 $f_X(x)$。

（2）免赔额保险。

$$E(Y_1) = \int_d^\infty (x - d) f_X(x) \mathrm{d}x = \int_d^\infty (x - d) \mathrm{d}F_X(x)$$

$$= (x - d) F_X(x)\Big|_d^\infty - \int_d^\infty F_X(x) \mathrm{d}x = \int_d^\infty [1 - F_X(x)] \mathrm{d}x$$

$$E(Y_2) = \int_0^d x f_X(x) \mathrm{d}x + \int_d^\infty d f_X(x) \mathrm{d}x$$

$$= \int_0^d x \mathrm{d}F_X(x) + \int_d^\infty d \mathrm{d}F_X(x)$$

$$= xF_X(x)\Big|_0^d - \int_0^d F_X(x) \mathrm{d}x + dF_X(x)\Big|_d^\infty$$

$$= dF_X(d) - \int_0^d F_X(x) \mathrm{d}x + d - dF_X(d)$$

$$= d - \int_0^d F_X(x) \mathrm{d}x$$

$$= \int_0^d [1 - F_X(x)] \mathrm{d}x$$

或者

$$E(Y_2) = E(X) - E(Y_1) = \int_0^\infty [1 - F_X(x)] \mathrm{d}x - \int_d^\infty [1 - F_X(x)] \mathrm{d}x = \int_0^d [1 - F_X(x)] \mathrm{d}x$$

$$E(Y_1^2) = \int_d^\infty (x-d)^2 f_X(x) dx = \int_d^\infty (x-d)^2 dF_X(x)$$
$$= (x-d)^2 F_X(x) \Big|_d^\infty - \int_d^\infty 2(x-d) F_X(x) dx$$
$$= \int_d^\infty 2(x-d) dx - \int_d^\infty 2(x-d) F_X(x) dx$$
$$= \int_d^\infty 2(x-d)[1-F_X(x)] dx$$
$$E(Y_2^2) = \int_0^d x^2 f_X(x) dx + \int_d^\infty d^2 f_X(x) dx$$
$$= \int_0^d x^2 dF_X(x) + \int_d^\infty d^2 dF_X(x)$$
$$= x^2 F_X(x) \Big|_0^d - \int_0^d 2x F_X(x) dx + d^2 F_X(x) \Big|_d^\infty$$
$$= d^2 F_X(d) - \int_0^d 2x F_X(x) dx + d^2 - d^2 F_X(d)$$
$$= d^2 - \int_0^d 2x F_X(x) dx$$
$$= \int_0^d 2x[1-F_X(x)] dx$$

下面给出推导 $E(Y_1 Y_2)$ 和 $\text{cov}(Y_1 Y_2)$ 的两种方法。

方法一：

$$E(X^2) = \int_0^\infty 2x[1-F_X(x)] dx$$
$$E(Y_1^2) + E(Y_2^2) = \int_d^\infty 2(x-d)[1-F_X(x)] dx + \int_0^d 2x[1-F_X(x)] dx$$
$$= \int_d^\infty 2x[1-F_X(x)] dx + \int_0^d 2x[1-F_X(x)] dx - \int_d^\infty 2d[1-F_X(x)] dx$$
$$= \int_0^\infty 2x[1-F_X(x)] dx - \int_d^\infty 2d[1-F_X(x)] dx$$
$$= E(X^2) - \int_d^\infty 2d[1-F_X(x)] dx \leqslant E(X^2)$$

$$\left.\begin{aligned} E(X^2) &= E(Y_1+Y_2)^2 = E(Y_1^2) + E(Y_2^2) + 2E(Y_1 Y_2) \\ &= E(X^2) - \int_d^\infty 2d[1-F_X(x)] dx + 2E(Y_1 Y_2) \end{aligned}\right\} \Rightarrow E(Y_1 Y_2) = \int_d^\infty d[1-F_X(x)] dx$$

方法二：直接利用 Y_1 和 Y_2 的定义，推导 $E(Y_1 Y_2) = \int_d^\infty d[1-F_X(x)] dx$。

根据

$$Y_1 = \begin{cases} 0 & X \leqslant d \\ X-d & X > d \end{cases} = \max(X-d, 0) = (X-d)_+$$

$$Y_2 = \begin{cases} X & X \leqslant d \\ d & X > d \end{cases} = \min(X, d) = X \wedge d$$

得到

$$Y_1 Y_2 = \begin{cases} 0 & X \leq d \\ d(X-d) & X > d \end{cases} = dY_1$$

进而得到

$$E(Y_1 Y_2) = \int_d^\infty d(x-d) f_X(x) dx = dE(Y_1) = \int_d^\infty d[1 - F_X(x)] dx$$

$$\operatorname{cov}(Y_1 Y_2) = E(Y_1 Y_2) - E(Y_1) E(Y_2)$$

$$= \int_d^\infty d[1 - F_X(x)] dx - \left\{ \int_d^\infty [1 - F_X(x)] dx \right\} \left\{ \int_0^d [1 - F_X(x)] dx \right\}$$

$$= \left\{ \int_d^\infty [1 - F_X(x)] dx \right\} \left\{ d - \int_0^d [1 - F_X(x)] dx \right\}$$

$$= \left\{ \int_d^\infty [1 - F_X(x)] dx \right\} \int_0^d F_X(x) dx \geq 0$$

（3）限额保险。

$$E(Y_1) = \int_0^u x f_X(x) dx + \int_u^\infty u f_X(x) dx = \int_0^u x dF_X(x) + \int_u^\infty u dF_X(x)$$

$$= x F_X(x) \big|_0^u - \int_0^u F_X(x) dx + u F_X(x) \big|_u^\infty = u F_X(u) - \int_0^u F_X(x) dx + u - u F_X(u)$$

$$= u - \int_0^u F_X(x) dx = \int_0^u [1 - F_X(x)] dx$$

$$E(Y_2) = \int_u^\infty (x-u) f_X(x) dx = \int_u^\infty (x-u) dF_X(x)$$

$$= (x-u) F_X(x) \big|_u^\infty - \int_u^\infty F_X(x) dx = \int_u^\infty [1 - F_X(x)] dx$$

或者

$$E(Y_1) = E(X) - E(Y_2) = \int_0^\infty [1 - F_X(x)] dx - \int_u^\infty [1 - F_X(x)] dx = \int_0^u [1 - F_X(x)] dx$$

$$E(Y_1^2) = \int_0^u x^2 f_X(x) dx + \int_u^\infty u^2 f_X(x) dx = \int_0^u x^2 dF_X(x) + \int_u^\infty u^2 dF_X(x)$$

$$= x^2 F_X(x) \big|_0^u - \int_0^u 2x F_X(x) dx + u^2 F_X(x) \big|_u^\infty$$

$$= u^2 F_X(u) - \int_0^u 2x F_X(x) dx + u^2 - u^2 F_X(u)$$

$$= u^2 - \int_0^u 2x F_X(x) dx = \int_0^u 2x [1 - F_X(x)] dx$$

$$E(Y_2^2) = \int_u^\infty (x-u)^2 f_X(x) dx = \int_u^\infty (x-u)^2 dF_X(x)$$

$$= (x-u)^2 F_X(x) \big|_u^\infty - \int_u^\infty 2(x-u) F_X(x) dx$$

$$=\int_u^\infty 2(x-u)\mathrm{d}x - \int_u^\infty 2(x-u)F_X(x)\mathrm{d}x$$

$$=\int_u^\infty 2(x-u)[1-F_X(x)]\mathrm{d}x$$

下面给出推导 $E(Y_1Y_2)$ 和 $\mathrm{cov}(Y_1Y_2)$ 的两种方法。

方法一：

$$E(X^2) = \int_0^\infty 2x[1-F_X(x)]\mathrm{d}x$$

$$E(Y_1^2) + E(Y_2^2) = \int_0^u 2x[1-F_X(x)]\mathrm{d}x + \int_u^\infty 2(x-u)[1-F_X(x)]\mathrm{d}x$$

$$= \int_0^u 2x[1-F_X(x)]\mathrm{d}x + \int_u^\infty 2x[1-F_X(x)]\mathrm{d}x - \int_u^\infty 2u[1-F_X(x)]\mathrm{d}x$$

$$= \int_0^\infty 2x[1-F_X(x)]\mathrm{d}x - \int_u^\infty 2u[1-F_X(x)]\mathrm{d}x$$

$$= E(X^2) - \int_u^\infty 2u[1-F_X(x)]\mathrm{d}x \leqslant E(X^2)$$

$$\left.\begin{array}{l} E(X^2) = E(Y_1+Y_2)^2 = E(Y_1^2) + E(Y_2^2) + 2E(Y_1Y_2) \\ \qquad = E(X^2) - \int_u^\infty 2u[1-F_X(x)]\mathrm{d}x + 2E(Y_1Y_2) \end{array}\right\} \Rightarrow E(Y_1Y_2) = \int_u^\infty u[1-F_X(x)]\mathrm{d}x$$

方法二：直接利用 Y_1 和 Y_2 的定义，推导 $E(Y_1Y_2) = \int_u^\infty u[1-F_X(x)]\mathrm{d}x$。

根据

$$Y_1 = \begin{cases} X & X \leqslant u \\ u & X > u \end{cases} = \min(X, u) = X \wedge u$$

$$Y_2 = \begin{cases} 0 & X \leqslant u \\ X-u & X > u \end{cases} = \max(X-u, 0) = (X-u)_+$$

得到

$$Y_1Y_2 = \begin{cases} 0 & X \leqslant u \\ u(X-u) & X > u \end{cases} = dY_2$$

进而得到

$$E(Y_1Y_2) = \int_u^\infty u(x-u)f_X(x)\mathrm{d}x = uE(Y_2) = \int_u^\infty u[1-F_X(x)]\mathrm{d}x$$

$$\mathrm{cov}(Y_1Y_2) = E(Y_1Y_2) - E(Y_1)E(Y_2)$$

$$= \int_u^\infty u[1-F_X(x)]\mathrm{d}x - \left\{\int_u^\infty [1-F_X(x)]\mathrm{d}x\right\}\left\{\int_0^u [1-F_X(x)]\mathrm{d}x\right\}$$

$$= \left\{\int_u^\infty [1-F_X(x)]\mathrm{d}x\right\}\left\{u - \int_0^u [1-F_X(x)]\mathrm{d}x\right\}$$

$$= \left\{\int_u^\infty [1-F_X(x)]\mathrm{d}x\right\}\int_0^u F_X(x)\mathrm{d}x \geqslant 0$$

(4) 混合型保险。

$$E(Y_1) = \int_d^u (x-d) f_X(x) \mathrm{d}x + \int_u^\infty (u-d) f_X(x) \mathrm{d}x$$
$$= \int_d^u (x-d) \mathrm{d}F_X(x) + \int_u^\infty (u-d) \mathrm{d}F_X(x)$$
$$= (x-d) F_X(x) \big|_d^u - \int_d^u F_X(x) \mathrm{d}x + (u-d) F_X(x) \big|_u^\infty$$
$$= (u-d) F_X(u) - \int_d^u F_X(x) \mathrm{d}x + (u-d)[1 - F_X(u)]$$
$$= (u-d) - \int_d^u F_X(x) \mathrm{d}x$$
$$= \int_d^u [1 - F_X(x)] \mathrm{d}x$$

$$E(Y_2) = \int_0^d x f_X(x) \mathrm{d}x + \int_d^u d f_X(x) \mathrm{d}x + \int_u^\infty (x-u+d) f_X(x) \mathrm{d}x$$
$$= \int_0^d x \mathrm{d}F_X(x) + \int_0^\infty d f_X(x) \mathrm{d}x - \int_0^d d f_X(x) \mathrm{d}x - \int_u^\infty d f_X(x) \mathrm{d}x$$
$$\quad + \int_u^\infty (x-u+d) f_X(x) \mathrm{d}x$$
$$= x F_X(x) \big|_0^d - \int_0^d F_X(x) \mathrm{d}x + d - \int_0^d d \mathrm{d}F_X(x) + \int_u^\infty (x-u) \mathrm{d}F_X(x)$$
$$= d F_X(d) - \int_0^d F_X(x) \mathrm{d}x + d - d F_X(d) + (x-u) F_X(x) \big|_u^\infty - \int_u^\infty F_X(x) \mathrm{d}x$$
$$= \int_0^d [1 - F_X(x)] \mathrm{d}x + \int_u^\infty [1 - F_X(x)] \mathrm{d}x$$

或者

$$E(Y_2) = E(X) - E(Y_1) = \int_0^\infty [1 - F_X(x)] \mathrm{d}x - \int_d^u [1 - F_X(x)] \mathrm{d}x$$
$$= \int_0^d [1 - F_X(x)] \mathrm{d}x + \int_u^\infty [1 - F_X(x)] \mathrm{d}x$$

$$E(Y_1^2) = \int_d^u (x-d)^2 f_X(x) \mathrm{d}x + \int_u^\infty (u-d)^2 f_X(x) \mathrm{d}x$$
$$= \int_d^u (x-d)^2 \mathrm{d}F_X(x) + \int_u^\infty (u-d)^2 \mathrm{d}F_X(x)$$
$$= (x-d)^2 F_X(x) \big|_d^u - \int_d^u 2(x-d) F_X(x) \mathrm{d}x + (u-d)^2 F_X(x) \big|_u^\infty$$
$$= (u-d)^2 F_X(u) - \int_d^u 2(x-d) F_X(x) \mathrm{d}x + (u-d)^2 [1 - F_X(u)]$$
$$= (u-d)^2 - \int_d^u 2(x-d) F_X(x) \mathrm{d}x$$
$$= \int_d^u 2(x-d) \mathrm{d}x - \int_d^u 2(x-d) F_X(x) \mathrm{d}x$$

$$=\int_d^u 2(x-d)[1-F_X(x)]\mathrm{d}x$$

$$E(Y_2^2)=\int_0^d x^2 f_X(x)\mathrm{d}x+\int_d^u d^2 f_X(x)\mathrm{d}x+\int_u^\infty (x-u+d)^2 f_X(x)\mathrm{d}x$$

$$=\int_0^d x^2\mathrm{d}F_X(x)+\int_0^\infty d^2 f_X(x)\mathrm{d}x-\int_0^d d^2 f_X(x)\mathrm{d}x-\int_u^\infty d^2 f_X(x)\mathrm{d}x$$

$$+\int_u^\infty (x-u+d)^2 f_X(x)\mathrm{d}x$$

$$=x^2 F_X(x)\big|_0^d-\int_0^d 2xF_X(x)\mathrm{d}x+d^2-\int_0^d d^2\mathrm{d}F_X(x)+\int_u^\infty (x-u)^2\mathrm{d}F_X(x)$$

$$+\int_u^\infty 2d(x-u)\mathrm{d}F_X(x)$$

$$=d^2 F_X(d)-\int_0^d 2xF_X(x)\mathrm{d}x+d^2-d^2 F_X(d)+(x-u)^2 F_X(x)\big|_u^\infty$$

$$-\int_u^\infty 2(x-u)F_X(x)\mathrm{d}x+2d(x-u)F_X(x)\big|_u^\infty-\int_u^\infty 2dF_X(x)\mathrm{d}x$$

$$=\int_0^d 2x[1-F_X(x)]\mathrm{d}x+\int_u^\infty 2(x-u)[1-F_X(x)]\mathrm{d}x+\int_u^\infty 2d[1-F_X(x)]\mathrm{d}x$$

$$=\int_0^d 2x[1-F_X(x)]\mathrm{d}x+\int_u^\infty 2(x-u+d)[1-F_X(x)]\mathrm{d}x$$

下面给出推导 $\mathrm{cov}(Y_1 Y_2)$ 的两种方法。

方法一：直接推导。

$$E(X^2)=\int_0^\infty 2x[1-F_X(x)]\mathrm{d}x$$

$$E(Y_1^2)+E(Y_2^2)=\int_d^u 2(x-d)[1-F_X(x)]\mathrm{d}x+\int_0^d 2x[1-F_X(x)]\mathrm{d}x$$

$$+\int_u^\infty 2(x-u+d)[1-F_X(x)]\mathrm{d}x$$

$$\leqslant \int_d^u 2x[1-F_X(x)]\mathrm{d}x+\int_0^d 2x[1-F_X(x)]\mathrm{d}x+\int_u^\infty 2x[1-F_X(x)]\mathrm{d}x$$

$$=\int_0^\infty 2x[1-F_X(x)]\mathrm{d}x=E(X^2)$$

$$E(X^2)=E(Y_1+Y_2)^2=E(Y_1^2)+E(Y_2^2)+2E(Y_1 Y_2)$$

$$=\int_d^u 2(x-d)[1-F_X(x)]\mathrm{d}x+\int_0^d 2x[1-F_X(x)]\mathrm{d}x$$

$$+\int_u^\infty 2(x-u+d)[1-F_X(x)]\mathrm{d}x+2E(Y_1 Y_2)$$

$$=\int_0^\infty 2x[1-F_X(x)]\mathrm{d}x-\int_d^u 2d[1-F_X(x)]\mathrm{d}x$$

$$-\int_u^\infty 2(u-d)[1-F_X(x)]\mathrm{d}x+2E(Y_1 Y_2)$$

$$=E(X^2)-\int_d^u 2d[1-F_X(x)]\mathrm{d}x-\int_u^\infty 2(u-d)[1-F_X(x)]\mathrm{d}x+2E(Y_1 Y_2)$$

$$\Rightarrow E(Y_1 Y_2) = \int_d^u d[1-F_X(x)]\mathrm{d}x + \int_u^\infty (u-d)[1-F_X(x)]\mathrm{d}x$$

$$\begin{aligned}
\mathrm{cov}(Y_1 Y_2) &= E(Y_1 Y_2) - E(Y_1) E(Y_2) \\
&= \int_d^u d[1-F_X(x)]\mathrm{d}x + \int_u^\infty (u-d)[1-F_X(x)]\mathrm{d}x \\
&\quad - \int_d^u [1-F_X(x)]\mathrm{d}x \times \{\int_0^d [1-F_X(x)]\mathrm{d}x + \int_u^\infty [1-F_X(x)]\mathrm{d}x\} \\
&= \{\int_d^u d[1-F_X(x)]\mathrm{d}x - \int_d^u [1-F_X(x)]\mathrm{d}x \times \int_0^d [1-F_X(x)]\mathrm{d}x\} \\
&\quad + \{\int_u^\infty (u-d)[1-F_X(x)]\mathrm{d}x - \int_d^u [1-F_X(x)]\mathrm{d}x \times \int_u^\infty [1-F_X(x)]\mathrm{d}x\} \\
&= \int_d^u [1-F_X(x)]\mathrm{d}x \{d - \int_0^d [1-F_X(x)]\mathrm{d}x\} \\
&\quad + \int_u^\infty [1-F_X(x)]\mathrm{d}x \{(u-d) - \int_d^u [1-F_X(x)]\mathrm{d}x\} \\
&= \{\int_d^u [1-F_X(x)]\mathrm{d}x\} \int_0^d F_X(x)\mathrm{d}x + \{\int_u^\infty [1-F_X(x)]\mathrm{d}x\} \int_d^u F_X(x)\mathrm{d}x \geqslant 0
\end{aligned}$$

方法二:利用混合型保险与免赔额保险、限额保险之间的关系推导。

为了便于表述,下面将免赔额保险、限额保险、混合型保险中保险公司分担的损失额随机变量、被保险人分担的损失额随机变量分别记为 Y_1 和 Y_2、Y_3 和 Y_4、Y_5 和 Y_6。则有

$$\begin{cases} Y_5 = Y_1 - Y_4 = Y_3 - Y_2 \\ Y_6 = Y_2 + Y_4 \end{cases}$$

$$\begin{aligned}
\mathrm{cov}(Y_1, Y_2) &= EY_1 Y_2 - EY_1 EY_2 = dEY_1 - EY_1 EY_2 = (d - EY_2) EY_1 \\
&= \int_0^d F_X(x)\mathrm{d}x \times \int_d^\infty [1-F_X(x)]\mathrm{d}x \geqslant 0
\end{aligned}$$

$$\begin{aligned}
\mathrm{cov}(Y_3, Y_4) &= EY_3 Y_4 - EY_3 EY_4 = uEY_4 - EY_3 EY_4 = (u - EY_3) EY_4 \\
&= \int_0^u F_X(x)\mathrm{d}x \int_u^\infty [1-F_X(x)]\mathrm{d}x \geqslant 0
\end{aligned}$$

$$\begin{aligned}
\mathrm{cov}(Y_2, Y_4) &= EY_2 Y_4 - EY_2 EY_4 = dEY_4 - EY_2 EY_4 = (d - EY_2) EY_4 \\
&= \int_0^d F_X(x)\mathrm{d}x \{\int_u^\infty [1-F_X(x)]\mathrm{d}x\}
\end{aligned}$$

下面给出判断 $\mathrm{cov}(Y_5, Y_6)$ 的正负的推导过程。

$$\begin{aligned}
\mathrm{cov}(Y_5, Y_6) &= \mathrm{cov}(Y_1 - Y_4, Y_2 + Y_4) \\
&= \mathrm{cov}(Y_1, Y_2) + \mathrm{cov}(Y_1, Y_4) - \mathrm{cov}(Y_2, Y_4) - \mathrm{cov}(Y_4, Y_4) \\
&= \mathrm{cov}(Y_1, Y_2) + \mathrm{cov}(Y_3 - Y_2 + Y_4, Y_4) - \mathrm{cov}(Y_2, Y_4) - \mathrm{cov}(Y_4, Y_4) \\
&= \mathrm{cov}(Y_1, Y_2) + \mathrm{cov}(Y_3, Y_4) - \mathrm{cov}(Y_2, Y_4) + \mathrm{cov}(Y_4, Y_4) \\
&\quad - \mathrm{cov}(Y_2, Y_4) - \mathrm{cov}(Y_4, Y_4) \\
&= \mathrm{cov}(Y_1, Y_2) + \mathrm{cov}(Y_3, Y_4) - 2\mathrm{cov}(Y_2, Y_4)
\end{aligned}$$

$$=(d-EY_2)EY_1+(u-EY_3)EY_4-2(d-EY_2)EY_4$$
$$=(d-EY_2)(EY_1-EY_4)+(u-d+EY_2-EY_3)EY_4>0$$

下面进一步给出 $\text{cov}(Y_5, Y_6)$ 的表达式的推导过程。

$$\text{cov}(Y_5, Y_6)=\text{cov}(Y_1, Y_2)+\text{cov}(Y_3, Y_4)-2\text{cov}(Y_2, Y_4)$$
$$=\{\int_d^\infty [1-F_X(x)]dx\}\int_0^d F_X(x)dx$$
$$+\{\int_u^\infty [1-F_X(x)]dx\}\int_0^u F_X(x)dx-2\text{cov}(Y_2, Y_4)$$
$$=\{\int_d^\infty [1-F_X(x)]dx\}\int_0^d F_X(x)dx$$
$$+\{\int_u^\infty [1-F_X(x)]dx\}\int_0^u F_X(x)dx-2(d-EY_2)EY_4$$
$$=\{\int_d^\infty [1-F_X(x)]dx\}\int_0^d F_X(x)dx+\{\int_u^\infty [1-F_X(x)]dx\}\int_0^u F_X(x)dx$$
$$-2\int_0^d F_X(x)dx\{\int_u^\infty [1-F_X(x)]dx\}$$
$$=\{\int_d^u [1-F_X(x)]dx\}\int_0^d F_X(x)dx+\{\int_u^\infty [1-F_X(x)]dx\}\int_d^u F_X(x)dx \geqslant 0$$

(5) 特许免赔额保险。

方法一：直接推导。

$$E(Y_1)=\int_d^\infty xf_X(x)dx=\int_d^\infty xdF_X(x)=xF_X(x)\Big|_d^\infty-\int_d^\infty F_X(x)dx$$
$$=\int_0^\infty dx-dF_X(d)-\int_d^\infty F_X(x)dx=\int_0^d dx+\int_d^\infty dx-\int_d^\infty F_X(x)dx-dF_X(d)$$
$$=d[1-F_X(d)]+\int_d^\infty [1-F_X(x)]dx$$

$$E(Y_2)=\int_0^d xf_X(x)dx=\int_0^d xdF_X(x)=xF_X(x)\Big|_0^d-\int_0^d F_X(x)dx$$
$$=dF_X(d)-\int_0^d F_X(x)dx$$
$$=d-\int_0^d F_X(x)dx+dF_X(d)-d$$
$$=\int_0^d [1-F_X(x)]dx-d[1-F_X(d)]$$

或者

$$E(Y_2)=E(X)-E(Y_1)=\int_0^\infty [1-F_X(x)]dx-d[1-F_X(d)]-\int_d^\infty [1-F_X(x)]dx$$
$$=\int_0^d [1-F_X(x)]dx-d[1-F_X(d)]$$

方法二：利用特许免赔额保险和免赔额保险之间的关系推导。

为了便于表述，下面将特许免赔额保险中保险公司分担的损失额随机变量、被保险人分担的损失额随机变量分别记为 Y_7 和 Y_8。则有

$$E(Y_7)=E(Y_1)+d[1-F_X(d)]=d[1-F_X(d)]+\int_d^\infty [1-F_X(x)]\mathrm{d}x$$

$$E(Y_8)=E(Y_2)-d[1-F_X(d)]=\int_0^d [1-F_X(x)]\mathrm{d}x-d[1-F_X(d)]$$

$$E(Y_1^2)=\int_d^\infty x^2 f_X(x)\mathrm{d}x=\int_d^\infty x^2 \mathrm{d}F_X(x)=x^2 F_X(x)\Big|_d^\infty-\int_d^\infty 2x F_X(x)\mathrm{d}x$$

$$=d^2-d^2 F_X(d)+\int_d^\infty 2x\mathrm{d}x-\int_d^\infty 2x F_X(x)\mathrm{d}x$$

$$=d^2[1-F_X(d)]+\int_d^\infty 2x[1-F_X(x)]\mathrm{d}x$$

$$E(Y_2^2)=\int_0^d x^2 f_X(x)\mathrm{d}x=\int_0^d x^2 \mathrm{d}F_X(x)=x^2 F_X(x)\Big|_0^d-\int_0^d 2x F_X(x)\mathrm{d}x$$

$$=d^2 F_X(d)-\int_0^d 2x F_X(x)\mathrm{d}x-d^2+d^2$$

$$=d^2-\int_0^d 2x F_X(x)\mathrm{d}x-d^2+d^2 F_X(d)$$

$$=\int_0^d 2x[1-F_X(x)]\mathrm{d}x-d^2[1-F_X(d)]$$

下面给出推导 $E(Y_1 Y_2)$ 和 $\mathrm{cov}(Y_1 Y_2)$ 的两种方法。

方法一：

$$E(X^2)=\int_0^\infty 2x[1-F_X(x)]\mathrm{d}x$$

$$E(Y_1^2)+E(Y_2^2)=d^2[1-F_X(d)]+\int_d^\infty 2x[1-F_X(x)]\mathrm{d}x$$

$$+\int_0^d 2x[1-F_X(x)]\mathrm{d}x-d^2[1-F_X(d)]$$

$$=\int_d^\infty 2x[1-F_X(x)]\mathrm{d}x+\int_0^d 2x[1-F_X(x)]\mathrm{d}x$$

$$=\int_0^\infty 2x[1-F_X(x)]\mathrm{d}x=E(X^2)$$

$$\left.\begin{aligned}E(X^2)&=E(Y_1+Y_2)^2=E(Y_1^2)+E(Y_2^2)+2E(Y_1 Y_2)\\&=E(X^2)+2E(Y_1 Y_2)\end{aligned}\right\}\Rightarrow E(Y_1 Y_2)=0$$

$$\mathrm{cov}(Y_1 Y_2)=E(Y_1 Y_2)-E(Y_1)E(Y_2)$$

$$=-\{d[1-F_X(d)]+\int_d^\infty [1-F_X(x)]\mathrm{d}x\}\{\int_0^d [1-F_X(x)]\mathrm{d}x-d[1-F_X(d)]\}$$

$$\leqslant 0$$

方法二：直接利用 Y_1 和 Y_2 的定义，推导 $E(Y_1Y_2)=0$。

根据

$$Y_1=\begin{cases} 0 & X \leqslant d \\ X & X>d \end{cases} \quad Y_2=\begin{cases} X & X \leqslant d \\ 0 & X>d \end{cases}$$

得到 $Y_1Y_2=0$

进而得到

$$\begin{aligned}\operatorname{cov}(Y_1Y_2) &= E(Y_1Y_2)-E(Y_1)E(Y_2) \\ &= -\{d[1-F_X(d)]+\int_d^\infty [1-F_X(x)]\mathrm{d}x\}\{\int_0^d [1-F_X(x)]\mathrm{d}x - d[1-F_X(d)]\} \\ &\leqslant 0\end{aligned}$$

本章专业术语

第一节	分布函数与矩母函数	对数正态分布	Lognormal Distribution
概率密度函数	Probability Density Function, PDF：$f(x)$	帕累托分布	Pareto Distribution
累积分布函数	Cumulative Distribution Function, CDF：$F(x)$	Burr 分布	Burr Distribution
矩生成函数	Moment Generating Function, MGF：$M_X(t)$	三参数帕累托分布	Three-parameter Pareto Distribution
第二节	常见的损失次数和损失金额的分布	韦伯分布	Weibull Distribution
损失次数	Numbers of Losses	损失分布	Loss Distribution
损失金额	Amounts of Losses	索赔分布	Claims Distribution
离散型概率分布	Discrete Probability Distribution	正偏态分布	Positively Skewed Distribution
连续型概率分布	Continuous Probability Distribution	负偏态分布	Negatively Skewed Distribution
二项分布	Binomial Distribution	零偏态分布	Zero Skewed Distribution
泊松分布	Poisson Distribution	个体损失建模	Modelling Individual Losses
几何分布	Geometric Distribution	聚合损失建模	Modelling Aggregate Losses
负二项分布	Negative Binomial Distribution	第三节	厚尾分布和轻尾分布
均匀分布	Uniform Distribution	厚尾分布	Heavy-tailed Distribution, Fat-tailed Distribution
正态分布	Normal Distribution	轻尾分布	Light-tailed Distribution
指数分布	Exponential Distribution	长尾分布	Long-tailed Distribution
伽马分布	Gamma Distribution	尾分布函数	Tail Distribution Function：$s_X(x)=1-F_X(x)$

续表

第四节 风险分担设计及其理赔额分布		第五节 损失分布和理赔额分布的参数估计及模型检验与选择	
风险分担	Risk Sharing	无风险分担	Without Risk Sharing
被保险人	Insured	有风险分担	With Risk Sharing
保单持有人	Policyholder	矩估计法	Method of Moments
保险人	Insurer	样本矩	Sample Moments
再保险人	Reinsurer	总体矩	Population Moments
免赔额保险	Deductible Insurance = 超额保险(Policy Excess)	极大似然估计	Maximum Likelihood Estimation
限额保险	Policy Limit	分位数法	Method of Percentiles
混合型保险	Combination of Caps and Deductibles	α 分位数	Quantiles: $F^{-1}(\alpha)$
特许免赔额保险	Franchise Deductible（俗称：相对免赔额保险）	25% 分位数	25th Quantiles or the Lower Quartiles: $F^{-1}(0.25)$
消失型免赔额保险	Disappearing Deductible	75% 分位数	75th Quantiles or the Upper Quartiles: $F^{-1}(0.75)$
超额损失再保险	Excess of Loss Reinsurance, 类似于免赔额保险(Deductible Insurance)	样本四分位数	Sample Quartiles
比例再保险	Proportional Reinsurance	总体四分位数	Population Quartiles
自留水平	Retention Level	完全数据	Complete Data
自留额	Retention Amount	不完全数据	Incomplete Data
自留比例	Retention Proportion	左截断样本	Left Truncated Samples
截断分布	Truncated Distribution	右删失样本	Right Censored Samples
左截断	Left Truncated	统计分布	Statistical Distribution
右删失	Right Censored	拟合优度	Goodness of Fit

第三章

风 险 模 型

本章学习目标

1. 理解短期保险合同和长期保险合同的区别,理解寿险业务和非寿险业务的区别与联系,熟悉为短期保险合同建模的结构模型。

2. 领悟双期望定理的精髓,熟悉双期望定理在风险模型等保险及其相关领域的应用。

3. 理解集体风险模型和个体风险模型的概念、区别与联系。

4. 掌握正偏分布和负偏分布的概念,学会判断泊松分布、二项分布、负二项分布的正偏和负偏性;并扩展判断复合泊松分布、复合二项分布、复合负二项分布的正偏和负偏性;理解在保险实务中,这三类分布及其复合分布为理赔总量 S 建模的适用范围和优劣势。

5. 熟悉复合泊松分布的特殊性质,学会熟练运用这些性质解决保险领域的实际问题。

6. 熟练掌握度量理赔总量 S 的分布的矩母函数法、正态近似方法和 R 软件随机模拟方法;学会运用矩母函数法计算理赔总量 S 的均值、方差、偏度系数等数字特征;并扩展用于含个体比例再保险和超额损失再保险、聚合比例再保险和超额损失再保险下,保险公司和再保险公司的理赔总量 S_I 和 S_R 的分布度量。

7. 理解模型参数可变性的概念,理解异质保单组合和同质保单组合的区别,掌握含异质保单组合和同质保单组合两种情形下,度量理赔总量 S 的分布的矩母函数法和 R 软件随机模拟方法。

第一节 短期保险合同模型

一、短期保险合同

短期保险合同(Short-term Insurance Contract)是指保险合同期限小于等于 1 年,如 1 年、6 个月、1 个月等;通常以 1 年为研究对象。长期保险合同(Long-term Insurance Contract)是指保险合同期限大于 1 年。

本章研究的是为短期保险合同建模的结构模型(Construct Model),这些模型主要是针对保险公司的非寿险(Non-life Insurance)业务,属于短期非寿险业务定价(净保费)的基础;

这些模型既适合于保险市场,也适合于再保险市场。

二、基本模型及其简化讨论

1. 基本模型

$$S = \sum_{i=1}^{N} X_i \tag{3.1.1}$$

其中,N 为理赔次数(Number of Claims),X_i 为第 i 次个体理赔额(Amount of Individual Claims),S 为理赔总量(Aggregate Claims),也称聚合理赔额,或者聚合索赔(Aggregate Claims)。

该基本模型也称聚合风险模型,包括集体风险模型和个体风险模型[①]。

2. 基本模型的简化讨论

为了便于分析,下面给出本章基本模型的五个简化条件。

(1) N 和 X_i 的分布已知。

(2) 无索赔(理赔)延迟。不考虑现实中的报案延迟和理赔延迟。换句话说,我们考虑的是短尾(Short-tail)业务,而非长尾(Long-tail)业务。

(3) 不考虑费用附加。我们考虑的是净损失,也称净保费(Net Premium),而非毛保费(Gross Premium)。当然,通常我们也可以通过简单的方式将费用包含在基本模型中。

(4) 不考虑利率的影响。由于利率对短期保险合同的重要性远不如长期保险合同,因此短期保险合同通常不考虑利率的影响,而长期保险合同则需要考虑利率的影响。当然,我们也很容易将利率包含在短期保险合同模型中。

(5) 不考虑个体异质性。不考虑投保个体的道德风险(Moral Hazard)、逆向选择(Adverse Selection)等行为。例如,不考虑投保个体以往的索赔记录(Previous Claims Record)。当考虑这些个体异质性时,我们可以设计成无赔偿优待(No Claims Discount,NCD)系统,也称为奖惩系统(Bonus-Malus System,BMS)。这些内容将在本书第七章的Markov链与经验费率系统中介绍。

在此基础上,本章基本模型的两个重要假设是:

(1) 理赔次数随机变量 N 与理赔额随机变量 $\{X_i\}_{i=1}^{N}$ 相互独立。

(2) 理赔额随机变量 $\{X_i\}_{i=1}^{N}$ 是独立的。

这意味着,理赔次数 N 不受个体理赔额 X_i 的影响;给定的个体理赔额 X_i 不受其他个

[①] Panjer, H. H., Willmot, G. E. Insurance Risk Models. Schaumburg, Illinois:Society of Actuaries, 1992;Klugman, S. T., Panjer, H. H., Willmot, G. E. Loss Models:From Data to Decisions[M]. New York:John Wiley & Sons, 1998;Roger, J. G., Susan, M. P. Risk Modelling in General Insurance:From Principles to Practice[M]. New York:Cambridge University Press, 2012;Frees, E. W., Derrig, R. A., Meyers, G. Predictive Modeling Applications in Actuarial Science Volume I:Predictive Modeling Techniques[M]. New York:Cambridge University Press, 2014;Frees, E. W., Meyers, G., Derrig, R. A. Predictive Modeling Applications in Actuarial Science Volume II:Case Studies in Insurance[M]. New York:Cambridge University Press, 2016;中国精算师协会组编(肖争艳主编). 精算模型[M]. 北京:中国财政经济出版社,2013;Institute and Faculty of Acutaries (IFoA). Risk Modelling and Survival Analysis (CS2) Core Principles. 2023。

体理赔额的影响；个体理赔额$\{X_i\}_{i=1}^N$的分布在短期保险合同期限内保持不变。这两个重要假设既适用于集体风险模型，又适用于个体风险模型。

本章进一步假设所有个体理赔额X_i都是非负的，即$P(X_i<0)=0$。

第二节　集体风险模型

一、模型假设

$$S = X_1 + \cdots + X_N = \sum_{i=1}^{N} X_i \tag{3.2.1}$$

其中，理赔次数N的分布通常称为频数分布（Frequency Distribution），也称为初级分布（Primary Distribution）；理赔额X_i的分布通常称为强度分布（Severity Distribution），也称为二级（次级）分布（Secondary Distribution）；理赔总量S的分布通常称为复合分布（Compound Distribution）。

集体风险模型的两个重要假设是：

(1) 理赔次数随机变量N与理赔额随机变量$\{X_i\}_{i=1}^N$相互独立。

(2) 理赔额随机变量$\{X_i\}_{i=1}^N$是独立同分布（Independent and Identically Distributed, IID）的。

显然，当$N=0$时，$S=0$。该集体风险模型同时适用于单个保单和保单组合的理赔总量S的分布度量研究。针对保单组合，通常在一定期限内大多数保单是不会发生理赔的。因此，我们可以将保单组合中的保单按照是否发生理赔分为两类，其中不发生理赔的保单不会影响保单组合的总理赔额。有鉴于此，我们可以将保单组合视为一个整体，以发生理赔的保单为研究对象，理赔总量S是按照每次理赔发生的时间顺序将所有理赔额累加起来，当然一个保单也可以出现多次理赔。

在风险理论中，我们通常使用集体风险模型来研究具有同质风险的保单组合的理赔总量S的分布问题。这里，同质风险（Homogeneous Risk）是指$\{X_i\}_{i=1}^N$具有相同的概率分布，即"同分布"假设；而异质风险（Heterogeneous Risk）则是指$\{X_i\}_{i=1}^N$具有不同的概率分布，即"不同分布"假设。

集体风险模型的核心内容是：如何利用N和X_i的分布来度量S的分布。本章将介绍度量S的分布的三种方法：矩母函数法、正态近似、随机模拟法。

二、度量S的分布的重要方法——矩母函数法

在集体风险模型中，当N和X_i的分布已知时，如何利用矩母函数法来度量S的分布。显然，S的分布函数满足：

$$F_S(s) = P(S \leqslant s) = \sum_{n=0}^{\infty} P(S \leqslant s, N=n) = \sum_{n=0}^{\infty} P(N=n) P(S \leqslant s \mid N=n)$$

$$\tag{3.2.2}$$

1. 双期望定理

双期望定理(Double Expectation Theorem)，概率论中也称为迭代期望定律(Law of Iterated Expectation)。

$$\begin{cases} E(Y)=E[E(Y|X)] \\ \mathrm{var}(Y)=E[\mathrm{var}(Y|X)]+\mathrm{var}[E(Y|X)] \end{cases} \tag{3.2.3}$$

这里，$[\mathrm{var}(Y|X)]$ 为组内方差(Variance within Groups)，$\mathrm{var}[E(Y|X)]$ 为组间方差(Variance between Groups)。

双期望定理的含义是：条件期望的期望等于无条件期望；条件方差的期望与条件期望的方差之和等于无条件方差。感兴趣的同学可以利用概率论知识自行推导双期望定理。

2. S 的均值和方差

定理 1：当 N 与 X_i 独立，且 $\{X_i\}_{i=1}^N$ 独立同分布时，S 的均值和方差为

$$\begin{cases} E(S)=E(N)E(X) \\ \mathrm{var}(S)=E(N)\mathrm{var}(X)+\mathrm{var}(N)[E(X)]^2 \end{cases} \tag{3.2.4}$$

证明：利用式(3.2.3)给出的双期望定理，可以得到：

$$E(S|N)=E(X_1+\cdots+X_N|N)\underset{\text{独立}}{\overset{X_i \text{与} N}{=}}E(X_1)+\cdots+E(X_N)\underset{iid}{\overset{X_i}{=}}NE(X)$$

$$E(S)=E[E(S|N)]=E[NE(X)]=E(N)E(X)$$

$$\mathrm{var}(S|N)=\mathrm{var}(X_1+\cdots+X_N|N)\underset{\text{独立}}{\overset{X_i \text{与} N}{=}}\mathrm{var}(X_1)+\cdots+\mathrm{var}(X_N)\underset{iid}{\overset{X_i}{=}}N\mathrm{var}(X)$$

$$\mathrm{var}(S)=E[\mathrm{var}(S|N)]+\mathrm{var}[E(S|N)]=E[N\mathrm{var}(X)]+\mathrm{var}[NE(X)]$$
$$=E(N)\mathrm{var}(X)+\mathrm{var}(N)[E(X)]^2$$

根据定理 1 可知，理赔总量 S 的期望等于理赔次数 N 的期望 $E(N)$ 和理赔额 X 的期望 $E(X)$ 的乘积。这是非寿险业务(财产损失保险、农业保险、责任保险、保证保险、信用保险、健康保险、意外伤害保险等)的精算定价原理，也与我们的直觉相符。理赔总量 S 的方差可以分解为理赔额的方差 $E(N)\mathrm{var}(X)$ 和理赔次数的方差 $\mathrm{var}(N)[E(X)]^2$ 两部分。其中，N 为无量纲量，即是没有"单位"或单位为"1"的变量。

作为特例，当 X_i 为常数 b 时，即当 $P(X_i=b)=1$ 时，有

$$S=\sum_{i=1}^N X_i=Nb \tag{3.2.5}$$

这常见于保险金额固定的寿险保单中。这种情况下，很容易得到 S 的分布函数、期望和方差，即

$$P(S\leqslant bx)=P(N\leqslant x) \tag{3.2.6}$$
$$E(S)=bE(N) \tag{3.2.7}$$
$$\mathrm{var}(S)=b^2\mathrm{var}(N) \tag{3.2.8}$$

3. S 的矩母函数

定理 2：当 N 与 X_i 独立，且 $\{X_i\}_{i=1}^N$ 独立同分布时，S 的矩母函数为

$$M_S(t) = M_N[\ln M_X(t)] \tag{3.2.9}$$

证明：利用式（3.2.3）给出的双期望定理，可以得到

$$M_S(t) = E(e^{tS}) = E[E(e^{tS}|N)]$$

其中，

$$E(e^{tS}|N) = E(e^{t\sum_{i=1}^N X_i}|N) = E(e^{tX_1+tX_2+\cdots+tX_n}|N) \underset{\text{独立}}{\overset{X_i \text{与} N}{=}} E(e^{tX_1+tX_2+\cdots+tX_n})$$

$$\underset{\text{独立}}{\overset{X_i}{=}} \prod_{i=1}^n E[e^{tX_i}] \overset{X_i}{\underset{iid}{=}} [E(e^{tX})]^N = [M_X(t)]^N = e^{N\ln M_X(t)}$$

进而得到

$$M_S(t) = E(e^{N\ln M_X(t)}) = M_N[\ln M_X(t)]$$

也就是说，理赔总量 S 的矩母函数可以利用理赔次数 N 的矩母函数和理赔额 X 的矩母函数进行复合运算得到，即只需要将理赔次数 N 的矩母函数中的 t 替换为 $\ln M_X(t)$（或者 e^t 替换为 $M_X(t)$）即可。

表 3-1 进一步给出了几种常见的复合分布下，理赔总量 S 的矩母函数。显然，有了 S 的矩母函数，我们可以很容易地推导 S 的均值、方差等数字特征。

表 3-1　S 的矩母函数一览表

N	$M_N(t)$	S	$M_S(t)$	X	$M_X(t)$	$M_S(t)$
泊松分布	$e^{\lambda(e^t-1)}$	复合泊松分布	$e^{\lambda[M_X(t)-1]}$	均匀分布	$\dfrac{e^t(e^{Nt}-1)}{N(e^t-1)}$	$e^{\lambda\left(\frac{e^t(e^{Nt}-1)}{N(e^t-1)}-1\right)}$
				正态分布	$e^{\mu t+\frac{1}{2}\sigma^2 t^2}$	$e^{\lambda(e^{\mu t+\frac{1}{2}\sigma^2 t^2}-1)}$
				指数分布	$\dfrac{\lambda}{\lambda-t}$	$e^{\lambda\left(\frac{\lambda}{\lambda-t}-1\right)}$
				伽马分布	$\left(\dfrac{\lambda}{\lambda-t}\right)^\alpha$	$e^{\lambda\left[\left(\frac{\lambda}{\lambda-t}\right)^\alpha-1\right]}$
二项分布	$(1-p+pe^t)^n$	复合二项分布	$[1-p+pM_X(t)]^n$	均匀分布	$\dfrac{e^t(e^{Nt}-1)}{N(e^t-1)}$	$\left(1-p+p\dfrac{e^t(e^{Nt}-1)}{N(e^t-1)}\right)^n$
				正态分布	$e^{\mu t+\frac{1}{2}\sigma^2 t^2}$	$(1-p+pe^{\mu t+\frac{1}{2}\sigma^2 t^2})^n$
				指数分布	$\dfrac{\lambda}{\lambda-t}$	$\left(1-p+\dfrac{p\lambda}{\lambda-t}\right)^n$
				伽马分布	$\left(\dfrac{\lambda}{\lambda-t}\right)^\alpha$	$\left[1-p+p\left(\dfrac{\lambda}{\lambda-t}\right)^\alpha\right]^n$

续表

N	$M_N(t)$	S	$M_S(t)$	X	$M_X(t)$	$M_S(t)$
几何分布	$\dfrac{p}{1-(1-p)e^t}$	复合几何分布	$\dfrac{p}{1-(1-p)M_X(t)}$	均匀分布	$\dfrac{e^t(e^{Nt}-1)}{N(e^t-1)}$	$\dfrac{p}{1-(1-p)\dfrac{e^t(e^{Nt}-1)}{N(e^t-1)}}$
				正态分布	$e^{\mu t+\frac{1}{2}\sigma^2 t^2}$	$\dfrac{p}{1-(1-p)e^{\mu t+\frac{1}{2}\sigma^2 t^2}}$
				指数分布	$\dfrac{\lambda}{\lambda-t}$	$\dfrac{p}{1-(1-p)\dfrac{\lambda}{\lambda-t}}$
				伽马分布	$\left(\dfrac{\lambda}{\lambda-t}\right)^\alpha$	$\dfrac{p}{1-(1-p)\left(\dfrac{\lambda}{\lambda-t}\right)^\alpha}$
几何分布	$\dfrac{pe^t}{1-(1-p)e^t}$	复合几何分布	$\dfrac{pM_X(t)}{1-(1-p)M_X(t)}$	均匀分布	$\dfrac{e^t(e^{Nt}-1)}{N(e^t-1)}$	$\dfrac{p\dfrac{e^t(e^{Nt}-1)}{N(e^t-1)}}{1-(1-p)\dfrac{e^t(e^{Nt}-1)}{N(e^t-1)}}$
				正态分布	$e^{\mu t+\frac{1}{2}\sigma^2 t^2}$	$\dfrac{pe^{\mu t+\frac{1}{2}\sigma^2 t^2}}{1-(1-p)e^{\mu t+\frac{1}{2}\sigma^2 t^2}}$
				指数分布	$\dfrac{\lambda}{\lambda-t}$	$\dfrac{p\dfrac{\lambda}{\lambda-t}}{1-(1-p)\dfrac{\lambda}{\lambda-t}}$
				伽马分布	$\left(\dfrac{\lambda}{\lambda-t}\right)^\alpha$	$\dfrac{p\left(\dfrac{\lambda}{\lambda-t}\right)^\alpha}{1-(1-p)\left(\dfrac{\lambda}{\lambda-t}\right)^\alpha}$
负二项分布	$\left(\dfrac{p}{1-(1-p)e^t}\right)^r$	复合负二项分布	$\left(\dfrac{p}{1-(1-p)M_X(t)}\right)^r$	均匀分布	$\dfrac{e^t(e^{Nt}-1)}{N(e^t-1)}$	$\left[\dfrac{p}{1-(1-p)\dfrac{e^t(e^{Nt}-1)}{N(e^t-1)}}\right]^r$
				正态分布	$e^{\mu t+\frac{1}{2}\sigma^2 t^2}$	$\left[\dfrac{p}{1-(1-p)e^{\mu t+\frac{1}{2}\sigma^2 t^2}}\right]^r$
				指数分布	$\dfrac{\lambda}{\lambda-t}$	$\left[\dfrac{p}{1-(1-p)\dfrac{\lambda}{\lambda-t}}\right]^r$
				伽马分布	$\left(\dfrac{\lambda}{\lambda-t}\right)^\alpha$	$\left[\dfrac{p}{1-(1-p)\left(\dfrac{\lambda}{\lambda-t}\right)^\alpha}\right]^r$
负二项分布	$\left(\dfrac{pe^t}{1-(1-p)e^t}\right)^r$	复合负二项分布	$\left(\dfrac{pM_X(t)}{1-(1-p)M_X(t)}\right)^r$	均匀分布	$\dfrac{e^t(e^{Nt}-1)}{N(e^t-1)}$	$\left[\dfrac{p\dfrac{e^t(e^{Nt}-1)}{N(e^t-1)}}{1-(1-p)\dfrac{e^t(e^{Nt}-1)}{N(e^t-1)}}\right]^r$
				正态分布	$e^{\mu t+\frac{1}{2}\sigma^2 t^2}$	$\left[\dfrac{pe^{\mu t+\frac{1}{2}\sigma^2 t^2}}{1-(1-p)e^{\mu t+\frac{1}{2}\sigma^2 t^2}}\right]^r$

续表

N	$M_N(t)$	S	$M_S(t)$	X	$M_X(t)$	$M_S(t)$
负二项分布	$\left(\dfrac{pe^t}{1-(1-p)e^t}\right)^r$	复合负二项分布	$\left(\dfrac{pM_X(t)}{1-(1-p)M_X(t)}\right)^r$	指数分布	$\dfrac{\lambda}{\lambda-t}$	$\left[\dfrac{p\dfrac{\lambda}{\lambda-t}}{1-(1-p)\dfrac{\lambda}{\lambda-t}}\right]^r$
				伽马分布	$\left(\dfrac{\lambda}{\lambda-t}\right)^\alpha$	$\left[\dfrac{p\left(\dfrac{\lambda}{\lambda-t}\right)^\alpha}{1-(1-p)\left(\dfrac{\lambda}{\lambda-t}\right)^\alpha}\right]^r$
均匀分布	$\dfrac{e^t(e^{Nt}-1)}{N(e^t-1)}$	复合均匀分布	$\dfrac{M_X(t)[M_X(t)^N-1]}{N[M_X(t)-1]}$	均匀分布	$\dfrac{e^t(e^{Nt}-1)}{N(e^t-1)}$	$\dfrac{\dfrac{e^t(e^{Nt}-1)}{N(e^t-1)}\left[\left(\dfrac{e^t(e^{Nt}-1)}{N(e^t-1)}\right)^N-1\right]}{N\left[\dfrac{e^t(e^{Nt}-1)}{N(e^t-1)}-1\right]}$
				正态分布	$e^{\mu t+\frac{1}{2}\sigma^2 t^2}$	$\dfrac{e^{\mu t+\frac{1}{2}\sigma^2 t^2}(e^{N\mu t+\frac{1}{2}N\sigma^2 t^2}-1)}{N(e^{\mu t+\frac{1}{2}\sigma^2 t^2}-1)}$
				指数分布	$\dfrac{\lambda}{\lambda-t}$	$\dfrac{\dfrac{\lambda}{\lambda-t}\left[\left(\dfrac{\lambda}{\lambda-t}\right)^N-1\right]}{N\left(\dfrac{\lambda}{\lambda-t}-1\right)}$
				伽马分布	$\left(\dfrac{\lambda}{\lambda-t}\right)^\alpha$	$\dfrac{\left(\dfrac{\lambda}{\lambda-t}\right)^\alpha\left[\left(\dfrac{\lambda}{\lambda-t}\right)^{\alpha N}-1\right]}{N\left[\left(\dfrac{\lambda}{\lambda-t}\right)^\alpha-1\right]}$

在集体风险模型中,我们进一步令理赔次数 $N=n$(n 为常数);放松独立同分布的假设,即假设 $\{X_i\}_{i=1}^N$ 独立同类型分布。显然,独立同分布是独立同类型分布的特例。利用第二章矩母函数的性质 3,我们可以很容易得到理赔总量 S 的分布、矩母函数,以及均值、方差等数字特征。

【例题 3-1】

已知理赔总量 $S=\sum_{i=1}^n X_i$,其中,n 为常数,X_i 独立且 $X_i \sim N(\mu_i, \sigma_i^2)$。求解 S 的矩母函数 $M_S(t)$、均值和方差。

解: 由题意得 $M_{X_i}(t)=e^{\mu_i t+\frac{1}{2}\sigma_i^2 t^2}$。则有

$$M_S(t)=\prod_{i=1}^n M_{X_i}(t)=\prod_{i=1}^n e^{\mu_i t+\frac{1}{2}\sigma_i^2 t^2}=e^{\sum_{i=1}^n \left(\mu_i t+\frac{1}{2}\sigma_i^2 t^2\right)}=e^{\sum_{i=1}^n \mu_i t}e^{\frac{1}{2}\sum_{i=1}^n \sigma_i^2 t^2}$$

显然,$S \sim N\left(\sum_{i=1}^n \mu_i, \sum_{i=1}^n \sigma_i^2\right)$ $\quad E(S)=\sum_{i=1}^n \mu_i \quad \text{var}(S)=\sum_{i=1}^n \sigma_i^2$

表 3-2 进一步给出了不同分布类型下,$S=\sum_{i=1}^n X_i$ 的分布。

表 3-2 不同分布类型中理赔总量 S 的分布

X_i 的分布类型	X_i 的分布表示	$S = \sum_{i=1}^{n} X_i$
0—1 分布（两点分布）	$X_i \sim B(1, p)$	$S \sim B(n, p)$
二项分布	$X_i \sim B(n_i, p)$	$S \sim B(\sum_{i=1}^{n} n_i, p)$
泊松分布	$X_i \sim \pi(\lambda_i)$	$S \sim \pi(\sum_{i=1}^{n} \lambda_i)$
几何分布	$X_i \sim G(p)$	$S \sim NB(n, p)$
负二项分布	$X_i \sim NB(r_i, p)$	$S \sim NB(\sum_{i=1}^{n} r_i, p)$
正态分布	$X_i \sim N(\mu_i, \sigma_i^2)$	$S \sim N(\sum_{i=1}^{n} \mu_i, \sum_{i=1}^{n} \sigma_i^2)$
指数分布	$X_i \sim E(\lambda)$	$S \sim Gamma(\alpha = n, \lambda)$
伽马分布	$X_i \sim Gamma(\alpha_i, \lambda)$	$S \sim Gamma(\sum_{i=1}^{n} \alpha_i, \lambda)$
χ^2 分布	$X_i \sim \chi^2(k_i)$（k_i 为自由度参数）	$S \sim \chi^2(\sum_{i=1}^{n} k_i)$（$\sum_{i=1}^{n} k_i$ 为自由度参数）

从表 3-2 中可以看出,分布族成员求和仍为分布族中的成员。特别地,0—1 分布是 $n=1$ 的特殊的二项分布;几何分布是 $r=1$ 的特殊的负二项分布;指数分布是 $\alpha=1$ 的特殊的伽马分布;χ^2 分布是 $\alpha = \frac{n}{2}$、$\lambda = \frac{1}{2}$ 的特殊的伽马分布。

4. S 的偏度

理赔总量 S 的三阶中心矩(即偏度)可以度量分布的对称性。按照第二章矩母函数的性质 2,我们可以得到 S 的偏度(Skewness)和偏度系数(Coefficient of Skewness)。

$$skew(S) = E(S - ES)^3 \tag{3.2.10}$$

$$coefskew(S) = \frac{skew(S)}{\text{var}(S)^{3/2}} = \frac{E(S - ES)^3}{\text{var}(S)^{3/2}} \tag{3.2.11}$$

这里,偏度系数与变异系数(Coefficient of Variation,CV)一样,都是无量纲量。

若 $skew(S) = 0$（$coefskew(S) = 0$）,则 S 的分布为对称分布(Symmetric Distribution),也称零偏分布(Zero Skewed Distribution)。显然,正态分布就是对称分布。

若 $skew(S) \neq 0$（$coefskew(S) \neq 0$）,则 S 的分布为非对称分布(Asymmetric Distribution),也称偏态分布(Skewed Distribution)。其中,若 $skew(S) > 0$（$coefskew(S) > 0$）,则 S 的分布为正偏分布(Positively Skewed Distribution),也称右偏分布(Right Skewed Distribution);若 $skew(S) < 0$（$coefskew(S) < 0$）,则 S 的分布为负偏分布(Negatively

Skewed Distribution),也称左偏分布(Left Skewed Distribution)。

定理 3：当 N 与 X_i 独立,且 $\{X_i\}_{i=1}^N$ 独立同分布时, S 的偏度为：

$$skew(S)=E(N)skew(X)+(EX)^3 skew(N)+3\mathrm{var}(N)E(X)\mathrm{var}(X) \quad (3.2.12)$$

证明：

$$skew(S)=E(S-ES)^3$$
$$=ES^3-3ES^2ES+3ES(ES)^2-(ES)^3$$
$$=ES^3-3ES^2ES+2(ES)^3$$

类似地，有

$$skew(N)=E(N-EN)^3=EN^3-3EN^2EN+2(EN)^3$$
$$skew(X)=E(X-EX)^3=EX^3-3EX^2EX+2(EX)^3$$

其中：

$$E(S^3)=E[E(S^3\mid N)]=E\{E[(\sum_{i=1}^N X_i)^3\mid N]\}\stackrel{X_i 与 N}{\underset{独立}{=}} E[E(\sum_{i=1}^N X_i)^3]$$
$$=E[E(\sum_{i=1}^N X_i^3+C_3^2\sum_{i=1}^N\sum_{j=1,j\neq i}^N X_i^2 X_j+\sum_{i=1}^N\sum_{j=1,j\neq i}^N\sum_{k=1,k\neq i,k\neq j}^N X_i X_j X_k)]$$
$$\stackrel{X_i}{\underset{iid}{=}} E[NE(X^3)]+C_3^2 E[A_N^2 E(X^2)E(X)]+E[A_N^3(EX)^3]$$
$$=E[NE(X^3)]+3E[N(N-1)E(X^2)E(X)]+E[N(N-1)(N-2)(EX)^3]$$
$$=E(N)E(X^3)+3EN(N-1)E(X^2)E(X)+EN(N-1)(N-2)(EX)^3$$

$$E(S^2)=\mathrm{var}(S)+(ES)^2=E(N)\mathrm{var}(X)+\mathrm{var}(N)(EX)^2+(EN)^2(EX)^2$$
$$=E(N)E(X^2)-E(N)(EX)^2+E(N^2)(EX)^2-(EN)^2(EX)^2+(EN)^2(EX)^2$$
$$=E(N)E(X^2)+(EX)^2 EN(N-1)$$

进而得到

$$skew(S)=ES^3-3ES^2ES+2(ES)^3$$
$$=E(N)E(X^3)+3EN(N-1)E(X^2)E(X)+EN(N-1)(N-2)(EX)^3$$
$$-3E(N)E(X)[E(N)E(X^2)+(EX)^2 EN(N-1)]+2(EN)^3(EX)^3$$
$$=E(N)E(X^3)+3E(N^2)E(X)E(X^2)-3E(N)E(X)E(X^2)$$
$$+(EN^3)(EX)^3-3(EN^2)(EX)^3+2EN(EX)^3$$
$$-3(EN)^2 E(X)E(X^2)-3EN(EX)^3 EN^2+3(EN)^2(EX)^3+2(EN)^3(EX)^3$$
$$=E(N)[EX^3-3EX^2 EX+2(EX)^3]+(EX)^3[EN^3-3EN^2 EN+2(EN)^3]$$
$$+3E(N^2)E(X)E(X^2)-3(EN^2)(EX)^3$$
$$-3(EN)^2 E(X)E(X^2)+3(EN)^2(EX)^3$$
$$=E(N)skew(X)+(EX)^3 skew(N)+3\mathrm{var}(N)E(X)E(X^2)-3\mathrm{var}(N)(EX)^3$$
$$=E(N)skew(X)+(EX)^3 skew(N)+3\mathrm{var}(N)E(X)\mathrm{var}(X)$$

综上所述，S 的分布的偏态性不但依赖于 N 的分布的偏态性 $skew(N)$，而且依赖于 X 的分布的偏态性 $skew(X)$。也就是说，S 与 N 和 X 的分布的偏态性并非永远保持一致。即使在本章第一节给出的所有个体理赔额 X_i 都是非负的假设下，当 $skew(N)<0$、$skew(X)>0$ 时，$skew(S)>0$、$skew(S)=0$、$skew(S)<0$ 三种情况也都有可能。因此，S 的分布可以是正偏分布、零偏分布、负偏分布。

三、复合泊松分布

1. 复合泊松分布的定义和基本性质

若理赔次数 N 服从泊松分布，则称理赔总量 S 服从复合泊松分布（Compound Poisson Distribution）。复合泊松分布具有很多特殊的性质，如对求和的封闭性、可分解性等，被誉为风险理论的经典模型。因此，复合泊松分布在风险理论中有着重要的地位。

显然，在满足本章第二节集体风险模型的两个重要假设条件下，当 $N \sim \pi(\lambda)(\lambda>0)$ 时，利用式（3.2.4）和式（3.2.9）可得

$$\begin{cases} E(S)=\lambda E(X)=\lambda m_1 \\ \mathrm{var}(S)=\lambda E(X^2)=\lambda m_2 \\ M_S(t)=e^{\lambda[M_X(t)-1]} \end{cases} \quad (3.2.13)$$

这里，为了简单起见，统一将 X_i 的 k 阶原点矩 $E(X^k)$ 记为 m_k。下文如无特别说明，均采用这种表示形式。

下面进一步给出复合泊松分布 S 的偏度和偏度系数。

$$\begin{cases} skew(S)=\lambda m_3 \\ coefskew(S)=\lambda m_3/(\lambda m_2)^{3/2} \end{cases} \quad (3.2.14)$$

证明：根据分布的偏度定义和矩母函数的性质 2，可以得到

$$skew(S)=E(S-ES)^3=\frac{\mathrm{d}^3}{\mathrm{d}t^3}\ln M_S(t)\bigg|_{t=0}=\lambda\frac{\mathrm{d}^3}{\mathrm{d}t^3}[M_X(t)-1]\bigg|_{t=0}=\lambda E(X^3)=\lambda m_3$$

$$coefskew(S)=\frac{skew(S)}{\mathrm{var}(S)^{3/2}}=\frac{E(S-ES)^3}{\mathrm{var}(S)^{3/2}}=\lambda m_3/(\lambda m_2)^{3/2}$$

按照本章第一节的假设，所有个体理赔额 X_i 都是非负的，即有 $m_3>0$。因此，$skew(S)>0$，表明 S 的分布为正偏分布。当 $\lambda \to \infty$ 时，S 的偏态系数趋于 0，此时 S 的分布为对称分布。

同理，理赔次数 N 也为正偏分布，即有

$$skew(N)=E(N-EN)^3=\frac{\mathrm{d}^3}{\mathrm{d}t^3}\ln M_N(t)\bigg|_{t=0}=\frac{\mathrm{d}^3}{\mathrm{d}t^3}\lambda(e^t-1)\bigg|_{t=0}=\lambda>0$$

$$coefskew(N)=\frac{skew(N)}{\mathrm{var}(N)^{3/2}}=\frac{E(N-EN)^3}{\mathrm{var}(N)^{3/2}}=\frac{\lambda}{\lambda^{3/2}}=\lambda^{-0.5}>0$$

显然，无论理赔额变量 X_i 是否为偏态分布，复合泊松分布 S 都是正偏分布（右偏分布）。也就是说，在本章的模型假设下，复合泊松分布 S 的分布对称性只依赖于理赔次数 N 的分布对称性，而不依赖于个体理赔额 X_i 的分布对称性。

2. 复合泊松分布的特殊性质

复合泊松分布模型的特殊性质：对求和的封闭性、可分解性和分布计算的递推性质。下面仅给出对求和的封闭性。

定理 4：已知 $S_1, S_2, \cdots, S_m$ 是相互独立的随机变量，其中，S_i 为参数 λ_i 的复合泊松分布，且相应的个体理赔额变量的分布函数为 $F_i(x)$，$i=1, 2, \cdots, m$。则 $S=S_1+S_2+\cdots+S_m$ 服从参数为 $\lambda = \sum\limits_{i=1}^{m} \lambda_i$ 的复合泊松分布，且相应的理赔额变量 X 的分布函数为

$$F_X(x) = \sum_{i=1}^{m} \frac{\lambda_i}{\lambda} F_i(x) \tag{3.2.15}$$

证明：令 $M_i(t)$ 表示 $F_i(x)$ 对应的矩母函数，则 S_i 的矩母函数为

$$M_{S_i}(t) = e^{\lambda_i [M_i(t)-1]}, \ i=1, 2, \cdots, m$$

因为 $S_1, S_2, \cdots, S_m$ 相互独立，所以 S 的矩母函数为

$$\begin{aligned}
M_S(t) &= \prod_{i=1}^{m} e^{\lambda_i [M_i(t)-1]} = e^{\sum\limits_{i=1}^{m} \lambda_i [M_i(t)-1]} \\
&= \exp\left\{ \sum_{i=1}^{m} \lambda_i \times \frac{\sum\limits_{i=1}^{m} \lambda_i [M_i(t)-1]}{\sum\limits_{i=1}^{m} \lambda_i} \right\} \\
&= \exp\left\{ \lambda \times \frac{\sum\limits_{i=1}^{m} \lambda_i [M_i(t)-1]}{\sum\limits_{i=1}^{m} \lambda_i} \right\} \\
&= \exp\left\{ \lambda \times \left[\sum_{i=1}^{m} \frac{\lambda_i}{\lambda} M_i(t) - 1\right] \right\}
\end{aligned} \tag{3.2.16}$$

从式(3.2.16)可以看出，S 的分布是以参数 $\lambda = \sum\limits_{i=1}^{m} \lambda_i$ 为泊松参数，相应的理赔额变量的矩母函数为 $\sum\limits_{i=1}^{m} \frac{\lambda_i}{\lambda} M_i(t)$ 的复合泊松分布。

下面进一步证明矩母函数为 $\sum\limits_{i=1}^{m} \frac{\lambda_i}{\lambda} M_i(t)$ 的理赔额变量 X 的分布函数是 $F_X(x) = \sum\limits_{i=1}^{m} \frac{\lambda_i}{\lambda} F_i(x)$。

$$M_X(t) = E(e^{tX}) = \int_0^\infty e^{tx} f(x) dx$$

$$= \sum_{i=1}^m \frac{\lambda_i}{\lambda} M_i(t) = \frac{\lambda_1}{\lambda} M_1(t) + \frac{\lambda_2}{\lambda} M_2(t) + \cdots + \frac{\lambda_m}{\lambda} M_m(t)$$

$$= \frac{\lambda_1}{\lambda} \int_0^\infty e^{tx} f_1(x) dx + \frac{\lambda_2}{\lambda} \int_0^\infty e^{tx} f_2(x) dx + \cdots + \frac{\lambda_m}{\lambda} \int_0^\infty e^{tx} f_m(x) dx \quad (3.2.17)$$

$$= \int_0^\infty e^{tx} \left(\frac{\lambda_1}{\lambda} f_1(x) + \frac{\lambda_2}{\lambda} f_2(x) + \cdots + \frac{\lambda_m}{\lambda} f_m(x) \right) dx$$

$$= \int_0^\infty e^{tx} \Big[\sum_{i=1}^m \frac{\lambda_i}{\lambda} f_i(x) \Big] dx$$

因此,有

$$f_X(x) = \sum_{i=1}^m \frac{\lambda_i}{\lambda} f_i(x)$$

进而得到

$$F_X(x) = \sum_{i=1}^m \frac{\lambda_i}{\lambda} F_i(x)$$

也就是说,多个独立的复合泊松分布之和仍服从复合泊松分布(即独立同类型复合泊松分布之和仍服从复合泊松分布)。

这里,理赔额变量 X 为混合分布。更一般地,若随机变量 X 为 $X_i(i=1,2,\cdots,m)$ 的混合分布(Mixture Distribution),则有以下性质:

$$\begin{cases} f_X(x) = \sum_{i=1}^m w_i f_{X_i}(x) \\ F_X(x) = \sum_{i=1}^m w_i F_{X_i}(x) \\ s_X(x) = \sum_{i=1}^m w_i s_{X_i}(x) \\ E(X^k) = \sum_{i=1}^m w_i E(X_i^k) \quad (k \geqslant 1) \\ M_X(t) = \sum_{i=1}^m w_i M_{X_i}(t) \end{cases} \quad (3.2.18)$$

其中,权重 w_i 满足 $\sum_{i=1}^m w_i = 1$。

感兴趣的同学可以利用概率论知识自行推导这些性质。从式(3.2.18)可以看出,混合分布的密度函数、分布函数、尾分布函数、k 阶原点矩、矩母函数都是对应的个体分布的线性加权平均,而方差则不满足这种线性加权。我们可以利用方差的定义 $\text{var}(X) = E(X^2) - [E(X)]^2$ 或者式(3.2.3)所示的双期望定理求解混合分布的方差。

最后指出,混合分布在分类费率厘定中有着重要应用。例如,保险产品可以区分性别、是否抽烟人群、不同职业、驾驶员特征、区域特征等进行定价。

四、复合二项分布

若理赔次数 N 服从二项分布,则称理赔总量 S 服从复合二项分布(Compound Binomial Distribution)。

类似地,在满足本章第二节集体风险模型的两个重要假设条件下,当 $N \sim B(n, p)$ ($0 < p < 1$)时,利用式(3.2.4)和式(3.2.9)可得

$$\begin{cases} E(S) = npm_1 \\ \text{var}(S) = np(m_2 - m_1^2) + np(1-p)m_1^2 = npm_2 - np^2m_1^2 \\ M_S(t) = [pM_X(t) + 1 - p]^n \end{cases} \quad (3.2.19)$$

下面进一步给出复合二项分布 S 的偏度和偏度系数。

$$\begin{cases} skew(S) = npm_3 - 3np^2m_2m_1 + 2np^3m_1^3 \\ coefskew(S) = \dfrac{npm_3 - 3np^2m_2m_1 + 2np^3m_1^3}{(npm_2 - np^2m_1^2)^{3/2}} \end{cases} \quad (3.2.20)$$

证明:根据分布的偏度定义和矩母函数的性质2,可以得到

$$skew(S) = E(S - ES)^3 = \dfrac{d^3}{dt^3} \ln M_S(t) \bigg|_{t=0}$$

$$\dfrac{d^3}{dt^3} \ln M_S(t) = \dfrac{d^3}{dt^3} n \ln[pM_X(t) + 1 - p] = \dfrac{d^3}{dt^3} n \ln[pM_X(t) + q]$$

$$= \dfrac{d^2}{dt^2} \left\{ np \left[\dfrac{d}{dt} M_X(t) \right] [pM_X(t) + q]^{-1} \right\}$$

$$= \dfrac{d}{dt} \left\{ np \left[\dfrac{d^2}{dt^2} M_X(t) \right] [pM_X(t) + q]^{-1} - n \left[p \dfrac{d}{dt} M_X(t) \right]^2 [pM_X(t) + q]^{-2} \right\}$$

$$= np \left[\dfrac{d^3}{dt^3} M_X(t) \right] [pM_X(t) + q]^{-1} - 3np^2 \left[\dfrac{d^2}{dt^2} M_X(t) \right] [pM_X(t) + q]^{-2} \left[\dfrac{d}{dt} M_X(t) \right]$$

$$+ 2n \left[p \dfrac{d}{dt} M_X(t) \right]^3 [pM_X(t) + q]^{-3}$$

这里,$q = 1 - p$。

令 $t = 0$,则有

$$skew(S) = E(S - ES)^3 = \dfrac{d^3}{dt^3} \ln M_S(t) \bigg|_{t=0}$$

$$= np \left[\dfrac{d^3}{dt^3} M_X(t) \right]_{t=0} - 3np^2 \left[\dfrac{d^2}{dt^2} M_X(t) \right]_{t=0} \left[\dfrac{d}{dt} M_X(t) \right]_{t=0} \quad (3.2.21)$$

$$+ 2n \left[p \dfrac{d}{dt} M_X(t) \bigg|_{t=0} \right]^3$$

$$= npm_3 - 3np^2m_2m_1 + 2np^3m_1^3$$

$$coefskew(S)=\frac{skew(S)}{\operatorname{var}(S)^{3/2}}=\frac{E(S-ES)^3}{\operatorname{var}(S)^{3/2}}=\frac{npm_3-3np^2m_2m_1+2np^3m_1^3}{(npm_2-np^2m_1^2)^{3/2}}$$

显然,从式(3.2.20)可以看出,在所有个体理赔额 X_i 都是非负的假设下,$skew(S)>0$、$skew(S)=0$、$skew(S)<0$ 三种情况都有可能。因此,S 的分布可以是正偏分布、零偏分布、负偏分布。

同理,我们也可以推出理赔次数 N 的偏度和偏度系数。直接用 e^t 替换式(3.2.21)中的 $M_X(t)$,得到

$$skew(N)=E(N-EN)^3=\frac{\mathrm{d}^3}{\mathrm{d}t^3}\ln M_N(t)\bigg|_{t=0}=\frac{\mathrm{d}^3}{\mathrm{d}t^3}\ln(1-p+pe^t)^n\bigg|_{t=0} \quad (3.2.22)$$
$$=np-3np^2+2np^3=np(p-1)(2p-1)$$

$$coefskew(N)=\frac{skew(N)}{\operatorname{var}(N)^{3/2}}=\frac{E(N-EN)^3}{\operatorname{var}(N)^{3/2}}=\frac{np(p-1)(2p-1)}{[np(1-p)]^{3/2}}=\frac{1-2p}{\sqrt{np(1-p)}} \quad (3.2.23)$$

因此,得到

$$skew(N)\begin{cases} >0 & 0<p<\frac{1}{2} \\ =0 & p=\frac{1}{2} \\ <0 & \frac{1}{2}<p<1 \end{cases} \quad (3.2.24)$$

这表明,理赔次数 N 可以是正偏分布、零偏分布、负偏分布。显然,在本章的模型假设下,无论理赔额变量 X_i 是否为偏态分布,复合二项分布 S 都可以是正偏分布、零偏分布、负偏分布。那么,复合二项分布 S 的分布对称性是否也只依赖于理赔次数 N 的分布对称性,而不依赖于个体理赔额 X_i 的分布对称性?感兴趣的同学可以思考并回答这一问题。

特别地,当 X_i 为常数 $b(b>0)$ 时,即当 $P(X_i=b)=1$ 时,有

$$S=\sum_{i=1}^{N}X_i=bN \quad (3.2.25)$$

进而得到

$$skew(S)=E(S-ES)^3=E[bN-E(bN)]^3=b^3E(N-EN)^3=b^3skew(N) \quad (3.2.26)$$

显然,在这种特殊情况下,S 的分布对称性只依赖于理赔次数 N 的分布对称性,且 S 与 N 的分布的偏态性永远保持一致。

五、复合负二项分布

若理赔次数 N 服从负二项分布,则称理赔总量 S 服从复合负二项分布(Compound

Negative Binomial Distribution)。

类似地,在满足本章第二节集体风险模型的两个重要假设条件下,当 $N \sim NB(r,p)$ ($r>0$, $0<p<1$)时,利用式(3.2.4)和式(3.2.9)可得

$$\begin{cases} E(S)=\dfrac{rq}{p}m_1 \\ \mathrm{var}(S)=\dfrac{rq}{p}(m_2-m_1^2)+\dfrac{rq^2}{p^2}m_1^2=\dfrac{rq}{p}m_2+\dfrac{rq^2}{p^2}m_1^2 \\ M_S(t)=p^r[1-qM_X(t)]^{-r} \end{cases} \tag{3.2.27}$$

这里,$q=1-p$。

下面进一步给出复合负二项分布 S 的偏度和偏度系数。

$$\begin{cases} skew(S)=\dfrac{3rq^2 m_1 m_2}{p^2}+\dfrac{2rq^3 m_1^3}{p^3}+\dfrac{rqm_3}{p} \\ coefskew(S)=\left(\dfrac{3rq^2 m_1 m_2}{p^2}+\dfrac{2rq^3 m_1^3}{p^3}+\dfrac{rqm_3}{p}\right) \bigg/ \left(\dfrac{rq}{p}m_2+\dfrac{rq^2}{p^2}m_1^2\right)^{3/2} \end{cases} \tag{3.2.28}$$

证明: 根据分布的偏度定义和矩母函数的性质 2,可以得到

$$\ln M_S(t)=r\ln p-r\ln[1-qM_X(t)]$$

进而得到

$$\frac{\mathrm{d}}{\mathrm{d}t}\ln M_S(t)=\frac{\mathrm{d}}{\mathrm{d}t}\{r\ln p-r\ln[1-qM_X(t)]\}=\frac{rq}{1-qM_X(t)}\left[\frac{\mathrm{d}}{\mathrm{d}t}M_X(t)\right]$$

$$\frac{\mathrm{d}^2}{\mathrm{d}t^2}\ln M_S(t)=\frac{rq^2}{[1-qM_X(t)]^2}\left[\frac{\mathrm{d}}{\mathrm{d}t}M_X(t)\right]^2+\frac{rq}{1-qM_X(t)}\left[\frac{\mathrm{d}^2}{\mathrm{d}t^2}M_X(t)\right]$$

$$\frac{\mathrm{d}^3}{\mathrm{d}t^3}\ln M_S(t)=\frac{2rq^3}{[1-qM_X(t)]^3}\left[\frac{\mathrm{d}}{\mathrm{d}t}M_X(t)\right]^3+\frac{2rq^2}{[1-qM_X(t)]^2}\left[\frac{\mathrm{d}}{\mathrm{d}t}M_X(t)\right]\left[\frac{\mathrm{d}^2}{\mathrm{d}t^2}M_X(t)\right]$$

$$+\frac{rq^2}{[1-qM_X(t)]^2}\left[\frac{\mathrm{d}}{\mathrm{d}t}M_X(t)\right]\left[\frac{\mathrm{d}^2}{\mathrm{d}t^2}M_X(t)\right]+\frac{rq}{1-qM_X(t)}\left[\frac{\mathrm{d}^3}{\mathrm{d}t^3}M_X(t)\right]$$

$$=\frac{3rq^2}{[1-qM_X(t)]^2}\left[\frac{\mathrm{d}}{\mathrm{d}t}M_X(t)\right]\left[\frac{\mathrm{d}^2}{\mathrm{d}t^2}M_X(t)\right]+\frac{2rq^3}{[1-qM_X(t)]^3}\left[\frac{\mathrm{d}}{\mathrm{d}t}M_X(t)\right]^3$$

$$+\frac{rq}{1-qM_X(t)}\left[\frac{\mathrm{d}^3}{\mathrm{d}t^3}M_X(t)\right]$$

令 $t=0$,则有

$$skew(S)=E(S-ES)^3=\frac{\mathrm{d}^3}{\mathrm{d}t^3}\ln M_S(t)\bigg|_{t=0}$$

$$=\frac{2rq^3}{p^3}\left[\frac{\mathrm{d}}{\mathrm{d}t}M_X(t)\right]^3\bigg|_{t=0}+\frac{2rq^2}{[1-qM_X(t)]^2}\left[\frac{\mathrm{d}}{\mathrm{d}t}M_X(t)\right]\left[\frac{\mathrm{d}^2}{\mathrm{d}t^2}M_X(t)\right]\bigg|_{t=0}$$

$$+\frac{rq^2}{[1-qM_X(t)]^2}\left[\frac{\mathrm{d}}{\mathrm{d}t}M_X(t)\right]\left[\frac{\mathrm{d}^2}{\mathrm{d}t^2}M_X(t)\right]\bigg|_{t=0}$$

$$+\frac{rq}{1-qM_X(t)}\left[\frac{\mathrm{d}^3}{\mathrm{d}t^3}M_X(t)\right]\bigg|_{t=0}$$

$$=\frac{3rq^2m_1m_2}{p^2}+\frac{2rq^3m_1^3}{p^3}+\frac{rqm_3}{p} \tag{3.2.29}$$

$$coefskew(S)=\frac{skew(S)}{\mathrm{var}(S)^{3/2}}=\frac{E(S-ES)^3}{\mathrm{var}(S)^{3/2}}$$

$$=\left(\frac{3rq^2m_1m_2}{p^2}+\frac{2rq^3m_1^3}{p^3}+\frac{rqm_3}{p}\right)\bigg/\left(\frac{rq}{p}m_2+\frac{rq^2}{p^2}m_1^2\right)^{3/2}$$

显然,从式(3.2.28)可以看出,在所有个体理赔额 X_i 都是非负的假设下,$skew(S)>0$。因此,S 的分布为正偏分布。

同理,我们也可以推出理赔次数 N 的偏度和偏度系数。直接用 e^t 替换式(3.2.29)中的 $M_X(t)$,得到

$$skew(N)=E(N-EN)^3=\frac{3rq^2}{p^2}+\frac{2rq^3}{p^3}+\frac{rq}{p}=\frac{r(1-p)(2-p)}{p^3} \tag{3.2.30}$$

$$coefskew(N)=\frac{skew(N)}{\mathrm{var}(N)^{3/2}}=\frac{E(N-EN)^3}{\mathrm{var}(N)^{3/2}}=\frac{r(1-p)(2-p)/p^3}{[r(1-p)/p^2]^{3/2}}=\frac{2-p}{\sqrt{r(1-p)}}$$

$$\tag{3.2.31}$$

显然,$skew(N)>0$。因此,N 的分布为正偏分布。

显然,在本章的模型假设下,无论理赔额变量 X_i 是否为偏态分布,复合负二项分布 S 都是正偏分布。那么,复合负二项分布 S 的分布对称性是否也只依赖于理赔次数 N 的分布对称性,而不依赖于个体理赔额 X_i 的分布对称性?感兴趣的同学可以思考并回答这一问题。

综上所述,当 N 与 X_i 独立,$\{X_i\}_{i=1}^N$ 独立同分布,且所有个体理赔额 X_i 都非负时,可以得到

$$\begin{cases} 泊松分布是正偏分布 \Rightarrow 复合泊松分布是正偏分布 \\ 二项分布是正偏、零偏、负偏分布 \Rightarrow 复合二项分布是正偏、零偏、负偏分布 \\ 负二项分布是正偏分布 \Rightarrow 复合负二项分布是正偏分布 \end{cases}$$

六、度量 S 的分布及其扩展分布的重要方法——正态近似

S 的分布的正态近似(Normal Approximation):当 $E(N)$ 很大时,可用如下正态近似来估计 S 的分布。

$$P(S\leqslant s)=P\left(\frac{S-E(S)}{\sqrt{\mathrm{var}(S)}}\leqslant\frac{s-E(S)}{\sqrt{\mathrm{var}(S)}}\right)=\Phi\left(\frac{s-E(S)}{\sqrt{\mathrm{var}(S)}}\right) \tag{3.2.32}$$

下面举例来考虑更一般的含理赔费用后的理赔总量 S 的分布的正态近似。

【例题 3-2】

保险公司每年都会签发大量的独立的家庭财产保单,其中每张保单每年保费为80元。假设每张保单每年的理赔总量服从复合泊松分布,其中泊松参数为0.4;个体理赔额独立且服从参数为α和λ的伽马分布;理赔次数和个体理赔额也相互独立;每次的理赔费用在$[50,b]$区间内服从均匀分布,且独立于个体理赔额。采用正态近似来估计该保单组合的含理赔费用后的理赔总量S的分布。

(1) 假设$\alpha=1$,$\lambda=0.01$,$b=100$。那么该保险公司一年内至少要出售多少张保单,才能保证总保费收入至少99%的概率能超过该保单组合的含理赔费用后的理赔总量。

(2) 假设参数α、λ和b的值未知,给定$0.95 \leqslant \alpha \leqslant 1.05$,$0.009 \leqslant \lambda \leqslant 0.011$,$90 \leqslant b \leqslant 110$。计算该保险公司在最坏的情况下的$\alpha$、$\lambda$和$b$的取值,以及在这种情况下一年内至少要出售多少张保单,才能保证总保费收入至少99%的概率能超过该保单组合的含理赔费用后的理赔总量。

(3) 你认为,(1)和(2)的求解过程中有哪些区别与联系。

解:(1) 令X_i和Y_i分别表示该保单组合的第i次个体理赔额和相应的理赔费用,N和n分别表示该保单组合的理赔次数和签发保单数,总保费收入为$80n$。则含理赔费用后的理赔总量S可以表示为

$$S = \sum_{i=1}^{N}(X_i + Y_i)$$

显然,由表3-2可知,$N \sim \pi(0.4n)$;$\{X_i+Y_i\}_{i=1}^N$是独立同分布(idd),且与N也相互独立。因此,S服从复合泊松分布,其中X_i+Y_i为第i次含理赔费用后的个体理赔额。进而得到

$$E(S) = 0.4n E(X_i + Y_i)$$
$$\mathrm{var}(S) = 0.4n E[(X_i+Y_i)^2] = 0.4n[E(X_i^2) + 2E(X_iY_i) + E(Y_i^2)]$$

其中:

$$E(X_i) = \frac{\alpha}{\lambda}$$

$$E(X_i^2) = \mathrm{var}(X_i) + [E(X_i)]^2 = \frac{\alpha}{\lambda^2} + \frac{\alpha^2}{\lambda^2} = \frac{\alpha(\alpha+1)}{\lambda^2}$$

$$E(Y_i) = \frac{b+50}{2}$$

$$E(Y_i^2) = \mathrm{var}(Y_i) + [E(Y_i)]^2 = \frac{(b-50)^2}{12} + \left(\frac{b+50}{2}\right)^2 = \frac{b^2+50b+2\,500}{3}$$

$$E(X_iY_i) = E(X_i)E(Y_i) = \frac{\alpha(b+50)}{2\lambda}$$

将$\alpha=1$,$\lambda=0.01$,$b=100$代入上述公式,得到:

$$E(S)=0.4nE(X_i+Y_i)=0.4n\left(\frac{1}{0.01}+\frac{100+50}{2}\right)=0.4n\times 175=70n$$

$$\mathrm{var}(S)=0.4n[E(X_i^2)+2E(X_iY_i)+E(Y_i^2)]$$

$$=0.4n\left(\frac{1\times(1+1)}{0.01^2}+2\times\frac{1\times(100+50)}{2\times 0.01}+\frac{100^2+50\times 100+2\,500}{3}\right)$$

$$=16\,333.33n=127.80^2n$$

因此,利用正态近似,得到 $S\sim N(70n,\,127.8\sqrt{n})$。

由题意得,总保费收入至少 99% 的概率能超过该保单组合的含理赔费用后的理赔总量 S,需要满足

$$P(S<80n)\geqslant 0.99$$

按照式(3.2.32)进行标准化处理,得到

$$P\left[\frac{S-70n}{127.80\sqrt{n}}<\frac{80n-70n}{127.80\sqrt{n}}\right]=\Phi\left(\frac{80n-70n}{127.80\sqrt{n}}\right)\geqslant 0.99$$

进而得到

$$\frac{80n-70n}{127.80\sqrt{n}}=\frac{10\sqrt{n}}{127.80}\geqslant \Phi^{-1}(0.99)=2.326$$

因此,$n\geqslant 883.7$(或者取整后 $n\geqslant 884$)。也就是说,该保险公司一年内至少要出售 884 张保单,才能保证总保费收入至少 99% 的概率能超过该保单组合的含理赔费用后的理赔总量。

(2) 显然,对于保险公司来说,最坏的情况是使 $E(S)$ 和 $\mathrm{var}(S)$ 同时最大化的 α、λ 和 b 的取值。

为了更好地理解这一点,下面令 μ 和 σ 分别表示单张保单含理赔费用后的个体理赔额的均值和标准差。显然,单张保单的含理赔费用后的理赔总量服从泊松参数为 0.4 的复合泊松分布,则 n 张独立的保单组合的含理赔费用后的理赔总量 S 的期望和方差可以表示为:

$$E(S)=n\mu \quad \mathrm{var}(S)=n\sigma^2$$

类似地,总保费收入至少 99% 的概率能超过该保单组合的含理赔费用后的理赔总量 S,需要满足:

$$P(S<80n)\geqslant 0.99$$

按照式(3.2.32)进行标准化处理,得到

$$P\left[\frac{S-n\mu}{\sigma\sqrt{n}}<\frac{80n-n\mu}{\sigma\sqrt{n}}\right]=\Phi\left(\frac{80n-n\mu}{\sigma\sqrt{n}}\right)\geqslant 0.99$$

进而得到

$$\frac{80n-n\mu}{\sigma\sqrt{n}}=\frac{(80-\mu)\sqrt{n}}{\sigma}\geqslant\Phi^{-1}(0.99)=2.326$$

因此，$n\geqslant\left(\frac{2.326\sigma}{80-\mu}\right)^2$

其中：

$$\mu=0.4E(X_i+Y_i)=0.4\left(\frac{\alpha}{\lambda}+\frac{b+50}{2}\right)$$

$$\sigma^2=0.4E[(X_i+Y_i)^2]=0.4[E(X_i^2)+2E(X_iY_i)+E(Y_i^2)]$$

$$=0.4\left[\frac{\alpha(\alpha+1)}{\lambda^2}+2\frac{\alpha(b+50)}{2\lambda}+\frac{b^2+50b+2\,500}{3}\right]$$

显然，最坏的情况是，α 和 b 越大，λ 越小，μ（$\mu<80$）和 σ 越大，从而 n 越大。即有 $\alpha=1.05$，$\lambda=0.009$，$b=110$。代入后得到

$$\mu=0.4\left(\frac{\alpha}{\lambda}+\frac{b+50}{2}\right)=0.4\left(\frac{1.05}{0.009}+\frac{110+50}{2}\right)=78.67$$

$$\sigma^2=0.4\left[\frac{\alpha(\alpha+1)}{\lambda^2}+2\frac{\alpha(b+50)}{2\lambda}+\frac{b^2+50b+2\,500}{3}\right]$$

$$=0.4\left[\frac{1.05\times(1.05+1)}{0.009^2}+2\frac{1.05\times(110+50)}{2\times0.009}+\frac{110^2+50\times110+2\,500}{3}\right]$$

$$=20\,776.3=144.14^2$$

$$n\geqslant\left(\frac{2.326\sigma}{80-\mu}\right)^2=\left(\frac{2.326\times144.14}{80-78.67}\right)^2=63\,545.55（或者取整后\ n\geqslant 63\,546）$$

也就是说，在最坏的情况下，该保险公司一年内至少要出售 63 546 张保单，才能保证总保费收入至少 99% 的概率能超过该保单组合的含理赔费用后的理赔总量。

(3) 在(1)的求解过程中，我们是直接以 n 张独立的保单组合为研究对象，该保单组合的含理赔费用后的理赔总量 S 服从泊松参数为 $0.4n$ 的复合泊松分布；在(2)的求解过程中，我们是以单个保单为研究对象，单个保单的含理赔费用后的理赔总量服从泊松参数为 0.4 的复合泊松分布，再加总到 n 张独立的保单组合进行求解。

七、含个体比例再保险和超额损失再保险的理赔总量 S 的分布

显然，无论是个体比例再保险，还是个体超额损失再保险，考虑个体再保险后，理赔次数 N 的分布不变，保险公司承担的理赔总量 S_I 和再保险公司承担的理赔总量 S_R 取决于两者在个体理赔额上的分担。

1. 含个体比例再保险的理赔总量 S 的分布

若自留比例为 α（$0\leqslant\alpha\leqslant 1$），则针对第 i 次个体理赔额，保险公司和再保险公司承担的

个体理赔额分别为 αX_i 和 $(1-\alpha)X_i$，进而得到保险公司和再保险公司承担的理赔总量 S_I 和 S_R 分别为 αS 和 $(1-\alpha)S$。

2. 含个体超额损失再保险的理赔总量 S 的分布

若个体理赔额的自留额为 M，针对第 i 次个体理赔额，则保险公司承担的个体理赔额为

$$Y_i = \min(X_i, M) = X_i \wedge M = \begin{cases} X_i & X_i < M \\ M & X_i \geq M \end{cases} \tag{3.2.33}$$

再保险公司承担的个体理赔额为

$$Z_i = \max(0, X_i - M) = (X_i - M)_+ = \begin{cases} 0 & X_i < M \\ X_i - M & X_i \geq M \end{cases} \tag{3.2.34}$$

进而得到，保险公司承担的理赔总量 S_I 为

$$S_I = Y_1 + Y_2 + \cdots + Y_N \tag{3.2.35}$$

再保险公司承担的理赔总量 S_R 为

$$S_R = Z_1 + Z_2 + \cdots + Z_N \tag{3.2.36}$$

特别地，当 $N \sim \pi(\lambda)$ 时，S_I 服从泊松参数为 λ，第 i 次个体理赔额为 Y_i 的复合泊松分布；S_R 服从泊松参数为 λ，第 i 次个体理赔额为 Z_i 的复合泊松分布。

值得注意的是，当所有的个体理赔额都不超过 M（$X_i \leq M$）时，Z_i 为 0。也就是说，实际中再保险公司的理赔额可能为 0。换句话说，Z_i（$Z_i \geq 0$）包含了再保险公司不承担（即理赔额为 0）的理赔。结合下面的例题 3-3 可以看出，是否考虑为 0 的理赔额，并不会影响 S_R 的分布。

下面在集体风险模型假设下，举例说明如何估计 S_I 和 S_R 的分布特征。

【例题 3-3】

假设保险公司的一项保险业务的理赔总量 S 服从复合泊松分布，其中理赔次数 $N \sim \pi$（$\lambda = 10$），个体理赔额 $X_i \sim U(0, 2\,000)$，N 与 X_i 独立，且 $\{X_i\}_{i=1}^N$ 独立同分布。保险公司对其进行了个体超额损失再保险，自留额 $M = 1\,600$。计算在该再保险安排下，保险公司和再保险公司各自承担的理赔总量的均值、方差和偏度系数。

解：令 S_I 和 S_R 分别表示保险公司和再保险公司承担的理赔总量，Y_i 和 Z_i 分别表示保险公司和再保险公司承担的个体理赔额。

（1）计算保险公司承担的理赔总量 S_I 的均值、方差和偏度系数。

$$E(Y_i) = \int_0^M x f(x) \mathrm{d}x + M \times P(X_i > M)$$

其中，$f(x) = 0.000\,5$，$M = 1\,600$。代入后得到

$$E(Y_i) = \frac{0.0005x^2}{2}\bigg|_0^M + M \times \frac{2000-M}{2000} = \frac{0.0005x^2}{2}\bigg|_0^{1600} + 1600 \times \frac{2000-1600}{2000}$$
$$= 640 + 320 = 960$$

进而得到
$$E(S_I) = 10E(Y_i) = 9600$$

$$E(Y_i^2) = \int_0^M x^2 f(x)dx + M^2 \times P(X_i > M)$$
$$= \frac{0.0005x^3}{3}\bigg|_0^M + M^2 \times \frac{2000-M}{2000} = \frac{0.0005 \times 1600^3}{3} + 1600^2 \times \frac{2000-1600}{2000}$$
$$= 1194666.7$$

$$\text{var}(S_I) = 10E(Y_i^2) = 11946667$$

$$E(Y_i^3) = \int_0^M x^3 f(x)dx + M^3 \times P(X_i > M)$$
$$= \frac{0.0005x^4}{4}\bigg|_0^M + M^3 \times \frac{2000-M}{2000} = \frac{0.0005 \times 1600^4}{4} + 1600^3 \times \frac{2000-1600}{2000}$$
$$= 1638400000$$

$$skew(S_I) = E(S_I - ES_I)^3 = \frac{d^3}{dt^3}\ln M_{S_I}(t)\bigg|_{t=0} = \frac{d^3}{dt^3}\lambda[M_{Y_i}(t)-1]\bigg|_{t=0}$$
$$= \lambda E(Y_i^3) = 10 \times 1638400000 = 16384000000$$

$$coefskew(S_I) = \frac{skew(S_I)}{\text{var}(S_I)^{3/2}} = \frac{16384000000}{11946667^{3/2}} = 0.397$$

(2) 计算再保险公司承担的理赔总量 S_R 的均值、方差和偏度系数。

下面给出三种计算方法。

方法一：利用已知条件，直接求解。

显然，$E(S) = 10E(X) = 10000$。进而得到
$$E(S_R) = E(S) - E(S_I) = 10000 - 9600 = 400$$

类似地，有
$$E(Z_i^2) = \int_M^{2000}(x-M)^2 f(x)dx = \int_0^{2000-M} 0.0005 y^2 dy = \frac{0.0005y^3}{3}\bigg|_0^{2000-M} = 10666.7$$

这里，$y = x - M$。

进而得到 $\text{var}(S_R) = 10E(Z_i^2) = 106667$

$$E(Z_i^3) = \int_M^{2000}(x-M)^3 f(x)dx = \int_0^{2000-M} 0.0005 y^3 dy = \frac{0.0005y^4}{4}\bigg|_0^{2000-M} = 3200000$$

这里，$y = x - M$。

进而得到

$$skew(S_R)=E(S_R-ES_R)^3=\frac{d^3}{dt^3}\ln M_{S_R}(t)\Big|_{t=0}=\frac{d^3}{dt^3}\lambda[M_{Z_i}(t)-1]\Big|_{t=0}$$

$$=\lambda E(Z_i^3)=10\times 3\,200\,000=32\,000\,000$$

$$coefskew(S_R)=\frac{skew(S_R)}{\mathrm{var}(S_R)^{3/2}}=\frac{32\,000\,000}{106\,667^{3/2}}=0.92$$

方法二:利用复合泊松分布的可分解性。

假设 N 与 X_i 独立,且 $\{X_i\}_{i=1}^N$ 独立同分布,则 S_R 服从理赔次数为 $N\sim\pi(\lambda)$,个体理赔额为 $Z_i=(X_i-M)_+$ 的复合泊松分布。这等价于 S_R 服从理赔次数为 $N'\sim\pi(\lambda s(M))$,个体理赔额为 $W_i=(X_i-M)_+|X_i>M$ 的复合泊松分布。这里,$Z_i(Z_i\geq 0)$ 包含了再保险公司不承担(即理赔额为 0)的理赔,$W_i(W_i>0)$ 仅包含再保险公司实际承担(即理赔额大于 0)的理赔。

下面我们直接利用这一等价性进行推导,感兴趣的同学可以利用矩母函数的性质等学过的知识自行推导。

由题意得 $X_i\sim U(0,2\,000)$,则有 $W_i=(X_i-M)_+|X_i>M\sim U(0,2\,000-M)$

当 $M=1\,600$ 时,$W_i\sim U(0,400)$。则有

$$E(W_i)=200$$

$$E(W_i^2)=\int_0^{400}\frac{1}{400}w_i^2 dw_i=\frac{1}{1\,200}w_i^3\Big|_0^{400}=\frac{400^3}{1\,200}=\frac{160\,000}{3}=53\,333.33$$

$$E(W_i^3)=\int_0^{400}\frac{1}{400}w_i^3 dw_i=\frac{1}{1\,600}w_i^4\Big|_0^{400}=\frac{400^4}{1\,600}=16\,000\,000$$

进而得到

$$E(S_R)=E(N')E(W_i)=[1-F(M)]E(N)E(W)=\left(1-\frac{1\,600}{2\,000}\right)\times 10\times 200=400$$

$$\mathrm{var}(S_R)=E(N')E(W_i^2)=[1-F(M)]E(N)E(W_i^2)$$

$$=\left(1-\frac{1\,600}{2\,000}\right)\times 10\times 53\,333.33=106\,667$$

$$skew(S_R)=E(N')E(W_i^3)=[1-F(M)]E(N)E(W_i^3)$$

$$=\left(1-\frac{1\,600}{2\,000}\right)\times 10\times 16\,000\,000=32\,000\,000$$

$$coefskew(S_R)=\frac{skew(S_R)}{\mathrm{var}(S_R)^{3/2}}=\frac{32\,000\,000}{106\,667^{3/2}}=0.92$$

方法三:直接利用左删失数据 Z_i 和左截断数据 W_i 的各阶原点矩的关系求解。

由题意得

$$E(S_R)=E(N)E(Z_i)=E(N)E(X-M)_+$$
$$=E(N)P(X>M)\frac{E(X-M)_+}{P(X>M)}=E(N)P(X>M)E(W_i)$$
$$=10\times\frac{2\,000-1\,600}{2\,000}\times\frac{400}{2}=400$$
$$\mathrm{var}(S_R)=E(N)E(Z_i^2)=E(N)E(X-M)_+^2$$
$$=E(N)P(X>M)\frac{E(X-M)_+^2}{P(X>M)}=E(N)P(X>M)E(W_i^2)$$
$$=10\times\frac{2\,000-1\,600}{2\,000}\times\frac{400^2}{3}=106\,667$$
$$skew(S_R)=E(N)E(Z_i^3)=E(N)E(X-M)_+^3$$
$$=E(N)P(X>M)\frac{E(X-M)_+^3}{P(X>M)}=E(N)P(X>M)E(W_i^3)$$
$$=10\times\frac{2\,000-1\,600}{2\,000}\times 16\,000\,000=32\,000\,000$$
$$coefskew(S_R)=\frac{skew(S_R)}{\mathrm{var}(S_R)^{3/2}}=\frac{32\,000\,000}{106\,667^{3/2}}=0.92$$

八、含聚合比例再保险和超额损失再保险的理赔总量 S 的分布

1. 含聚合比例再保险的理赔总量 S 的分布

与个体比例再保险类似,在聚合比例再保险下,若保险公司的自留比例为 $\alpha(0\leqslant\alpha\leqslant 1)$,则保险公司的理赔总量为 $S_I=\alpha S$,再保险公司的理赔总量为 $S_R=(1-\alpha)S$。

2. 含聚合超额损失再保险的理赔总量 S 的分布

在聚合超额损失再保险下,若保险公司的自留额为 M,则保险公司的理赔总量为 $S_I=\min(S,M)$,再保险公司的理赔总量为 $S_R=\max(0,S-M)$。

通常情况下,除了一些简单的情况之外,计算保险公司和再保险公司的理赔总量分布的各阶矩是很困难的。然而,我们很容易使用计算机软件包来获取它们的经验分布(Empirical Distribution)。

第三节　个体风险模型

一、模型假设

$$S=Y_1+\cdots+Y_n=\sum_{j=1}^{n}Y_j \tag{3.3.1}$$

其中,Y_j 为第 j 个风险的理赔额;n 为常数,表示风险单位数;S 为理赔总量。在该模型中,假设这些风险是独立的;不要求这些风险的理赔额同分布;一些风险可以不发生理赔,即 Y_j

可以取0。

对于每个风险,我们进一步假设:

(1) 第 j 个风险的理赔次数 N_j 取值为0或者1。

(2) 第 j 个风险的理赔概率为 p_j。

这里,假设(1)非常严格,意味着每个风险最多只允许一次理赔,它是对短期保险合同模型的简化处理,实际中并不限制理赔次数。进一步地,如果第 j 个风险发生理赔,我们将相应的理赔额随机变量记为 X_j。令 $F_j(x)$、μ_j 和 σ_j^2 分别表示 X_j 的分布函数、均值和方差。

显然,在这种情况下,式(3.3.1)的理赔总量 S 可以进一步表示为

$$S = \sum_{j=1}^{n} Y_j = \sum_{j=1}^{n} \sum_{i=1}^{N_j} X_i = \sum_{j=1}^{n} \sum_{i=1}^{N_j} X_{ij} \tag{3.3.2}$$

其中,$Y_j = \sum_{i=1}^{N_j} X_i = X_i \times \mathbf{I}(\cdot)$,$N_j \sim B(1, p_j)$,$Y_1, Y_2, \cdots, Y_n$ 相互独立。这里,$\mathbf{I}(\cdot)$ 为示性函数(Indicator Function),也称哑变量(Dummy Variable)。若 $N_j=1$,则 $\mathbf{I}(\cdot)$ 取值为1;若 $N_j=0$,则 $\mathbf{I}(\cdot)$ 取值为0。

从集体风险模型和个体风险模型的模型假设可以看出,两者同时适用于单个保单和保单组合的理赔总量 S 的风险建模分析;多个独立的集体(或个体)风险模型加总($R=S_1+S_2+\cdots+S_m$)也同样适用于多个产品线、业务线、险种的风险建模分析,可以实现一种业务在不同省份或分支机构的理赔总量 R 的风险建模分析,也可以实现保险公司所有业务的理赔总量 R 的风险建模分析等。

那么两者到底存在哪些区别和联系呢?实际中我们又如何进行模型选择呢?个体风险模型按照每种风险类型(如灾因)进行加总,特别适用于现实中存在多种灾因的保险业务或险种的风险建模。例如,农业保险(Agriculture Insurance)经营易受旱灾、暴风、暴雨、洪水、霜冻、冰雹、病虫害、地震、火灾等(自然)灾害的影响,健康保险(Health Insurance)的分病种风险建模,巨灾保险(Catastrophe Insurance)的灾因分析(Damage Cause Analysis)等。因此,相比集体风险模型,个体风险模型往往需要颗粒度更细致的微观数据。从这个意义上讲,个体风险模型属于微观模型,集体风险模型属于宏观模型。同样地,在非寿险准备金评估中,既有个体数据下的准备金评估模型,又有聚合数据下的准备金评估模型。就两者之间的模型选择而言,这与我们在经济学中使用微观数据和宏观数据研究同一问题面临的模型选择类似。

最后指出,在集体风险模型中,要求 $\{X_i\}_{i=1}^{N}$ 独立同分布,其假设更严格。而在个体风险模型中,仅要求随机变量 $\{Y_j\}_{j=1}^{n}$ 独立,其假设更宽松;进一步地,在 $\{Y_j\}_{j=1}^{n}$ 独立同分布假设下,个体风险模型可以退化成集体风险模型。

二、S 的均值和方差

显然,在本节的假设(1)和假设(2)下,有 $N_j \sim B(1, p_j)$。因此,Y_j 服从个体理赔额为

X_j 的复合二项分布。利用式(3.2.19)可以得到

$$E(Y_j)=p_j\mu_j \tag{3.3.3}$$

$$\text{var}(Y_j)=p_j\sigma_j^2+p_j(1-p_j)\mu_j^2 \tag{3.3.4}$$

$$M_{Y_j}(t)=p_jM_{X_j}(t)+1-p_j \tag{3.3.5}$$

进一步地，S 为 n 个独立的复合二项分布（也称复合伯努利分布）随机变量 $Y_j(j=1,\cdots,n)$ 之和。需要指出的是，当复合二项分布随机变量 $\{Y_j\}_{j=1}^n$ 独立同分布时，S 的分布才可以推导出来。此时，S 的矩母函数可以表示为

$$M_S(t)=[M_Y(t)]^n=[pM_X(t)+1-p]^n \tag{3.3.6}$$

这里，$p_j=p$。因此，S 服从理赔次数为 $N\sim B(n,p)$、个体理赔额为 X 的复合二项分布。

而在一些特定的条件下，虽然可以得到 S 的分布函数，但是非常复杂。然而，S 的期望和方差却很容易求解。即有

$$E(S)=E(\sum_{j=1}^n Y_j)=\sum_{j=1}^n E(Y_j)=\sum_{j=1}^n p_j\mu_j \tag{3.3.7}$$

假设个体风险 $\{Y_j\}_{j=1}^n$ 是独立的，进而得到

$$\text{var}(S)=\text{var}(\sum_{j=1}^n Y_j)=\sum_{j=1}^n \text{var}(Y_j)=\sum_{j=1}^n [p_j\sigma_j^2+p_j(1-p_j)\mu_j^2] \tag{3.3.8}$$

作为特例，如果 $\{Y_j\}_{j=1}^n$ 是一组独立同分布的随机变量，那么对于每个保单来说 p_j，μ_j 和 σ_j^2 是相同的，记为 p，μ 和 σ^2。类似地，由于 $F_j(x)$ 与 j 独立，我们简记为 $F(x)$。显然，此时 S 服从二项分布参数为 n 和 p、个体理赔额的分布函数为 $F(x)$ 的复合二项分布，与式(3.3.6)的结论一致。在这种情况下，个体风险模型退化为集体风险模型。

也就是说，式(3.3.7)和式(3.3.8)可以表示为

$$E(S)=np\mu \tag{3.3.9}$$

$$\text{var}(S)=np\sigma^2+np(1-p)\mu^2 \tag{3.3.10}$$

这与式(3.2.19)一样。

第四节　模型参数的可变性

前面介绍的风险模型假设理赔次数 N 和个体理赔额 X_i 的分布参数、各阶矩，甚至分布是已知的。然而，一般情况下，这些分布参数是未知的，且需要利用适当的数据集进行估计，本节将通过四个例题，扩展前面介绍的模型，进一步考虑异质保单组合和同质保单组合的可变性，来探究分布参数的不确定性（或称可变性）对理赔总量的影响。这里，异质保单和同质保单的概念是针对多张保单而言的，即本节关注的是整个保单组合的异质性和同质性。

这些例题只考虑理赔次数 N 的分布参数的不确定性(即分布参数为随机变量),而非个体理赔额 X_i 的分布参数的不确定性。这种情况在精算文献中关注更多。进一步地,本节内容(包括所有例题)都假设 N 与 X_i 独立,$\{X_i\}_{i=1}^N$ 独立同分布,且 N 服从泊松分布。

一、异质保单组合的可变性(独立同类型分布)

在异质保单组合中,假设有 n 张独立的保单,其中第 $j(j=1,\cdots,n)$ 张保单的理赔总量 S_j 服从参数为 λ_j 的复合泊松分布,其中理赔次数 N_j 与个体理赔额 X_i 独立;$\{X_i\}_{i=1}^N$ 独立同分布,且分布已知(如 $F(x)$ 已知)。为了简单起见,我们进一步假设所有保单的个体理赔额都是同分布的。因此,该异质保单组合可以采用符号表示为:

$N_j | \Lambda_j = \lambda_j \sim \pi(\lambda_j)$,$\Lambda_j$ 为随机变量,且 Λ_j 的分布已知;X 的分布已知(如 $F(x)$ 已知)。

这里,n 张独立的异质保单组合要求 $\{S_j\}_{j=1}^n$ 独立,其可变性体现在泊松参数不同,但参数服从同一分布。因此,本节考虑的异质保单组合是独立同类型的复合泊松分布。

在保险实务中,这是很常见的。例如,在一个汽车保单组合中,保险公司可以根据驾驶员的年龄、车辆类型、过往理赔经验等费率因子对保单进行分类。显然,同一组内的费率因子应是相同的。但也有一些不容易度量的费率因子,如驾驶能力等。通常一种简单的假设是,保单组合中有一些是好的驾驶员,另有一些是坏的驾驶员。不论驾驶员的类型,他们的个体理赔额分布都是相同的,但好的驾驶员有更少的理赔次数(如每年的均值为0.1),坏的驾驶员有更多的理赔次数(如每年的均值为0.3)。当我们不了解每个驾驶员的驾驶能力好坏,而需要进行区分这两种类型时,可以假设保单持有人是一个好的驾驶员和坏的驾驶员的概率是相同的。

【例题 3-4】 异质保单组合(理赔次数 N_j 的均值参数 Λ_j 服从离散型均匀分布)

假设保单组合中有100张独立的保单,其中每张保单的理赔次数都服从泊松分布,泊松参数未知,但可以等概率地取0.1或0.3;个体理赔额服从伽马分布,且分布参数为 $\alpha = 750$,$\lambda = 0.25$;理赔次数与个体理赔额独立,个体理赔额独立同分布。

(1) 计算单个保单的理赔总量 S 的期望和标准差,即相应的理论值(或称理论解)。

(2) 计算整个保单组合的理赔总量 R 的期望和标准差,即相应的理论值(或称理论解)。

解: 由题意得 $R = \sum_{j=1}^{100} S_j$,$S_j = \sum_{i=1}^{N_j} X_i = \sum_{i=1}^{N_j} X_{ij}$,$N_j | \Lambda_j = \lambda_j \sim \pi(\lambda_j)$,$\Lambda_j = \begin{cases} 0.1 & 0.5 \\ 0.3 & 0.5 \end{cases}$($\Lambda_j$ 为离散型均匀分布)。

(1) 下面给出计算单个保单的理赔总量 S 的期望和标准差的理论值的三种方法。

方法一: 利用单个保单 S 是离散型混合分布(分类讨论)进行计算。

$S_j = \sum_{i=1}^{N_j} X_i$,$N_j | \Lambda_j \sim \pi(\lambda_j)$,$\Lambda_j = \begin{cases} 0.1 & 0.5 \\ 0.3 & 0.5 \end{cases}$,$X_i \sim Gamma(\alpha=750, \lambda=0.25)$

进而得到

$$E(S)=0.5E(S_1)+0.5E(S_2)=0.5[E(N_1)E(X)+E(N_2)E(X)]$$
$$=0.5\times\left(0.1\times\frac{750}{0.25}+0.3\times\frac{750}{0.25}\right)=0.5\times(300+900)=600$$
$$E(X^2)=[E(X)]^2+\mathrm{var}(X)=\left(\frac{750}{0.25}\right)^2+\frac{750}{0.25^2}=9\,000\,000+12\,000=9\,012\,000$$
$$E(S^2)=0.5E(S_1^2)+0.5E(S_2^2)=0.5[E(S_1)^2+\mathrm{var}(S_1)+E(S_2)^2+\mathrm{var}(S_2)]$$
$$=0.5\{[E(N_1)E(X)]^2+E(N_1)E(X^2)+[E(N_2)E(X)]^2+E(N_2)E(X^2)\}$$
$$=0.5\times\left[\left(0.1\times\frac{750}{0.25}\right)^2+0.1\times9\,012\,000+\left(0.3\times\frac{750}{0.25}\right)^2+0.3\times9\,012\,000\right]$$
$$=0.5\times(90\,000+901\,200+810\,000+2\,703\,600)=2\,252\,400$$
$$\mathrm{var}(S)=E(S^2)-E(S)^2=2\,252\,400-600^2=1\,892\,400$$
$$\sigma_S=\sqrt{\mathrm{var}(S)}=\sqrt{1\,892\,400}=1\,375.65$$

或者直接利用复合泊松分布的方差公式计算 S 的标准差。

$$\mathrm{var}(S_1)=\lambda_1 E(X^2)=901\,200$$
$$E(S_1^2)=E(S_1)^2+\mathrm{var}(S_1)=90\,000+901\,200=991\,200$$
$$\mathrm{var}(S_2)=\lambda_2 E(X^2)=2\,703\,600$$
$$E(S_2^2)=E(S_2)^2+\mathrm{var}(S_2)=810\,000+2\,703\,600=3\,513\,600$$
$$E(S^2)=0.5E(S_1^2)+0.5E(S_2^2)=0.5\times(991\,200+3\,513\,600)=2\,252\,400$$
$$\mathrm{var}(S)=E(S^2)-E(S)^2=2\,252\,400-600^2=1\,892\,400$$
$$\sigma_S=\sqrt{\mathrm{var}(S)}=\sqrt{1\,892\,400}=1\,375.65$$

方法二：针对单个保单，直接对 N 利用双期望定理求解。

$$E(N)=E[E(N|\Lambda)]=0.1\times0.5+0.3\times0.5=0.2=E(\Lambda)$$
$$\mathrm{var}(N)=E[\mathrm{var}(N|\Lambda)]+\mathrm{var}[E(N|\Lambda)]=E(\Lambda)+\mathrm{var}(\Lambda)$$
$$=0.2+0.5\times(0.1-0.2)^2+0.5\times(0.3-0.2)^2$$
$$=0.21$$
$$E(X)=\frac{\alpha}{\lambda}=\frac{750}{0.25}=3\,000$$
$$E(S)=E(N)E(X)=0.2\times3\,000=600$$
$$\mathrm{var}(S)=E(N)\mathrm{var}(X)+\mathrm{var}(N)[E(X)]^2$$
$$=0.2\frac{\alpha}{\lambda^2}+0.21\frac{\alpha^2}{\lambda^2}=0.2\times\frac{750}{0.25^2}+0.21\times\frac{750^2}{0.25^2}$$
$$=2\,400+1\,890\,000=1\,892\,400$$
$$\sigma_S=\sqrt{\mathrm{var}(S)}=\sqrt{1\,892\,400}=1\,375.65$$

方法三：针对单个保单，直接对 S 利用双期望定理求解。

$$E(S)=E[E(S|\Lambda)]=E[\Lambda E(X)]=E(\Lambda)E(X)=0.2\times\frac{750}{0.25}=600$$

$$\begin{aligned}\operatorname{var}(S)&=E[\operatorname{var}(S|\Lambda)]+\operatorname{var}[E(S|\Lambda)]=E[\Lambda E(X^2)]+\operatorname{var}[\Lambda E(X)]\\&=E(\Lambda)E(X^2)+\operatorname{var}(\Lambda)[E(X)]^2\\&=0.2\times\left(\frac{750^2}{0.25^2}+\frac{750}{0.25^2}\right)+0.01\times\frac{750^2}{0.25^2}\\&=1\,892\,400\end{aligned}$$

$$\sigma_S=\sqrt{\operatorname{var}(S)}=\sqrt{1\,892\,400}=1\,375.65$$

(2) 在独立的异质保单组合中，有

$$R=\sum_{i=1}^{100}S_i$$

$$E(R)=E(\sum_{i=1}^{100}S_i)=100E(S_i)=100\times 600=60\,000$$

$$\operatorname{var}(R)=\operatorname{var}(\sum_{i=1}^{100}S_i)=100\operatorname{var}(S_i)=189\,240\,000$$

$$\sigma_R=\sqrt{\operatorname{var}(R)}=\sqrt{189\,240\,000}=13\,756.45$$

【例题 3-5】 异质保单组合（理赔次数 N_j 的均值参数 Λ_j 服从连续型伽马分布）

假设保单组合中有 100 张独立的保单，其中每张保单的理赔次数都服从泊松分布，泊松参数未知，但服从参数为 0.1 和 1 的伽马分布；个体理赔额服从伽马分布，且分布参数为 $\alpha=750$，$\lambda=0.25$；理赔次数与个体理赔额独立，个体理赔额独立同分布。

(1) 计算单个保单的理赔次数 N 的期望和标准差，即相应的理论值（或称理论解）；并推导 N 的分布。

(2) 计算单个保单的理赔总量 S 的期望和标准差，即相应的理论值（或称理论解）。

(3) 计算整个保单组合的理赔总量 R 的期望和标准差，即相应的理论值（或称理论解）。

解： 由题意得 $R=\sum_{j=1}^{100}S_j$，$S_j=\sum_{i=1}^{N_j}X_i=\sum_{i=1}^{N_j}X_{ij}$，$N_j|\Lambda_j=\lambda_j\sim\pi(\lambda_j)$，$\Lambda_j\sim Gamma(\alpha=0.1,\beta=1)$（$\Lambda_j$ 为连续型伽马分布）。

(1) 下面给出计算单个保单的理赔次数 N 的期望和标准差的理论值的两种方法。

方法一：针对单个保单，直接利用双期望定理计算 N 的期望和标准差。

$$E(N)=E[E(N|\Lambda)]=E(\Lambda)=\frac{\alpha}{\lambda}=\frac{0.1}{1}=0.1$$

$$\begin{aligned}\operatorname{var}(N)&=E[\operatorname{var}(N|\Lambda)]+\operatorname{var}[E(N|\Lambda)]=E(\Lambda)+\operatorname{var}(\Lambda)\\&=\frac{\alpha}{\lambda}+\frac{\alpha}{\lambda^2}=\frac{0.1}{1}+\frac{0.1}{1^2}=0.2\end{aligned}$$

$$\sigma_N=\sqrt{0.2}=0.447\,2$$

方法二：针对单个保单，直接推导 N 的分布，进而求解 N 的期望和标准差。下面证明异质保单组合的可变性的经典结论，并利用经典结论进行求解。

经典结论：若 $N|\Lambda \sim \pi(\lambda)$，$\Lambda \sim Gamma(\alpha, \beta)$，则 $N \sim NB\left(r=\alpha,\ p=\dfrac{\beta}{1+\beta}\right)$。

证明：由已知条件可得

$$f(n,\lambda)=f(n|\lambda)f(\lambda)=\frac{e^{-\lambda}\lambda^n}{n!}\frac{\beta^\alpha \lambda^{\alpha-1}e^{-\beta\lambda}}{\Gamma(\alpha)}=\frac{\beta^\alpha \lambda^{n+\alpha-1}e^{-\lambda(\beta+1)}}{n!\Gamma(\alpha)}$$

进而得到

$$\begin{aligned}f_N(n)&=\int_0^\infty f(n,\lambda)d\lambda=\int_0^\infty \frac{\beta^\alpha \lambda^{n+\alpha-1}e^{-\lambda(\beta+1)}}{n!\Gamma(\alpha)}d\lambda\\&=\frac{\beta^\alpha}{n!\Gamma(\alpha)}\times\frac{\Gamma(n+\alpha)}{(\beta+1)^{n+\alpha}}\\&=\frac{(n+\alpha-1)!}{n!(\alpha-1)!}\times\frac{\beta^\alpha}{(\beta+1)^{n+\alpha}}\\&=C_{\alpha+n-1}^n\left(\frac{1}{1+\beta}\right)^n\left(\frac{\beta}{1+\beta}\right)^\alpha\\&=C_{\alpha+n-1}^n p^\alpha(1-p)^n\end{aligned}$$

这里，$p=\dfrac{\beta}{1+\beta}$。上面推导中利用了伽马函数的性质。因此，得到

$$N \sim NB\left(r=\alpha,\ p=\dfrac{\beta}{1+\beta}\right)$$

进一步将已知条件 $\alpha=0.1$，$\beta=1$ 代入上式，得到

$$N \sim NB(r=0.1,\ p=0.5)$$

进而得到

$$E(N)=\frac{r(1-p)}{p}=\frac{0.1(1-0.5)}{0.5}=0.1$$

$$\mathrm{var}(N)=\frac{r(1-p)}{p^2}=\frac{0.1(1-0.5)}{0.5^2}=0.2$$

$$\sigma_N=\sqrt{0.2}=0.4472$$

(2) 下面给出计算单个保单的理赔总量 S 的期望和标准差的理论值的三种方法。

方法一：N 和 X 的分布已知，直接利用双期望定理计算 S 的期望和标准差。

由题意得

$$S=\sum_{i=1}^N X_i,\ \text{其中},N \sim NB(r=0.1,\ p=0.5),\ X_i \sim Gamma(\alpha=750,\ \lambda=0.25)。$$

进而得到

$$E(X)=\frac{\alpha}{\lambda}=\frac{750}{0.25}=3\,000$$

$$E(S)=E(N)E(X)=0.1\times\frac{\alpha}{\lambda}=0.1\times\frac{750}{0.25}=300$$

$$\mathrm{var}(S)=E(N)\mathrm{var}(X)+\mathrm{var}(N)[E(X)]^2$$

$$=0.1\times\frac{\alpha}{\lambda^2}+0.2\times\frac{\alpha^2}{\lambda^2}=0.1\times\frac{750}{0.25^2}+0.2\times\frac{750^2}{0.25^2}$$

$$=1\,200+0.2\times3\,000^2$$

$$=1\,801\,200$$

$$\sigma_S=\sqrt{1\,801\,200}=1\,342.088$$

方法二:针对单个保单,直接对 N 利用双期望定理求解。

$$E(N)=E[E(N\mid\Lambda)]=E(\Lambda)=\frac{\alpha}{\lambda}=\frac{0.1}{1}=0.1$$

$$\mathrm{var}(N)=E[\mathrm{var}(N\mid\Lambda)]+\mathrm{var}[E(N\mid\Lambda)]=E(\Lambda)+\mathrm{var}(\Lambda)$$

$$=\frac{\alpha}{\lambda}+\frac{\alpha}{\lambda^2}=\frac{0.1}{1}+\frac{0.1}{1^2}=0.2$$

$$E(S)=E(N)E(X)=0.1\times\frac{\alpha}{\lambda}=0.1\times\frac{750}{0.25}=300$$

$$\mathrm{var}(S)=E(N)\mathrm{var}(X)+\mathrm{var}(N)[E(X)]^2$$

$$=0.1\frac{\alpha}{\lambda^2}+0.2\frac{\alpha^2}{\lambda^2}=0.1\times\frac{750}{0.25^2}+0.2\times\frac{750^2}{0.25^2}$$

$$=1\,200+1\,800\,000=1\,801\,200$$

$$\sigma_S=\sqrt{1\,801\,200}=1\,342.088$$

方法三:针对单个保单,直接对 S 利用双期望定理求解。

$$E(S)=E[E(S\mid\Lambda)]=E[\Lambda E(X)]=E(\Lambda)E(X)=\frac{0.1}{1}\times\frac{750}{0.25}=300$$

$$\mathrm{var}(S)=E[\mathrm{var}(S\mid\Lambda)]+\mathrm{var}[E(S\mid\Lambda)]=E[\Lambda E(X^2)]+\mathrm{var}[\Lambda E(X)]$$

$$=E(\Lambda)E(X^2)+\mathrm{var}(\Lambda)[E(X)]^2$$

$$=\frac{0.1}{1}\times\left(\frac{750^2}{0.25^2}+\frac{750}{0.25^2}\right)+\frac{0.1}{1^2}\times\frac{750^2}{0.25^2}$$

$$=1\,801\,200$$

$$\sigma_S=\sqrt{1\,801\,200}=1\,342.088$$

(3) 在独立的异质保单组合中,有

$$R=\sum_{i=1}^{100}S_i$$

$$E(R) = E(\sum_{i=1}^{100} S_i) = 100 E(S_i) = 100 \times 300 = 30\ 000$$

$$\text{var}(R) = \text{var}(\sum_{i=1}^{100} S_i) = 100 \text{var}(S_i) = 180\ 120\ 000$$

$$\sigma_R = \sqrt{\text{var}(R)} = \sqrt{180\ 120\ 000} = 13\ 420.88$$

二、同质保单组合的可变性(不独立但同分布)

在同质保单组合中,假设有 n 张保单,其中第 $j(j=1,\cdots,n)$ 张保单的理赔总量 S_j 服从参数为 λ 的复合泊松分布,其中理赔次数 N_j 与个体理赔额 X_i 独立;$\{X_i\}_{i=1}^N$ 独立同分布,且分布已知(如 $F(x)$ 已知)。为了简单起见,我们进一步假设所有保单的个体理赔额都是同分布的。因此,该同质保单组合可以采用符号表示为:

$N|\Lambda=\lambda \sim \pi(\lambda)$,$\Lambda$ 为随机变量,且 Λ 的分布已知;X 的分布已知(如 $F(x)$ 已知)。

这里,n 张同质保单组合不要求 $\{S_j\}_{j=1}^n$ 独立,其可变性体现在泊松参数为随机变量,但参数相同且服从同一分布。因此,本节考虑的同质保单组合是不独立但同分布的复合泊松分布。

【例题 3-6】 同质保单组合(理赔次数 N 的均值参数 Λ 服从离散型均匀分布)

假设保单组合中有 100 张保单,其中所有保单的理赔次数都服从同一泊松分布,泊松参数未知,但可以等概率地取 0.1 或 0.3;个体理赔额服从伽马分布,且分布参数为 $\alpha=750$,$\lambda=0.25$;理赔次数与个体理赔额独立,个体理赔额独立同分布。

(1) 计算单个保单的理赔总量 S 的期望和标准差,即相应的理论值(或称理论解)。

(2) 计算整个保单组合的理赔总量 R 的期望和标准差,即相应的理论值(或称理论解)。

解:由题意得 $R = \sum_{j=1}^{100} S_j$,$S = \sum_{i=1}^N X_i$,$N|\Lambda \sim \pi(\lambda)$,$\Lambda = \begin{cases} 0.1 & 0.5 \\ 0.3 & 0.5 \end{cases}$($\Lambda$ 为离散型均匀分布)

(1) 对于单个保单来说,没有异质和同质的说法。因此,例题 3-4 中的三种计算方法和结果同样适用于本题。这里不再赘述。

(2) 下面给出计算整个保单组合的理赔总量 R 的期望和标准差的理论值的五种方法。

方法一:利用同质保单组合 R 是离散型混合分布(分类讨论)进行计算。

$$R = \sum_{j=1}^{100} S_j$$

其中,$S = \sum_{i=1}^N X_i$,$N|\Lambda \sim \pi(\lambda)$,$\Lambda = \begin{cases} 0.1 & 0.5 \\ 0.3 & 0.5 \end{cases}$,$X_i \sim Gamma(\alpha=750, \lambda=0.25)$

当 $\lambda=0.1$ 时,此时 $E(N_1) = \text{var}(N_1) = 0.1$。进而得到

$$E(R_1) = 100 E(N_1) E(X) = 100 \times 0.1 \times \frac{750}{0.25} = 30\ 000$$

$$\mathrm{var}(R_1)=100E(N_1)E(X^2)=100\times 0.1\times\left[\left(\frac{750}{0.25}\right)^2+\frac{750}{0.25^2}\right]$$
$$=100\times 0.1\times(9\,000\,000+12\,000)=90\,120\,000$$
$$E(R_1^2)=\mathrm{var}(R_1)+[E(R_1)]^2=90\,120\,000+30\,000^2=990\,120\,000$$

当 $\lambda=0.3$ 时，此时 $E(N_2)=\mathrm{var}(N_2)=0.3$。进而得到

$$E(R_2)=100E(N_2)E(X)=100\times 0.3\times\frac{750}{0.25}=90\,000$$
$$\mathrm{var}(R_2)=100E(N_2)E(X^2)=100\times 0.3\times\left[\left(\frac{750}{0.25}\right)^2+\frac{750}{0.25^2}\right]$$
$$=100\times 0.3\times(9\,000\,000+12\,000)=270\,360\,000$$
$$E(R_2^2)=\mathrm{var}(R_2)+[E(R_2)]^2=270\,360\,000+90\,000^2=8\,370\,360\,000$$

因此，得到

$$E(R)=0.5E(R_1)+0.5E(R_2)=0.5\times 30\,000+0.5\times 90\,000=60\,000$$
$$E(R^2)=0.5E(R_1^2)+0.5E(R_2^2)=0.5\times 990\,120\,000+0.5\times 8\,370\,360\,000=4\,680\,240\,000$$
$$\mathrm{var}(R)=E(R^2)-[E(R)]^2=4\,680\,240\,000-3\,600\,000\,000=1\,080\,240\,000$$
$$\sigma_R=\sqrt{\mathrm{var}(R)}=\sqrt{1\,080\,240\,000}=32\,867$$

方法二：针对同质保单组合 R，直接对 R 的理赔次数 $M=\sum_{j=1}^{100}N_j$ 利用双期望定理求解。

$$R=\sum_{j=1}^{100}S_j$$

其中，$S=\sum_{i=1}^{N}X_i$，$N\mid\Lambda\sim\pi(\lambda)$，$\Lambda=\begin{cases}0.1 & 0.5\\ 0.3 & 0.5\end{cases}$，$X_i\sim Gamma(\alpha=750,\lambda=0.25)$。

因此，我们可以看出，R 是混合的复合泊松分布，其中泊松参数为 $M=\sum_{j=1}^{100}N_j\Big|m=100\Lambda\sim\pi(100\lambda)$，$100\Lambda=\begin{cases}10 & 0.5\\ 30 & 0.5\end{cases}$，$X\sim Gamma(\alpha=750,\lambda=0.25)$。

因此，得到

$$E(M)=E[E(M|m)]=0.5\times 10+0.5\times 30=20$$
$$\mathrm{var}(M)=E[\mathrm{var}(M|m)]+\mathrm{var}[E(M|m)]=E(m)+\mathrm{var}(m)$$
$$=0.5\times 10+0.5\times 30+0.5\times(10-20)^2+0.5\times(30-20)^2$$
$$=20+100=120$$

进而得到

$$E(R)=E(M)E(X)=20\times\frac{750}{0.25}=60\,000$$

$$\text{var}(R) = E(M)\text{var}(X) + \text{var}(M)[E(X)]^2$$
$$= 20 \times \frac{750}{0.25^2} + 120 \times \left(\frac{750}{0.25}\right)^2$$
$$= 20 \times 12\,000 + 120 \times 9\,000\,000$$
$$= 1\,080\,240\,000$$
$$\sigma_R = \sqrt{\text{var}(R)} = \sqrt{1\,080\,240\,000} = 32\,867$$

方法三：针对同质保单组合 R，直接对 R 利用双期望定理求解。

$$\text{var}(R) = E[\text{var}(R|\Lambda)] + \text{var}[E(R|\Lambda)]$$
$$= 0.5 \times \text{var}(R_1) + 0.5 \times \text{var}(R_2) + E[E(R|\Lambda) - E(R)]^2$$
$$= 0.5 \times 10 E(X^2) + 0.5 \times 30 E(X^2) + 0.5 \times [10 E(X) - 20 E(X)]^2 + 0.5 \times [30 E(X) - 20 E(X)]^2$$
$$= 20 \times \left[\left(\frac{750}{0.25}\right)^2 + \frac{750}{0.25^2}\right] + \left(10 \times \frac{750}{0.25}\right)^2$$
$$= 20 \times (9\,000\,000 + 12\,000) + 30\,000^2$$
$$= 180\,240\,000 + 900\,000\,000$$
$$= 1\,080\,240\,000$$

方法四：利用 Λ 的波动性对 R 的波动性的影响（因果效应）进行求解。即有传导链条：$\text{var}(\Lambda)\uparrow \to \text{var}(N)\uparrow \to \text{var}(S)\uparrow \to \text{var}(R)\uparrow$。

$$R = \sum_{j=1}^{100} S_j$$

其中，$S = \sum_{i=1}^{N} X_i$，$N \mid \Lambda \sim \pi(\lambda)$，$\Lambda = \begin{cases} 0.1 & 0.5 \\ 0.3 & 0.5 \end{cases}$，$X_i \sim Gamma(\alpha=750, \lambda=0.25)$。

由于本题中 S_i，S_j 为同质保单，即不独立但同分布的保单。这种不独立源于 S_i，S_j 同时受 Λ 的波动的影响。为了与独立同分布的保单组合的符号表示有所区分，下面采用 S'_i，S'_j 表示独立同分布的保单，且用 N' 代替 N。

当 $E(N') = \text{var}(N')$ 时，则有

$$E(S') = E(N')E(X) = 0.2 \times \frac{750}{0.25} = 600$$

$$\text{var}(S') = E(N')E(X^2) = 0.2 \times \left[\left(\frac{750}{0.25}\right)^2 + \frac{750}{0.25^2}\right]$$
$$= 0.2 \times (9\,000\,000 + 12\,000) = 1\,802\,400$$

进而得到

$$E(R') = E(\sum_{i=1}^{100} S'_i) = 100 E(S'_i) = 100 \times 600 = 60\,000$$

$$\text{var}(R') = \text{var}(\sum_{i=1}^{100} S'_i) = 100 \text{var}(S'_i) = 180\,240\,000$$

而本例中 S_i, S_j 为同质保单,则有

$$E(S)=E(N)E(X)=0.2\times 3\,000=600$$
$$\begin{aligned}\text{var}(S)&=E(N)\text{var}(X)+\text{var}(N)[E(X)]^2\\ &=0.2\frac{\alpha}{\lambda^2}+0.21\frac{\alpha^2}{\lambda^2}=0.2\times\frac{750}{0.25^2}+0.21\times\frac{750^2}{0.25^2}\\ &=2\,400+1\,890\,000=1\,892\,400\end{aligned}$$

进而得到

$$\text{var}(S)-\text{var}(S')=[\text{var}(N)-\text{var}(N')][E(X)]^2=90\,000$$
$$\text{cov}(S_i,S_j)=1\,892\,400-1\,802\,400=90\,000$$

因此,得到

$$E(R)=E(\sum_{i=1}^{100}S_i)=100E(S_i)=100\times 300=30\,000$$
$$\begin{aligned}\text{var}(R)&=\text{var}(\sum_{i=1}^{100}S_i)=\text{var}(S_1)+\text{var}(S_2)+\cdots+\text{var}(S_{100})+\sum_{1\leqslant i,j\leqslant 100,i\neq j}\text{cov}(S_i,S_j)\\ &=\text{var}(S_1)+\text{var}(S_2)+\cdots+\text{var}(S_{100})+100(100-1)\text{cov}(S_i,S_j)\\ &=100\text{var}(S)+100(100-1)\text{cov}(S_i,S_j)\\ &=100\times 1\,892\,400+9\,900\times 90\,000\\ &=1\,080\,240\,000\end{aligned}$$
$$\sigma_R=\sqrt{\text{var}(R)}=\sqrt{1\,080\,240\,000}=32\,867$$

方法五(方法四的变形):利用 Λ 的波动性对 R 的波动性的影响(因果效应)进行求解。即有传导链条:$\text{var}(\Lambda)\uparrow\to\text{var}(N)\uparrow\to\text{var}(S)\uparrow\to\text{var}(R)\uparrow$。

由方法四可得:

$$\text{var}(S)-\text{var}(S')=[\text{var}(N)-\text{var}(N')][E(X)]^2=\text{var}(\Lambda)[E(X)]^2=90\,000$$
$$\text{cov}(S_i,S_j)=1\,892\,400-1\,802\,400=90\,000$$

显然,这个差异是由理赔次数 N 的分布参数 Λ 的随机性导致的。例如,考虑一个特定区域内建筑物投保的保单组合。在这些保单组合中,理赔次数同时受暴雨等不寻常的天气等因素的影响,从而这些保单就不再独立了,而是具有同质风险的保单组合。即不同的保单 S_i', S_j' 受共同因素的影响,从而不再独立。与独立保单组合相比,同质保单组合中的每个保单的方差增加了 90 000,100 个保单组合的协方差将比独立保单组合增加 900 000 000。即有

$$\begin{aligned}\text{var}(R)&=\text{var}(\sum_{j=1}^{100}S_j)=100\text{var}(S_j')+10\,000\text{cov}(S_i,S_j)\\ &=100\times 1\,802\,400+10\,000\times 90\,000\\ &=180\,240\,000+900\,000\,000\\ &=1\,080\,240\,000\end{aligned}$$

$$\sigma_R = \sqrt{\operatorname{var}(R)} = \sqrt{1\,080\,240\,000} = 32\,867$$

【例题 3-7】 同质保单组合（理赔次数 N 的均值参数 Λ 服从连续型伽马分布）

假设保单组合中有 100 张保单，其中所有保单的理赔次数都服从同一泊松分布，泊松参数未知，但服从参数为 0.1 和 1 的伽马分布；个体理赔额服从伽马分布，且分布参数为 $\alpha=750$，$\lambda=0.25$；理赔次数与个体理赔额独立，个体理赔额独立同分布。

(1) 计算单个保单的理赔次数 N 的期望和标准差，即相应的理论值（或称理论解）；并推导 N 的分布。

(2) 计算单个保单的理赔总量 S 的期望和标准差，即相应的理论值（或称理论解）。

(3) 计算整个保单组合的理赔总量 R 的期望和标准差，即相应的理论值（或称理论解）。

解： 由题意得：

$$R = \sum_{j=1}^{100} S_j,\ S = \sum_{i=1}^{N} X_i,\ N\mid\Lambda \sim \pi(\lambda),\ \Lambda \sim Gamma(\alpha=0.1,\beta=1)\ (\Lambda\ \text{为连续型伽马分布})$$

(1) 对于单个保单来说，没有异质和同质的说法。因此，例题 3-5 中的两种计算方法和结果同样适用于本题。这里不再赘述。

(2) 对于单个保单来说，没有异质和同质的说法。因此，例题 3-5 中的三种计算方法和结果同样适用于本题。这里不再赘述。

(3) 下面给出计算整个保单组合的理赔总量 R 的期望和标准差的理论值的四种方法。

方法一： 针对同质保单组合 R，直接对 R 的理赔次数 $M = \sum\limits_{j=1}^{100} N_j$ 利用双期望定理求解。

$R = \sum\limits_{j=1}^{100} S_j$。其中，$S = \sum\limits_{i=1}^{N} X_i$，$N\mid\Lambda \sim \pi(\lambda)$，$\Lambda \sim Gamma(\alpha=0.1,\beta=1)$，$X_i \sim Gamma(\alpha=750,\lambda=0.25)$。

因此，我们可以看出，R 是混合的复合泊松分布，其中：

泊松参数为 $M = \sum\limits_{j=1}^{100} N_j \Big| m = 100\Lambda \sim \pi(100\lambda)$，$100\Lambda \sim Gamma(\alpha=0.1,\beta=0.01)$，$X \sim Gamma(\alpha=750,\lambda=0.25)$。

因此，得到

$$E(M) = E[E(M\mid m)] = E(m) = E(100\Lambda) = 100 \times \frac{0.1}{1} = 10$$

$$\operatorname{var}(M) = E[\operatorname{var}(M\mid m)] + \operatorname{var}[E(M\mid m)] = E(m) + \operatorname{var}(m) = E(100\Lambda) + \operatorname{var}(100\Lambda)$$
$$= 100 \times \frac{0.1}{1} + 10\,000 \times \frac{0.1}{1^2}$$
$$= 1\,010$$

进而得到

$$E(R) = E(M)E(X) = 10 \times \frac{750}{0.25} = 30\,000$$

$$\begin{aligned}\text{var}(R) &= E(M)\text{var}(X) + \text{var}(M)[E(X)]^2 \\ &= 10 \times \frac{750}{0.25^2} + 1\,010 \times \left(\frac{750}{0.25}\right)^2 \\ &= 10 \times 12\,000 + 1\,010 \times 9\,000\,000 \\ &= 9\,090\,120\,000\end{aligned}$$

$$\sigma_R = \sqrt{\text{var}(R)} = \sqrt{9\,090\,120\,000} = 95\,342.12$$

这里,附上 $\Lambda \sim Gamma(\alpha=0.1, \beta=1) \Rightarrow 100\Lambda \sim Gamma(\alpha'=0.1, \beta'=0.01)$ 的推导过程。

证明:

$$\begin{cases} E(100\Lambda) = \dfrac{\alpha'}{\beta'} = 100\dfrac{\alpha}{\beta} = 100\dfrac{0.1}{1} = 10 \\ \text{var}(100\Lambda) = \dfrac{\alpha'}{\beta'^2} = 10\,000\dfrac{\alpha}{\beta^2} = 10\,000\dfrac{0.1}{1^2} = 1\,000 \end{cases} \Rightarrow \begin{cases} \alpha' = 0.1 \\ \beta' = 0.01 \end{cases}$$

方法二:针对同质保单组合 R,直接对 R 利用双期望定理求解。

$$E(R) = E[E(R|100\Lambda)] = E[100\Lambda E(X)] = E(100\Lambda)E(X)$$
$$= 100 \times \frac{0.1}{1} \times \frac{750}{0.25} = 30\,000$$

$$\begin{aligned}\text{var}(R) &= E[\text{var}(R|100\Lambda)] + \text{var}[E(R|100\Lambda)] = E(100\Lambda)E(X^2) + \text{var}(100\Lambda)[E(X)]^2 \\ &= 100 \times \frac{0.1}{1} \times \left(\frac{750^2}{0.25^2} + \frac{750}{0.25^2}\right) + 10\,000 \times \frac{0.1}{1^2} \times \frac{750^2}{0.25^2} \\ &= 10 \times (9\,000\,000 + 12\,000) + 1\,000 \times 3\,000^2 \\ &= 90\,120\,000 + 9\,000\,000\,000 \\ &= 9\,090\,120\,000\end{aligned}$$

$$\sigma_R = \sqrt{\text{var}(R)} = \sqrt{9\,090\,120\,000} = 95\,342.12$$

方法三:利用 Λ 的波动性对 R 的波动性的影响(因果效应)进行求解。即有传导链条: $\text{var}(\Lambda) \uparrow \to \text{var}(N) \uparrow \to \text{var}(S) \uparrow \to \text{var}(R) \uparrow$。

$R = \sum_{j=1}^{100} S_j$。其中,$S = \sum_{i=1}^{N} X_i$,$N|\Lambda \sim \pi(\lambda)$,$\Lambda \sim Gamma(\alpha=0.1, \beta=1)$,$X_i \sim Gamma(\alpha=750, \lambda=0.25)$。

类似于例题 3-6,本题中 S_i, S_j 为同质保单,即不独立但同分布的保单。这种不独立源于 S_i, S_j 同时受 Λ 的波动的影响。为了与独立同分布的保单组合的符号表示有所区分,下面采用 S'_i, S'_j 表示独立同分布的保单,且用 N' 代替 N。

当 $E(N') = \text{var}(N')$ 时,则有

$$E(S') = E(N')E(X) = \frac{0.1}{1} \times \frac{750}{0.25} = 300$$

$$\text{var}(S')=E(N')E(X^2)=\frac{0.1}{1}\times\left[\left(\frac{750}{0.25}\right)^2+\frac{750}{0.25^2}\right]$$
$$=0.1\times(9\,000\,000+12\,000)=901\,200$$

进而得到

$$E(R')=E(\sum_{i=1}^{100}S'_i)=100E(S'_i)=100\times 300=30\,000$$
$$\text{var}(R')=\text{var}(\sum_{i=1}^{100}S'_i)=100\text{var}(S'_i)=180\,240\,000$$

而本例中 S_i, S_j 为同质保单,则有

$$E(S)=E(N)E(X)=\frac{0.1}{1}\times 3\,000=300$$
$$\text{var}(S)=E(N)\text{var}(X)+\text{var}(N)[E(X)]^2$$
$$=0.1\frac{\alpha}{\lambda^2}+[E(\Lambda)+\text{var}(\Lambda)]\frac{\alpha^2}{\lambda^2}$$
$$=0.1\times\frac{750}{0.25^2}+\left(0.1+\frac{0.1}{1^2}\right)\times\frac{750^2}{0.25^2}$$
$$=1\,200+1\,800\,000=1\,801\,200$$

进而得到

$$\text{var}(S)-\text{var}(S')=[\text{var}(N)-\text{var}(N')][E(X)]^2=(0.2-0.1)\times\frac{750^2}{0.25^2}=900\,000$$
$$\text{cov}(S_i,S_j)=1\,801\,200-901\,200=900\,000$$

因此,得到

$$E(R)=E(\sum_{i=1}^{100}S_i)=100E(S_i)=100\times 300=30\,000$$
$$\text{var}(R)=\text{var}(\sum_{i=1}^{100}S_i)=\text{var}(S_1)+\text{var}(S_2)+\cdots+\text{var}(S_{100})+100(100-1)\text{cov}(S_i,S_j)$$
$$=100\text{var}(S)+100(100-1)\text{cov}(S_i,S_j)$$
$$=100\times 1\,801\,200+9\,900\times 900\,000$$
$$=9\,090\,120\,000$$
$$\sigma_R=\sqrt{\text{var}(R)}=\sqrt{9\,090\,120\,000}=95\,342.12$$

方法四:利用 Λ 的波动性对 R 的波动性的影响(因果效应)进行求解。即有传导链条: $\text{var}(\Lambda)\uparrow\to\text{var}(N)\uparrow\to\text{var}(S)\uparrow\to\text{var}(R)\uparrow$。

由方法三可得:

$$\text{var}(S)-\text{var}(S')=[\text{var}(N)-\text{var}(N')][E(X)]^2=\text{var}(\Lambda)[E(X)]^2=900\,000$$
$$\text{cov}(S_i,S_j)=1\,801\,200-901\,200=900\,000$$

显然,这个差异是由理赔次数 N 的分布参数 Λ 的随机性导致的。例如,考虑一个特定区域内建筑物投保的保单组合。在这些保单组合中,理赔次数同时受暴雨等不寻常的天气等因素的影响,从而这些保险就不独立了,而是具有同质风险的保单组合。这使得不同的保单 S_i',S_j' 受共同因素的影响,不再独立。与独立保单组合相比,同质保单组合中的每个保单的方差增加了 900 000,100 个保单组合的方差将比独立保单组合增加 9 000 000 000。即有

$$\mathrm{var}(R) = \mathrm{var}(\sum_{j=1}^{100} S_j') = 100\mathrm{var}(S_j') + 10\,000\mathrm{cov}(S_i, S_j)$$
$$= 100 \times 901\,200 + 10\,000 \times 900\,000$$
$$= 90\,120\,000 + 9\,000\,000\,000$$
$$= 9\,090\,120\,000$$
$$\sigma_R = \sqrt{\mathrm{var}(R)} = \sqrt{9\,090\,120\,000} = 95\,342.12$$

第五节 本章 R 软件操作与实现

一、复合泊松分布的 R 实现

虽然我们能计算复合泊松分布的各阶矩,但是由于不是标准分布,故并不能计算相应的概率。在精算考试中,我们通常利用中心极限定理(Central Limit Theorem,CLT),采用正态分布来近似。然而,凭借计算机软件包,比如 R 软件包,我们可以很容易地通过模拟经验复合分布来估计概率。

例如,下面给出模拟 10 000 次理赔总量 S 的复合分布的 R 代码。这里,S 服从复合泊松分布,其中 N 与 X_i 独立,且 $\{X_i\}_{i=1}^N$ 独立同分布;理赔次数 $N \sim \pi(\lambda=1\,000)$,个体理赔额 $X_i \sim Gamma(\alpha=750, \lambda=0.25)$。

```
set.seed(123)
n <- rpois(10000, 1000)
s <- numeric(10000)
for(i in 1: 10000)
{x <- rgamma(n[i], shape = 750, rate = 0.25)
s[i] <- sum(x)}
```

在此基础上,我们可以参考第二章的软件操作,实现各种分布运算。我们使用下面 R 代码可以获得 10 000 次模拟的 S 的经验分布的样本均值、标准差、偏度和偏度系数,它们的值分别为:2 997 651,93 719.71,2.186 291e+13,0.02 655 921。

```
mean(s)
sd(s)
```

```
skewness <- sum((s - mean(s))^3)/length(s)
coeff.of.skew <- skewness/var(s)^(3/2)
skewness
coeff.of.skew
```

下面是估计 $P(S>3\ 000\ 000)$、90% 的分位数的 R 代码，其估计值分别为 0.488 1, 3 115 719。

```
length(s[s>3000000])/length(s)
quantile(s, 0.9)
```

我们可以使用 hist 函数绘制复合分布 S 的直方图，并采用复合函数的方式，在 plot 函数中加入密度函数 density 函数绘制 S 的经验密度函数图，如图 3-1 所示。此外，我们还可以叠加一个正态分布或其他的分布，观察它是否能提供一个很好的近似。

```
hist(s)
plot(density(s))
```

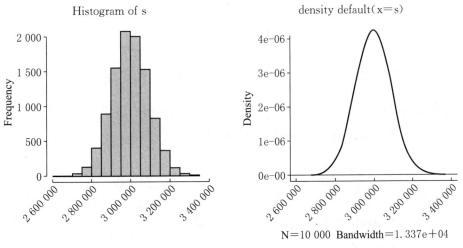

图 3-1　10 000 次模拟的复合泊松分布（S 的经验分布）

当然，利用正态分布检查拟合效果的常用方法是，采用 qqnorm 函数检查 Q-Q 图。此外，利用其他分布检验拟合效果的常用方法是，采用 qqplot 函数将样本数据与拟合分布的模拟理论值进行比较。

这里，该复合泊松分布的期望和标准差分别为

$$E(S)=E(N)E(X)=1\ 000\times\frac{750}{0.25}=3\ 000\ 000$$

$$\sigma_S=\sqrt{\operatorname{var}(S)}=\sqrt{E(N)E(X^2)}=\sqrt{1\,000\times\left[\left(\frac{750}{0.25}\right)^2+\frac{750}{0.25^2}\right]}=94\,931.554\,1$$

因此，采用正态分布近似，$S\sim N(3\,000\,000,\,9\,012\,000\,000)$。如图 3-2 所示，采用 qqnorm 函数（左图）和 qqplot 函数（右图）的结果是等价的。感兴趣的同学也可以利用其他分布来检验拟合效果。

```
qqnorm(s)
qqplot(norm(10000,3000000,94931.5541), s)
```

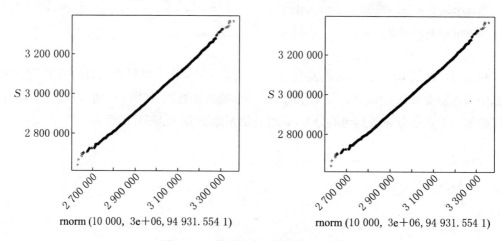

图 3-2　S 的正态分布检验的 Q-Q 图

二、含个体超额损失再保险的理赔总量 S 的分布的 R 实现

在本节前文基础上，参考第二章的软件操作，下面给出引入自留额 $M=2\,500$ 的个体超额损失再保险的再保险公司承担的理赔总量 S_R 的 R 代码。

```
set.seed(123)
M <- 2500
n <- rpois(10000, 1000)
sR <- numeric(10000)
for(i in 1: 10000)
{x <- rgamma(n[i], shape = 750, rate = 0.25)
z <- pmax(0, x - M)
sR[i] <- sum(z)}
```

类似地，我们可以利用 10 000 次模拟的 S_R 的经验分布，估计再保险公司承担的理赔总量 S_R 的均值、标准差、偏度和偏度系数、概率、分位数等分布特征。

三、含聚合超额损失再保险的理赔总量 S 的分布的 R 实现

除了一些简单的例子之外,手动计算 S 的分布的各阶矩是困难的。然而,使用计算机软件包来获取 S 的经验分布则是非常容易的。

在本节前文基础上,参考第二章的软件操作,下面给出自留额 $M=3\,000\,000$ 的聚合超额损失再保险的再保险公司承担的理赔总量 S_R 的 R 代码。

```
sR <- pmax(0, s - 3 000 000)
```

四、个体风险模型的 R 实现

假设保险公司签发了 n 张寿险保单,每个被保险人的死亡概率记录在向量 **q** 中。为了模拟该保单组合的理赔总量 S 的复合分布,首先模拟每个被保险人是否因死亡而提出索赔:

```
deaths <- rbinom(n, 1, q)
```

这里,deaths 是一个长度为 n 的向量,若被保险人因死亡而提出索赔,则取值为 1,否则取值为 0。

其次,我们模拟每个保单的索赔金额,并将其储存在 claim 向量中。然后,理赔总量 S 的一次模拟值为:

```
S <- sum(deaths * claim)
```

最后,我们可以重复上述过程,生成 S 的模拟样本。利用这些模拟的 S 的经验分布,可以进一步估计 S 的均值、标准差、偏度和偏度系数、概率、分位数等分布特征,以及相应的再保险安排。

五、异质保单组合的可变性的 R 实现

从原理上讲,随机模拟方法可视为一种提升维度的运算方法(简称"升维方法")。下面以模拟异质保单组合中单个保单的理赔总量 S 和整个保单组合的理赔总量 R 为例,首先简单介绍一下随机模拟的思路和方法,再详细给出本章例题 3-4 和例题 3-5 的随机模拟方法的 R 实现。

沿用两个例题中的变量符号表示,单个保单的理赔总量为 $S_j = \sum_{i=1}^{N_j} X_i = \sum_{i=1}^{N_j} X_{ij}$,$n$ 张保单组合的理赔总量为 $R = \sum_{j=1}^{n} S_j = \sum_{j=1}^{n} \sum_{i=1}^{N_j} X_i = \sum_{j=1}^{n} \sum_{i=1}^{N_j} X_{ij}$。假设模型次数为 m,则针对单个保单,进行 m 次模拟得到 m 维列向量 $(S_1, S_2, \cdots, S_m)^T$ 的步骤是

$$\begin{pmatrix} \lambda_1 \\ \lambda_2 \\ \vdots \\ \lambda_{m-1} \\ \lambda_m \end{pmatrix} \rightarrow \begin{pmatrix} N_1 \\ N_2 \\ \vdots \\ N_{m-1} \\ N_m \end{pmatrix} \rightarrow \begin{pmatrix} X_{11}, \cdots, X_{N_1,1} \\ X_{12}, \cdots, X_{N_2,2} \\ \vdots \\ X_{1,m-1}, \cdots, X_{N_{m-1},m-1} \\ X_{1,m}, \cdots, X_{N_m,m} \end{pmatrix} \xrightarrow{\text{行求和}} \begin{pmatrix} \sum_{i=1}^{N_1} X_{i1} \\ \sum_{i=1}^{N_2} X_{i2} \\ \vdots \\ \sum_{i=1}^{N_{m-1}} X_{i,m-1} \\ \sum_{i=1}^{N_m} X_{i,m} \end{pmatrix} = \begin{pmatrix} S_1 \\ S_2 \\ \vdots \\ S_{m-1} \\ S_m \end{pmatrix}$$

针对 n 张保单组合，进行 m 次模拟得到 m 维列向量 $(R_1, R_2, \cdots, R_m)^T$，需要得到 $m \times n$ 维矩阵 $(S_{ij})_{m \times n}$。即首先模拟 $m \times n$ 维矩阵 $(\lambda_{ij})_{m \times n}$，然后模拟 $m \times n$ 维矩阵 $(N_{ij})_{m \times n}$，最后模拟元素 $(X_{N_{ij}, i, j})_{N_{ij} \times m \times n}$。其步骤是

$$\rightarrow \begin{pmatrix} \lambda_{11} & \lambda_{12} & \cdots & \lambda_{1,n-1} & \lambda_{1,n} \\ \lambda_{21} & \lambda_{22} & \cdots & \lambda_{2,n-1} & \lambda_{2,n} \\ \vdots & \vdots & \vdots & \vdots & \vdots \\ \lambda_{m-1,1} & \lambda_{m-1,2} & \cdots & \lambda_{m-1,n-1} & \lambda_{m-1,n} \\ \lambda_{m,1} & \lambda_{m,2} & \cdots & \lambda_{m,n-1} & \lambda_{m,n} \end{pmatrix} \rightarrow \begin{pmatrix} N_{11} & N_{12} & \cdots & N_{1,n-1} & N_{1,n} \\ N_{21} & N_{22} & \cdots & N_{2,n-1} & N_{2,n} \\ \vdots & \vdots & \vdots & \vdots & \vdots \\ N_{m-1,1} & N_{m-1,2} & \cdots & N_{m-1,n-1} & N_{m-1,n} \\ N_{m,1} & N_{m,2} & \cdots & N_{m,n-1} & N_{m,n} \end{pmatrix}$$

$$\rightarrow \begin{pmatrix} X_{1,1,1}, \cdots, X_{N_{1,1},1,1} & X_{1,1,2}, \cdots, X_{N_{1,2},1,2} & \cdots \\ X_{1,2,1}, \cdots, X_{N_{2,1},2,1} & X_{1,2,2}, \cdots, X_{N_{2,2},2,2} & \cdots \\ \vdots & \vdots & \vdots \\ X_{1,m-1,1}, \cdots, X_{N_{m-1,1},m-1,1} & X_{1,m-1,2}, \cdots, X_{N_{m-1,2},m-1,2} & \cdots \\ X_{1,m,1}, \cdots, X_{N_{m,1},m,1} & X_{1,m,2}, \cdots, X_{N_{m,2},m,2} & \cdots \end{pmatrix}$$

$$\begin{pmatrix} X_{1,1,n-1}, \cdots, X_{N_{1,1},1,n-1} & X_{1,1,n}, \cdots, X_{N_{1,n},1,n} \\ X_{1,2,n-1}, \cdots, X_{N_{2,n-1},2,n-1} & X_{1,2,n}, \cdots, X_{N_{2,n},2,n} \\ \vdots & \vdots \\ X_{1,m-1,n-1}, \cdots, X_{N_{m-1,n-1},m-1,n-1} & X_{1,m-1,n}, \cdots, X_{N_{m-1,n},m-1,n} \\ X_{1,m,n-1}, \cdots, X_{N_{m,n-1},m,n-1} & X_{1,m,n}, \cdots, X_{N_{m,n},m,n} \end{pmatrix}$$

$$\xrightarrow{\text{元素求和}} \begin{pmatrix} \sum_{i=1}^{N_{1,1}} X_{i,1,1} & \sum_{i=1}^{N_{1,2}} X_{i,1,2} & \cdots & \sum_{i=1}^{N_{1,n-1}} X_{i,1,n-1} & \sum_{i=1}^{N_{1,n}} X_{i,1,n} \\ \sum_{i=1}^{N_{2,1}} X_{i,2,1} & \sum_{i=1}^{N_{2,2}} X_{i,2,2} & \cdots & \sum_{i=1}^{N_{2,n-1}} X_{i,2,n-1} & \sum_{i=1}^{N_{2,n}} X_{i,2,n} \\ \vdots & \vdots & \vdots & \vdots & \vdots \\ \sum_{i=1}^{N_{m-1,1}} X_{i,m-1,1} & \sum_{i=1}^{N_{m-1,2}} X_{i,m-1,2} & \cdots & \sum_{i=1}^{N_{m-1,n-1}} X_{i,m-1,n-1} & \sum_{i=1}^{N_{m-1,n}} X_{i,m-1,n} \\ \sum_{i=1}^{N_{m,1}} X_{i,m,1} & \sum_{i=1}^{N_{m,2}} X_{i,m,2} & \cdots & \sum_{i=1}^{N_{m,n-1}} X_{i,m,n-1} & \sum_{i=1}^{N_{m,n}} X_{i,m,n} \end{pmatrix}$$

$$\xrightarrow{\text{行求和}} \begin{pmatrix} \sum_{j=1}^{n}\sum_{i=1}^{N_{1,j}} X_{i,1,j} \\ \sum_{j=1}^{n}\sum_{i=1}^{N_{2,j}} X_{i,2,j} \\ \vdots \\ \sum_{j=1}^{n}\sum_{i=1}^{N_{m-1,j}} X_{i,m-1,j} \\ \sum_{j=1}^{n}\sum_{i=1}^{N_{m,j}} X_{i,m,j} \end{pmatrix} = \begin{pmatrix} \sum_{j=1}^{n} S_{1j} \\ \sum_{j=1}^{n} S_{2j} \\ \vdots \\ \sum_{j=1}^{n} S_{m-1,j} \\ \sum_{j=1}^{n} S_{m,j} \end{pmatrix} = \begin{pmatrix} R_1 \\ R_2 \\ \vdots \\ R_{m-1} \\ R_m \end{pmatrix}$$

显然,针对异质保单组合,存在以下两种模拟方法。一种是依次按行进行模拟,即内循环 n 次,外循环 m 次。另一种是依次按列进行模拟,即内循环 m 次,外循环 n 次。

【例题 3-4(续)】 随机模拟方法

假设保单组合中有 100 张独立的保单,其中每张保单的理赔次数都服从泊松分布,泊松参数未知,但可以等概率地取 0.1 或 0.3;个体理赔额服从伽马分布,且分布参数为 $\alpha=750$, $\lambda=0.25$;理赔次数与个体理赔额独立,个体理赔额独立同分布。

(3) 采用随机模拟方法,从保单组合中随机选择一张保单,模拟 10 000 次,估计该张保单的理赔总量 S 的样本均值和样本标准差,即相应的模拟值(数值解)。

(4) 采用随机模拟方法,模拟 10 000 次整个保单组合,估计整个保单组合的理赔总量 R 的样本均值和样本标准差,即相应的模拟值(数值解)。

答:(3) 单个保单的理赔总量 S 的 R 代码是

```
sims <- 10000
S <- numeric(sims)
set.seed(123)
lambda <- sample(x = c(0.1, 0.3), replace = TRUE, size = sims, prob = c(0.5, 0.5))
N <- rpois(sims, lambda)
for(i in 1: sims)
{S[i] <- sum(rgamma(N[i], shape = 750, rate = 0.25))}

mean(S)
sd(S)
```

可以看出,模拟 10 000 次得到的单个保单的理赔总量 S 的样本均值和样本标准差分别为 606.838 3、1 373.769;与理论值 600、1 375.65 非常接近。

(4) 整个保单组合的理赔总量 R 的 R 代码至少有两种方法。

方法一: 依次按行进行模拟,即内循环 $n=100$ 次,外循环 $m=10 000$ 次。

```
sims <- 10000
policies <- 100
S <- numeric(policies)
Results <- matrix(nrow = sims, ncol = policies)
set.seed(123)
for (i in 1: sims)
{lambda <- sample(x = c(0.1, 0.3), replace = TRUE, size = policies, prob = c(0.5, 0.5))
  N <- rpois(policies, lambda)

  for (j in 1: policies)
  {S[j] <- sum(rgamma(N[j], 750, 0.25))}
  Results[i, ] <- S}
Total <- rowSums(Results)

mean(Total)
sd(Total)
```

可以看出,模拟 10 000 次得到的 100 张保单组合的理赔总量 R 的样本均值和样本标准差分别为 60 120.26、13 563.84;与理论值 60 000、13 756.45 非常接近。

方法二:依次按列进行模拟,即内循环 $m=10\,000$ 次,外循环 $n=100$ 次。

```
sims <- 10000
policies <- 100
S <- numeric(sims)
Results <- matrix(nrow = sims, ncol = policies)
set.seed(123)
for (j in 1: policies)
{lambda <- sample(x = c(0.1, 0.3), replace = TRUE, size = sims, prob = c(0.5, 0.5))
  N <- rpois(sims, lambda)

  for (i in 1: sims)
  {S[i] <- sum(rgamma(N[i], 750, 0.25))}
  Results[ ,j] <- S}
```

```
Total <- rowSums(Results)

mean(Total)
sd(Total)
```

可以看出,模拟 10 000 次得到的 100 张保单组合的理赔总量 R 的样本均值和样本标准差分别为 59 972.32、13 784.48;与理论值 60 000、13 756.45 也非常接近。

【例题 3-5(续)】 随机模拟方法

假设保单组合中有 100 张独立的保单,其中每张保单的理赔次数都服从泊松分布,泊松参数未知,但服从参数为 0.1 和 1 的伽马分布;个体理赔额服从伽马分布,且分布参数为 $\alpha = 750$, $\lambda = 0.25$;理赔次数与个体理赔额独立,个体理赔额独立同分布。

(4) 采用随机模拟方法,从保单组合中随机选择一张保单,模拟 10 000 次,估计该张保单的理赔次数 N 的样本均值和样本标准差,即相应的模拟值(数值解)。

(5) 采用随机模拟方法,从保单组合中随机选择一张保单,模拟 10 000 次,估计该张保单的理赔总量 S 的样本均值和样本标准差,即相应的模拟值(数值解)。

(6) 采用随机模拟方法,模拟 10 000 次整个保单组合,估计整个保单组合的理赔总量 R 的样本均值和样本标准差,即相应的模拟值(数值解)。

答:(4) 单个保单的理赔次数 N 的 R 代码是

```
sims <- 10000
set.seed(123)
lambda <- rgamma(sims, 0.1, 1)
N <- rpois(sims, lambda)

mean(N)
sd(N)
```

可以看出,模拟 10 000 次得到的单个保单的理赔次数 N 的样本均值和样本标准差分别为 0.097 9、0.456;与理论值 0.1、0.447 2 非常接近。

(5) 单个保单的理赔总量 S 的 R 代码是

```
sims <- 10000
S <- numeric(sims)
set.seed(123)
lambda <- rgamma (sims, 0.1,1)
N <- rpois (sims, lambda)
for (i in 1: sims)
```

```
{S[i] <- sum(rgamma (N[i], 750, 0.25))}

mean(S)
sd(S)
```

可以看出,模拟 10 000 次得到的单个保单的理赔总量 S 的样本均值和样本标准差分别为 293.695 2、1 369;与理论值 300、1 342.088 非常接近。

(6) 整个保单组合的理赔总量 R 的 R 代码是

方法一:依次按行进行模拟,即内循环 $n=100$ 次,外循环 $m=10\,000$ 次。

```
sims <- 10000
policies <- 100
S <- numeric(policies)
Results <- matrix(nrow = sims, ncol = policies)
set.seed(123)
for (i in 1: sims)
{lambda <- rgamma(policies, 0.1, 1)
N <- rpois(policies, lambda)

for (j in 1: policies)
{S[j] <- sum(rgamma(N[j], 750, 0.25))}
Results[i, ] <- S}
Total <- rowSums(Results)

mean(Total)
sd(Total)
```

可以看出,模拟 10 000 次得到的 100 张保单组合的理赔总量 R 的样本均值和样本标准差分别为 30 149.24、13 372.75;与理论值 30 000、13 420.88 非常接近。

方法二:依次按列进行模拟,即内循环 $m=10\,000$ 次,外循环 $n=100$ 次。

```
sims <- 10000
policies <- 100
S <- numeric(sims)
Results <- matrix(nrow = sims, ncol = policies)
set.seed(123)
for (j in 1: policies)
```

```
{lambda <- rgamma(sims, 0.1, 1)
N <- rpois(sims, lambda)
for (i in 1: sims)
{S[i] <- sum(rgamma(N[i], 750, 0.25))}
Results[ ,j] <- S}
Total <- rowSums(Results)

mean(Total)
sd(Total)
```

可以看出,模拟 10 000 次得到的 100 张保单组合的理赔总量 R 的样本均值和样本标准差分别为 30 013.61、13 433.88;与理论值 30 000、13 420.88 也非常接近。

六、同质保单组合的可变性的 R 实现

类似地,异质保单组合中单个保单的随机模拟方法同样适用于同质保单组合。而针对 n 张保单组合,其模拟步骤中,只需要模拟 m 维列向量 $(\lambda_1, \lambda_2, \cdots, \lambda_m)^T$,进而得到如下 $m \times n$ 维矩阵 $(\lambda_i)_{m \times n}$(每一行 λ 相同),其他步骤与异质保单组合相同。这里不再赘述。

$$\begin{bmatrix} \lambda_1 & \lambda_1 & \cdots & \lambda_1 & \lambda_1 \\ \lambda_2 & \lambda_2 & \cdots & \lambda_2 & \lambda_2 \\ \vdots & \vdots & \vdots & \vdots & \vdots \\ \lambda_{m-1} & \lambda_{m-1} & \cdots & \lambda_{m-1} & \lambda_{m-1} \\ \lambda_m & \lambda_m & \cdots & \lambda_m & \lambda_m \end{bmatrix}$$

同理,针对同质保单组合,也存在以下两种模拟方法。一种是依次按行进行模拟,即内循环 n 次,外循环 m 次。另一种是依次按列进行模拟,即内循环 m 次,外循环 n 次。

【例题 3-6(续)】 随机模拟方法

假设保单组合中有 100 张保单,其中所有保单的理赔次数都服从同一泊松分布,泊松参数未知,但可以等概率地取 0.1 或 0.3;个体理赔额服从伽马分布,且分布参数为 $\alpha = 750$,$\lambda = 0.25$;理赔次数与个体理赔额独立,个体理赔额独立同分布。

(3) 采用随机模拟方法,从保单组合中随机选择一张保单,模拟 10 000 次,估计该张保单的理赔总量 S 的样本均值和样本标准差,即相应的模拟值(数值解)。

(4) 采用随机模拟方法,模拟 10 000 次整个保单组合,估计整个保单组合的理赔总量 R 的样本均值和样本标准差,即相应的模拟值(数值解)。

答:(3) 单个保单的理赔总量 S 的 R 代码是

```
sims <- 10000
S <- numeric(sims)
```

```
set.seed(123)
lambda <- sample (x = c(0.1, 0.3), replace = TRUE, size = sims, prob = c(0.5, 0.5))
N <- rpois (sims, lambda)
for (i in 1: sims)
{S[i] <- sum(rgamma (N[i], 750, 0.25))}

mean(S)
sd(S)
```

可以看出,无论是同质保单组合,还是异质保单组合,单个保单的 R 代码完全相同。模拟 10 000 次得到的单个保单的理赔总量 S 的样本均值和样本标准差分别为 606.838 3、1 373.769;与理论值 600、1 375.65 非常接近。

(4) 整个保单组合的理赔总量 R 的 R 代码是

方法一:依次按行进行模拟,即内循环 $n=100$ 次,外循环 $m=10\,000$ 次。

```
sims <- 10000
policies <- 100
S <- numeric(policies)
Results <- matrix(nrow = sims, ncol = policies)
set.seed(123)
for (i in 1: sims)
{lambda <- sample(x = c(0.1, 0.3), replace = TRUE, size = 1, prob = c(0.5, 0.5))
N <- rpois(policies, lambda)
for (j in 1: policies)
     {S[j] <- sum(rgamma(N[j], 750, 0.25))}
Results[i, ] <- S}
Total <- rowSums(Results)

mean(Total)
sd(Total)
```

可以看出,模拟 10 000 次得到的 100 张保单组合的理赔总量 R 的样本均值和样本标准差分别为 59 949.78、32 936.86;与理论值 60 000、32 867 非常接近。

方法二:依次按列进行模拟,即内循环 $m=10\,000$ 次,外循环 $n=100$ 次。

```
sims <- 10000
policies <- 100
```

```
S <- numeric(sims)
Results <- matrix(nrow = sims, ncol = policies)
set.seed(123)
lambda <- sample(x = c(0.1, 0.3), replace = TRUE, size = sims, prob = c(0.5, 0.5))

for (j in 1: policies)
{N <- rpois(sims, lambda)

for (i in 1: sims)
{S[i] <- sum(rgamma(N[i], 750, 0.25))}
Results[ ,j] <- S}
Total <- rowSums(Results)
mean(Total)
sd(Total)
```

可以看出,模拟 10 000 次得到的 100 张保单组合的理赔总量 R 的样本均值和样本标准差分别为 59 977.65、32 841.69;与理论值 60 000、32 867 也非常接近。

【例题 3-7(续)】 随机模拟方法

假设保单组合中有 100 张保单,其中所有保单的理赔次数都服从同一泊松分布,泊松参数未知,但服从参数为 0.1 和 1 的伽马分布;个体理赔额服从伽马分布,且分布参数为 $\alpha=750$,$\lambda=0.25$;理赔次数与个体理赔额独立,个体理赔额独立同分布。

(4) 采用随机模拟方法,从保单组合中随机选择一张保单,模拟 10 000 次,估计该张保单的理赔次数 N 的样本均值和样本标准差,即相应的模拟值(数值解)。

(5) 采用随机模拟方法,从保单组合中随机选择一张保单,模拟 10 000 次,估计该张保单的理赔总量 S 的样本均值和样本标准差,即相应的模拟值(数值解)。

(6) 采用随机模拟方法,模拟 10 000 次整个保单组合,估计整个保单组合的理赔总量 R 的样本均值和样本标准差,即相应的模拟值(数值解)。

答:(4) 单个保单的理赔次数 N 的 R 代码是

```
sims <- 10000
set.seed(123)
lambda <- rgamma(sims, 0.1, 1)
N <- rpois(sims, lambda)

mean(N)
sd(N)
```

可以看出，模拟 10 000 次得到的单个保单的理赔次数 N 的样本均值和样本标准差分别为 0.097 9、0.456；与理论值 0.1、0.447 2 非常接近。

（5）单个保单的理赔总量 S 的 R 代码是

```r
sims <- 10000
S <- numeric(sims)
set.seed(123)
lambda <- rgamma(sims, 0.1, 1)
N <- rpois(sims, lambda)
for (i in 1: sims)
{S[i] <- sum(rgamma(N[i], 750, 0.25))}

mean(S)
sd(S)
```

可以看出，模拟 10 000 次得到的单个保单的理赔总量 S 的样本均值和样本标准差分别为 293.695 2、1 369；与理论值 300、1 342.088 非常接近。

（6）整个保单组合的理赔总量 R 的 R 代码至少有两种方法。

方法一：依次按行进行模拟，即内循环 $n=100$ 次，外循环 $m=10\,000$ 次。

```r
sims <- 10000
policies <- 100
S <- numeric(policies)
Results <- matrix(nrow = sims, ncol = policies)
set.seed(123)
for (i in 1: sims)
{lambda <- rgamma(1, 0.1, 1)
N <- rpois(policies, lambda)

for (j in 1: policies)
{S[j] <- sum(rgamma(N[j], 750, 0.25))}
Results[i, ] <- S}
Total <- rowSums(Results)

mean(Total)
sd(Total)
```

可以看出,模拟 10 000 次得到的 100 张保单组合的理赔总量 R 的样本均值和样本标准差分别为 29 704.31、94 326.53;与理论值 30 000、95 342.12 非常接近。

方法二:依次按列进行模拟,即内循环 $m=10\ 000$ 次,外循环 $n=100$ 次。

```
sims <- 10000
policies <- 100
S <- numeric(sims)
Results <- matrix(nrow = sims, ncol = policies)
set.seed(123)
lambda <- rgamma(sims, 0.1, 1)

for (j in 1: policies)
{N <- rpois(sims, lambda)

for (i in 1: sims)
{S[i] <- sum(rgamma(N[i], 750, 0.25))}
Results[ ,j] <- S}
Total <- rowSums(Results)

mean(Total)
sd(Total)
```

可以看出,模拟 10 000 次得到的 100 张保单组合的理赔总量 R 的样本均值和样本标准差分别为 29 488.73、93 733.32;与理论值 30 000、95 342.12 也非常接近。

本章习题与扩展思考题

一、本章习题

1. 令 X 和 Y 是两个随机变量,证明双期望定理。

(1) $E(Y) = E[E(Y|X)]$

(2) $\mathrm{var}(Y) = E[\mathrm{var}(Y|X)] + \mathrm{var}[E(Y|X)]$

证明: (1) 假设 X 和 Y 都是连续型随机变量,则有

$$E(Y) = \int_{-\infty}^{+\infty} y f(y) \mathrm{d}y = \int_{-\infty}^{+\infty} y \int_{-\infty}^{+\infty} f(x, y) \mathrm{d}x \mathrm{d}y = \int_{-\infty}^{+\infty} y \int_{-\infty}^{+\infty} f(y \mid x) f(x) \mathrm{d}x \mathrm{d}y$$

$$= \int_{-\infty}^{+\infty} f(x) \mathrm{d}x \int_{-\infty}^{+\infty} y f(y \mid x) \mathrm{d}y = \int_{-\infty}^{+\infty} E(Y \mid X) f(x) \mathrm{d}x = E[E(Y \mid X)]$$

假设 X 和 Y 都是离散型随机变量,则有

$$E(Y) = \sum_i y_i P(Y=y_i) = \sum_i y_i \sum_j P(X=x_j, Y=y_i)$$
$$= \sum_i y_i \sum_j P(Y=y_i \mid X=x_j) P(X=x_j) = \sum_j P(X=x_j) \sum_i y_i P(Y=y_i \mid X=x_j)$$
$$= \sum_j P(X=x_j) E(Y \mid X=x_j) = \sum_j E(Y \mid X=x_j) P(X=x_j) = E[E(Y \mid X)]$$

(2) $\mathrm{var}(Y) = E(Y^2) - (EY)^2 = E[E(Y^2 \mid X)] - \{E[E(Y \mid X)]\}^2$
$= E[\mathrm{var}(Y \mid X) + E^2(Y \mid X)] - \{E[E(Y \mid X)]\}^2$
$= E[\mathrm{var}(Y \mid X)] + E[E^2(Y \mid X)] - \{E[E(Y \mid X)]\}^2$
$= E[\mathrm{var}(Y \mid X)] + \mathrm{var}[E(Y \mid X)]$

2. 利用其他方法证明定理 3。
(1) 利用双期望定理证明。
(2) 利用 S 的矩母函数证明,即利用定理 2 证明定理 3。

证明:(1) 利用双期望定理,推导 S 的偏度。

$skew(Y) = E(Y-EY)^3 = E[Y^3 - 3Y^2 EY + 3Y(EY)^2 - (EY)^3]$
$= EY^3 - 3EY^2 EY + 2(EY)^3$
$= EY^3 - 3[\mathrm{var}(Y) + (EY)^2] EY + 2(EY)^3$
$= EY^3 - 3\mathrm{var}(Y) EY - (EY)^3$
$= E[E(Y^3 \mid X)] - 3\{E[\mathrm{var}(Y \mid X)] + \mathrm{var}[E(Y \mid X)]\} E[E(Y \mid X)] - \{E[E(Y \mid X)]\}^3$
$= E[E(Y^3 \mid X)] - 3E[\mathrm{var}(Y \mid X)] E[E(Y \mid X)]$
$\quad - 3\mathrm{var}[E(Y \mid X)] E[E(Y \mid X)] - \{E[E(Y \mid X)]\}^3$

将 $skew(Y) = E(Y-EY)^3 = EY^3 - 3\mathrm{var}(Y)EY - (EY)^3$ 中的 Y 替换成 $Y \mid X$,得到:

$skew(Y \mid X) = E[(Y \mid X) - E(Y \mid X)]^3 = E(Y^3 \mid X) - 3\mathrm{var}(Y \mid X) E(Y \mid X) - [E(Y \mid X)]^3$

上式两边取期望,得到

$E[skew(Y \mid X)] = E\{E[(Y \mid X) - E(Y \mid X)]^3\}$
$= E\{E(Y^3 \mid X) - 3\mathrm{var}(Y \mid X) E(Y \mid X) - [E(Y \mid X)]^3\}$
$= E[E(Y^3 \mid X)] - 3E[\mathrm{var}(Y \mid X) E(Y \mid X)] - E\{[E(Y \mid X)]^3\}$

进而得到

$E[E(Y^3 \mid X)] = E[skew(Y \mid X)] + 3E[\mathrm{var}(Y \mid X) E(Y \mid X)] + E\{[E(Y \mid X)]^3\}$

将上式代入 $skew(Y)$ 的表达式,得到:

$$skew(Y) = E[skew(Y|X)] + 3E[\text{var}(Y|X)E(Y|X)] + E\{[E(Y|X)]^3\}$$
$$- 3E[\text{var}(Y|X)]E[E(Y|X)] - 3\text{var}[E(Y|X)]E[E(Y|X)] - \{E[E(Y|X)]\}^3$$
$$= E[skew(Y|X)] + skew[E(Y|X)] + 3\text{cov}[\text{var}(Y|X), E(Y|X)]$$

其中，$skew[E(Y|X)]$ 可以看成是：将 $skew(Y) = EY^3 - 3\text{var}(Y)EY - (EY)^3$ 中的 Y 替换成 $E(Y|X)$ 得到的，即

$$skew[E(Y|X)] = E\{[E(Y|X)]^3\} - 3\text{var}[E(Y|X)]E[E(Y|X)] - \{E[E(Y|X)]\}^3$$

进一步将 Y 替换成 S，X 替换成 N，得到

$$skew(S) = E[skew(S|N)] + skew[E(S|N)] + 3\text{cov}[\text{var}(S|N), E(S|N)]$$
$$= E(N) \times skew(X) + skew(N \times EX) + 3\text{cov}[N \times \text{var}(X), N \times EX]$$
$$= E(N) \times skew(X) + (EX)^3 skew(N) + 3E[N^2\text{var}(X)(EX)]$$
$$\quad - 3E[N \times \text{var}(X)]E(N \times EX)$$
$$= E(N) \times skew(X) + (EX)^3 skew(N) + 3E(N^2)\text{var}(X)(EX) - 3(EN)^2\text{var}(X)(EX)$$
$$= E(N) \times skew(X) + (EX)^3 skew(N) + 3\text{var}(N)E(X)\text{var}(X)$$

其中：

$$skew(S|N) = skew(X_1 + \cdots + X_N | N) \underset{\text{独立}}{\overset{X_i \text{与} N}{=\!=\!=}} skew(X_1 + \cdots + X_N) \underset{iid}{\overset{X_i}{=\!=\!=}} N \times skew(X)$$
$$E(S|N) = E(X_1 + \cdots + X_N | N) \underset{\text{独立}}{\overset{X_i \text{与} N}{=\!=\!=}} E(X_1) + \cdots + E(X_N) \underset{iid}{\overset{X_i}{=\!=\!=}} NE(X)$$
$$\text{var}(S|N) = \text{var}(X_1 + \cdots + X_N | N) \underset{\text{独立}}{\overset{X_i \text{与} N}{=\!=\!=}} \text{var}(X_1) + \cdots + \text{var}(X_N) \underset{iid}{\overset{X_i}{=\!=\!=}} N\text{var}(X)$$

（2）利用 S 的矩母函数证明，推导 S 的偏度。

证明：由 $M_S(t) = E\{[M_X(t)]^N\} = E[e^{N \ln M_X(t)}] = M_N[\ln M_X(t)]$ 可得

$$\ln M_S(t) = \ln M_N[\ln M_X(t)]$$

$$\frac{\text{d}}{\text{d}t} \ln M_S(t) = \frac{M_N'[\ln M_X(t)] M_X'(t)}{M_N[\ln M_X(t)] M_X(t)}$$

$$\frac{\text{d}^2}{\text{d}t^2} \ln M_S(t) = \frac{M_N''[\ln M_X(t)] M_N[\ln M_X(t)] - \{M_N'[\ln M_X(t)]\}^2}{\{M_N[\ln M_X(t)]\}^2} \left[\frac{M_X'(t)}{M_X(t)}\right]^2$$
$$+ \frac{M_N'[\ln M_X(t)]}{M_N[\ln M_X(t)]} \frac{M_X''(t) M_X(t) - [M_X'(t)]^2}{[M_X(t)]^2}$$

$$\frac{\text{d}^3}{\text{d}t^3} \ln M_S(t)$$
$$= \frac{M_N'''[\ln M_X(t)] M_N[\ln M_X(t)] + M_N''[\ln M_X(t)] M_N'[\ln M_X(t)] - 2M_N'[\ln M_X(t)] M_N''[\ln M_X(t)]}{\{M_N[\ln M_X(t)]\}^4}$$
$$\times \{M_N[\ln M_X(t)]\}^2 \times \left[\frac{M_X'(t)}{M_X(t)}\right]^3$$
$$- \frac{(M_N''[\ln M_X(t)] M_N[\ln M_X(t)] - \{M_N'[\ln M_X(t)]\}^2) 2M_N[\ln M_X(t)] M_N'[\ln M_X(t)]}{\{M_N[\ln M_X(t)]\}^4} \times$$

$$\left[\frac{M_X'(t)}{M_X(t)}\right]^3$$

$$+\frac{M_N''[\ln M_X(t)]M_N[\ln M_X(t)]-\{M_N'[\ln M_X(t)]\}^2}{\{M_N[\ln M_X(t)]\}^2}$$

$$\times 2\frac{M_X'(t)}{M_X(t)}\times\frac{M_X''(t)M_X(t)-[M_X'(t)]^2}{M_X^2(t)}$$

$$+\frac{M_N''[\ln M_X(t)]M_N[\ln M_X(t)]-\{M_N'[\ln M_X(t)]\}^2}{\{M_N[\ln M_X(t)]\}^2}\frac{M_X'(t)}{M_X(t)}\frac{M_X''(t)M_X(t)-[M_X'(t)]^2}{[M_X(t)]^2}$$

$$+\frac{M_N'[\ln M_X(t)]}{M_N[\ln M_X(t)]}\cdot$$

$$\frac{[M_X'''(t)M_X(t)+M_X''(t)M_X'(t)-2M_X'(t)M_X''(t)][M_X(t)]^2-\{M_X''(t)M_X(t)-[M_X'(t)]^2\}}{[M_X(t)]^4}$$

$$\times 2M_X(t)M_X'(t)$$

$$skew(S)=E(S-ES)^3=\frac{\mathrm{d}^3}{\mathrm{d}t^3}\ln M_S(t)\bigg|_{t=0}$$

$$=\frac{[M_N'''(0)M_N(0)+M_N''(0)M_N'(0)-2M_N'(0)M_N''(0)][M_N(0)]^2}{[M_N(0)]^4}\left[\frac{M_X'(0)}{M_X(0)}\right]^3$$

$$-\frac{\{M_N''(0)M_N(0)-[M_N'(0)]^2\}2M_N(0)M_N'(0)}{[M_N(0)]^4}\left[\frac{M_X'(0)}{M_X(0)}\right]^3$$

$$+\frac{M_N''(0)M_N(0)-[M_N'(0)]^2}{[M_N(0)]^2}\times 2\frac{M_X'(0)}{M_X(0)}\times\frac{M_X''(0)M_X(0)-[M_X'(0)]^2}{M_X^2(0)}$$

$$+\frac{M_N''(0)M_N(0)-[M_N'(0)]^2}{[M_N(0)]^2}\frac{M_X'(0)}{M_X(0)}\frac{M_X''(0)M_X(0)-[M_X'(0)]^2}{M_X^2(0)}$$

$$+\frac{M_N'(0)}{M_N(0)}\frac{[M_X'''(0)M_X(0)+M_X''(0)M_X'(0)-2M_X'(0)M_X''(0)][M_X(0)]^2}{[M_X(0)]^4}$$

$$-\frac{M_N'(0)}{M_N(0)}\frac{\{M_X''(0)M_X(0)-[M_X'(0)]^2\}\times 2M_X(0)M_X'(0)}{[M_X(0)]^4}$$

$$=\{(EN^3+EN^2EN-2ENEN^2)-2[EN^2-(EN)^2]EN\}EX^3$$
$$+2[EN^2-(EN)^2]EX\,\mathrm{var}(X)+\mathrm{var}(N)E(X)\mathrm{var}(X)$$
$$+EN[EX^3+EX^2EX-2EXEX^2-2\mathrm{var}(X)EX]$$

$$=[EN^3-3EN^2EN+2(EN)^3]EX^3+3\mathrm{var}(N)EX\,\mathrm{var}(X)$$
$$+EN[EX^3-EXEX^2-2\mathrm{var}(X)EX]$$

$$=skew(N)EX^3+3\mathrm{var}(N)E(X)\mathrm{var}(X)$$
$$+EN[EX^3-EXEX^2-2EX^2EX+2(EX)^3]$$

$$=skew(N)EX^3+ENskew(X)+3\mathrm{var}(N)E(X)\mathrm{var}(X)$$

3. 已知理赔总量 $S=\sum_{i=1}^{N}X_i$,理赔次数随机变量 N 与理赔额随机变量 $\{X_i\}_{i=1}^{N}$ 相互独立,且理赔额随机变量 $\{X_i\}_{i=1}^{N}$ 独立同分布。

(1) 假设 $N \sim \pi(\lambda=10)$，$X_i \sim Gamma(\alpha=75, \lambda=0.25)$，计算 S 的偏度 $skew(S)$ 和偏度系数 $coefskew(S)$ 的值。

(2) 假设 $N \sim B(n=100, p=0.1)$，$X_i \sim Gamma(\alpha=75, \lambda=0.25)$，计算 S 的偏度 $skew(S)$ 和偏度系数 $coefskew(S)$ 的值。

(3) 假设 $N \sim NB(r=2.5, p=0.2)$，$X_i \sim Gamma(\alpha=75, \lambda=0.25)$，计算 S 的偏度 $skew(S)$ 和偏度系数 $coefskew(S)$ 的值。

解：(1) **方法一**：利用式(3.2.14)求解。

由题意得

$$E(N) = \mathrm{var}(N) = 10, \quad E(X) = \frac{\alpha}{\lambda} = \frac{75}{0.25} = 300, \quad \mathrm{var}(X) = \frac{\alpha}{\lambda^2} = \frac{75}{0.25^2} = 1\,200,$$

$$E(X^3) = \frac{\mathrm{d}^3}{\mathrm{d}t^3} M_X(t)\Big|_{t=0} = \frac{\mathrm{d}^3}{\mathrm{d}t^3}\left(\frac{\lambda}{\lambda-t}\right)^\alpha\Big|_{t=0} = \frac{\alpha\lambda^\alpha(\alpha+1)(\alpha+2)}{(\lambda-t)^{\alpha+3}}\Big|_{t=0} = \frac{\alpha(\alpha+1)(\alpha+2)}{\lambda^3}$$

$$= \frac{75\times(75+1)(75+2)}{0.25^3} = 28\,089\,600$$

进而得到

$$skew(S) = E(S-ES)^3 = \frac{\mathrm{d}^3}{\mathrm{d}t^3} \ln M_S(t)\Big|_{t=0} = \lambda \frac{\mathrm{d}^3}{\mathrm{d}t^3} M_X(t)\Big|_{t=0} = \lambda E(X^3) = 280\,896\,000$$

$$\mathrm{var}(S) = \lambda E(X^2) = 10\times(300^2 + 1\,200) = 912\,000$$

$$coefskew(S) = \frac{skew(S)}{[\mathrm{var}(S)]^{3/2}} = \frac{280\,896\,000}{912\,000^{3/2}} = 0.322\,5$$

方法二：利用式(3.2.12)所示的定理 3 求解。

由题意得

$$E(N) = \mathrm{var}(N) = 10 \quad E(X) = \frac{\alpha}{\lambda} = \frac{75}{0.25} = 300 \quad \mathrm{var}(X) = \frac{\alpha}{\lambda^2} = \frac{75}{0.25^2} = 1\,200,$$

$$skew(N) = E(N-EN)^3 = \frac{\mathrm{d}^3}{\mathrm{d}t^3} \ln M_N(t)\Big|_{t=0} = \lambda e^t\big|_{t=0} = 10$$

$$skew(X) = E(X-EX)^3 = \frac{\mathrm{d}^3}{\mathrm{d}t^3} \ln M_X(t)\Big|_{t=0} = \frac{\mathrm{d}^3}{\mathrm{d}t^3} \alpha[\ln\lambda - \ln(\lambda-t)]\big|_{t=0}$$

$$= \frac{2\alpha}{(\lambda-t)^3}\Big|_{t=0} = \frac{2\alpha}{\lambda^3} = \frac{2\times 75}{0.25^3} = 9\,600$$

进而得到

$$skew(S) = E(N)\times skew(X) + (EX)^3 skew(N) + 3\mathrm{var}(N)E(X)\mathrm{var}(X)$$

$$= 10\times 9\,600 + 300^3 \times 10 + 3\times 10\times 300\times 1\,200 = 280\,896\,000$$

$$\mathrm{var}(S) = \lambda E(X^2) = 10\times(300^2 + 1\,200) = 912\,000$$

$$coefskew(S) = \frac{skew(S)}{[\mathrm{var}(S)]^{3/2}} = \frac{280\,896\,000}{912\,000^{3/2}} = 0.322\,5$$

（2）直接利用式(3.2.12)所示的定理 3 求解。

由题意得

$$E(N)=np=100\times 0.1=10 \quad \text{var}(N)=np(1-p)=100\times 0.1\times(1-0.1)=9,$$

$$E(X)=\frac{\alpha}{\lambda}=\frac{75}{0.25}=300 \quad \text{var}(X)=\frac{\alpha}{\lambda^2}=\frac{75}{0.25^2}=1\,200,$$

$$skew(N)=E(N-EN)^3=\frac{\mathrm{d}^3}{\mathrm{d}t^3}\ln M_N(t)\bigg|_{t=0}=\frac{\mathrm{d}^3}{\mathrm{d}t^3}n\ln(1-p+pe^t)\bigg|_{t=0}$$

$$=np(p-1)(2p-1)=100\times 0.1\times(0.1-1)\times(2\times 0.1-1)=7.2$$

$$skew(X)=E(X-EX)^3=\frac{\mathrm{d}^3}{\mathrm{d}t^3}\ln M_X(t)\bigg|_{t=0}=\frac{\mathrm{d}^3}{\mathrm{d}t^3}\alpha[\ln\lambda-\ln(\lambda-t)]|_{t=0}$$

$$=\frac{2\alpha}{(\lambda-t)^3}\bigg|_{t=0}=\frac{2\alpha}{\lambda^3}=\frac{2\times 75}{0.25^3}=9\,600$$

进而得到

$$skew(S)=E(N)\times skew(X)+(EX)^3 skew(N)+3\text{var}(N)E(X)\text{var}(X)$$

$$=10\times 9\,600+300^3\times 7.2+3\times 9\times 300\times 1\,200=204\,216\,000$$

$$\text{var}(S)=E(N)\text{var}(X)+\text{var}(N)[E(X)]^2=10\times 1\,200+9\times 300^2=822\,000$$

$$coef skew(S)=\frac{skew(S)}{[\text{var}(S)]^{3/2}}=\frac{204\,216\,000}{822\,000^{3/2}}=0.274\,0$$

（3）直接利用式(3.2.12)所示的定理 3 求解。

由题意得

$$E(N)=\frac{r(1-p)}{p}=\frac{2.5\times(1-0.2)}{0.2}=10 \quad \text{var}(N)=\frac{r(1-p)}{p^2}=\frac{2.5\times(1-0.2)}{0.2^2}=50$$

$$E(X)=\frac{\alpha}{\lambda}=\frac{75}{0.25}=300 \quad \text{var}(X)=\frac{\alpha}{\lambda^2}=\frac{75}{0.25^2}=1\,200$$

$$skew(N)=E(N-EN)^3=\frac{\mathrm{d}^3}{\mathrm{d}t^3}\ln M_N(t)\bigg|_{t=0}=\frac{\mathrm{d}^3}{\mathrm{d}t^3}r\{\ln p-\ln[1-(1-p)e^t]\}\bigg|_{t=0}$$

$$=\frac{rq(1+q)}{(1-q)^3}=\frac{r(1-p)(2-p)}{p^3}=\frac{2.5\times(1-0.2)\times(1+1-0.2)}{0.2^3}=450$$

这里，$q=1-p$。

$$skew(X)=E(X-EX)^3=\frac{\mathrm{d}^3}{\mathrm{d}t^3}\ln M_X(t)\bigg|_{t=0}=\frac{\mathrm{d}^3}{\mathrm{d}t^3}\alpha[\ln\lambda-\ln(\lambda-t)]|_{t=0}$$

$$=\frac{2\alpha}{(\lambda-t)^3}\bigg|_{t=0}=\frac{2\alpha}{\lambda^3}=\frac{2\times 75}{0.25^3}=9\,600$$

进而得到

$$skew(S)=E(N)\times skew(X)+(EX)^3 skew(N)+3\text{var}(N)E(X)\text{var}(X)$$

$$=10\times 9\,600+300^3\times 450+3\times 50\times 300\times 1\,200=12\,204\,096\,000$$

$$\operatorname{var}(S)=E(N)\operatorname{var}(X)+\operatorname{var}(N)[E(X)]^2=10\times 1\,200+50\times 300^2=4\,512\,000$$

$$coefskew(S)=\frac{skew(S)}{[\operatorname{var}(S)]^{3/2}}=\frac{12\,204\,096\,000}{4\,512\,000^{3/2}}=1.273\,4$$

4. 已知理赔总量 $S=\sum_{i=1}^{N}X_i$，理赔次数随机变量 N 与理赔额随机变量 $\{X_i\}_{i=1}^{N}$ 相互独立，且理赔额随机变量 $\{X_i\}_{i=1}^{N}$ 独立同分布。

(1) 假设 $N\sim\pi(\lambda=10)$，$X_i\sim E(\lambda=0.005)$，计算 S 的偏度 $skew(S)$ 和偏度系数 $coefskew(S)$ 的值。

(2) 假设 $N\sim B(n=100,p=0.1)$，$X_i\sim E(\lambda=0.005)$，计算 S 的偏度 $skew(S)$ 和偏度系数 $coefskew(S)$ 的值。

(3) 假设 $N\sim NB(r=2.5,p=0.2)$，$X_i\sim E(\lambda=0.005)$，计算 S 的偏度 $skew(S)$ 和偏度系数 $coefskew(S)$ 的值。

解：(1) 方法一：利用式(3.2.14)求解。

由题意得

$$E(N)=\operatorname{var}(N)=10\quad E(X)=\frac{1}{\lambda}=\frac{1}{0.005}=200\quad \operatorname{var}(X)=\frac{1}{\lambda^2}=\frac{1}{0.005^2}=40\,000,$$

$$E(X^3)=\frac{d^3}{dt^3}M_X(t)\bigg|_{t=0}=\frac{d^3}{dt^3}\left(\frac{\lambda}{\lambda-t}\right)\bigg|_{t=0}=\frac{6\lambda}{(\lambda-t)^4}\bigg|_{t=0}=\frac{6}{\lambda^3}$$

$$=\frac{6}{0.005^3}=48\,000\,000$$

进而得到

$$skew(S)=E(S-ES)^3=\frac{d^3}{dt^3}\ln M_S(t)\bigg|_{t=0}=\lambda\frac{d^3}{dt^3}M_X(t)\bigg|_{t=0}=\lambda E(X^3)=480\,000\,000$$

$$\operatorname{var}(S)=\lambda E(X^2)=10\times(200^2+40\,000)=800\,000$$

$$coefskew(S)=\frac{skew(S)}{[\operatorname{var}(S)]^{3/2}}=\frac{480\,000\,000}{800\,000^{3/2}}=0.670\,8$$

方法二：利用式(3.2.12)所示的定理 3 求解。

由题意得

$$E(N)=\operatorname{var}(N)=10\quad E(X)=\frac{1}{\lambda}=\frac{1}{0.005}=200\quad \operatorname{var}(X)=\frac{1}{\lambda^2}=\frac{1}{0.005^2}=40\,000$$

$$skew(N)=E(N-EN)^3=\frac{d^3}{dt^3}\ln M_N(t)\bigg|_{t=0}=\lambda e^t\big|_{t=0}=10$$

$$skew(X)=E(X-EX)^3=\frac{d^3}{dt^3}\ln M_X(t)\bigg|_{t=0}=\frac{d^3}{dt^3}[\ln\lambda-\ln(\lambda-t)]\big|_{t=0}$$

$$=\frac{2}{(\lambda-t)^3}\bigg|_{t=0}=\frac{2}{\lambda^3}=\frac{2}{0.005^3}=16\,000\,000$$

进而得到

$$skew(S)=E(N)\times skew(X)+(EX)^3 skew(N)+3var(N)E(X)var(X)$$
$$=10\times 16\,000\,000+200^3\times 10+3\times 10\times 200\times 40\,000=480\,000\,000$$
$$var(S)=\lambda E(X^2)=10\times(200^2+40\,000)=800\,000$$
$$coefskew(S)=\frac{skew(S)}{[var(S)]^{3/2}}=\frac{480\,000\,000}{800\,000^{3/2}}=0.670\,8$$

(2) 直接利用式(3.2.12)所示的定理 3 求解。

由题意得

$$E(N)=np=100\times 0.1=10 \quad var(N)=np(1-p)=100\times 0.1\times(1-0.1)=9,$$
$$E(X)=\frac{1}{\lambda}=\frac{1}{0.005}=200 \quad var(X)=\frac{1}{\lambda^2}=\frac{1}{0.005^2}=40\,000$$
$$skew(N)=E(N-EN)^3=\frac{d^3}{dt^3}\ln M_N(t)\Big|_{t=0}=\frac{d^3}{dt^3}n\ln(1-p+pe^t)\Big|_{t=0}$$
$$=np(p-1)(2p-1)=100\times 0.1\times(0.1-1)\times(2\times 0.1-1)=7.2$$
$$skew(X)=E(X-EX)^3=\frac{d^3}{dt^3}\ln M_X(t)\Big|_{t=0}=\frac{d^3}{dt^3}[\ln\lambda-\ln(\lambda-t)]\Big|_{t=0}$$
$$=\frac{2}{(\lambda-t)^3}\Big|_{t=0}=\frac{2}{\lambda^3}=\frac{2}{0.005^3}=16\,000\,000$$

进而得到

$$skew(S)=E(N)\times skew(X)+(EX)^3 skew(N)+3var(N)E(X)var(X)$$
$$=10\times 16\,000\,000+200^3\times 7.2+3\times 9\times 200\times 40\,000=433\,600\,000$$
$$var(S)=E(N)var(X)+var(N)[E(X)]^2=10\times 40\,000+9\times 200^2=760\,000$$
$$coefskew(S)=\frac{skew(S)}{[var(S)]^{3/2}}=\frac{433\,600\,000}{760\,000^{3/2}}=0.654\,4$$

(3) 直接利用式(3.2.12)所示的定理 3 求解。

由题意得

$$E(N)=\frac{r(1-p)}{p}=\frac{2.5\times(1-0.2)}{0.2}=10 \quad var(N)=\frac{r(1-p)}{p^2}=\frac{2.5\times(1-0.2)}{0.2^2}=50$$
$$E(X)=\frac{1}{\lambda}=\frac{1}{0.005}=200 \quad var(X)=\frac{1}{\lambda^2}=\frac{1}{0.005^2}=40\,000$$
$$skew(N)=E(N-EN)^3=\frac{d^3}{dt^3}\ln M_N(t)\Big|_{t=0}=\frac{d^3}{dt^3}r\{\ln p-\ln[1-(1-p)e^t]\}\Big|_{t=0}$$
$$=\frac{rq(1+q)}{(1-q)^3}=\frac{r(1-p)(2-p)}{p^3}=\frac{2.5\times(1-0.2)\times(1+1-0.2)}{0.2^3}=450$$

这里，$q=1-p$。

$$skew(X)=E(X-EX)^3=\frac{d^3}{dt^3}\ln M_X(t)\Big|_{t=0}=\frac{d^3}{dt^3}[\ln\lambda-\ln(\lambda-t)]\Big|_{t=0}$$

$$=\frac{2}{(\lambda-t)^3}\Big|_{t=0}=\frac{2}{\lambda^3}=\frac{2}{0.005^3}=16\,000\,000$$

进而得到

$$skew(S)=E(N)\times skew(X)+(EX)^3 skew(N)+3\mathrm{var}(N)E(X)\mathrm{var}(X)$$
$$=10\times 16\,000\,000+200^3\times 450+3\times 50\times 200\times 40\,000=4\,960\,000\,000$$
$$\mathrm{var}(S)=E(N)\mathrm{var}(X)+\mathrm{var}(N)[E(X)]^2=10\times 40\,000+50\times 200^2=2\,400\,000$$
$$coefskew(S)=\frac{skew(S)}{[\mathrm{var}(S)]^{3/2}}=\frac{4\,960\,000\,000}{2\,400\,000^{3/2}}=1.334\,0$$

5. 已知理赔次数 $N\sim B(n,p)$ $(0<p<1)$。

(1) 使用两种方法推导 N 的偏度和偏度系数。

(2) 利用分布的对称性，判断 N 的分布类型。

(3) 当 $X_i=b$ (b 为常数，且 $b>0$) 时，判断理赔总量 S 的分布类型。

解：(1) 方法一：直接利用对数矩母函数求三阶导数。

$$M_N(t)=(1-p+pe^t)^n$$

$$skew(N)=E(N-EN)^3=\frac{d^3}{dt^3}\ln M_N(t)\Big|_{t=0}=\frac{d^3}{dt^3}\ln(1-p+pe^t)^n\Big|_{t=0}$$

$$\frac{d}{dt}\ln(1-p+pe^t)^n=\frac{npe^t}{1-p+pe^t}$$

$$\frac{d^2}{dt^2}\ln(1-p+pe^t)^n=\frac{d}{dt}\frac{npe^t}{1-p+pe^t}=\frac{npe^t(1-p)}{(1-p+pe^t)^2}$$

$$\frac{d^3}{dt^3}\ln(1-p+pe^t)^n=\frac{d}{dt}\frac{npe^t(1-p)}{(1-p+pe^t)^2}=\frac{npe^t(1-p)(1-p+pe^t)(1-p-pe^t)}{(1-p+pe^t)^4}$$

$$skew(N)=\frac{d^3}{dt^3}\ln(1-p+pe^t)^n\Big|_{t=0}$$

$$=\frac{npe^t(1-p)(1-p+pe^t)(1-p-pe^t)}{(1-p+pe^t)^4}\Big|_{t=0}$$

$$=np(p-1)(2p-1)$$

方法二：

$$skew(N)=E(N-EN)^3=E[N^3-3N^2EN+3N(EN)^2-(EN)^3]$$
$$=E(N^3)-3E(N^2)EN+3EN(EN)^2-(EN)^3$$
$$=E(N^3)-3E(N^2)EN+2(EN)^3$$

其中：

$$EN = np$$
$$E(N^2) = \text{var}(N) + E^2(N) = np(1-p) + n^2p^2$$
$$E(N^3) = \frac{d^3}{dt^3}M_N(t)\bigg|_{t=0} = \frac{d^3}{dt^3}(pe^t + 1 - p)^n\bigg|_{t=0}$$
$$M_N(t) = (pe^t + 1 - p)^n$$
$$M_N'(t) = npe^t(pe^t + 1 - p)^{n-1}$$
$$M_N''(t) = npe^t(pe^t + 1 - p)^{n-1} + np^2e^{2t}(n-1)(pe^t + 1 - p)^{n-2}$$
$$M_N'''(t) = npe^t(pe^t + 1 - p)^{n-1} + 3np^2e^{2t}(n-1)(pe^t + 1 - p)^{n-2}$$
$$+ np^3e^{3t}(n-1)(n-2)(pe^t + 1 - p)^{n-3}$$

$$\frac{d^3}{dt^3}M_N(t) = \frac{d^3}{dt^3}(pe^t + 1 - p)^n = \frac{d^2}{dt^2}npe^t(pe^t + 1 - p)^{n-1}$$
$$= \frac{d}{dt}[npe^t(pe^t + 1 - p)^{n-1} + np^2e^{2t}(n-1)(pe^t + 1 - p)^{n-2}]$$
$$= npe^t(pe^t + 1 - p)^{n-1} + np^2e^{2t}(n-1)(pe^t + 1 - p)^{n-2}$$
$$+ 2np^2e^{2t}(n-1)(pe^t + 1 - p)^{n-2} + np^3e^{3t}(n-1)(n-2)(pe^t + 1 - p)^{n-3}$$
$$= npe^t(pe^t + 1 - p)^{n-1} + 3np^2e^{2t}(n-1)(pe^t + 1 - p)^{n-2}$$
$$+ np^3e^{3t}(n-1)(n-2)(pe^t + 1 - p)^{n-3}$$
$$E(N^3) = \frac{d^3}{dt^3}M_N(t)\bigg|_{t=0} = \frac{d^3}{dt^3}(pe^t + 1 - p)^n\bigg|_{t=0}$$
$$= npe^0(pe^0 + 1 - p)^{n-1} + 3np^2e^0(n-1)(pe^0 + 1 - p)^{n-2}$$
$$+ np^3e^0(n-1)(n-2)(pe^0 + 1 - p)^{n-3}$$
$$= np + 3n(n-1)p^2 + n(n-1)(n-2)p^3$$

进而得到

$$skew(N) = E(N - EN)^3 = E(N^3) - 3E(N^2)EN + 2(EN)^3$$
$$= np + 3n(n-1)p^2 + n(n-1)(n-2)p^3 - 3[np(1-p) + n^2p^2]np + 2n^3p^3$$
$$= np + 3n(n-1)p^2 + n(n-1)(n-2)p^3 - 3n^2p^2(1-p) - 3n^3p^3 + 2n^3p^3$$
$$= np + 3n^2p^2 - 3np^2 + n^3p^3 - 3n^2p^3 + 2np^3 - 3n^2p^2 + 3n^2p^3 - 3n^3p^3 + 2n^3p^3$$
$$= np - 3np^2 + 2np^3$$
$$= np(1 - 3p + 2p^2)$$
$$= 2np\left[\left(p - \frac{3}{4}\right)^2 - \frac{1}{16}\right]$$
$$= np(p-1)(2p-1)$$
$$coefskew(N) = \frac{skew(N)}{\text{var}(N)^{3/2}} = \frac{E(N-EN)^3}{\text{var}(N)^{3/2}} = \frac{np(p-1)(2p-1)}{[np(1-p)]^{3/2}} = \frac{1-2p}{\sqrt{np(1-p)}}$$

(2) 显然,$skew(N)\begin{cases} >0 & 0<p<\frac{1}{2} \\ =0 & p=\frac{1}{2} \\ <0 & \frac{1}{2}<p<1 \end{cases}$。因此,$N$ 的分布类型如下:

$$N \text{ 为} \begin{cases} \text{正偏分布(右偏分布)} & 0<p<\frac{1}{2} \\ \text{零偏分布(对称分布)} & p=\frac{1}{2} \\ \text{负偏分布(左偏分布)} & \frac{1}{2}<p<1 \end{cases}$$

(3) 当 $X_i=b$(b 为常数,且 $b>0$)时,$S=\sum_{i=1}^{N} X_i=bN$。进而得到

$$skew(S)=E(S-ES)^3=E[bN-E(bN)]^3=b^3 E(N-EN)^3=b^3 skew(N)$$

因此,S 的分布类型与 N 的分布类型保持一致,即

$$S \text{ 为} \begin{cases} \text{正偏分布(右偏分布)} & 0<p<\frac{1}{2} \\ \text{零偏分布(对称分布)} & p=\frac{1}{2} \\ \text{负偏分布(左偏分布)} & \frac{1}{2}<p<1 \end{cases}$$

6. 已知理赔次数 $N \sim NB(r, p)$($r>0$, $0<p<1$)。

(1) 推导 N 的偏度和偏度系数。

(2) 利用分布的对称性,判断 N 的分布类型。

(3) 当 $X_i=b$(b 为常数,且 $b>0$)时,判断理赔总量 S 的分布类型。

解:(1) $M_N(t)=p^r(1-qe^t)^{-r}$,其中 $q=1-p$。

$$\ln M_N(t)=r\ln p-r\ln(1-qe^t)$$

进而得到

$$\frac{d}{dt}\ln M_N(t)=\frac{d}{dt}[r\ln p-r\ln(1-qe^t)]=\frac{rqe^t}{1-qe^t}$$

$$\frac{d^2}{dt^2}\ln M_N(t)=\frac{rqe^t(1-qe^t)+rq^2 e^{2t}}{(1-qe^t)^2}=\frac{rqe^t}{(1-qe^t)^2}>0$$

$$\frac{d^3}{dt^3}\ln M_N(t)=\frac{rqe^t(1-qe^t)^2+rq^2 e^{2t} 2(1-qe^t)}{(1-qe^t)^4}=\frac{rqe^t(1-qe^t)(1-qe^t+2qe^t)}{(1-qe^t)^4}$$

$$=\frac{rqe^t(1-qe^t)(1+qe^t)}{(1-qe^t)^4}$$

$$skew(N) = E(N-EN)^3 = \frac{d^3}{dt^3}\ln M_N(t)\bigg|_{t=0} = \frac{rqe^t(1-qe^t)(1+qe^t)}{(1-qe^t)^4}\bigg|_{t=0}$$

$$= \frac{rq(1-q)(1+q)}{(1-q)^4} = \frac{rq(1+q)}{(1-q)^3} = \frac{r(1-p)(2-p)}{p^3}$$

$$coefskew(N) = \frac{skew(N)}{\text{var}(N)^{3/2}} = \frac{E(N-EN)^3}{\text{var}(N)^{3/2}} = \frac{r(1-p)(2-p)/p^3}{[r(1-p)/p^2]^{3/2}} = \frac{2-p}{\sqrt{r(1-p)}}$$

(2) 显然, $skew(N) > 0$。因此, N 的分布为正偏分布。

(3) 当 $X_i = b$ (b 为常数, 且 $b > 0$) 时, $S = \sum_{i=1}^{N} X_i = bN$。进而得到

$$skew(S) = E(S-ES)^3 = E[bN - E(bN)]^3 = b^3 E(N-EN)^3 = b^3 skew(N)$$

因此, S 的分布类型与 N 的分布类型保持一致, 即 S 的分布为正偏分布。

7. 复合泊松分布的可分解性在个体超额损失再保险中有着重要应用。假设 N 与 X_i 独立, 且 $\{X_i\}_{i=1}^{N}$ 独立同分布, 则再保险公司承担的理赔总量 S_R 服从理赔次数为 $N \sim \pi(\lambda)$, 个体理赔额为 $Z_i = (X_i - M)_+$ 的复合泊松分布。这等价于 S_R 服从理赔次数为 $N' \sim \pi(\lambda s(M))$, 个体理赔额为 $W_i = (X_i - M)_+ \mid X_i > M$ 的复合泊松分布。

证明:

方法一: 利用第二章给出的矩母函数的性质 1 证明。即利用两种情况下复合泊松分布的矩母函数相同, 证明其等价性。

由题意得:

在第一种情况下, 复合泊松分布的矩母函数和对数矩母函数可以表示为

$$M_{S_R}(t) = M_N[\ln M_Z(t)] = e^{\lambda[M_Z(t)-1]} = e^{\lambda[E(e^{tZ})-1]}$$

$$\ln M_{S_R}(t) = \lambda[E(e^{tZ}) - 1]$$

其中, 个体理赔额 $Z = (X-M)_+$ 的概率密度函数为

$$f_Z(z) = \begin{cases} F(M) & z = 0 \\ f_X(x) & z = x - M > 0 \end{cases}$$

进而得到

$$E(e^{tZ}) = e^{t \times 0} F(M) + \int_0^\infty e^{tz} f_Z(z) dz = F(M) + \int_M^\infty e^{t(x-M)} f_X(x) dx$$

$$E(e^{tZ}) - 1 = F(M) + \int_M^\infty e^{t(x-M)} f_X(x) dx - \int_0^\infty f_X(x) dx = \int_M^\infty e^{t(x-M)} f_X(x) dx - \int_M^\infty f_X(x) dx$$

因此, 得到

$$\ln M_{S_R}(t) = \lambda[E(e^{tZ}) - 1] = \lambda\left[\int_M^\infty e^{t(x-M)} f_X(x) dx - \int_M^\infty f_X(x) dx\right]$$

类似地, 在第二种情况下, 复合泊松分布的矩母函数和对数矩母函数可以表示为

$$M_{S_R}(t)=M_{N'}[\ln M_W(t)]=e^{\lambda s(M)[M_W(t)-1]}=e^{\lambda s(M)[E(e^{tW})-1]}$$

$$\ln M_{S_R}(t)=\lambda s(M)[E(e^{tW})-1]$$

其中,个体理赔额 $W=(X-M)_+|X>M$ 的概率密度函数为

$$f_W(w)=\frac{f_Z(M+w)}{1-F(M)}=\frac{f_Z(M+w)}{s(M)}=\frac{f_X(x)}{s(M)}$$

进而得到

$$E(e^{tW})=\int_0^\infty e^{tw}f_W(w)\mathrm{d}w=\int_M^\infty e^{t(x-M)}\frac{f_X(x)}{s(M)}\mathrm{d}x$$

$$E(e^{tW})-1=\int_M^\infty e^{t(x-M)}\frac{f_X(x)}{s(M)}\mathrm{d}x-1$$

$$=\int_M^\infty e^{t(x-M)}\frac{f_X(x)}{s(M)}\mathrm{d}x-\frac{\int_M^\infty f_X(x)\mathrm{d}x}{s(M)}$$

$$=\frac{\int_M^\infty e^{t(x-M)}f_X(x)\mathrm{d}x-\int_M^\infty f_X(x)\mathrm{d}x}{s(M)}$$

因此,得到

$$\ln M_{S_R}(t)=\lambda s(M)[E(e^{tW})-1]=\lambda\Big[\int_M^\infty e^{t(x-M)}f_X(x)\mathrm{d}x-\int_M^\infty f_X(x)\mathrm{d}x\Big]$$

可以看出,两种情况下复合泊松分布的对数矩母函数相同,从而矩母函数也相同。

综上所述,两种情况下复合泊松分布是等价性的。

方法二:利用第二章给出的矩母函数的性质 2 证明。即利用两种情况下复合泊松分布的所有 k 阶中心矩相等,证明其等价性。

由题意得: S_R 为复合泊松分布,其中 $N\sim\pi(\lambda)$, $Z_i=(X_i-M)_+$。则有:

$$E(S_R-ES_R)^k=\lambda E(Z^k)=\lambda E(X-M)_+^k$$
$$=\lambda P(X>M)E[(X-M)_+^k|X>M]$$
$$=\lambda P(X>M)E(W^k)$$
$$=\lambda s(M)E(W^k)$$

因此,可以看出,S_R 也服从理赔次数为 $N'\sim\pi(\lambda s(M))$,个体理赔额为 $W_i=(X_i-M)_+|X_i>M$ 的复合泊松分布。

综上所述,等价性成立。

8. 结合第 7 题的结论,再保险公司的理赔总量 S_R 可以表示为:$S_R=W_1+W_2+\cdots+W_{N'}$。其中,随机变量 N' 为再保险公司实际承担(即理赔额大于 0)的理赔次数随机变量。

证明 N' 也服从复合泊松分布,写出其矩母函数的表达式。

证明: 由题意得 $N'=I_1+I_2+\cdots+I_N=\sum_{j=1}^N I_j$。这里,示性函数 I_j 也称哑变量。若再

保险公司的第 j 次理赔额大于 0，则 I_j 取值为 1；否则取值为 0。

显然，I_j 服从伯努利分布，即 $I_j \sim B(1, p=s(M))$。进而 I_j 的矩母函数和对数矩母函数可以表示为

$$M_I(t) = E(e^{tI}) = e^{t \times 0} \times [1-s(M)] + e^{t \times 1} \times s(M) = s(M)e^t + 1 - s(M)$$
$$\ln M_I(t) = \ln[s(M)e^t + 1 - s(M)]$$

因此，N' 服从理赔次数为 $N \sim \pi(\lambda)$，示性函数为 $I_j \sim B(1, p=s(M))$ 的复合泊松分布。N' 的矩母函数可以表示为

$$M_{N'}(t) = M_N[\ln M_I(t)] = M_N\{\ln[s(M)e^t + 1 - s(M)]\}$$

9. 结合第 7、8 题的结论，给定一组样本观测数据，对 S_R, N, Z_i, N', W_i 的观测结果进行举例说明。

答：假设去年保险公司的一项保险业务有如下 8 次理赔额：403, 1 490, 1 948, 443, 1 866, 1 704, 1 221, 823。保险公司对其进行了个体超额损失再保险，自留额 $M=1\ 600$。

因此，N 的观测值为 8，随机变量 $Z_1, Z_2, \cdots, Z_8$ 的观测值依次为：0, 0, 348, 0, 266, 104, 0, 0。即再保险公司分别为第 3、5、6 次理赔支付 348、266 和 104，其他 5 次理赔的支付额都为 0。即再保险公司承担的理赔总量 S_R 的观测值为 718。

类似地，N' 的观测值为 3，随机变量 W_1, W_2, W_3 的观测值依次为：348, 266, 104。即再保险公司承担的理赔总量 S_R 的观测值为 718。

10. (1) 已知理赔总量 $S = \sum_{i=1}^{n} X_i$，其中 n 为常数，理赔额 $\{X_i\}_{i=1}^{n}$ 独立。示性函数 $\mathbf{I}(\cdot) \sim B(1, p)$，$X_i = B_i \mathbf{I}(\cdot) = \begin{cases} B_i & p \\ 0 & 1-p \end{cases}$，其中 B_i 为随机变量。推导 S 的期望和方差的表达式。

(2) 令 (1) 中 B_i 为常数 b，其他条件不变。推导 S 的期望和方差的表达式。

(3) 令 (1) 中 $X_i = \begin{cases} b & p \\ a & 1-p \end{cases}$，其中 a, b 为常数，其他条件不变。推导 S 的期望和方差的表达式。

解：(1) 利用双期望定理，可得

$$E(X_i) = E[B_i \mathbf{I}(\cdot)] = E\{E[X_i | \mathbf{I}(\cdot)]\} = E[pB_i + (1-p)0] = E(pB_i) = pE(B_i)$$
$$\operatorname{var}(X_i) = \operatorname{var}[B_i \mathbf{I}(\cdot)] = \operatorname{var}\{E[X_i | \mathbf{I}(\cdot)]\} + E\{\operatorname{var}[X_i | \mathbf{I}(\cdot)]\}$$
$$= \operatorname{var}\{E[X_i | \mathbf{I}(\cdot)]\} + E\{E[X_i^2 | \mathbf{I}(\cdot)] - \{E[X_i | \mathbf{I}(\cdot)]\}^2\}$$
$$= \operatorname{var}[pB_i + (1-p)0] + E[pB_i^2 - (pB_i)^2]$$
$$= \operatorname{var}(pB_i) + p(1-p)E(B_i^2)$$
$$= p^2 \operatorname{var}(B_i) + p(1-p)E(B_i^2)$$
$$= p^2 \operatorname{var}(B_i) + p(1-p)\{[E(B_i)]^2 + \operatorname{var}(B_i)\}$$
$$= p \operatorname{var}(B_i) + p(1-p)[E(B_i)]^2$$

进而得到
$$E(S)=E(\sum_{i=1}^{n}X_i)=\sum_{i=1}^{n}E(X_i)=\sum_{i=1}^{n}pE(B_i)$$

由于 $X_1,X_2,\cdots,X_n$ 独立，则有
$$\text{var}(S)=\text{var}(\sum_{i=1}^{n}X_i)=\sum_{i=1}^{n}\text{var}(X_i)=\sum_{i=1}^{n}\{p\text{var}(B_i)+p(1-p)[E(B_i)]^2\}$$

(2) 令 $B_i=b$。此时，$X_1,X_2,\cdots,X_n$ 独立同分布。则有
$$E(S)=npE(B)=npb$$
$$\text{var}(S)=np\text{var}(B)+np(1-p)[E(B)]^2=np(1-p)b^2$$

(3) 显然，$X_1,X_2,\cdots,X_n$ 独立同分布。利用双期望定理，可得
$$EX_i=E\{E[X_i|\mathbf{I}(\cdot)]\}=E[pb+(1-p)a]=pb+(1-p)a$$
$$\begin{aligned}\text{var}(X_i)&=E(X_i^2)-[E(X_i)]^2\\&=[pb^2+(1-p)a^2]-[pb+(1-p)a]^2\\&=(b-a)^2p(1-p)\end{aligned}$$

由于 $X_1,X_2,\cdots,X_n$ 独立同分布，则有
$$E(S)=npb+n(1-p)a$$
$$\text{var}(S)=n(b-a)^2p(1-p)$$

11. 在例题 3-4 和例题 3-5 的基础上，推导 $E(N)$ 和 $E(\Lambda)$、$\text{var}(N)$ 和 $\text{var}(\Lambda)$ 的关系。

解：方法一：针对单个保单，直接对 N 利用双期望定理求解。
$$E(N)=E[E(N|\Lambda)]=E(\Lambda)$$
$$\text{var}(N)=E[\text{var}(N|\Lambda)]+\text{var}[E(N|\Lambda)]=E(\Lambda)+\text{var}(\Lambda)>\text{var}(\Lambda)$$

这里，N 是无量纲量，即是没有"单位"或单位为"1"的变量。故 N 的均值和方差可以直接相加。此外，Λ 为泊松分布，N 为混合泊松分布（Λ 为 N 的期望，通常随机变量本身的波动性要大于随机变量的期望的波动性，即有 $\text{var}(N)>\text{var}(\Lambda)$。

方法二：针对单个保单，直接对 S 利用双期望定理求解。
$$E(S)=E[E(S|N)]=E[E(S|\Lambda)]$$
$$\text{var}(S)=E[\text{var}(S|N)]+\text{var}[E(S|N)]=E(N)\text{var}(X)+\text{var}(N)[E(X)]^2$$
$$\text{var}(S)=E[\text{var}(S|\Lambda)]+\text{var}[E(S|\Lambda)]=E(\Lambda)E(X^2)+\text{var}(\Lambda)[E(X)]^2$$
显然，$E[\text{var}(S|N)]<E[\text{var}(S|\Lambda)]$，$\text{var}[E(S|N)]>\text{var}[E(S|\Lambda)]$。即有
$$E[\text{var}(S|N)]-E[\text{var}(S|\Lambda)]=E(N)\text{var}(X)-E(\Lambda)E(X^2)=-E(\Lambda)[E(X)]^2<0$$
$$\begin{aligned}\text{var}[E(S|N)]-\text{var}[E(S|\Lambda)]&=\text{var}(N)[E(X)]^2-\text{var}(\Lambda)[E(X)]^2\\&=[\text{var}(N)-\text{var}(\Lambda)][E(X)]^2>0\end{aligned}$$

进而得到 $\mathrm{var}(N)-\mathrm{var}(\Lambda)=E(\Lambda)$。即有 $\mathrm{var}(N)=E(\Lambda)+\mathrm{var}(\Lambda)$。

12. 已知 $N|\Lambda\sim\pi(\lambda)$，$\Lambda\sim Gamma(\alpha,\beta)$，证明 $N\sim NB\left(r=\alpha,\ p=\dfrac{\beta}{1+\beta}\right)$。

证明： 由已知条件可得

$$f(n,\lambda)=f(n|\lambda)f(\lambda)=\frac{e^{-\lambda}\lambda^n}{n!}\frac{\beta^\alpha\lambda^{\alpha-1}e^{-\beta\lambda}}{\Gamma(\alpha)}=\frac{\beta^\alpha\lambda^{n+\alpha-1}e^{-\lambda(\beta+1)}}{n!\Gamma(\alpha)}$$

进而得到 $f_N(n)=\displaystyle\int_0^\infty f(n,\lambda)d\lambda=\int_0^\infty \frac{\beta^\alpha\lambda^{n+\alpha-1}e^{-\lambda(\beta+1)}}{n!\Gamma(\alpha)}d\lambda$

利用伽马函数的性质，即 $\displaystyle\int_0^\infty \frac{\beta^\alpha\lambda^{\alpha-1}e^{-\beta\lambda}}{\Gamma(\alpha)}d\lambda=1\Rightarrow\int_0^\infty\lambda^{\alpha-1}e^{-\beta\lambda}d\lambda=\frac{\Gamma(\alpha)}{\beta^\alpha}$，进而得到

$$\begin{aligned}f_N(n)&=\frac{\beta^\alpha}{n!\Gamma(\alpha)}\times\frac{\Gamma(n+\alpha)}{(\beta+1)^{n+\alpha}}\\&=\frac{(n+\alpha-1)!}{n!(\alpha-1)!}\times\frac{\beta^\alpha}{(\beta+1)^{n+\alpha}}\\&=C_{\alpha+n-1}^n\left(\frac{1}{1+\beta}\right)^n\left(\frac{\beta}{1+\beta}\right)^\alpha\\&=C_{\alpha+n-1}^n p^\alpha(1-p)^n\end{aligned}$$

这里，$p=\dfrac{\beta}{1+\beta}$。上面推导中利用了伽马函数的性质。因此，得到

$$N\sim NB\left(r=\alpha,\ p=\frac{\beta}{1+\beta}\right)$$

13. 在例题 3-6 和例题 3-7 的基础上，推导 $E(M)$ 和 $E(100\Lambda)$、$\mathrm{var}(M)$ 和 $\mathrm{var}(100\Lambda)$ 的关系。

解： 方法一：针对单个保单，直接对 N 利用双期望定理求解。

$$E(M)=E[E(M|100\Lambda)]=E(100\Lambda)$$
$$\mathrm{var}(M)=E[\mathrm{var}(M|100\Lambda)]+\mathrm{var}[E(M|100\Lambda)]=E(100\Lambda)+\mathrm{var}(100\Lambda)>\mathrm{var}(100\Lambda)$$

这里，M 是无量纲量，即是没有"单位"或单位为"1"的变量。故 M 的均值和方差可以直接相加。此外，100Λ 为泊松分布，M 为混合泊松分布（100Λ 为 M 的期望，通常随机变量本身的波动性要大于随机变量的期望的波动性，即有 $\mathrm{var}(M)>\mathrm{var}(100\Lambda)$。

方法二：针对整个保单组合，直接对 R 利用双期望定理求解。

$$E(R)=E[E(R|M)]=E[E(R|100\Lambda)]$$
$$\mathrm{var}(R)=E[\mathrm{var}(R|M)]+\mathrm{var}[E(R|M)]=E(M)\mathrm{var}(X)+\mathrm{var}(M)[E(X)]^2$$
$$\mathrm{var}(R)=E[\mathrm{var}(R|100\Lambda)]+\mathrm{var}[E(R|100\Lambda)]=E(100\Lambda)E(X^2)+\mathrm{var}(100\Lambda)[E(X)]^2$$

显然，$E[\mathrm{var}(R|M)]<E[\mathrm{var}(R|100\Lambda)]$，$\mathrm{var}[E(R|M)]>\mathrm{var}[E(R|100\Lambda)]$。

即有

$$E[\operatorname{var}(R|M)] - E[\operatorname{var}(R|100\Lambda)] = E(M)\operatorname{var}(X) - E(100\Lambda)E(X^2)$$
$$= -E(100\Lambda)[E(X)]^2 < 0$$
$$\operatorname{var}[E(R|M)] - \operatorname{var}[E(R|100\Lambda)] = \operatorname{var}(M)[E(X)]^2 - \operatorname{var}(100\Lambda)[E(X)]^2$$
$$= [\operatorname{var}(M) - \operatorname{var}(100\Lambda)][E(X)]^2 > 0$$

进而得到 $\operatorname{var}(M) - \operatorname{var}(100\Lambda) = E(100\Lambda)$

即有 $\operatorname{var}(M) = E(100\Lambda) + \operatorname{var}(100\Lambda)$

二、扩展思考题

1. (1) 你如何给出双期望定理的直觉解释？阐述双期望定理的适用范围及其在保险、金融等经济学领域的应用。可以举例说明。

(2) 理论上，除了双期望定理(也称二重迭代期望定理)之外，迭代期望定律还包括三重迭代期望定理、四重迭代期望定理等，甚至可以是无穷维的。类比双期望定理，试着写出三重迭代期望定理的无条件期望的表达式，并给出证明过程。

(3) 结合(2)，进一步思考大数据时代经济学、统计学与计算机等多个学科可能的交叉和融合。

答：(1) 示例1：Y代表新生儿的死亡时间随机变量，X代表性别。利用双期望定理可知，新生儿的平均预期寿命等于新生男孩的平均预期寿命和新生女孩的平均预期寿命的概率加权(线性加权)；新生儿的死亡时间随机变量的方差等于新生男孩和新生女孩组内方差的概率加权、新生男孩和新生女孩组间方差之和。

示例2：某高校有3个班级同学参加一门课程考试。利用双期望定理可知，该门课程考试成绩随机变量的期望等于3个班级成绩随机变量的期望的平均(算术平均数)；该门课程考试成绩随机变量的方差等于3个班级成绩随机变量的组内方差的平均值与3个班级成绩随机变量的组间方差之和。

可以看出，双期望定理适用于含分类(分组)情况下随机变量的均值和方差的度量。进一步地，双期望定理适用于离散型、连续型等任意的随机变量的均值和方差的度量。

就双期望定理的适用范围而言，在实际问题中，仅给定部分信息，但完整的二元(多元)变量的联合分布未知时，可以采用该定理进行求解。就其在保险、金融等经济学领域的应用而言，双期望定理在寿险和非寿险产品定价、债券和股票等金融产品及其衍生品定价模型(如二叉树期权定价模型)、经济学中的机制分析中都有着重要应用。

(2) 双期望定理：若 $X \to Y$，则 $E(Y) = E[E(Y|X)]$。

三重迭代期望定理：

若 $X_1 \to X_2 \to Y$，则 $E(Y) = E[E(Y|X_2)] = E\{E[E(Y|X_2)|X_1]\}$。

显然，只需要将双期望定理中的 Y 替换成随机变量 $E(Y|X_2)$，X 替换成 X_1，就可以得到三重迭代期望定理。

下面以连续型随机变量为例，给出证明过程。感兴趣的同学可以进一步给出离散型随机变量下的推导过程。

$$E(Y \mid X_2) = \int_{-\infty}^{+\infty} y f(y \mid x_2) \mathrm{d}y$$

$$= \int_{-\infty}^{+\infty} y \int_{-\infty}^{+\infty} f(y \mid x_2, x_1) \mathrm{d}x_1 \mathrm{d}y$$

$$= \int_{-\infty}^{+\infty} y \int_{-\infty}^{+\infty} f[(y \mid x_2) \mid x_1] f(x_1) \mathrm{d}x_1 \mathrm{d}y$$

$$= \int_{-\infty}^{+\infty} f(x_1) \mathrm{d}x_1 \int_{-\infty}^{+\infty} y f[(y \mid x_2) \mid x_1] \mathrm{d}y$$

$$= \int_{-\infty}^{+\infty} E[(Y \mid X_2) \mid X_1] f(x_1) \mathrm{d}x_1$$

$$= E\{E[(Y \mid X_2) \mid X_1]\}$$

$$E(Y) = E[E(Y \mid X_2)] = E\{E[E(Y \mid X_2) \mid X_1]\}$$

类似地,遵循链式法则($X_1 \rightarrow X_2 \rightarrow \cdots X_n \rightarrow Y$),我们可以在三重迭代期望定理的基础上得到更高阶的 n 重迭代期望定理。

(3) 略。

2.(1) 由本章第二节可知,对于离散型随机变量 N 来说,当 $N \sim B(n, p)$ 时,N 的分布可以正偏、零偏、负偏。类似地,对于连续型随机变量 X 来说,你能找到可能是正偏、零偏、负偏的分布吗?应用 R 软件绘制相应的分布的概率密度函数和累积分布函数图,计算 10 000 次模拟的 X 的经验分布的样本均值、标准差、偏度和偏度系数,写出相应的 R 代码。

(2) 当 N 与 X_i 独立,且 $\{X_i\}_{i=1}^N$ 独立同分布时,给出 S 与 N 的分布的偏态性不一致的反例及其相应的 R 代码。

答:(1) 例如,贝塔分布 $X \sim Beta(\alpha, \beta)$,其中 $f(x) = \dfrac{\Gamma(\alpha+\beta)}{\Gamma(\alpha)\Gamma(\beta)} x^{\alpha-1}(1-x)^{\beta-1}$,$0 < x < 1$,$\alpha, \beta > 0$。

如图 3-3 所示,当 $\alpha = 2$,$\beta = 5$ 时,X 为正偏分布;当 $\alpha = 2$,$\beta = 2$ 或者 $\alpha = 1$,$\beta = 1$ 时,X 为零偏分布;当 $\alpha = 5$,$\beta = 1$ 时,X 为负偏分布。

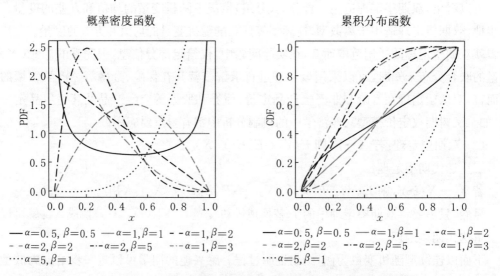

图 3-3 贝塔分布的概率密度函数和累积分布函数示例

```
set.seed(123)
x<-seq(0, 1, length.out = 10000)
plot(0, 0, main = "概率密度函数", xlim = c(0, 1), ylim = c(0, 2.5), xlab = 'x', ylab = 'PDF')
lines(x, dbeta(x, 0.5, 0.5), col = 'red')
lines(x, dbeta(x, 1, 1), col = 'yellow')
lines(x, dbeta(x, 1, 2), col = 'green')
lines(x, dbeta(x, 2, 2), col = 'pink')
lines(x, dbeta(x, 2, 5), col = 'orange')
lines(x, dbeta(x, 1, 3), col = 'blue')
lines(x, dbeta(x, 5, 1), col = 'black')
legend('top', legend = c('α = 0.5, β = 0.5', 'α = 1, β = 1', 'α = 1, β = 2', 'α = 2, β = 2','α = 2, β = 5','α = 1, β = 3', 'α = 5, β = 1'), col = c('red', 'yellow', 'green', 'pink', 'orange', 'blue', 'black'), lwd = 1)


set.seed(123)
x<-seq(0, 1, length.out = 10000)
plot(0, 0, main = "累积分布函数", xlim = c(0, 1), ylim = c(0, 1), xlab = 'x', ylab = 'CDF')
lines(x, pbeta(x, 0.5, 0.5), col = 'red')
lines(x, pbeta(x, 1, 1), col = 'yellow')
lines(x, pbeta(x, 1, 2), col = 'green')
lines(x, pbeta(x, 2, 2), col = 'pink')
lines(x, pbeta(x, 2, 5), col = 'orange')
lines(x, pbeta(x, 1, 3), col = 'blue')
lines(x, pbeta(x, 5, 1), col = 'black')
legend('topleft', legend = c('α = 0.5, β = 0.5', 'α = 1, β = 1', 'α = 1, β = 2','α = 2, β = 2','α = 2,β = 5', 'α = 1, β = 3', 'α = 5, β = 1'), col = c('red', 'yellow', 'green', 'pink', 'orange', 'blue', 'black'), lwd = 1)
```

进一步地,针对 $X_1 \sim Beta(\alpha=2, \beta=5)$,我们使用下面 R 代码可以获得 10 000 次模拟的 X_1 的经验分布的样本均值、标准差、偏度和偏度系数,它们的值分别为:0.286 224 1,0.160 562 2,0.002 455 789,0.593 282。

```
set.seed(123)
x1 <- rbeta(10000, 2, 5)
mean(x1)
```

```
sd(x1)
skewness<-sum((x1-mean(x1))^3)/length(x1)
coeff.of.skew<-skewness/var(x1)^(3/2)
skewness
coeff.of.skew
```

针对 $X_2 \sim Beta(\alpha=2, \beta=2)$，我们使用下面 R 代码可以获得 10 000 次模拟的 X_2 的经验分布的样本均值、标准差、偏度和偏度系数，它们的值分别为：0.498 843 2，0.224 703 1，$-5.486\ 963e-05$，$-0.004\ 836\ 206$。可以看出，10 000 次模拟的样本偏度系数接近于 0。

```
set.seed(123)
x2 <- rbeta(10000, 2, 2)
mean(x2)
sd(x2)
skewness<-sum((x2-mean(x2))^3)/length(x2)
coeff.of.skew<-skewness/var(x2)^(3/2)
skewness
coeff.of.skew
```

针对 $X_3 \sim Beta(\alpha=1, \beta=1)$，此时，$X_3 \sim U(0, 1)$。我们使用下面 R 代码可以获得 10 000 次模拟的 X_3 的经验分布的样本均值、标准差、偏度和偏度系数，它们的值分别为：0.500 677 1，0.288 248 7，$-1.987\ 717e-05$，$-0.000\ 829\ 950\ 7$。可以看出，10 000 次模拟得到的样本偏度系数接近于 0。

```
set.seed(123)
x3 <- rbeta(10000, 1, 1)
mean(x3)
sd(x3)
skewness<-sum((x3-mean(x3))^3)/length(x3)
coeff.of.skew<-skewness/var(x3)^(3/2)
skewness
coeff.of.skew
```

针对 $X_4 \sim Beta(\alpha=5, \beta=1)$，我们使用下面 R 代码可以获得 10 000 次模拟的 X_4 的经验分布的样本均值、标准差、偏度和偏度系数，它们的值分别为：0.834 303 2，0.139 536 8，$-0.003\ 175\ 822$，$-1.168\ 934$。

```
set.seed(123)
```

```
x4 <- rbeta(10000, 2, 5)
mean(x4)
sd(x4)
skewness<-sum((x4-mean(x4))^3)/length(x4)
coeff.of.skew<-skewness/var(x4)^(3/2)
skewness
coeff.of.skew
```

(2) ① N 为负偏分布，S 为正偏分布的情况。

例如，下面给出模拟 10 000 次理赔总量 S 的复合分布的 R 代码。这里，S 服从复合二项分布；理赔次数 $N \sim B(n=1\,000, p=0.6)$，个体理赔额 $X_i \sim Gamma(\alpha=750, \lambda=0.25)$。

```
set.seed(123)
n <- rbinom(10000, 1000, 0.6)
s <- numeric(10000)
for(i in 1: 10000)
{x <- rgamma(n[i], shape = 750, rate = 0.25)
s[i] <- sum(x)}
```

在此基础上，我们使用下面 R 代码可以获得 10 000 次模拟的 S 的经验分布的样本均值、标准差、偏度和偏度系数，它们的值分别为：1 800 038，45 945.36，1.662 272e+12，0.017 138 68。

```
mean(s)
sd(s)
skewness<-sum((s-mean(s))^3)/length(s)
coeff.of.skew<-skewness/var(s)^(3/2)
skewness
coeff.of.skew
```

可以看出，此时 N 为负偏分布，S 为正偏分布。

② N 为正偏分布，S 为负偏分布的情况。

例如，下面给出模拟 10 000 次理赔总量 S 的复合分布的 R 代码。这里，S 服从复合二项分布；理赔次数 $N \sim B(n=1\,000, p=0.4)$，个体理赔额 $X_i \sim Beta(\alpha=50, \beta=1)$。

```
set.seed(123)
n <- rbinom(10000, 1000, 0.4)
s <- numeric(10000)
```

```
for(i in 1: 10000)
{x <- rbeta(n[i], 50, 1)
s[i] <- sum(x)}
```

在此基础上,我们使用下面 R 代码可以获得 10 000 次模拟的 S 的经验分布的样本均值、标准差、偏度和偏度系数,它们的值分别为:392.138,14.982 99,−35.127 66,−0.010 443 69。

```
mean(s)
sd(s)
skewness<-sum((s-mean(s))^3)/length(s)
coeff.of.skew<-skewness/var(s)^(3/2)
skewness
coeff.of.skew
```

可以看出,此时 N 为正偏分布,S 为负偏分布。需要说明的是,由于贝塔分布的定义域为(0,1),故直观上看似乎不太适合为个体理赔额建模。然而,其单位可以是万元、亿元等,从这个意义上讲,也是有一定的适用性的。

3. 你认为,在实际中,泊松分布、二项分布、负二项分布这三类分布及其复合分布在保险风险建模中哪个更有优势?

答:在实际中,针对保险损失(理赔)次数建模,当样本方差等于样本均值时,一般采用泊松分布建模更好;当样本方差小于样本均值时,一般采用二项分布建模更好;当样本方差大于样本均值时,一般采用负二项分布建模更好。

复合泊松分布具有很多特殊的性质,如对求和的封闭性、可分解性等,被誉为风险理论的经典模型。因此,复合泊松分布在风险理论中有着重要的地位。在实际中,针对保险理赔总量建模,复合负二项分布可能会比复合泊松分布更好。这是因为,在经验意义上,保险损失分布、理赔总量分布一般是正偏的厚尾分布。与复合泊松分布相比,复合负二项分布也能得出与复合泊松分布同样的正偏分布的结论,符合理赔总量的分布往往是正偏分布这一典型特征。而与复合二项分布相比,复合二项分布并不一定是正偏分布,故其现实解释力较差。此外,实际中通常损失(理赔)样本更多呈现样本方差大于样本均值的特征,比样本方差等于样本均值的泊松分布更具有一般性。这也意味着,复合负二项分布在精算预测建模(尤其是非寿险精算预测建模)中可能比复合泊松分布更有优势。

当然,针对这三类分布及其复合分布,这里给出的只是一种经验意义上的优势比较和直观选择,具体问题还需要具体分析。我们在分析具体问题中,还是需要根据可获得的观测数据进行分布模型的拟合优度检验、模型比较与选择,最终确定最优的分布模型。

4. 集体风险模型和个体风险模型在为保险风险建模中有哪些区别与联系？实际中我们如何进行模型选择呢？

答： 从集体风险模型和个体风险模型的模型假设可以看出，两者同时适用于单个保单和保单组合的理赔总量 S 的风险建模分析；多个独立的集体（或个体）风险模型加总（$R = S_1 + S_2 + \cdots + S_m$）也同样适用于多个产品线、业务线、险种的风险建模分析，可以实现一种业务在不同地区或分支机构的理赔总量 R 的风险建模分析，也可以实现保险公司所有业务的理赔总量 R 的风险建模分析等。

个体风险模型按照每种风险类型（如灾因）进行加总，特别适用于现实中存在多种灾因的保险业务或险种的风险建模。例如，农业保险经营易受旱灾、暴风、暴雨、洪水、霜冻、冰雹、病虫害、地震、火灾等（自然）灾害的影响，健康保险的分病种风险建模，巨灾保险的灾因分析等。因此，相比集体风险模型，个体风险模型往往需要颗粒度更细致的微观数据。从这个意义上讲，个体风险模型属于微观模型，集体风险模型属于宏观模型。同样地，在非寿险准备金评估中，既有个体数据下的准备金评估模型，又有聚合数据下的准备金评估模型。

就两者之间的模型选择而言，这与我们在经济学中使用微观数据和宏观数据研究同一问题面临的模型选择类似。

最后指出，在集体风险模型中，要求 $\{X_i\}_{i=1}^{N}$ 独立同分布，其假设更严格。而在个体风险模型中，仅要求随机变量 $\{Y_j\}_{j=1}^{n}$ 独立，其假设更宽松；进一步地，在 $\{Y_j\}_{j=1}^{n}$ 独立同分布假设下，个体风险模型可以退化成集体风险模型。

5. 结合例题 3-4、例题 3-5、例题 3-6、例题 3-7，思考以下问题。

（1）怎样理解同质保单组合中整个保单组合的理赔总量 R 可以视为一个理赔次数 $M \sim \pi(100\lambda)$，个体理赔额为 X_{ij} 的单个保单。

（2）在异质保单组合和同质保单组合的单个保单和整个保险组合的理赔总量的研究中，哪几种可以视为混合分布？

（3）在其他条件都相同的情况下，异质保单组合的理赔总量 R 的方差大，还是同质保单组合的理赔总量 R 的方差大？如何理解这种差异？可以结合四道例题的理论值和模拟值，或者现实中的例子来回答。

（4）在异质保单组合和同质保单组合中，无论是单个保单的理赔总量 S，还是整个保单组合的理赔总量 R，如何理解两种模拟方法得到的结果（如样本均值和样本标准差）是存在差异的？从随机模拟效率（节省时间）的角度来讲，你如何选择最优的模拟方法？可以结合四道例题的模拟值来回答。

（5）在（4）的基础上，你认为两种模拟结果可能相同吗？如果可能相同，那么需要满足哪些条件？你又如何理解这种相同的结果？

答： (1) 结合例题 3-6、例题 3-7 可得

$$R = \sum_{j=1}^{100} S_j = \sum_{j=1}^{100} \sum_{i=1}^{N_j} X_i = \sum_{j=1}^{100} \sum_{i=1}^{N_j} X_{i,j}$$
$$= (X_{1,1} + X_{2,1} + \cdots + X_{N_1,1}) + (X_{1,2} + X_{2,2} + \cdots + X_{N_2,2}) + \cdots$$
$$+ (X_{1,100} + X_{2,100} + \cdots + X_{N_{100},100})$$

可以看出,整个保单组合的理赔总量 R 等价于(退化为)理赔次数为 $M = N_1 + \cdots + N_{100} \sim \pi(100\lambda)$,个体理赔额为 X_{ij} 的单个保单。

(2) 针对单个保单来说,无论是异质保单组合还是同质保单组合,单个保单是无差异的,都是混合分布。

针对整个保单组合来说,异质保单组合和同质保单组合则是有差异的,异质保单组合是多个独立的混合分布求和;而同质保单组合则是混合分布。

因此,在计算理赔总量时,异质保单组合中的单个保单采用混合分布处理;同质保单组合中的整个保单组合采用混合分布处理。

综上所述,同质保单组合的单个保单和整体保单都可以直接按照混合分布处理;而异质保单组合的单个保单可以直接按照混合分布处理,整体保单直接按照多个独立的混合分布求和即可。

(3) 从四道例题的理论值和模拟值可以看出,在其他条件都相同的情况下,异质保单组合的理赔总量 R 的方差更小,同质保单组合的理赔总量 R 的方差更大。在现实中,具有同质风险的保单组合更容易受到同一个外生冲击的影响。例如,同一小区的房子更容易受到同一火灾事件、暴雨等不寻常的天气、传染病等因素的影响,从而增加了整个保险组合的理赔总量的波动性。所谓鸡蛋不要放在同一个篮子中,就是这个道理。

(4) 显然,即使采用同一个随机数生成器,当且仅当 $m = n$ 时,两种模拟方法的结果才更接近。当 $m \neq n$ 时,两种模拟方法的结果不同,但比较接近,可以交叉验证。

另外,关于随机模拟的效率(时间)问题,通常来说,内循环更耗时。在求解复杂问题时,一般内循环次数少,外循环次数多时,更有效率(更省时)。

对于本章例题(简单问题)来说,100 张保单组合,10 000 次模拟,两种模拟方法时间差不多。

经模拟检验,得到以下结论:

① 采用同一个随机数生成器,当且仅当模拟次数=保单个数,异质保单组合(例题 3-4、例题 3-5)中,两种模拟方法的均值才完全相同,但标准差、每次模拟的样本值不同。

② 采用同一个随机数生成器,即使模拟次数=保单个数,同质保单组合(例题 3-6、例题 3-7)中,两种模拟方法的均值也不完全相同,标准差、每次模拟的样本值就更不同了。

(5) 为了使两种方法得到完全相同的随机样本,进而均值、方差等各阶矩都一样,需要改变计算 R 的规则,第一种方法行求和计算 R,第二种方法列求和计算 R。此时行和列没有本质区别,所以结果一样。

综上所述,上述结果成立只是保证在方阵的情况下,行列运算完全相同。实质仍是同一种方法。

本章专业术语

第一节 短期保险合同模型		X_i 的 k 阶原点矩	k-th moment of X_i about zero：$E(X^k)=m_k$
短期保险合同	Short-term Insurance Contract	第二节 集体风险模型	
长期保险合同	Long-term Insurance Contract	双期望定理	Double Expectation Theorem，概率论中也称为迭代期望定律 (Law of Iterated Expectation)
结构模型	Construct Model	组内方差	Variance within Group
寿险	Life Insurance	组间方差	Variance between Group
非寿险	Non-life Insurance	边际分布	Marginal Distribution
道德风险	Moral Hazard	频数分布	Frequency Distribution
逆向选择	Adverse Selection	强度分布	Severity Distribution
单个保单	A Single Policy	初级（一级）分布	Primary Distribution
特定的一组保单	A Specified Group of Policies	次级（二级）分布	Secondary Distribution
集体风险模型	Collective Risk Model	同质风险	Homogeneous Risk
个体风险模型	Individual Risk Model	异质风险	Heterogeneous Risk
理赔次数	Numbers of Claim	复合分布	Compound Distribution
个体理赔额	Amounts of Individual Claim	复合泊松分布	Compound Poisson Distribution
理赔总量	Aggregate Claims，也称聚合理赔额，或者聚合索赔：$S=\sum_{i=1}^{N}X_i$	复合二项分布	Compound Binomial Distribution
长尾	Long-tail	复合负二项分布	Compound Negative Binomial Distribution
短尾	Short-tail	混合分布	Mixture Distribution
无赔偿优待	No Claims Discount，NCD	经验分布	Empirical Distribution
奖惩系统	Bonus-Malus System，BMS	经验复合分布	Empirical Compound Distribution
马尔科夫链	Markov Chain	偏度	Skewness：$skew(S)=E(S-ES)^3=\dfrac{d^3}{dt^3}\ln M_S(t)\big|_{t=0}$
独立同分布	Independent and Identically Distributed, iid	三阶中心矩	The Third Central Moment：$skew(S)=E(S-ES)^3=\dfrac{d^3}{dt^3}\ln M_S(t)\big|_{t=0}$

续表

偏度系数	Coefficient of Skewness：$coef\text{-}skew(S)=\dfrac{skew(S)}{\text{var}(S)^{3/2}}=\dfrac{E(S-ES)^3}{\text{var}(S)^{3/2}}$	复合伯努利分布	Compound Bernoulli Distribution
变异系数	Coefficient of Variation，CV：$CV=\dfrac{\sqrt{\text{var}(S)}}{E(S)}=\dfrac{\sigma_S}{E(S)}$	农业保险	Agriculture Insurance
正态分布	Normal Distribution	健康保险	Health Insurance
对称分布	Symmetric Distribution，也称零偏分布（Zero Skewed Distribution）	巨灾保险	Catastrophe Insurance
非对称分布	Asymmetric Distribution，也称偏态分布（Skewed Distribution）	灾因分析	Damage Cause Analysis
正偏分布	Positively Skewed Distribution，也称右偏分布（Right Skewed Distribution）	第四节 模型参数的可变性	
负偏分布	Negatively Skewed Distribution，也称左偏分布（Left Skewed Distribution）	异质保单组合	Heterogeneous Portfolio
中心极限定理	Central Limit Theorem，CLT	同质保单组合	Homogeneous Portfolio
正态近似	Normal Approximation	异质保单组合的可变性	Variability in a Heterogeneous Portfolio
个体比例再保险	Individual Proportional Reinsurance	同质保单组合的可变性	Variability in a Homogeneous Portfolio
个体超额损失再保险	Individual Excess of Loss Reinsurance	正态近似	Normal Approximately
聚合比例再保险	Aggregate Proportional Reinsurance	理论值	Theoretical Values，也称理论解（Theoretical Solution）
聚合超额损失再保险	Aggregate Excess of Loss Reinsurance	模拟值	Simulated Values，也称数值解（Numerical Solution）
第三节 个体风险模型		随机模拟	Stochastic Simulation
示性函数	Indicator Function，也称哑变量（Dummy Variable）		

第四章

生 存 模 型

 本章学习目标

1. 在连续型框架下,熟练掌握 $x(x \geqslant 0)$ 岁的死亡时间随机变量的密度函数、分布函数、生存函数和死力函数之间的换算关系,尤其掌握分布函数与(条件)死亡概率、生存函数与(条件)生存概率的对应关系;并能熟练地利用这些换算关系计算 0 岁新生儿的完全预期寿命 $\overset{\circ}{e}_0$ 和方差 $\mathrm{var}(X)$,以及 $x(x>0)$ 岁的完全剩余寿命 $\overset{\circ}{e}_x$ 和方差 $\mathrm{var}(T)$。

2. 掌握死力函数需要满足的两个基本条件;掌握常见的五种连续型生存分布:均匀分布、指数分布、Gompertz 分布、Makeham 分布、Weibull 分布的死力函数的表达式、特征,以及在人类生存分析建模中的适用性。

3. 掌握均匀分布、指数分布的重要性质,并能熟练应用这些性质求解生存模型和风险模型中的基本问题。

4. 在离散型框架下,熟练掌握 0 岁新生儿的取整预期寿命 e_0 和方差 $\mathrm{var}(X)$,以及 $x(x>0)$ 岁的取整剩余寿命(取整余命) e_x 和方差 $\mathrm{var}(T)$ 的计算方法。

5. 熟练掌握连续型和离散型两种框架下,预期寿命、剩余寿命的递推公式;掌握 UDD 假设下,完全预期(剩余)寿命和取整预期(剩余)寿命之间的关系。

6. 理解死亡率建模的三种指标:死力函数 μ_x、条件死亡概率 q_x、中心死亡率 m_x 的概念、区别与联系。

7. 掌握生命表的定义及其分类;熟悉生命表的构造原理和编制方法,掌握生存模型与生命表函数之间的换算关系;会运用生命表编制方法计算平均预期(剩余)寿命,理解这种方法与连续型框架和离散型框架的联系。

第一节 0 岁新生儿的死亡时间随机变量的分布

一、死亡概率和生存概率的定义

令 X 表示 0 岁的人的死亡时间随机变量,显然 $X \geqslant 0$。令 $_x q_0$ 表示 0 岁的人在未来 x 年内死亡的概率,$_x p_0$ 表示 0 岁的人在未来 x 年后仍生存的概率。则有

$$_xq_0 = P(X \leqslant x) = F(x) \tag{4.1.1}$$

$$_xp_0 = P(X > x) = 1 - F(x) = s(x) \tag{4.1.2}$$

显然,$_xq_0$ 为 x 的增函数,$_xp_0$ 为 x 的减函数。

二、死力的定义和限制条件

死亡效力(Force of Mortality,简称死力),也称危险率(Hazard Rate)、失效率或故障率(Failure Rate)。在精算学中,$X = x$ 时的死力通常记为 $\mu(x)$ 或 $\lambda(x)$,有时也记为 μ_x 或 λ_x。本章采用符号 $\mu(x)$。

定义:

$$\mu(x) = \frac{f(x)}{s(x)} = -\frac{s'(x)}{s(x)} = -\frac{\mathrm{d}\ln s(x)}{\mathrm{d}x} \tag{4.1.3}$$

显然,$\mu(x) \geqslant 0$。

$\mu(x)$ 为条件概率密度,含义是活过 x 岁的人的瞬间死亡速度,即瞬时死亡率。其与利息理论中 t 时刻单位资金的变化率 δ_t 的定义类似。

$$\delta_t = \frac{a'(t)}{a(t)} = \frac{\mathrm{d}\ln a(t)}{\mathrm{d}t} \tag{4.1.4}$$

这里,$a(t)$ 表示 t 时刻的资金量。

式(4.1.3)和式(4.1.4)两边取定积分,可以得到

$$s(x) = e^{-\int_0^x \mu(u)\mathrm{d}u} \tag{4.1.5}$$

$$a(t) = e^{\int_0^t \delta_u \mathrm{d}u} \tag{4.1.6}$$

其中,式(4.1.5)应满足 $s(0) = 1$,$s(\infty) = 0$。因此,当 $x \to \infty$ 时,$\int_0^x \mu(u)\mathrm{d}u \to \infty$。

也就是说,在连续型生存分布中,通常死力应满足的条件是

$$\begin{cases} \mu(x) \geqslant 0 \\ \int_0^\infty \mu(x)\mathrm{d}x = \infty \end{cases} \tag{4.1.7}$$

三、生存分布的基本函数及其关系

下面在连续型框架下,给出四个生存分布的基本函数 $F(x)$、$s(x)$、$f(x)$ 和 $\mu(x)$ 两两之间的换算关系。

$$F(x) = 1 - s(x) = \int_0^x f(u)\mathrm{d}u = 1 - e^{-\int_0^x \mu(u)\mathrm{d}u} \tag{4.1.8}$$

$$s(x) = 1 - F(x) = 1 - \int_0^x f(u)\mathrm{d}u = e^{-\int_0^x \mu(u)\mathrm{d}u} \tag{4.1.9}$$

$$f(x) = F'(x) = -s'(x) = e^{-\int_0^x \mu(u)du} \mu(x) \tag{4.1.10}$$

$$\mu(x) = -\frac{d\ln[1-F(x)]}{dx} = -\frac{d\ln s(x)}{dx} = \frac{f(x)}{1-\int_0^x f(u)du} \tag{4.1.11}$$

显然,在生存分析中,已知其中任意一个函数,相当于四个函数都是已知的。因此,已知其中一个,要学会迅速求解其他三个。

四、均值和方差

1. 连续型框架下的均值和方差

在连续型框架下,0 岁的人的完全预期寿命(Complete Future Lifetime)记为 $\overset{\circ}{e}_0$。则有

$$\overset{\circ}{e}_0 = E(X) = \int_0^\infty x f(x) dx = \int_0^\infty s(x) dx \tag{4.1.12}$$

X 的二阶原点矩为

$$E(X^2) = \int_0^\infty x^2 f(x) dx = \int_0^\infty 2x s(x) dx \tag{4.1.13}$$

X 的方差为

$$\begin{aligned} \text{var}(X) &= E(X^2) - E(X)^2 = \int_0^\infty x^2 f(x) dx - \left[\int_0^\infty x f(x) dx\right]^2 \\ &= \int_0^\infty 2x s(x) dx - \left[\int_0^\infty s(x) dx\right]^2 \end{aligned} \tag{4.1.14}$$

下面给出利用生存函数计算 X 的均值和二阶原点矩的两种方法。

方法一:利用 $f(x) = F'(x)$,进行分部积分。

$$\begin{aligned} \overset{\circ}{e}_0 &= E(X) = \int_0^\infty x f(x) dx = \int_0^\infty x dF(x) = xF(x)\big|_0^\infty - \int_0^\infty F(x) dx \\ &= \int_0^\infty 1 dx - \int_0^\infty F(x) dx = \int_0^\infty s(x) dx \end{aligned}$$

$$\begin{aligned} E(X^2) &= \int_0^\infty x^2 f(x) dx = \int_0^\infty x^2 dF(x) = x^2 F(x)\big|_0^\infty - \int_0^\infty 2x F(x) dx \\ &= \int_0^\infty 2x dx - \int_0^\infty 2x F(x) dx = \int_0^\infty 2x s(x) dx \end{aligned}$$

方法二:利用 $f(x) = -s'(x)$,进行分部积分。

$$\overset{\circ}{e}_0 = E(X) = \int_0^\infty x f(x) dx = \int_0^\infty -x ds(x) = -xs(x)\big|_0^\infty + \int_0^\infty s(x) dx = \int_0^\infty s(x) dx$$

其中,$\lim\limits_{x \to \infty} xs(x) = \lim\limits_{x \to \infty} \dfrac{x}{\dfrac{1}{s(x)}} = \lim\limits_{x \to \infty} \dfrac{1}{-\dfrac{s'(x)}{s^2(x)}} = \lim\limits_{x \to \infty} \dfrac{s(x)}{\mu(x)} = 0$

或者利用下面的放缩进行推导。

$$0 \leqslant \lim_{x\to\infty} xs(x) = \lim_{x\to\infty} x\int_x^\infty f(x)\mathrm{d}x \leqslant \lim_{x\to\infty}\int_x^\infty xf(x)\mathrm{d}x = 0$$

类似地,有

$$E(X^2) = \int_0^\infty x^2 f(x)\mathrm{d}x = \int_0^\infty -x^2 \mathrm{d}s(x) = -x^2 s(x)\big|_0^\infty + \int_0^\infty 2xs(x)\mathrm{d}x = \int_0^\infty 2xs(x)\mathrm{d}x$$

其中,$\lim_{x\to\infty} x^2 s(x) = \lim_{x\to\infty}\dfrac{x^2}{\dfrac{1}{s(x)}} = \lim_{x\to\infty}\dfrac{2x}{-\dfrac{s'(x)}{s^2(x)}} = \lim_{x\to\infty}\dfrac{2xs(x)}{\mu(x)} = 0$

或者利用下面的放缩进行推导。

$$0 \leqslant \lim_{x\to\infty} x^2 s(x) = \lim_{x\to\infty} x^2 \int_x^\infty f(x)\mathrm{d}x \leqslant \lim_{x\to\infty} \int_x^\infty x^2 f(x)\mathrm{d}x = 0$$

2. 离散型框架下的均值和方差

在离散型框架下,令 K 表示 0 岁的人的取整死亡时间随机变量,显然 $K = 0, 1, 2, \cdots$。0 岁的人的取整预期寿命(Curtate Future Lifetime)记为 e_0。则有

$$e_0 = E(K) = \sum_{k=0}^\infty kP(K=k) = \sum_{k=1}^\infty {}_k p_0 \tag{4.1.15}$$

生存概率也称尾概率,式(4.1.15)表明,尾概率求和等于期望值。

K 的二阶原点矩为

$$E(K^2) = \sum_{k=1}^\infty (2k-1){}_k p_0 \tag{4.1.16}$$

K 的方差为

$$\mathrm{var}(K) = E(K^2) - e_0^2 = \sum_{k=1}^\infty (2k-1){}_k p_0 - \Big(\sum_{k=1}^\infty {}_k p_0\Big)^2 \tag{4.1.17}$$

下面给出计算 K 的均值和二阶原点矩的方法。

$$e_0 = E(K) = \sum_{k=0}^\infty kP(K=k) = \sum_{k=1}^\infty kP(K=k) = \sum_{k=1}^\infty k {}_{k|}q_0 = \sum_{k=1}^\infty k {}_k p_0 q_k$$
$$= \sum_{k=1}^\infty k({}_k p_0 - {}_{k+1} p_0) = ({}_1 p_0 - {}_2 p_0) + 2({}_2 p_0 - {}_3 p_0) + \cdots = \sum_{k=1}^\infty {}_k p_0$$

这里,${}_{k|}q_0$ 表示 0 岁的人活过未来 k 年在 $(k, k+1]$ 区间内死亡的概率。

类似地,有

$$E(K^2) = \sum_{k=0}^\infty k^2({}_k p_0 - {}_{k+1} p_0) = \sum_{k=1}^\infty k^2({}_k p_0 - {}_{k+1} p_0)$$
$$= 1^2({}_1 p_0 - {}_2 p_0) + 2^2({}_2 p_0 - {}_3 p_0) + \cdots + (k-1)^2({}_{k-1} p_0 - {}_k p_0) + k^2({}_k p_0 - {}_{k+1} p_0) + \cdots$$
$$= \sum_{k=1}^\infty (2k-1){}_k p_0$$

第二节 连续型生存分布

在寿险精算中,常见的五种连续型生存分布模型包括:均匀分布、指数分布、Gompertz 分布、Makeham 分布、Weibull 分布。其中,均匀分布和指数分布并不适合为人类生存(寿命)分布建模,但由于其形式简单,在理论分析、寿险精算考试中经常使用;其他三种分布是生命表构造的基础,早期寿险精算考试提供的演示生命表(Illustrative Life Table)就是使用 Makeham 分布构造的。

一、均匀分布

若 $X \sim U(0, \omega)(x>0, \omega>0)$,则有

$$f(x)=\frac{1}{\omega} \quad F(x)=\frac{x}{\omega} \quad s(x)=\frac{\omega-x}{\omega} \quad \mu(x)=\frac{f(x)}{s(x)}=\frac{1}{\omega-x} \tag{4.2.1}$$

在生存分析中,ω 通常称为极限年龄,或称为最高死亡年龄。

显然,在均匀分布中,$\mu(x)$ 是 x 的增函数。

进而得到,X 的均值和方差为

$$\overset{\circ}{e}_0 = E(X) = \frac{\omega}{2} \quad \mathrm{var}(X) = \frac{\omega^2}{12} \tag{4.2.2}$$

均匀分布具有如下性质:均匀分布的任何条件分布仍为均匀分布。即有:$T(x)=(X-x)_+ | X>x \sim U(0, \omega-x)$。感兴趣的同学可以结合第二章内容自行证明。

二、指数分布

若 $X \sim E(\lambda)(x>0, \lambda>0)$,则有

$$f(x)=\lambda e^{-\lambda x} \quad F(x)=1-e^{-\lambda x} \quad s(x)=e^{-\lambda x} \quad \mu(x)=\frac{f(x)}{s(x)}=\lambda \tag{4.2.3}$$

显然,在指数分布中,$\mu(x)$ 是 x 的常函数。在寿险精算中,俗称常死力假设。

进而得到,X 的均值和方差为

$$\overset{\circ}{e}_0 = E(X) = \frac{1}{\lambda} \quad \mathrm{var}(X) = \frac{1}{\lambda^2} \tag{4.2.4}$$

指数分布具有如下性质:指数分布的任何条件分布仍为同一指数分布。即有:$T(x)=(X-x)_+ | X>x \sim E(\lambda)$。这一性质也称为指数分布的无记忆性,即有:$P(X>s+t | X>s)=P(X>t)$。感兴趣的同学可以结合第二章内容自行证明。

最后指出,在寿险精算中,指数分布常用于生存分析,通常采用 $X \sim E(\lambda)$ 的形式,其中

参数 λ 代表死力。而在非寿险精算中,指数分布常用于损失(理赔)金额建模,通常采用 $X \sim E(\theta)$ 的形式,其中参数 θ 为均值参数,代表随机变量 X 的均值。

三、Gompertz 分布

若 X 服从 Gompertz 分布,即 $\mu(x) = BC^x$ ($x > 0$, $B > 0$, $C > 1$),则有

$$f(x) = e^{-\int_0^x \mu(u)du} \mu(x) = e^{-\int_0^x BC^u du} BC^x = e^{\left[\frac{B}{\ln C}(1-c^x)\right]} BC^x \tag{4.2.5}$$

$$F(x) = 1 - e^{-\int_0^x \mu(u)du} = 1 - e^{-\int_0^x BC^u du} = 1 - e^{\left[\frac{B}{\ln C}(1-c^x)\right]} \tag{4.2.6}$$

$$s(x) = e^{-\int_0^x \mu(u)du} = e^{\left[\frac{B}{\ln C}(1-c^x)\right]} \tag{4.2.7}$$

显然,在 Gompertz 分布中,$\mu(x)$ 是 x 的增函数。

四、Makeham 分布

若 X 服从 Makeham 分布,即 $\mu(x) = A + BC^x$ ($x > 0$, $B > 0$, $C > 1$, $A > -B$),则有

$$f(x) = e^{-\int_0^x \mu(u)du} \mu(x) = e^{-\int_0^x (A+BC^u)du} (A + BC^x) = e^{\left[\frac{B}{\ln C}(1-c^x)\right]-Ax} (A + BC^x) \tag{4.2.8}$$

$$F(x) = 1 - e^{-\int_0^x \mu(u)du} = 1 - e^{-\int_0^x (A+BC^u)du} = 1 - e^{\left[\frac{B}{\ln C}(1-c^x)\right]-Ax} \tag{4.2.9}$$

$$s(x) = e^{-\int_0^x \mu(u)du} = e^{\left[\frac{B}{\ln C}(1-c^x)\right]-Ax} \tag{4.2.10}$$

显然,在 Makeham 分布中,$\mu(x)$ 是 x 的增函数。

如前所述,寿险精算考试中的演示生命表就是利用 Makeham 律构造的,即 $1\,000\mu(x) = 0.7 + 0.05(10^{0.04})^x$ ($x \geq 13$),其中 $A = 0.000\,7$,$B = 0.000\,05$,$C = 10^{0.04}$。

五、幂函数分布

若 X 服从幂函数分布,即 $\mu(x) = kx^n$ ($x > 0$, $k > 0$, $n > -1$),则有

$$f(x) = e^{-\int_0^x \mu(u)du} \mu(x) = e^{-\int_0^x ku^n du} kx^n = e^{-\frac{kx^{n+1}}{n+1}} kx^n \tag{4.2.11}$$

$$F(x) = 1 - e^{-\int_0^x \mu(u)du} = 1 - e^{-\int_0^x ku^n du} = 1 - e^{-\frac{kx^{n+1}}{n+1}} \tag{4.2.12}$$

$$s(x) = e^{-\int_0^x \mu(u)du} = e^{-\frac{kx^{n+1}}{n+1}} \tag{4.2.13}$$

显然,在幂函数分布中,$\mu(x)$ 可以是 x 的增函数、常函数或减函数。即有

$$\mu(x) \text{ 为} \begin{cases} \text{增函数} & n > 0 \\ \text{常函数} & n = 0 \\ \text{减函数} & -1 < n < 0 \end{cases}$$

其中,当 $n = 0$ 时,$\mu(x) = k$,即 $X \sim E(\lambda = k)$,退化为指数分布。

六、韦伯分布

若 $X \sim Weibull(\theta, \tau)(x>0, \theta>0, \tau>0)$,则有

$$f(x) = \frac{\tau(x/\theta)^\tau e^{-(x/\theta)^\tau}}{x} \tag{4.2.14}$$

$$F(x) = \int_0^x f(u)\mathrm{d}u = 1 - e^{-(x/\theta)^\tau} \tag{4.2.15}$$

$$s(x) = 1 - \int_0^x f(u)\mathrm{d}u = e^{-(x/\theta)^\tau} \tag{4.2.16}$$

$$\mu(x) = \frac{f(x)}{s(x)} = \frac{\tau(x/\theta)^\tau e^{-(x/\theta)^\tau}}{x} \times \frac{1}{e^{-(x/\theta)^\tau}} = \frac{\tau(x/\theta)^\tau}{x} \tag{4.2.17}$$

显然,在韦伯分布中,$\mu(x)$ 也可以是 x 的增函数、常函数或减函数。即有

$$\mu(x) \text{为} \begin{cases} \text{增函数} & \tau>1 \\ \text{常函数} & \tau=1 \\ \text{减函数} & 0<\tau<1 \end{cases}$$

其中,当 $\tau=1$ 时,$\mu(x)=\dfrac{1}{\theta}$,即 $X \sim E\left(\lambda=\dfrac{1}{\theta}\right)$,退化为指数分布。

进一步地,利用伽马函数的性质 $\int_0^\infty x^{\alpha-1}e^{-\lambda x}\mathrm{d}x = \dfrac{\Gamma(\alpha)}{\lambda^\alpha}$,可以得到 X 的均值为

$$\mathring{e}_0 = E(X) = \theta \times \Gamma\left(1 + \frac{1}{\tau}\right) \tag{4.2.18}$$

感兴趣的同学可以结合第二章内容自行证明。

七、Logistic 类型分布

在生存分析中,Gompertz 分布和 Makeham 分布常用于高龄人口死亡率建模。关于高龄人口死亡率建模方法的研究可以追溯到 200 年前,经典的高龄人口生存分布包括 Gompertz[①] 提出的 Gompertz 分布、Makeham[②] 提出的 Makeham 分布、Beard[③] 提出的 Beard 分布,以及人口统计学家 Kannisto[④] 提出的 Kannisto 分布。实际上,这些模型都是英国精算师 Perks[⑤] 提

---

① Gompertz, B. On the Nature of the Function Expressive of the Law of Human Mortality[J]. Philosophical Transactions of the Royal Society, 1825, 115(1): 513-585.

② Makeham, W. M. On the Law of Mortality and the Construction of Annuity Tables[J]. The Assurance Magazine and Journal of the Institute of Actuaries, 1860, 8(6): 301-310.

③ Beard, R. E. A Theory of Mortality Based on Actuarial, Biological, and Medical Considerations[A]. Proceedings of International Population Conference[C]. New York, 1963, 1: 611-625.

④ Kannisto, V. Development of Oldest-old Mortality, 1950-1990: Evidence from 28 Developed Countries[M]. Odense: Odense University Press, 1994.

⑤ Perks, W. On Some Experiments on the Graduation of Mortality Statistics[J]. Journal of the Institute of Actuaries, 1932, 63(1): 12-40.

出的 Logistic 模型的特例,本章将其统称为 Logistic 类型分布。

Logistic 类型分布在各国高龄人口死亡率建模与生存分析中起到了决定性的作用[①]。为此,表 4-1 详细给出了这些分布模型的结构和特征。从中可以看出,在 Logistic 类型分布中,$\mu(x)$ 都是 x 的增函数。

表 4-1 Logistic 类型分布

死力模型	符号表示	限制条件	参数范围	死力上界
Gompertz 模型	$\mu(x)=Be^{\eta x}$	$A=0$ $C=0$	$B>0$ $\eta>0$	∞
Makeham 模型	$\mu(x)=A+Be^{\eta x}$	$C=0$	$A>-B$ $B>0$ $\eta>0$	∞
Beard 模型	$\mu(x)=\dfrac{Be^{\eta x}}{1+Ce^{\eta x}}$	$A=0$	$B>0$ $C>0$ $\eta>0$	$\dfrac{B}{C}$
Kannisto 模型	$\mu(x)=\dfrac{Be^{\eta x}}{1+Be^{\eta x}}$	$A=0$ $B=C$	$B=C>0$ $\eta>0$	1
Logistic 模型	$\mu(x)=\dfrac{A+Be^{\eta x}}{1+Ce^{\eta x}}$		$A>-B$ $B>0$ $C\geqslant 0$ $\eta>0$	$\dfrac{B}{C}$

第三节 x 岁的人的剩余死亡时间随机变量的分布

一、死亡概率($_tq_x$)和生存概率($_tp_x$)的定义

令 $T(x)$(简记为 T)表示 x 岁的人的剩余死亡时间随机变量,其中 T 为随机变量;x 为常数,可视为参考点。显然 $T(x)=(X-x)_+ | X>x$,且 $T\geqslant 0$。因此,T 的分布为 X 的条件分布。作为特例,当 $x=0$ 时,$T(0)=T=X(0)$ 退化为 X。

令 $_tq_x$ 表示 x 岁的人在未来 t 年内死亡的概率,$_tp_x$ 表示 x 岁的人在未来 t 年后仍生存的概率。则有

$$_tq_x=P(T\leqslant t)=F_T(t) \tag{4.3.1}$$
$$_tp_x=P(T>t)=1-F_T(t)=s_T(t) \tag{4.3.2}$$

显然,$_tq_x$ 为 t 的增函数,$_tp_x$ 为 t 的减函数。当 $t=1$ 时,$_1q_x$ 表示 x 岁的人在 $(x,x+1)$ 区间内死亡的条件概率,通常简写为 q_x。类似地,$_1p_x$ 表示 x 岁的人在 $x+1$ 岁仍存活的概率,通常简写为 p_x。

最后指出,$_tp_x$ 满足连乘法则,即 $_tp_x={}_kp_x \cdot {}_{t-k}p_{x+k}$($0\leqslant k\leqslant t$)。这使得其在计算预期(剩余)寿命等生存分析、寿险精算中有着重要应用。

[①] 段白鸽. 动态死亡率建模与长寿风险量化研究[M]. 北京:中国社会科学出版社,2019.

二、生存分布的基本函数及其关系

我们采用 $F_T(t)$、$s_T(t)$、$f_T(t)$、$\mu_T(t)$ 分别表示随机变量 T 的分布函数、生存函数、概率密度函数和死力函数,以区别于第一节的随机变量 X 的相应函数。显然,式(4.1.8)—式(4.1.11)对于随机变量 T 都成立。即有

$$F_T(t) = {}_tq_x = 1 - s_T(t) = 1 - {}_tp_x = \int_0^t f_T(u) \mathrm{d}u = 1 - e^{-\int_0^t \mu(x+u)\mathrm{d}u} \qquad (4.3.3)$$

$$s_T(t) = {}_tp_x = 1 - F_T(t) = 1 - {}_tq_x = 1 - \int_0^t f_T(u)\mathrm{d}u = e^{-\int_0^t \mu(x+u)\mathrm{d}u} \qquad (4.3.4)$$

$$f_T(t) = F_T'(t) = -s_T'(t) = e^{-\int_0^t \mu(x+u)\mathrm{d}u} \mu(x+t) = {}_tp_x \mu_{x+t} \qquad (4.3.5)$$

$$\mu_T(t) = -\frac{\mathrm{d}\ln[1-F_T(t)]}{\mathrm{d}t} = -\frac{\mathrm{d}\ln s_T(t)}{\mathrm{d}t} = \frac{f_T(t)}{1-\int_0^t f_T(u)\mathrm{d}u} = \frac{f_T(t)}{s_T(t)} = \frac{f_T(t)}{{}_tp_x} \qquad (4.3.6)$$

类似地,在生存分析中,已知其中任意一个函数,相当于四个函数都是已知的。因此,已知其中一个,也要学会迅速求解其他三个。

下面进一步给出随机变量 T 的四个函数与随机变量 X 的四个函数之间的关系。显然,有

$${}_tp_x = P[T(x) > t] = s_T(t) = P(X > x+t | X > x) = \frac{s_X(x+t)}{s_X(x)} = \frac{{}_{x+t}p_0}{{}_xp_0} \qquad (4.3.7)$$

$${}_tq_x = P[T(x) \leqslant t] = F_T(t) = 1 - s_T(t) = 1 - \frac{s_X(x+t)}{s_X(x)} = 1 - \frac{{}_{x+t}p_0}{{}_xp_0} \qquad (4.3.8)$$

$$f_T(t) = \frac{\mathrm{d}F_T(t)}{\mathrm{d}t} = \frac{\mathrm{d}}{\mathrm{d}t}\left[1 - \frac{s_X(x+t)}{s_X(x)}\right] = -\frac{\frac{\mathrm{d}}{\mathrm{d}t}s_X(x+t)}{s_X(x)} = \frac{f_X(x+t)}{s_X(x)} \qquad (4.3.9)$$

$$= \frac{s_X(x+t)\mu(x+t)}{s_X(x)} = s_T(t)\mu(x+t) = {}_tp_x \mu_{x+t}$$

$$\mu_T(t) = \mu_X(x+t) = \mu(x+t) \qquad (4.3.10)$$

这里,${}_tp_x + {}_tq_x = 1$。$\mu_T(t)$ 通常也记为 $\mu(x+t)$ 或者 μ_{x+t}。

三、均值和方差

1. 连续型框架下的均值和方差

在连续型框架下,x 岁的人的完全剩余寿命(Complete Remaining Lifetime)记为 $\mathring{e}_x$,简称完全余命。则有

$$\mathring{e}_x = E[T(x)] = \int_0^\infty t f_T(t)\mathrm{d}t = \int_0^\infty t\, {}_tp_x \mu_{x+t}\mathrm{d}t \qquad (4.3.11)$$

$$= \int_0^\infty s_T(t)\mathrm{d}t = \int_0^\infty {}_tp_x \mathrm{d}t$$

T 的二阶原点矩为

$$E(T^2) = \int_0^\infty t^2 f_T(t) \mathrm{d}t = \int_0^\infty 2t s_T(t) \mathrm{d}t \tag{4.3.12}$$

T 的方差为

$$\begin{aligned}\mathrm{var}(T) &= E(T^2) - E(T)^2 = \int_0^\infty t^2 f_T(t) \mathrm{d}t - \left[\int_0^\infty t f_T(t) \mathrm{d}t\right]^2 \\ &= \int_0^\infty 2t s_T(t) \mathrm{d}t - \left[\int_0^\infty s_T(t) \mathrm{d}t\right]^2\end{aligned} \tag{4.3.13}$$

下面给出利用生存函数计算 T 的均值和二阶原点矩的两种方法。

方法一：利用 $f_T(t) = F_T'(t)$，进行分部积分。

$$\begin{aligned}\mathring{e}_x = E(T) &= \int_0^\infty t f_T(t) \mathrm{d}t = \int_0^\infty t \mathrm{d}F_T(t) = t F_T(t) \Big|_0^\infty - \int_0^\infty F_T(t) \mathrm{d}t \\ &= \int_0^\infty 1 \mathrm{d}t - \int_0^\infty F_T(t) \mathrm{d}t = \int_0^\infty s_T(t) \mathrm{d}t \\ E(T^2) &= \int_0^\infty t^2 f_T(t) \mathrm{d}t = \int_0^\infty t^2 \mathrm{d}F_T(t) = t^2 F_T(t) \Big|_0^\infty - \int_0^\infty 2t F_T(t) \mathrm{d}t \\ &= \int_0^\infty 2t \mathrm{d}t - \int_0^\infty 2t F_T(t) \mathrm{d}t = \int_0^\infty 2t s_T(t) \mathrm{d}t\end{aligned}$$

方法二：利用 $f_T(t) = -s_T'(t)$，进行分部积分。

$$\mathring{e}_x = E(T) = \int_0^\infty t f_T(t) \mathrm{d}t = \int_0^\infty -t \mathrm{d}s_T(t) = -t s_T(t) \Big|_0^\infty + \int_0^\infty s_T(t) \mathrm{d}t = \int_0^\infty s_T(t) \mathrm{d}t$$

其中，$\lim\limits_{t \to \infty} t s_T(t) = \lim\limits_{t \to \infty} \dfrac{t}{\dfrac{1}{s_T(t)}} = \lim\limits_{t \to \infty} \dfrac{1}{-\dfrac{s_T'(t)}{s_T^2(t)}} = \lim\limits_{t \to \infty} \dfrac{s_T(t)}{\mu_T(t)} = 0$

或者利用下面的放缩进行推导。

$$0 \leqslant \lim_{t \to \infty} t s_T(t) = \lim_{t \to \infty} t \int_t^\infty f_T(t) \mathrm{d}t \leqslant \lim_{t \to \infty} \int_t^\infty t f_T(t) \mathrm{d}t = 0$$

类似地，有：

$$E(T^2) = \int_0^\infty t^2 f_T(t) \mathrm{d}t = \int_0^\infty -t^2 \mathrm{d}s_T(t) = -t^2 s_T(t) \Big|_0^\infty + \int_0^\infty 2t s_T(t) \mathrm{d}t = \int_0^\infty 2t s_T(t) \mathrm{d}t$$

其中，$\lim\limits_{t \to \infty} t^2 s_T(t) = \lim\limits_{t \to \infty} \dfrac{t^2}{\dfrac{1}{s_T(t)}} = \lim\limits_{t \to \infty} \dfrac{2t}{-\dfrac{s_T'(t)}{s_T^2(t)}} = \lim\limits_{t \to \infty} \dfrac{2t s_T(t)}{\mu_T(t)} = 0$

或者利用下面的放缩进行推导。

$$0 \leqslant \lim_{t \to \infty} t^2 s_T(t) = \lim_{t \to \infty} t^2 \int_t^\infty f_T(t) \mathrm{d}t \leqslant \lim_{t \to \infty} \int_t^\infty t^2 f_T(t) \mathrm{d}t = 0$$

显然，$T(x)$ 的期望和方差的推导过程和表达式与 X 的期望和方差完全相同，只需将 0 岁替换成 x 岁，随机变量 X 及其取值 x 替换成随机变量 T 及其取值 t 即可。

2. 离散型框架下的均值和方差

在离散型框架下,令 $K(x)$ 表示 x 岁的人的取整剩余死亡时间随机变量,显然 $K=0$, $1,2,\cdots$。x 岁的人的取整剩余寿命(Curtate Remaining Lifetime)记为 e_x,简称取整余命。则有

$$e_x = E[K(x)] = \sum_{k=0}^{\infty} k P[K(x)=k] = \sum_{k=1}^{\infty} {}_k p_x \tag{4.3.14}$$

生存概率也称尾概率,式(4.3.14)表明,尾概率求和等于期望值。

$K(x)$ 的二阶原点矩为

$$E[K(x)^2] = \sum_{k=1}^{\infty} (2k-1) {}_k p_x \tag{4.3.15}$$

$K(x)$ 的方差为

$$\text{var}[K(x)] = E[K(x)^2] - (e_x)^2 = \sum_{k=1}^{\infty} (2k-1) {}_k p_x - \left(\sum_{k=1}^{\infty} {}_k p_x\right)^2 \tag{4.3.16}$$

下面给出计算 $K(x)$ 的均值和二阶原点矩的方法。

$$e_x = E[K(x)] = \sum_{k=0}^{\infty} k P[K(x)=k] = \sum_{k=1}^{\infty} k P[K(x)=k] = \sum_{k=1}^{\infty} k\, {}_{k|}q_x = \sum_{k=1}^{\infty} k\, {}_k p_x q_{x+k}$$

$$= \sum_{k=1}^{\infty} k({}_k p_x - {}_{k+1} p_x) = ({}_1 p_x - {}_2 p_x) + 2({}_2 p_x - {}_3 p_x) + \cdots = \sum_{k=1}^{\infty} {}_k p_x$$

这里,${}_{k|}q_x$ 表示 x 岁的人活过未来 k 年在 $(x+k, x+k+1)$ 区间内的死亡概率。更一般地,${}_{k|n}q_x$ 表示 x 岁的人活过未来 k 年在 $(x+k, x+k+n]$ 区间内的死亡概率。显然,当 $n=1$ 时,${}_{k|1}q_x = {}_{k|}q_x$,即左下角的"1"可以省略,简写为 ${}_{k|}q_x$。

类似地,有

$$E[K(x)^2] = \sum_{k=0}^{\infty} k^2 ({}_k p_x - {}_{k+1} p_x) = \sum_{k=1}^{\infty} k^2 ({}_k p_x - {}_{k+1} p_x)$$

$$= 1^2 ({}_1 p_x - {}_2 p_x) + 2^2 ({}_2 p_x - {}_3 p_x) + \cdots + (k-1)^2 ({}_k p_x - {}_{k+1} p_x)$$

$$+ k^2 ({}_k p_x - {}_{k+1} p_x) + \cdots$$

$$= \sum_{k=1}^{\infty} (2k-1) {}_k p_x$$

显然,$K(x)$ 的期望和方差的推导过程和表达式与 K 的期望和方差完全相同,只需将 0 岁替换成 x 岁,随机变量 K 替换成随机变量 $K(x)$ 即可。

3. $\overset{\circ}{e}_x$ 和 e_x 的递推公式及关系

下面分别在连续型框架和离散型框架下,推导完全预期寿命 $\overset{\circ}{e}_0$ 和完全剩余寿命 $\overset{\circ}{e}_x$,以及取整预期寿命 e_0 和取整剩余寿命 e_x 之间的递推公式。在此基础上,进一步考虑完全剩余寿命 $\overset{\circ}{e}_x$ 和取整剩余寿命 e_x 之间的关系。

(1) 连续型框架下的递推公式。

不失一般性,下面推导 $\overset{\circ}{e}_x$ 和 $\overset{\circ}{e}_{x+n}$ 之间的递推公式。作为特例,令 $x=0$, $n=x$,即可得到 $\overset{\circ}{e}_0$ 和 $\overset{\circ}{e}_x$ 之间的递推公式。

令 $\mathring{e}_{x:\overline{n}|}$ 表示 x 岁的人在未来 n 年内(即 $(x, x+n]$ 区间)的完全剩余寿命,则有

$$\mathring{e}_{x:\overline{n}|} = \int_0^n t f_T(t) dt + n s_T(n) = \int_0^n {}_t p_x dt \tag{4.3.17}$$

这里,第二个等号可以采用如下分部积分进行推导。

$$\mathring{e}_{x:\overline{n}|} = \int_0^n -t ds_T(t) + n s_T(n) = -t s_T(t)\big|_0^n + \int_0^n s_T(t) dt + n s_T(n) = \int_0^n s_T(t) dt = \int_0^n {}_t p_x dt$$

进而得到

$$\mathring{e}_x = \int_0^\infty {}_t p_x dt = \int_0^n {}_t p_x dt + \int_n^\infty {}_t p_x dt = \mathring{e}_{x:\overline{n}|} + {}_n p_x \int_n^\infty {}_{t-n} p_{x+n} dt$$

$$= \mathring{e}_{x:\overline{n}|} + {}_n p_x \int_0^\infty {}_u p_{x+n} du = \mathring{e}_{x:\overline{n}|} + {}_n p_x \mathring{e}_{x+n}$$

因此,$\mathring{e}_x$ 和 $\mathring{e}_{x+n}$ 之间的递推公式可以表示为

$$\mathring{e}_x = \mathring{e}_{x:\overline{n}|} + {}_n p_x \mathring{e}_{x+n} \tag{4.3.18}$$

作为特例,当 $x=0, n=x$ 时,得到 $\mathring{e}_0$ 和 $\mathring{e}_x$ 之间的递推公式

$$\mathring{e}_0 = \mathring{e}_{0:\overline{x}|} + {}_x p_0 \mathring{e}_x \tag{4.3.19}$$

当 $n=1$ 时,得到 $\mathring{e}_x$ 和 $\mathring{e}_{x+1}$ 之间的递推公式

$$\mathring{e}_x = \mathring{e}_{x:\overline{1}|} + p_x \mathring{e}_{x+1} \tag{4.3.20}$$

下面进一步对式(4.3.18)所示的递推公式给出直觉解释。x 岁的人的完全剩余寿命可以拆分成以下两部分:未来 n 年内(即 $(x, x+n]$ 区间)的完全剩余寿命 $\mathring{e}_{x:\overline{n}|}$ 和未来 n 年后(即 $(x+n, \infty)$ 区间)的完全剩余寿命 ${}_n p_x \mathring{e}_{x+n}$。其中,未来 n 年内死亡的人只对第一个区间有寿命的贡献,而活过未来 n 年的人对两个区间都有寿命的贡献。

更一般地,x 岁的人的完全剩余寿命等于未来每一年内的完全剩余寿命之和。因此,我们得到如下递推公式:

$$\mathring{e}_x = \sum_{k=0}^\infty {}_{k|}\mathring{e}_{x:\overline{1}|} = \mathring{e}_{x:\overline{1}|} + p_x \mathring{e}_{x+1:\overline{1}|} + {}_2 p_x \mathring{e}_{x+2:\overline{1}|} + \cdots + {}_k p_x \mathring{e}_{x+k:\overline{1}|} + \cdots \tag{4.3.21}$$

这里,${}_{k|}\mathring{e}_{x:\overline{1}|}$ 表示 x 岁的人活过未来 k 年,在 $k+1$ 年内(即 $(x+k, x+k+1]$ 区间)的完全剩余寿命。

【思考题 4-1】

令 x 岁的人的死亡时间随机变量为 $T(x)$,给定以下四个死亡时间随机变量:

A. $T_1(x) = \begin{cases} t & 0 \leqslant T(x) \leqslant n \\ n & T(x) > n \end{cases}$
B. $T_3(x) = \begin{cases} t & 0 \leqslant T(x) \leqslant n \\ 0 & T(x) > n \end{cases}$

C. $T_2(x) = \begin{cases} 0 & 0 \leqslant T(x) \leqslant n \\ t-n & T(x) > n \end{cases}$
D. $T_4(x) = \begin{cases} 0 & 0 \leqslant T(x) \leqslant n \\ t & T(x) > n \end{cases}$

那么：

(1) 等式 $\mathring{e}_x = E(T) = \int_0^n tf_T(t)\mathrm{d}t + \int_n^\infty tf_T(t)\mathrm{d}t$ 中，$\int_0^n tf_T(t)\mathrm{d}t$ 和 $\int_n^\infty tf_T(t)\mathrm{d}t$ 分别对应以上哪两个死亡时间随机变量的期望？

(2) 等式 $\mathring{e}_x = E(T) = \int_0^n {}_tp_x\mathrm{d}t + \int_n^\infty {}_tp_x\mathrm{d}t$ 中，$\int_0^n {}_tp_x\mathrm{d}t$ 和 $\int_n^\infty {}_tp_x\mathrm{d}t$ 分别对应以上哪两个死亡时间随机变量的期望？

(3) 给出 $\int_0^n tf_T(t)\mathrm{d}t$ 和 $\int_0^n {}_tp_x\mathrm{d}t$ 之间的关系，以及 $\int_n^\infty tf_T(t)\mathrm{d}t$ 和 $\int_n^\infty {}_tp_x\mathrm{d}t$ 之间的关系。

(4) $\mathring{e}_x = \mathring{e}_{x:\overline{n}|} + {}_np_x\,\mathring{e}_{x+n}$ 对应的是第(1)小题中的等式，还是第(2)小题中的等式？为什么？

(5) 思考随机变量 $T(x)$ 的两种分解方法与第二章绝对风险分担设计的联系。

答：

(1) B、D

(2) A、C

(3)

$$\int_0^n tf_T(t)\mathrm{d}t = \int_0^n t\mathrm{d}F_T(t) = tF_T(t)\Big|_0^n - \int_0^n F_T(t)\mathrm{d}t = nF_T(n) - \int_0^n F_T(t)\mathrm{d}t$$
$$= n - \int_0^n F_T(t)\mathrm{d}t + nF_T(n) - n = \int_0^n s_T(t)\mathrm{d}t - ns_T(n) = \int_0^n {}_tp_x\mathrm{d}t - n\,{}_np_x$$

$$\int_n^\infty tf_T(t)\mathrm{d}t = \int_n^\infty t\mathrm{d}F_T(t) = tF_T(t)\Big|_n^\infty - \int_n^\infty F_T(t)\mathrm{d}t = \int_n^\infty 1\mathrm{d}t + n - nF_T(n) - \int_n^\infty F_T(t)\mathrm{d}t$$
$$= \int_n^\infty s_T(t)\mathrm{d}t + ns_T(n) = \int_n^\infty {}_tp_x\mathrm{d}t + n\,{}_np_x$$

(4) $\mathring{e}_x = \mathring{e}_{x:\overline{n}|} + {}_np_x\,\mathring{e}_{x+n} = \int_0^n {}_tp_x\mathrm{d}t + \int_n^\infty {}_tp_x\mathrm{d}t$，对应的是第(2)小题中的等式。

其中：

$$\mathring{e}_{x:\overline{n}|} = \int_0^n tf_T(t)\mathrm{d}t + n\,{}_np_x = \int_0^n {}_tp_x\mathrm{d}t$$

$$\int_n^\infty {}_tp_x\mathrm{d}t = \int_n^\infty {}_np_x\,{}_{t-n}p_{x+n}\mathrm{d}t = {}_np_x\int_0^\infty {}_up_{x+n}\mathrm{d}u = {}_np_x\,\mathring{e}_{x+n}$$

(5) 本题中，$T(x) = T_1(x) + T_2(x)$，这种分解类似于免赔额保险；$T(x) = T_3(x) + T_4(x)$，这种分解类似于特许免赔额保险。

(2) 离散型框架下的递推公式。

同理，不失一般性，下面推导 e_x 和 e_{x+n} 之间的递推公式。作为特例，令 $x=0$，$n=x$，即可得到 e_0 和 e_x 之间的递推公式。

令 $e_{x:\overline{n}|}$ 表示 x 岁的人在未来 n 年内(即 $(x, x+n]$ 区间)的取整剩余寿命，则有

$$e_{x:\overline{n}|} = \sum_{k=1}^n {}_kp_x \tag{4.3.22}$$

下面给出式(4.3.22)的推导过程。

$$e_{x:\overline{n}|} = \sum_{k=0}^{n-1} kP[K(x)=k] + n\,_np_x = \sum_{k=1}^{n-1} kP[K(x)=k] + n\,_np_x$$
$$= \sum_{k=1}^{n-1} k\,_{k|}q_x + n\,_np_x = \sum_{k=1}^{n-1} k\,_kp_x q_{x+k} + n\,_np_x = \sum_{k=1}^{n-1} k(_kp_x - \,_{k+1}p_x) + n\,_np_x$$
$$= (_1p_x - \,_2p_x) + 2(_2p_x - \,_3p_x) + \cdots + (n-1)(_{n-1}p_x - \,_np_x) + n\,_np_x$$
$$= \sum_{k=1}^{n} \,_kp_x$$

进而得到

$$e_x = \sum_{k=1}^{\infty} \,_kp_x = \sum_{k=1}^{n} \,_kp_x + \sum_{k=n+1}^{\infty} \,_kp_x = e_{x:\overline{n}|} + \,_np_x \sum_{k=n+1}^{\infty} \,_{k-n}p_{x+n}$$
$$= e_{x:\overline{n}|} + \,_np_x \sum_{u=1}^{\infty} \,_up_{x+n} = e_{x:\overline{n}|} + \,_np_x e_{x+n}$$

因此,e_x 和 e_{x+n} 之间的递推公式可以表示为

$$e_x = e_{x:\overline{n}|} + \,_np_x e_{x+n} \tag{4.3.23}$$

作为特例,当 $x=0$, $n=x$ 时,得到 e_0 和 e_x 之间的递推公式

$$e_0 = e_{0:\overline{x}|} + \,_xp_0 e_x \tag{4.3.24}$$

当 $n=1$ 时,得到 e_x 和 e_{x+1} 之间的递推公式

$$e_x = e_{x:\overline{1}|} + p_x e_{x+1} = p_x + p_x e_{x+1} \tag{4.3.25}$$

这里,$e_{x:\overline{1}|}$ 是伯努利分布[即 $0-1$ 分布 $B(1, p_x)$]的期望。

显然,离散型框架和连续型框架下的递推公式的形式完全相同。感兴趣的同学可以进一步对式(4.3.23)所示的递推公式给出直觉解释。

更一般地,x 岁的人的取整剩余寿命等于未来每一年内的取整剩余寿命之和。因此,我们也可以得到如下递推公式:

$$e_x = \sum_{k=0}^{\infty} \,_{k|}e_{x:\overline{1}|} = e_{x:\overline{1}|} + p_x e_{x+1:\overline{1}|} + \,_2p_x e_{x+2:\overline{1}|} + \cdots + \,_kp_x e_{x+k:\overline{1}|} + \cdots \tag{4.3.26}$$

这里,$_{k|}e_{x:\overline{1}|}$ 表示 x 岁的人活过未来 k 年,在 $k+1$ 年内(即 $(x+k, x+k+1]$ 区间)的取整剩余寿命。

最后指出,递推公式在寿险和年金产品的定价和准备金评估中也有着重要的应用。感兴趣的同学可以进一步思考定价和评估中的递推公式及其应用。

(3) $\overset{\circ}{e}_x$ 与 e_x 的关系。

若单岁年龄内(即 $(x, x+1]$ 区间)的死亡时间服从均匀分布(Uniform Distribution of Death, UDD)假设,则有

$$\overset{\circ}{e}_x = e_x + \frac{1}{2} \tag{4.3.27}$$

下面给出四种证明方法。

方法一：利用生存函数（概率）进行证明。

$$\overset{\circ}{e}_x = E(T) = \int_0^\infty {}_tp_x \mathrm{d}t$$

$$= \int_0^1 {}_tp_x \mathrm{d}t + \int_1^2 {}_tp_x \mathrm{d}t + \cdots + \int_t^{t+1} {}_tp_x \mathrm{d}t + \cdots$$

$$= \sum_{t=0}^\infty \int_t^{t+1} {}_tp_x \mathrm{d}t$$

其中：

$$\int_t^{t+1} {}_tp_x \mathrm{d}t = \int_t^{t+1} {}_up_x \mathrm{d}u = \int_t^{t+1} {}_tp_x {}_{u-t}p_{x+t} \mathrm{d}u = {}_tp_x \int_t^{t+1} {}_{u-t}p_{x+t} \mathrm{d}u$$

$$= {}_tp_x \int_0^1 {}_yp_{x+t} \mathrm{d}y = {}_tp_x \int_0^1 (1 - {}_yq_{x+t}) \mathrm{d}y$$

在 UDD 假设下，单岁年龄内的死亡概率线性递增，即有 ${}_yq_{x+t} = yq_{x+t}$。代入上式，得到

$$\int_t^{t+1} {}_tp_x \mathrm{d}t = {}_tp_x \int_0^1 (1 - yq_{x+t}) \mathrm{d}y = {}_tp_x \left(y - \frac{1}{2}y^2 q_{x+t}\right)\Big|_0^1 = {}_tp_x - \frac{1}{2} {}_tp_x q_{x+t}$$

进而得到

$$\overset{\circ}{e}_x = \sum_{t=0}^\infty \int_t^{t+1} {}_tp_x \mathrm{d}t = \sum_{t=0}^\infty \left({}_tp_x - \frac{1}{2} {}_tp_x q_{x+t}\right) = \sum_{k=0}^\infty {}_kp_x - \frac{1}{2} = \sum_{k=1}^\infty {}_kp_x + \frac{1}{2} = e_x + \frac{1}{2}$$

方法二：利用概率密度函数进行证明。

$$\overset{\circ}{e}_x = E(T) = \int_0^\infty t f_T(t) \mathrm{d}t = \int_0^\infty t \, {}_tp_x \mu_{x+t} \mathrm{d}t$$

$$= \int_0^1 t \, {}_tp_x \mu_{x+t} \mathrm{d}t + \int_1^2 t \, {}_tp_x \mu_{x+t} \mathrm{d}t + \cdots + \int_t^{t+1} t \, {}_tp_x \mu_{x+t} \mathrm{d}t + \cdots$$

$$= \sum_{t=0}^\infty \int_t^{t+1} t \, {}_tp_x \mu_{x+t} \mathrm{d}t$$

其中：

$$\int_t^{t+1} t \, {}_tp_x \mu_{x+t} \mathrm{d}t = \int_t^{t+1} u \, {}_up_x \mu_{x+u} \mathrm{d}u = \int_t^{t+1} u \, {}_tp_x {}_{u-t}p_{x+t} \mu_{x+u} \mathrm{d}u = {}_tp_x \int_t^{t+1} u \, {}_{u-t}p_{x+t} \mu_{x+u} \mathrm{d}u$$

$$= {}_tp_x \int_0^1 (y+t) \, {}_yp_{x+t} \mu_{x+t+y} \mathrm{d}y = {}_tp_x \int_0^1 y q_{x+t} \mathrm{d}y + t \, {}_tp_x \int_0^1 q_{x+t} \mathrm{d}y$$

$$= \left(\frac{1}{2} + t\right) {}_tp_x q_{x+t}$$

这里使用了 UDD 假设下的经典结论：$q_x = {}_tp_x \mu_{x+t}$ $(0 < t < 1)$，即

$$q_{x+t} = {}_yp_{x+t}\mu_{x+t+y} \quad (0<y<1)$$

进而得到

$$\mathring{e}_x = \sum_{t=0}^{\infty}\int_t^{t+1} t\cdot {}_tp_x\mu_{x+t}\mathrm{d}t = \sum_{t=0}^{\infty}\left(\frac{1}{2}+t\right){}_tp_xq_{x+t}$$

$$= \frac{1}{2} + e_x$$

方法三：利用式(4.3.21)和式(4.3.26)进行证明。

由题意得 $\mathring{e}_x = \sum_{k=0}^{\infty} {}_{k|}\mathring{e}_{x:\overline{1}|}$，$e_x = \sum_{k=0}^{\infty} {}_{k|}e_{x:\overline{1}|}$。

其中：

$$\begin{aligned}{}_{k|}\mathring{e}_{x:\overline{1}|} &= {}_kp_x\int_0^1 {}_yp_{x+k}\mathrm{d}y = {}_kp_x\int_0^1 (1-{}_yq_{x+k})\mathrm{d}y \\ &= {}_kp_x\int_0^1(1-yq_{x+k})\mathrm{d}y = {}_kp_x\left(y - \frac{1}{2}y^2q_{x+k}\right)\bigg|_0^1 \\ &= {}_kp_x - \frac{1}{2}{}_kp_xq_{x+k}\end{aligned}$$

$${}_{k|}e_{x:\overline{1}|} = {}_kp_x\sum_{t=1}^1 {}_tp_{x+k} = {}_{k+1}p_x$$

进而得到

$$\mathring{e}_x = \sum_{t=0}^{\infty}\int_t^{t+1} {}_tp_x\mathrm{d}t = \sum_{t=0}^{\infty}\left({}_tp_x - \frac{1}{2}{}_tp_xq_{x+t}\right) = \sum_{k=0}^{\infty}{}_kp_x - \frac{1}{2} = \sum_{k=1}^{\infty}{}_kp_x + \frac{1}{2} = e_x + \frac{1}{2}$$

方法四：利用几何意义（梯形面积）进行证明。

由题意得 $\mathring{e}_x = \int_0^{\infty} {}_tp_x\mathrm{d}t$，即 $\mathring{e}_x$ 等于生存概率的线下面积。

在 UDD 假设下，单岁年龄内的生存概率线性递减，即在 $(t, t+1]$ 区间内，${}_tp_x$ 与横轴围成的图形退化为梯形。因此，得到

$$\mathring{e}_x = \int_0^{\infty}{}_tp_x\mathrm{d}t = \frac{{}_0p_x + {}_1p_x}{2} + \frac{{}_1p_x + {}_2p_x}{2} + \cdots + \frac{{}_{\infty-1}p_x + {}_{\infty}p_x}{2}$$

$$= \frac{1}{2} + {}_1p_x + {}_2p_x + {}_{\infty-1}p_x + \frac{{}_{\infty}p_x}{2}$$

$$= \frac{1}{2} + {}_1p_x + {}_2p_x + {}_{\infty-1}p_x$$

$$= \frac{1}{2} + {}_1p_x + {}_2p_x + {}_{\infty-1}p_x + {}_{\infty}p_x$$

$$= \frac{1}{2} + e_x$$

最后指出，$\mathring{e}_x$ 和 e_x 的差异只来源于最终死亡时间所在的年龄区间。在 UDD 假设下，

前者按照最终死亡年龄区间内服从均匀分布假设计算(期望为 0.5),而后者按照取整年龄假设计算(期望为 0)。因此,两者差异为 0.5。

感兴趣的同学可以进一步推导 $\mathring{e}_{x:\overline{n}|}$ 和 $e_{x:\overline{n}|}$ 之间的递推公式,并给出直觉解释。

第四节 生命表方法

一、生命表简介

生命表是用来描述某人口群体死亡规律的概率分布表。世界上第一张生命表是 1693 年的哈雷生命表,至今已经有 331 年的历史了。哈雷生命表是英国数学家、天文学家埃德蒙·哈雷利用 1687—1691 年德国布雷斯劳市这五年间按年龄分类的死亡记录,统计出按照不同年龄和性别分类的死亡人数和出生人数,编制了三张表,这三张表构成了一份完整的布雷斯劳生命表。所以我们俗称的哈雷生命表也称"布雷斯劳生命表"。哈雷生命表是世界上第一份最科学、最完整的生命表,它为现代人身保险事业的发展奠定了牢固的基础,同时也是哈雷在应用保险数理方面的伟大创举。

生命表一般分为国民生命表(National Life Table)和经验生命表(Experience Life Table)两大类。其中,国民生命表是以全体国民或特定地区的人口统计资料编制的统计表;经验生命表是人寿保险公司依据其承保的被保险人实际经验的死亡统计资料编制的统计表。其编制过程都是建立在对死亡率的初始估计的基础上,结合先验观点,通过一系列的模型和方法对初始死亡率进行修正,这一过程也被称为死亡率修匀(Mortality Graduation),其目的是为了得到真实死亡率的最优估计值。

为了揭示人类面临的死亡风险(Mortality Risk)或长寿风险(Longevity Risk),各国都会编制自己的国民生命表。国民生命表可以细分为完全生命表(Complete Life Table)和简易生命表(Abridged Life Table)两种。其中,根据准确的人口普查资料,计算分年龄死亡概率、生存概率、平均剩余寿命(简称平均余命)等生命表函数,得到的生命表称为完全生命表;根据每年人口动态统计资料和人口抽样调查的统计资料,以 5 岁或 10 岁为一个区间,计算死亡概率、生存概率、平均余命等生命表函数,得到的生命表称为简易生命表。因此,各国人口普查和抽样调查数据是编制国民生命表的基础数据。目前中国经历了七次人口普查,分别是 1953 年、1964 年、1982 年、1990 年、2000 年、2010 年和 2020 年;通常每五年(比如 1995 年、2005 年、2015 年等)都有规模较大的人口抽样调查,每年也有规模较小的人口抽样调查。这些数据汇总在《人口普查资料》《中国人口和就业统计年鉴》[①]中。

伴随着人口老龄化进程,编制一个国家或地区的人口死亡概率分布规律的生命表变得越来越重要。在这方面,美国加州大学伯克利分校人口系和德国马克斯·普朗克人口研究所两个研究团队于 2000 年开发了人类死亡率数据库(Human Mortality Database,

---

[①] 2007 年之前称为《中国人口统计年鉴》。

HMD)①。目前该数据库包括澳大利亚、奥地利、白俄罗斯、比利时、保加利亚、加拿大、智利、克罗地亚、捷克、丹麦、爱沙尼亚、芬兰、法国、德国、希腊、匈牙利、冰岛、爱尔兰、以色列、意大利、日本、拉脱维亚、立陶宛、卢森堡、荷兰、新西兰、挪威、波兰、葡萄牙、韩国、俄罗斯、斯洛伐克、斯洛文尼亚、西班牙、瑞典、瑞士、英国、美国、乌克兰等41个国家和地区的人口和死亡率数据。

类似地,各国保险业都有自己的经验生命表,而且寿险业一般每隔一定时间都要修订一次生命表②。在各国编制经验生命表的过程中,采取的方法也不尽相同。中国自1980年恢复保险业以来,人身保险业也经历了四套经验生命表,分别是CL1990—1993、CL2000—2003、CL2010—2013、CL2023四套经验生命表(参见本章附表Ⅰ—Ⅳ)。其中,前三套经验生命表分别是利用1990—1993年、2000—2003年、2010—2013年中国人身保险业的参保人群的死亡率经验数据编制的。目前,在国家金融监督管理总局的指导下,中国精算师协会(CAA)组织完成了中国人身保险业第四套经验生命表的编制工作,并发布了《中国人身保险业经验生命表(2023)(征求意见稿)》(下文简称《意见稿》),且已经下发至人身险公司和再保险公司征求意见。

中国的四套经验生命表都细分了性别、年龄、非养老金业务和养老金业务。其中,CL1990—1993第一套经验生命表共有2张表,分别是非养老金业务表[含男(CL1)、女(CL2)和男女混合(CL3)],养老金业务表[含男(CL4)、女(CL5)和男女混合(CL6)];CL2000—2003第二套经验生命表也共有2张表,分别是非养老金业务表[男(CL1)、女(CL2)],养老金业务表[男(CL3)、女(CL4)];CL2010—2013第三套经验生命表共有3张表,分别是非养老金业务一表[男(CL1)、女(CL2)],非养老金业务二表[男(CL3)、女(CL4)],养老金业务表[男(CL5)、女(CL6)]。每张表的年龄范围都是0岁至105+岁,这里105+岁是将105岁及以上年龄合并为1个分组③。此外,相较于第三套生命表,《意见稿》在非养老类业务一表男女表(CL1)、非养老类业务二表男女表(CL2)、养老类业务表男女表(CL3)这3张表的基础上增至7张,新增了非养老类业务一表男女表(大湾区专属参考)(CL4)、非养老类业务二表男女表(大湾区专属参考)(CL5)、养老类业务表男女表(大湾区专属参考)(CL6),以及单一生命体表男女表(CL7)。

二、生存模型与生命表函数之间的关系

在连续型框架下,生存模型与生命表函数之间的换算(转换)关系可以描述为:生存模型 $s(x)$ $\underset{\div l_0}{\overset{\times l_0}{\rightleftarrows}}$ 生命表 l_x。即有

$$\begin{cases} l_x = l_0 s(x) \\ s(x) = \dfrac{l_x}{l_0} \end{cases} \tag{4.4.1}$$

---

① 其网址为 https://www.mortality.org/。
② 例如,美国分别在1941年、1958年、1980年、2001年编制或修订了经验生命表。
③ HMD中的最高年龄组为110+。

其中，l_0 表示生命表中 0 岁的生存人数，是生命表计算的基础，通过设定 $l_0=100\,000$。l_x 表示生命表中 x 岁的生存人数。

令 $_td_x$ 表示 x 岁的人在未来 t 年内（即 $[x, x+t]$ 区间）的死亡人数，则有

$$_td_x = l_x - l_{x+t} \tag{4.4.2}$$

这里，l_x、l_{x+t}、$_td_x$ 为常见的生命表函数。显然，它们与生存概率 $_tp_x$、死亡概率 $_tq_x$、死力函数存在如下换算关系：

$$_tp_x = s_T(t) = \frac{s(x+t)}{s(x)} = \frac{l_0 s(x+t)}{l_0 s(x)} = \frac{l_{x+t}}{l_x} \tag{4.4.3}$$

$$_tq_x = 1 - {}_tp_x = 1 - \frac{l_{x+t}}{l_x} = \frac{{}_td_x}{l_x} \tag{4.4.4}$$

$$\mu_T(t) = \mu_{x+t} = -\frac{s_T'(t)}{s_T(t)} = -\frac{l_{x+t}'/l_x}{l_{x+t}/l_x} = -\frac{l_{x+t}'}{l_{x+t}} = -\frac{\mathrm{d}\ln l_{x+t}}{\mathrm{d}t} \tag{4.4.5}$$

这里，假设 l_x 可微。

作为特例，当 $t=1$ 时，有

$$d_x = l_x - l_{x+1} \tag{4.4.6}$$

$$p_x = \frac{l_{x+1}}{l_x} \tag{4.4.7}$$

$$q_x = 1 - p_x = \frac{d_x}{l_x} \tag{4.4.8}$$

类似的，有

$$\begin{aligned}_{k|n}q_x &= P(x+k < X \leqslant x+k+n \mid X > x) = {}_kp_x \cdot {}_nq_{x+k} \\ &= \frac{l_{x+k}}{l_x} \times \frac{{}_nd_{x+k}}{l_{x+k}} = \frac{{}_nd_{x+k}}{l_x} = \frac{l_{x+k} - l_{x+k+n}}{l_x}\end{aligned} \tag{4.4.9}$$

最后指出，在生命表编制中，d_x 和 l_x 是为了便于计算，引入的虚拟死亡人口数和人口数。

三、死亡率建模指标

在死亡率建模与分析中，常见的死亡率指标主要包括瞬时死亡率（Instantaneous Mortality Rate）、中心死亡率（Central Death Rate）和条件死亡概率（Conditional Probability of Death）三种。

1. 瞬时死亡率（μ_x）

瞬时死亡率即死力 μ_x，在式（4.4.5）中，令 $t=0$，得到

$$\mu_x = -\frac{l_x'}{l_x} = -\frac{\mathrm{d}\ln l_x}{\mathrm{d}x} \tag{4.4.10}$$

显然，式（4.4.10）给出的是利用生命表函数的定义。类似地，在实际观测数据下，其定义可以表示为

$$\mu_x = -\frac{dN_x}{N_x dx} = -\frac{d\ln N_x}{dx} \tag{4.4.11}$$

假设 N_x 可微，N_x 表示 x 岁这一时刻暴露死亡风险的幸存者人数。可以看出，μ_x 不依赖于年龄区间的长度，它是在瞬时时刻 x 岁上度量的，没有上边界；但有量纲，其值取决于选取的时间测量单位，如年、月等。

2. 中心死亡率(m_x)

令 m_x 表示 x 岁的人在 $[x, x+1)$ 区间的中心死亡率，也称粗死亡率(Crude Death Rate)。下面首先从理论上给出 m_x 的定义，然后再给出实际中估计 m_x 的简单方法。

$$m_x = {}_1m_x = \int_x^{x+1} w(y)\mu(y)dy \tag{4.4.12}$$

其中，$w(y) = \dfrac{s(y)}{\int_x^{x+1} s(y)dy}$。显然，$m_x$ 为 $[x, x+1)$ 区间的死力 $\mu(x)$ 的加权平均。

将 $\mu(x) = \dfrac{f(x)}{s(x)}$ 和 $w(y)$ 代入式(4.4.12)，得到

$$m_x = \int_x^{x+1} \frac{s(y)}{\int_x^{x+1} s(y)dy} \mu(y)dy = \frac{\int_x^{x+1} s(y)\mu(y)dy}{\int_x^{x+1} s(y)dy} = \frac{\int_x^{x+1} f(y)dy}{\int_x^{x+1} s(y)dy} \tag{4.4.13}$$

进一步，令 $y = x+t$ ($t \in [0, 1)$)，将式(4.4.13)中分子、分母同时除以 $s(x)$，得到

$$m_x = \frac{\int_0^1 f(x+t)/s(x)dt}{\int_0^1 s(x+t)/s(x)dt} = \frac{\int_0^1 f_T(t)dt}{\int_0^1 s_T(t)dt} = \frac{\int_0^1 {}_tp_x \mu_{x+t}dt}{\int_0^1 {}_tp_x dt} \tag{4.4.14}$$

作为扩展，令 ${}_nm_x$ 表示 x 岁的人在 $[x, x+n)$ 区间的中心死亡率，则有

$${}_nm_x = \int_x^{x+n} w(y)\mu(y)dy = \frac{\int_x^{x+n} f(y)dy}{\int_x^{x+n} s(y)dy} = \frac{\int_0^n {}_tp_x \mu_{x+t}dt}{\int_0^n {}_tp_x dt} \tag{4.4.15}$$

其中，$w(y) = \dfrac{s(y)}{\int_x^{x+n} s(y)dy}$。显然，${}_nm_x$ 为 $[x, x+n)$ 区间的死力 $\mu(x)$ 的加权平均。

作为特例，当 $X \sim E(\lambda)$ 时，$\mu_{x+t} = \mu(x) = \lambda$，则有 $m_x = {}_nm_x = \lambda$。

在实际中，一种估计 m_x 的简单方法是

$$m_x = \frac{D_x}{E_x} \tag{4.4.16}$$

其中，D_x 表示年龄在 $[x, x+1)$ 区间的死亡人口数。E_x 表示年龄在 $[x, x+1)$ 区间的暴露人口数(Exposed Population)，其计算方法是每个活过 $[x, x+1)$ 区间的人对这个区间有 1

单位的暴露，在$[x, x+1)$区间死亡的人有活过相应的分数年龄单位的暴露；实际中常采用x岁的年中人口数来近似E_x。

3. 条件死亡概率(q_x)

式(4.4.8)给出了利用生命表函数的定义。在实际中，可以利用m_x和q_x之间的换算关系来计算q_x。

$$q_x = \frac{D_x}{E_x + (1-a_x)D_x} = \frac{m_x}{1+(1-a_x)m_x} \quad (4.4.17)$$

其中，a_x表示年龄在$[x, x+1)$区间的死亡人口平均活过的分数年龄，在生命表编制中除0岁和最高年龄组之外，通常假设在$[x, x+1)$区间(分数年龄)的死亡人数满足UDD假设，即$a_x = 0.5$。以HMD为例，所有国家和地区生命表编制中年龄区间都为$x \in [0, 1, \cdots, 109, 110+]$，通常$a_0 \in [0.06, 0.3]$①，且最高年龄组满足$a_{110+} = 1/m_{110+}$，以保证$q_{110+} = 1$。

显然，$q_x < m_x$。这是因为，$[x, x+1)$区间的暴露人口数往往小于年初人口数。

四、生命表编制方法

无论是国民生命表，还是经验生命表，都有静态和动态之分。通常，在不考虑死亡率动态演变的情况下，利用某一特定时间的人口群体的静态死亡率编制的生命表称为静态生命表(Static Life Table)，也称特定时间生命表(Time-specific Life Table)。而在考虑死亡率动态演变的情况下，利用某一时期或某一队列的人口群体的动态死亡率编制的生命表称为动态生命表(Dynamic Life Table)，前者称为时期生命表(Period Life Table)，后者称为队列生命表(Cohort Life Table)。显然，由于数据的可得性和时效性等问题，编制队列生命表要比时期生命表难度更大。

下面给出静态生命表的编制过程。具体而言，可分为以下六个步骤。

(1) 利用式(4.4.16)和人口普查或抽样调查数据，计算m_x。

(2) 利用式(4.4.17)，计算q_x。

(3) 假设$l_0 = 100\,000$，利用如下递推公式计算x岁的幸存人数l_x和$[x, x+1)$区间的死亡人数d_x：

$$\begin{cases} d_x = l_x q_x \\ l_{x+1} = l_x - d_x \end{cases} \quad (4.4.18)$$

(4) 计算$[x, x+1)$区间的平均生存人年数L_x，即生命表中的暴露人口数：

$$L_x = l_x - (1-a_x)d_x \quad (4.4.19)$$

其中，除0岁和最高年龄组之外，假设$[x, x+1)$区间的死亡人数满足UDD假设，即$a_x = 0.5$。显然，$L_x = a_x l_x + (1-a_x) l_{x+1}$，即$L_x$是$l_x$和$l_{x+1}$的线性组合。

---

① 由于新生儿存在先天影响因素，故通常假设a_x小于0.5。

(5) 假设最高年龄组为 110+，计算 x 岁及以上的人的剩余生存年数之和(T_x)：

$$T_x = \sum_{x}^{110+} L_x \qquad (4.4.20)$$

显然，$[x, x+n)$ 区间的平均生存人年数 $_nL_x = T_x - T_{x+n}$。

(6) 计算 x 岁的人的平均余命 $\overset{\circ}{e}_x$：

$$\overset{\circ}{e}_x = \frac{T_x}{l_x} \qquad (4.4.21)$$

最后指出，这里计算的平均余命是在连续型框架下的完全剩余寿命 $\overset{\circ}{e}_x$，而非离散型框架下的取整剩余寿命 e_x。这是因为，死亡人数平均活过的分数年龄也纳入了剩余寿命的计算。因此，在所有年龄区间 $[x, x+1)$ 的死亡人数都满足 UDD 假设下，利用式(4.4.21)计算的平均余命要比利用式(4.3.14)计算的取整剩余寿命大 0.5。

感兴趣的同学可以利用中国和 HMD 的数据进行验证，自行编制国民生命表和经验生命表；并进一步思考利用生命表编制方法计算预期(剩余)寿命的原理。

第五节　本章 R 软件操作与实现

如第二章的帕累托分布一样，R 软件的基本包也没有内置 Gompertz 分布律。然而，在 R 软件的 flexsurv 软件包中，有 rgompertz 函数、dgompertz 函数、pgompertz 函数、qgompertz 函数、hgompertz 函数、Hgompertz 函数，可以实现从 Gompertz 分布中随机抽取样本，计算概率密度函数、累积分布函数和分位数函数、死力函数(也称危险率函数)μ_x、累积危险率函数 $H(x) = \int_0^x \mu(u)du$ 的数值解等基本运算，以及衍生的其他估计问题。

需要特别注意的是，这里 Gompertz 分布的参数与第二节中的参数不同。这里采用的是 $X \sim Gompertz(\alpha, \beta)$ 形式，其中，α 为形状参数，β 为速率参数。即有

$$\mu_x = \beta e^{\alpha x} \qquad (4.5.1)$$

其中，$x > 0$，$\alpha > 0$，$\beta > 0$。显然，有 $\begin{cases} \alpha = \ln C \\ \beta = B \end{cases}$

因此，同学们需要掌握两种形式下 Gompertz 分布的两参数之间的转化关系。下面以 Gompertz 分布为例进行操作说明，感兴趣的同学可以拓展到本章提到的其他生存分布。

假设 30 岁的人的死力为 0.001，且 30 岁及以上的死亡率服从 Gompertz 分布律，其中，形状参数 $\alpha = 0.075$。因此，$T(30) \sim Gompertz(\alpha = 0.075, \beta = 0.001)$。在此基础上，我们可以使用 flexsurv 软件包中的函数绘制 30~100 岁的概率密度函数、分布函数、生存函数、死力函数和累积危险率函数。具体 R 代码如下：

```
install.packages("flexsurv")   # 若未安装 flexsurv 包，则先进行安装。
library(flexsurv)
x = seq(30, 100)
```

```
    d = dgompertz(x - 30, shape = 0.075, rate = 0.001)
    plot(x, d, type = "l", xlab = "Age", ylab = "Probability density function",
main = "Gompertz distribution")
    p = pgompertz(x - 30, shape = 0.075, rate = 0.001)
    plot(x, p, type = "l", xlab = "Age", ylab = "Distribution function", main =
"Gompertz distribution")
    s = 1 - pgompertz(x - 30, shape = 0.075, rate = 0.001)
    plot(x, s, type = "l", xlab = "Age", ylab = "Survival function", main = "Gomp-
ertz distribution")
    #s = exp( - Hgompertz(x - 30, shape = 0.075, rate = 0.001))
    #plot(x, s, type = "l", xlab = "Age", ylab = "Survival function", main = "
Gompertz distribution")
    h = hgompertz(x - 30, shape = 0.075, rate = 0.001)
    plot(x, h, type = "l", xlab = "Age", ylab = "Hazard function", main = "Gompertz
distribution")
    H = Hgompertz(x - 30, shape = 0.075, rate = 0.001)
    plot(x, H, type = "l", xlab = "Age", ylab = "Cumulative hazard function", main
= "Gompertz distribution")
```

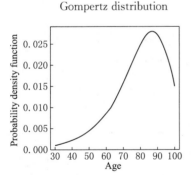
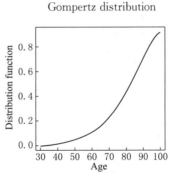
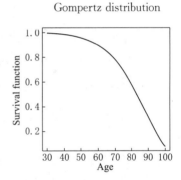
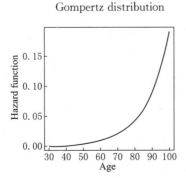
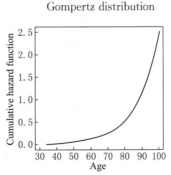

图 4-1　Gompertz 分布示例

然后，我们可以参考第二章的软件操作，实现各种分布运算。我们使用下面 R 代码可以获得 1 000 次模拟的 $T(30)$ 的经验分布的样本均值、样本方差和描述性统计。其中，均值和方差依次是：50.599 19，237.628 5；最小值、25％分位数、中位数、75％分位数、最大值依次是：0.457 5，41.772 4，52.552 8，61.927 7，84.323 9。

```
set.seed(123)
Gom_Vector <- rgompertz(1000, shape = 0.075, rate = 0.001)
mean(Gom_Vector)
var(Gom_Vector)
summary(Gom_Vector)
```

此外，我们定义 rgompertz2 函数、dgompertz2 函数、pgompertz2 函数、qgompertz2 函数、hgompertz2 函数、Hgompertz2 函数，也可以实现 Gompertz 分布的基本运算。下面分别在两种分布参数形式下，给出相应的 R 代码。

（1） $X \sim Gompertz(B, C)$，即 $\mu(x) = BC^x$（$x > 0$，$B > 0$，$C > 1$）。相应的 R 代码为

```
Rgompertz1 <- function(n, B, C){
log(1 - log(C) * log(1 - runif(n))/B)/log(C)}
dgompertz1 <- function(x, B, C){
exp(B/log(C) * (1 - exp(log(C) * x))) * B * exp(log(C) * x)}
pgompertz1 <- function(q, B, C){1 - exp(B/log(C) * (1 - exp(log(C) * q)))}
qgompertz1 <- function(p, B, C){log(1 - log(C) * log(1 - p)/B)/log(C)}
hgompertz1 <- function(x, B, C){B * exp(log(C) * x)}
Hgompertz1 <- function(x, B, C){B/log(C) * (exp(log(C) * x) - 1)}
```

（2） $X \sim Gompertz(\alpha, \beta)$，即 $\mu(x) = \beta e^{\alpha x}$（$x > 0$，$\alpha > 0$，$\beta > 0$）。其中，$\alpha = \ln C$，$\beta = B$。进而得到

$$f(x) = e^{-\int_0^x \mu(u)du} \mu(x) = e^{-\int_0^x BC^u du} BC^x = e^{\left[\frac{B}{\ln C}(1 - C^x)\right]} BC^x = e^{\frac{\beta}{\alpha}(1 - e^{\alpha x})} \beta e^{\alpha x}$$

$$F(x) = 1 - e^{-\int_0^x \mu(u)du} = 1 - e^{-\int_0^x BC^u du} = 1 - e^{\left[\frac{B}{\ln C}(1 - C^x)\right]} = 1 - e^{\frac{\beta}{\alpha}(1 - e^{\alpha x})}$$

$$s(x) = e^{-\int_0^x \mu(u)du} = e^{-\int_0^x BC^u du} = e^{\left[\frac{B}{\ln C}(1 - C^x)\right]} = e^{\frac{\beta}{\alpha}(1 - e^{\alpha x})}$$

$$x = F^{-1}[F(x)] = \frac{\ln\left\{1 - \frac{\ln C \times \ln[1 - F(x)]}{B}\right\}}{\ln C} = \frac{\ln\left\{1 - \frac{\alpha \ln[1 - F(x)]}{\beta}\right\}}{\alpha}$$

$$H(x) = \int_0^x \mu(u)du = \frac{\beta}{\alpha}(e^{\alpha x} - 1)$$

相应的 R 代码为

```
rgompertz2 <- function(n, alpha, beta){
log(1-alpha * log(1-runif(n))/beta)/alpha}
dgompertz2 <- function(x, alpha, beta){
exp(beta/alpha * (1-exp(alpha * x))) * beta * exp(alpha * x)}
pgompertz2 <- function(q, alpha, beta){1 - exp(beta/alpha * (1 - exp(alpha * q)))}
qgompertz2 <- function(p, alpha, beta){log(1 - alpha * log(1 - p)/beta)/alpha}
hgompertz2 <- function(x, alpha, beta){beta * exp(alpha * x)}
Hgompertz2 <- function(x, alpha, beta){beta/alpha * (exp(alpha * x) - 1)}
```

最后指出,在实际分析中,无论是使用 flexsurv 软件包内置的 Gompertz 分布的函数,还是使用两种分布参数形式下自定义的 Gompertz 分布的函数,结果都是相同的。

本章习题与扩展思考题

一、本章习题

1. 在生存模型中,下列哪些函数可以作为死力函数 $\mu(x)$? 为什么?

(1) $B(x+1)^{-0.5}$, $B>0$, $x\geq 0$

(2) BC^x, $B>0$, $x\geq 0$

(3) kx^n, $k>0$, $n>0$, $x\geq 0$

解: 死力函数 $\mu(x)$ 需要满足以下两个条件:

$$\begin{cases} \mu(x)\geq 0 \\ \int_0^\infty \mu(x)\mathrm{d}x = \infty \end{cases}$$

(1) 显然, $B(x+1)^{-0.5}\geq 0$ ($B>0$, $x\geq 0$);且有

$$\int_0^\infty B(x+1)^{-0.5}\mathrm{d}x = \frac{1}{-0.5+1}B(x+1)^{0.5}\Big|_0^\infty = \infty$$

因此,(1)可以作为死力函数。

(2) 显然, $BC^x\geq 0$ ($B>0$, $x\geq 0$);但有

$$\int_0^\infty BC^x\mathrm{d}x = \frac{1}{\ln C}BC^x\Big|_0^\infty = \begin{cases} \infty & B>0, C>1 \\ \infty & B>0, C=1 \\ 0 & B>0, C<1 \end{cases}$$

因此,(2)不可以作为死力函数。进一步地,当 $C\geq 1$ 时,(2)可以作为死力函数;而当 $C<1$ 时,(2)不可以作为死力函数。

(3) 显然，$kx^n \geq 0 (k>0, n>0, x \geq 0)$；且有

$$\int_0^\infty kx^n \mathrm{d}x = \frac{1}{n+1} kx^{n+1} \Big|_0^\infty = \begin{cases} 0 & k>0, n<-1 \\ \infty & k>0, n>-1 \end{cases}$$

$$\int_0^\infty kx^{-1} \mathrm{d}x = k\ln x \Big|_0^\infty = \infty (k>0, n=-1)$$

因此，(3)可以作为死力函数。

2. 在生存模型中，令 X 表示 0 岁的人的死亡时间随机变量，$T(x)$ 表示 x 岁的人的剩余死亡时间随机变量。

(1) 假设 X 服从均匀分布：$X \sim U(0, \omega)$，证明 $T(x) \sim U(0, \omega-x)$。

(2) 假设 X 服从指数分布：$X \sim E(\lambda)$，证明 $T(x) \sim E(\lambda)$。

证明：显然，$T(x) = (X-x)_+ | X>x$。则有

$$s_T(t) = P(T>t) = P[(X-x)_+ > t | X>x] = P(X-x>t | X>x)$$
$$= \frac{P(X>x+t)}{P(X>x)} = \frac{s_X(x+t)}{s_X(x)}$$

(1) 当 $X \sim U(0, \omega)$ 时，有 $s_T(t) = \frac{s_X(x+t)}{s_X(x)} = \frac{\frac{\omega-x-t}{\omega}}{\frac{\omega-x}{\omega}} = \frac{\omega-x-t}{\omega-x}$

因此，$T(x) \sim U(0, \omega-x)$。

(2) 当 $X \sim E(\lambda)$ 时，有 $s_T(t) = \frac{s_X(x+t)}{s_X(x)} = \frac{e^{-\lambda(x+t)}}{e^{-\lambda x}} = e^{-\lambda t}$

因此，$T(x) \sim E(\lambda)$。

3. 若 $X \sim Weibull(\theta, \tau)(x>0, \theta>0, \tau>0)$，证明 $\mathring{e}_0 = E(X) = \theta \times \Gamma\left(1 + \frac{1}{\tau}\right)$。

证明：方法一：利用概率密度函数 $f(x)$ 计算期望 $E(X)$。

$$\mathring{e}_0 = E(X) = \int_0^\infty xf(x)\mathrm{d}x = \int_0^\infty x \frac{\tau(x/\theta)^\tau e^{-(x/\theta)^\tau}}{x} \mathrm{d}x = \int_0^\infty \tau(x/\theta)^\tau e^{-(x/\theta)^\tau} \mathrm{d}x$$

令 $y = (x/\theta)^\tau$，得到 $\mathrm{d}y = \tau/\theta (x/\theta)^{\tau-1} \mathrm{d}x$。代入上式，得到

$$\mathring{e}_0 = E(X) = \int_0^\infty \theta y^{1/\tau} e^{-y} \mathrm{d}y$$

进一步地，利用伽马函数的性质 $\int_0^\infty x^{\alpha-1} e^{-\lambda x} \mathrm{d}x = \frac{\Gamma(\alpha)}{\lambda^\alpha}$，可以得到 X 的均值为

$$\mathring{e}_0 = E(X) = \int_0^\infty \theta y^{1/\tau} e^{-y} \mathrm{d}x = \theta \times \Gamma\left(1 + \frac{1}{\tau}\right)$$

方法二：利用生存函数 $s(x)$ 计算期望 $E(X)$。

$$\mathring{e}_0 = E(X) = \int_0^\infty s(x) \mathrm{d}x = \int_0^\infty e^{-(x/\theta)^\tau} \mathrm{d}x$$

令 $y = (x/\theta)^\tau$，得到 $\mathrm{d}y = \tau/\theta (x/\theta)^{\tau-1} \mathrm{d}x$。代入上式，得到

$$\mathring{e}_0 = E(X) = \int_0^\infty \theta/\tau y^{1/\tau-1} e^{-y} \mathrm{d}y$$

进一步地,利用伽马函数的性质 $\int_0^\infty x^{\alpha-1} e^{-\lambda x} \mathrm{d}x = \dfrac{\Gamma(\alpha)}{\lambda^\alpha}$,可以得到 X 的均值为

$$\mathring{e}_0 = E(X) = \int_0^\infty \theta/\tau y^{1/\tau-1} e^{-y} \mathrm{d}y = \theta/\tau \times \Gamma\left(\frac{1}{\tau}\right) = \theta \times \Gamma\left(1+\frac{1}{\tau}\right)$$

4. 证明以下两个递推公式。

(1) $e_x = p_x + p_x e_{x+1}$

(2) $e_x = e_{x:\overline{n}|} + {}_n p_x e_{x+n}$

证明:(1) 方法一:

$$e_x = \sum_{k=1}^\infty {}_k p_x = p_x + {}_2 p_x + {}_3 p_x + \cdots = p_x(1 + p_{x+1} + {}_2 p_{x+1} + \cdots)$$
$$= p_x(1 + e_{x+1}) = p_x + p_x e_{x+1}$$

方法二:

根据生存概率的连乘法则 ${}_k p_x = p_x \cdot {}_{k-1} p_{x+1}$,可得

$$e_x = \sum_{k=1}^\infty {}_k p_x = \sum_{k=1}^\infty p_x \cdot {}_{k-1} p_{x+1} = p_x \sum_{k=1}^\infty {}_{k-1} p_{x+1} = p_x\left(1 + \sum_{k=2}^\infty {}_{k-1} p_{x+1}\right) = p_x\left(1 + \sum_{u=1}^\infty {}_u p_{x+1}\right)$$
$$= p_x(1 + e_{x+1}) = p_x + p_x e_{x+1}$$

(2) 根据生存概率的连乘法则 ${}_k p_x = {}_n p_x \cdot {}_{k-n} p_{x+n}$,可得

$$e_x = \sum_{k=1}^\infty {}_k p_x = \sum_{k=1}^n {}_k p_x + \sum_{k=n+1}^\infty {}_k p_x = e_{x:\overline{n}|} + \sum_{k=n+1}^\infty {}_k p_x$$
$$= e_{x:\overline{n}|} + \sum_{k=n+1}^\infty {}_n p_x \cdot {}_{k-n} p_{x+n} = e_{x:\overline{n}|} + {}_n p_x \sum_{u=1}^\infty {}_u p_{x+n}$$
$$= e_{x:\overline{n}|} + {}_n p_x e_{x+n}$$

5. 已知 M 和 N 两组人群的死力函数存在如下关系:

$$\mu_{25}^N(t) = \begin{cases} \mu_{25}^M(t) + 0.1(1-t) & 0 \leqslant t \leqslant 1 \\ \mu_{25}^M(t) & t > 1 \end{cases}$$

且 $e_{25}^M = 10$。计算 e_{25}^N 的值。

解: 方法一:显然 $\mu_{25}^N(t) = \mu^N(25+t)$,$\mu_{25}^M(t) = \mu^M(25+t)$。也就是说,已知条件可以改写为

$$\mu^N(25+t) = \begin{cases} \mu^M(25+t) + 0.1(1-t) & 0 \leqslant t \leqslant 1 \\ \mu^M(25+t) & t > 1 \end{cases}$$

进而得到 $\mu^N(26) = \mu^M(26)$,$\mu^N(27) = \mu^M(27)$,…

由 $_tp_x = s_T(t) = e^{-\int_0^t \mu(u)du}$ 可得 $_kp_{26}^N = _kp_{26}^M (k=1, 2, \cdots)$

由 $e_x = \sum_{k=1}^{\infty} {_kp_x}$ 可得 $e_{26}^N = e_{26}^M$

由递推公式 $e_x = p_x + p_x e_{x+1}$ 可得

$$e_{25}^N = p_{25}^N(1+e_{26}^N) = p_{25}^N(1+e_{26}^M)$$
$$= e^{-\int_0^1 [\mu^M(25+t)+0.1(1-t)]dt}(1+e_{26}^M) = e^{-\int_0^1 \mu^M(25+t)dt} e^{-\int_0^1 0.1(1-t)dt}(1+e_{26}^M)$$
$$= p_{25}^M(1+e_{26}^M)e^{-0.05} = e_{25}^M e^{-0.05} = 10e^{-0.05} = 9.5$$

方法二：

由 $\mu^N(25+t)$ 和 $\mu^M(25+t)$ 的差异部分，可得

$$e_{25}^N = e^{-\int_0^1 0.1(1-t)dt} e_{25}^M = e^{\frac{0.1(1-t)^2}{2}\big|_0^1} e_{25}^M = 10e^{-0.05} = 9.5$$

6. 已知 $\mu(x) = \begin{cases} 0.04 & 0 < x \leqslant 40 \\ 0.05 & x > 40 \end{cases}$，计算 $\overset{\circ}{e}_{25:\overline{25|}}$ 的值。

解：方法一：直接计算。

由题意得 $_tp_{25} = \begin{cases} e^{-0.04t} & 0 < t \leqslant 15 \\ e^{-0.6}e^{-0.05(t-15)} & t > 15 \end{cases}$

则有

$$\overset{\circ}{e}_{25:\overline{25|}} = \int_0^{25} {_tp_{25}}dt$$
$$= \int_0^{15} {_tp_{25}}dt + \int_{15}^{25} {_tp_{25}}dt$$
$$= \int_0^{15} e^{-0.04t}dt + \int_{15}^{25} e^{-0.6}e^{-0.05(t-15)}dt$$
$$= \int_0^{15} e^{-0.04t}dt + \int_0^{10} e^{-0.6}e^{-0.05t}dt$$
$$= 15.6$$

方法二：利用递推公式计算。

$$\overset{\circ}{e}_{25:\overline{25|}} = \overset{\circ}{e}_{25:\overline{15|}} + {_{15}p_{25}}\overset{\circ}{e}_{40:\overline{10|}} = \int_0^{15} e^{-0.04t}dt + e^{-0.6}\int_0^{10} e^{-0.05t}dt = 15.6$$

7. 已知 $\overset{\circ}{e}_{30:\overline{40|}} = 27.692$，$s(x) = \frac{\omega-x}{\omega}(0 \leqslant x \leqslant \omega)$，$T(x)$ 是 x 岁的人的未来死亡时间随机变量，计算 $\text{var}[T(30)]$ 的值。

解：由题意得 $X \sim U(0,\omega)$，$T(30) \sim U(0, \omega-30)$。进而得到

$$_tp_{30} = \frac{\omega-30-t}{\omega-30} = 1 - \frac{t}{\omega-30}$$

$$\overset{\circ}{e}_{30:\overline{40|}} = \int_0^{40} {}_tp_{30}\,\mathrm{d}t$$
$$= \int_0^{40}\left(1 - \frac{t}{\omega - 30}\right)\mathrm{d}t$$
$$= \left[t - \frac{t^2}{2(\omega - 30)}\right]\Big|_0^{40}$$
$$= 40 - \frac{40^2}{2(\omega - 30)}$$
$$= 27.692$$

解得 $\omega = 95$

进而得到 $T(30) \sim U(0, 65)$

因此，$\mathrm{var}(T(30)) = \dfrac{65^2}{12} = 352.1$

8. 在 UDD 假设下，证明 $q_x = {}_tp_x\mu_{x+t}$ $(0 < t < 1)$。

证明： 在 UDD 假设下，有
$$l_{x+t} = l_x - d_x \times t$$

两边同除以 l_x，得到
$${}_tp_x = 1 - tq_x$$

则有 ${}_tq_x = tq_x$

进而得到
$$\mu_{x+t} = \frac{f_T(t)}{s_T(t)} = -\frac{s_T'(t)}{s_T(t)} = -\frac{\dfrac{\mathrm{d}}{\mathrm{d}t}({}_tp_x)}{{}_tp_x} = -\frac{\dfrac{\mathrm{d}}{\mathrm{d}t}(1 - tq_x)}{{}_tp_x} = \frac{q_x}{{}_tp_x}$$

因此得到
$$q_x = {}_tp_x\mu_{x+t}$$

9. 已知 $\mu(80.5) = 0.0202$，$\mu(81.5) = 0.0408$，$\mu(82.5) = 0.0619$，且死亡在每个整数年龄区间服从均匀分布，求 80.5 岁的人在未来两年内的死亡概率。

解： 在 UDD 假设下，对于 $x \in N$，$0 \leq t \leq 1$，有
$$\mu_{x+t} = \frac{f(x+t)}{s(x+t)} = -\frac{s'(x+t)}{s(x+t)} = -\frac{s_T'(t)}{s_T(t)} = -\frac{\dfrac{\mathrm{d}}{\mathrm{d}t}{}_tp_x}{{}_tp_x} = \frac{q_x}{1 - tq_x}$$

进而得到
$$\mu(80.5) = \frac{q_{80}}{1 - 0.5q_{80}} = 0.0202$$
$$\mu(81.5) = \frac{q_{81}}{1 - 0.5q_{81}} = 0.0408$$

$$\mu(82.5) = \frac{q_{82}}{1-0.5q_{82}} = 0.0619$$

解得 $q_{80}=0.02$，$q_{81}=0.04$，$q_{82}=0.06$

最后得到

$$\begin{aligned}
{}_2q_{80.5} &= 1 - {}_2p_{80.5} \\
&= 1 - {}_{0.5}p_{80.5} \cdot p_{81} \cdot {}_{0.5}p_{82} \\
&= 1 - (1-0.5q_{80})p_{81}(1-0.5q_{82}) \\
&= 1 - 0.99 \cdot 0.96 \cdot 0.97 \\
&= 0.08
\end{aligned}$$

10. 在 UDD 假设下，证明 $\mathring{e}_{x:\overline{n}|} = e_{x:\overline{n}|} + \frac{1}{2}{}_nq_x$，并给出直觉解释。

证明：

方法一：利用生存函数（概率）进行证明。

$$\begin{aligned}
\mathring{e}_{x:\overline{n}|} &= \int_0^n {}_tp_x \, \mathrm{d}t \\
&= \int_0^1 {}_tp_x \, \mathrm{d}t + \int_1^2 {}_tp_x \, \mathrm{d}t + \cdots + \int_t^{t+1} {}_tp_x \, \mathrm{d}t + \cdots \\
&= \sum_{t=0}^{n-1} \int_t^{t+1} {}_tp_x \, \mathrm{d}t
\end{aligned}$$

其中，在 UDD 假设下，有

$$\begin{aligned}
\int_t^{t+1} {}_tp_x \, \mathrm{d}t &= \int_t^{t+1} {}_up_x \, \mathrm{d}u = \int_t^{t+1} {}_tp_x \cdot {}_{u-t}p_{x+t} \, \mathrm{d}u = {}_tp_x \int_t^{t+1} {}_{u-t}p_{x+t} \, \mathrm{d}u \\
&= {}_tp_x \int_0^1 {}_yp_{x+t} \, \mathrm{d}y = {}_tp_x \int_0^1 (1 - {}_yq_{x+t}) \, \mathrm{d}y \\
&= {}_tp_x \int_0^1 (1 - yq_{x+t}) \, \mathrm{d}y = {}_tp_x \left(y - \frac{1}{2}y^2 q_{x+t} \right) \Big|_0^1 \\
&= {}_tp_x - \frac{1}{2} {}_tp_x q_{x+t}
\end{aligned}$$

进而得到

$$\begin{aligned}
\mathring{e}_{x:\overline{n}|} &= \sum_{t=0}^{n-1} \int_t^{t+1} {}_tp_x \, \mathrm{d}t = \sum_{t=0}^{n-1} \left({}_tp_x - \frac{1}{2} {}_tp_x q_{x+t} \right) \\
&= \sum_{t=0}^{n-1} {}_tp_x - \frac{1}{2}(1 - {}_np_x) = 1 + \sum_{t=1}^{n} {}_tp_x - {}_np_x - \frac{1}{2} {}_nq_x = e_{x:\overline{n}|} + \frac{1}{2} {}_nq_x
\end{aligned}$$

方法二：利用 $\mathring{e}_x$ 和 e_x 的递推公式及关系进行证明。

在 UDD 假设下，有

$$\begin{cases} \mathring{e}_x = e_x + \dfrac{1}{2} \\ \mathring{e}_{x+n} = e_{x+n} + \dfrac{1}{2} \end{cases}$$

由 $\mathring{e}_x$ 和 e_x 的递推公式,可得

$$\begin{cases} \mathring{e}_x = \mathring{e}_{x:\overline{n}|} + {}_np_x \mathring{e}_{x+n} \\ e_x = e_{x:\overline{n}|} + {}_np_x e_{x+n} \end{cases}$$

两式左右两边相减,得到

$$\dfrac{1}{2} = \mathring{e}_{x:\overline{n}|} - e_{x:\overline{n}|} + \dfrac{1}{2}{}_np_x$$

进而得到

$$\mathring{e}_{x:\overline{n}|} = e_{x:\overline{n}|} + \dfrac{1}{2} - \dfrac{1}{2}{}_np_x = e_{x:\overline{n}|} + \dfrac{1}{2}{}_nq_x$$

我们可以从连续型框架下 $\mathring{e}_{x:\overline{n}|}$ 和离散型框架下 $e_{x:\overline{n}|}$ 的差异给出直觉解释。显然,对于 x 岁的人,若活过未来 n 年(即在 $(x+n,\infty)$ 区间死亡),则两者无差异;若在未来 n 年内(即在 $(x,x+n]$ 区间)死亡,则前者比后者多算了 $\dfrac{1}{2}{}_nq_x$(即每个死亡的人,前者比后者都多算了 $\dfrac{1}{2}$;平均意义上,有 ${}_nq_x$ 的概率多算了 $\dfrac{1}{2}{}_nq_x$)。

11. 已知 0 岁的人的死亡时间随机变量 X 服从指数分布,且 $q_x = 0.05$,计算 m_x、${}_nm_x$ 的值。

解:由题意得 $X \sim E(\lambda)$。进而得到

$$m_x = \dfrac{\int_x^{x+1} f(y)\mathrm{d}y}{\int_x^{x+1} s(y)\mathrm{d}y} = \dfrac{\int_x^{x+1} s(y)\lambda \mathrm{d}y}{\int_x^{x+1} s(y)\mathrm{d}y} = \lambda$$

$$_nm_x = \dfrac{\int_x^{x+n} f(y)\mathrm{d}y}{\int_x^{x+n} s(y)\mathrm{d}y} = \dfrac{\int_x^{x+n} s(y)\lambda \mathrm{d}y}{\int_x^{x+n} s(y)\mathrm{d}y} = \lambda$$

由 $q_x = 1 - p_x = 1 - \dfrac{s(x+1)}{s(x)} = 1 - \dfrac{e^{-\lambda(x+1)}}{e^{-\lambda x}} = 1 - e^{-\lambda} = 0.05$ 可得

$$\lambda = -\ln(1-0.05) = -\ln 0.95 = 0.0513$$

因此,$m_x = {}_nm_x = \lambda = 0.0513$。

二、扩展思考题

1. (1) 利用式(4.3.14)和本章附表Ⅲ中的非养老类业务一表中的男表(CL1),计算平均

预期(剩余)寿命。

(2) 在UDD假设下,利用生命表编制方法和本章附表Ⅲ中的非养老类业务一表中的男表(CL1),计算平均预期(剩余)寿命。

(3) 解释(1)和(2)中计算结果的差异。

答: (1) 表4-2给出了利用式(4.3.14)计算平均预期(剩余)寿命的过程和结果。

表 4-2　利用式(4.3.14)计算平均预期(剩余)寿命

x	q_x	p_x	$_kp_0$	e_x
0	0.000 867	0.999 133	1	75.920 14
1	0.000 615	0.999 385	0.999 133	74.986 02
2	0.000 445	0.999 555	0.998 519	74.032 17
3	0.000 339	0.999 661	0.998 074	73.065 13
4	0.000 280	0.999 720	0.997 736	72.089 90
5	0.000 251	0.999 749	0.997 456	71.110 09
6	0.000 237	0.999 763	0.997 206	70.127 95
7	0.000 233	0.999 767	0.996 970	69.144 57
8	0.000 238	0.999 762	0.996 737	68.160 69
9	0.000 250	0.999 750	0.996 500	67.176 91
10	0.000 269	0.999 731	0.996 251	66.193 71
11	0.000 293	0.999 707	0.995 983	65.211 52
12	0.000 319	0.999 681	0.995 691	64.230 63
13	0.000 347	0.999 653	0.995 374	63.251 13
14	0.000 375	0.999 625	0.995 028	62.273 09
15	0.000 402	0.999 598	0.994 655	61.296 45
16	0.000 427	0.999 573	0.994 255	60.321 10
17	0.000 449	0.999 551	0.993 831	59.346 87
18	0.000 469	0.999 531	0.993 385	58.373 52
19	0.000 489	0.999 511	0.992 919	57.400 91
20	0.000 508	0.999 492	0.992 433	56.429 00
21	0.000 527	0.999 473	0.991 929	55.457 68
22	0.000 547	0.999 453	0.991 406	54.486 92
23	0.000 568	0.999 432	0.990 864	53.516 74
24	0.000 591	0.999 409	0.990 301	52.547 15
25	0.000 615	0.999 385	0.989 716	51.578 23
26	0.000 644	0.999 356	0.989 107	50.609 97

续表

x	q_x	p_x	$_kp_0$	e_x
27	0.000 675	0.999 325	0.988 470	49.642 58
28	0.000 711	0.999 289	0.987 803	48.676 11
29	0.000 751	0.999 249	0.987 101	47.710 75
30	0.000 797	0.999 203	0.986 359	46.746 61
31	0.000 847	0.999 153	0.985 573	45.783 89
32	0.000 903	0.999 097	0.984 738	44.822 70
33	0.000 966	0.999 034	0.983 849	43.863 22
34	0.001 035	0.998 965	0.982 899	42.905 63
35	0.001 111	0.998 889	0.981 881	41.950 08
36	0.001 196	0.998 804	0.980 791	40.996 74
37	0.001 290	0.998 710	0.979 618	40.045 83
38	0.001 395	0.998 605	0.978 354	39.097 56
39	0.001 515	0.998 485	0.976 989	38.152 17
40	0.001 651	0.998 349	0.975 509	37.210 06
41	0.001 804	0.998 196	0.973 898	36.271 60
42	0.001 978	0.998 022	0.972 141	35.337 15
43	0.002 173	0.997 827	0.970 219	34.407 18
44	0.002 393	0.997 607	0.968 110	33.482 11
45	0.002 639	0.997 361	0.965 794	32.562 43
46	0.002 913	0.997 087	0.963 245	31.648 59
47	0.003 213	0.996 787	0.960 439	30.741 05
48	0.003 538	0.996 462	0.957 353	29.840 14
49	0.003 884	0.996 116	0.953 966	28.946 09
50	0.004 249	0.995 751	0.950 261	28.058 95
51	0.004 633	0.995 367	0.946 223	27.178 69
52	0.005 032	0.994 968	0.941 839	26.305 19
53	0.005 445	0.994 555	0.937 100	25.438 23
54	0.005 869	0.994 131	0.931 997	24.577 50
55	0.006 302	0.993 698	0.926 527	23.722 59
56	0.006 747	0.993 253	0.920 688	22.873 04
57	0.007 227	0.992 773	0.914 477	22.028 41
58	0.007 770	0.992 230	0.907 868	21.188 77

续表

x	q_x	p_x	$_kp_0$	e_x
59	0.008 403	0.991 597	0.900 814	20.354 70
60	0.009 161	0.990 839	0.893 244	19.527 19
61	0.010 065	0.989 935	0.885 061	18.707 73
62	0.011 129	0.988 871	0.876 153	17.897 94
63	0.012 360	0.987 640	0.866 402	17.099 37
64	0.013 771	0.986 229	0.855 693	16.313 36
65	0.015 379	0.984 621	0.843 910	15.541 15
66	0.017 212	0.982 788	0.830 931	14.783 89
67	0.019 304	0.980 696	0.816 629	14.042 81
68	0.021 691	0.978 309	0.800 865	13.319 22
69	0.024 411	0.975 589	0.783 493	12.614 54
70	0.027 495	0.972 505	0.764 368	11.930 18
71	0.030 965	0.969 035	0.743 351	11.267 47
72	0.034 832	0.965 168	0.720 333	10.627 52
73	0.039 105	0.960 895	0.695 243	10.011 05
74	0.043 796	0.956 204	0.668 055	9.418 466
75	0.048 921	0.951 079	0.638 797	8.849 851
76	0.054 506	0.945 494	0.607 547	8.305 064
77	0.060 586	0.939 414	0.574 432	7.783 835
78	0.067 202	0.932 798	0.539 629	7.285 841
79	0.074 400	0.925 600	0.503 365	6.810 738
80	0.082 220	0.917 780	0.465 915	6.358 188
81	0.090 700	0.909 300	0.427 607	5.927 791
82	0.099 868	0.900 132	0.388 823	5.519 070
83	0.109 754	0.890 246	0.349 992	5.131 401
84	0.120 388	0.879 612	0.311 579	4.764 026
85	0.131 817	0.868 183	0.274 069	4.416 054
86	0.144 105	0.855 895	0.237 942	4.086 547
87	0.157 334	0.842 666	0.203 653	3.774 589
88	0.171 609	0.828 391	0.171 612	3.479 342
89	0.187 046	0.812 954	0.142 162	3.200 121
90	0.203 765	0.796 235	0.115 571	2.936 411

续表

x	q_x	p_x	$_kp_0$	e_x
91	0.221 873	0.778 127	0.092 022	2.687 869
92	0.241 451	0.758 549	0.071 604	2.454 281
93	0.262 539	0.737 461	0.054 315	2.235 494
94	0.285 129	0.714 871	0.040 056	2.031 339
95	0.309 160	0.690 840	0.028 635	1.841 546
96	0.334 529	0.665 471	0.019 782	1.665 662
97	0.361 101	0.638 899	0.013 164	1.502 983
98	0.388 727	0.611 273	0.008 411	1.352 458
99	0.417 257	0.582 743	0.005 141	1.212 526
100	0.446 544	0.553 456	0.002 996	1.080 722
101	0.476 447	0.523 553	0.001 658	0.952 679
102	0.506 830	0.493 170	0.000 868	0.819 642
103	0.537 558	0.462 442	0.000 428	0.661 987
104	0.568 497	0.431 503	0.000 198	0.431 503
105	1	0	8.54E-05	0

(2) 表 4-3 给出了在 UDD 假设下,利用生命表编制方法计算平均预期(剩余)寿命的过程和结果。

表 4-3 利用生命表编制方法计算平均预期(剩余)寿命

x	q_x	a_x	l_x	d_x	L_x	T_x	$\mathring{e}_x$
0	0.000 867	0.5	100 000	86.700 00	99 956.65	7 642 014	76.420 14
1	0.000 615	0.5	99 913.3	61.446 68	99 882.58	7 542 058	75.486 02
2	0.000 445	0.5	99 851.85	44.434 07	99 829.64	7 442 175	74.532 17
3	0.000 339	0.5	99 807.42	33.834 72	99 790.50	7 342 345	73.565 13
4	0.000 280	0.5	99 773.58	27.936 60	99 759.62	7 242 555	72.589 90
5	0.000 251	0.5	99 745.65	25.036 16	99 733.13	7 142 795	71.610 09
6	0.000 237	0.5	99 720.61	23.633 78	99 708.79	7 043 062	70.627 95
7	0.000 233	0.5	99 696.98	23.229 40	99 685.36	6 943 353	69.644 57
8	0.000 238	0.5	99 673.75	23.722 35	99 661.89	6 843 668	68.660 69
9	0.000 250	0.5	99 650.03	24.912 51	99 637.57	6 744 006	67.676 91
10	0.000 269	0.5	99 625.11	26.799 16	99 611.71	6 644 368	66.693 71
11	0.000 293	0.5	99 598.31	29.182 31	99 583.72	6 544 757	65.711 52

续表

x	q_x	a_x	l_x	d_x	L_x	T_x	$\overset{\circ}{e}_x$
12	0.000 319	0.5	99 569.13	31.762 55	99 553.25	6 445 173	64.730 63
13	0.000 347	0.5	99 537.37	34.539 47	99 520.10	6 345 620	63.751 13
14	0.000 375	0.5	99 502.83	37.313 56	99 484.17	6 246 100	62.773 09
15	0.000 402	0.5	99 465.52	39.985 14	99 445.52	6 146 615	61.796 45
16	0.000 427	0.5	99 425.53	42.454 70	99 404.30	6 047 170	60.821 10
17	0.000 449	0.5	99 383.08	44.623 00	99 360.77	5 947 766	59.846 87
18	0.000 469	0.5	99 338.45	46.589 73	99 315.16	5 848 405	58.873 52
19	0.000 489	0.5	99 291.86	48.553 72	99 267.59	5 749 090	57.900 91
20	0.000 508	0.5	99 243.31	50.415 60	99 218.10	5 649 822	56.929 00
21	0.000 527	0.5	99 192.89	52.274 66	99 166.76	5 550 604	55.957 68
22	0.000 547	0.5	99 140.62	54.229 92	99 113.51	5 451 437	54.986 92
23	0.000 568	0.5	99 086.39	56.281 07	99 058.25	5 352 324	54.016 74
24	0.000 591	0.5	99 030.11	58.526 79	99 000.85	5 253 266	53.047 15
25	0.000 615	0.5	98 971.58	60.867 52	98 941.15	5 154 265	52.078 23
26	0.000 644	0.5	98 910.71	63.698 50	98 878.87	5 055 324	51.109 97
27	0.000 675	0.5	98 847.02	66.721 74	98 813.66	4 956 445	50.142 58
28	0.000 711	0.5	98 780.29	70.232 79	98 745.18	4 857 631	49.176 11
29	0.000 751	0.5	98 710.06	74.131 26	98 673.00	4 758 886	48.210 75
30	0.000 797	0.5	98 635.93	78.612 84	98 596.62	4 660 213	47.246 61
31	0.000 847	0.5	98 557.32	83.478 05	98 515.58	4 561 616	46.283 89
32	0.000 903	0.5	98 473.84	88.921 88	98 429.38	4 463 101	45.322 70
33	0.000 966	0.5	98 384.92	95.039 83	98 337.40	4 364 671	44.363 22
34	0.001 035	0.5	98 289.88	101.730 0	98 239.01	4 266 334	43.405 63
35	0.001 111	0.5	98 188.15	109.087 0	98 133.60	4 168 095	42.450 08
36	0.001 196	0.5	98 079.06	117.302 6	98 020.41	4 069 961	41.496 74
37	0.001 290	0.5	97 961.76	126.370 7	97 898.57	3 971 941	40.545 83
38	0.001 395	0.5	97 835.39	136.480 4	97 767.15	3 874 042	39.597 56
39	0.001 515	0.5	97 698.91	148.013 8	97 624.90	3 776 275	38.652 17
40	0.001 651	0.5	97 550.89	161.056 5	97 470.37	3 678 650	37.710 06
41	0.001 804	0.5	97 389.84	175.691 3	97 301.99	3 581 180	36.771 60
42	0.001 978	0.5	97 214.15	192.289 6	97 118.00	3 483 878	35.837 15
43	0.002 173	0.5	97 021.86	210.828 5	96 916.44	3 386 760	34.907 18

续表

x	q_x	a_x	l_x	d_x	L_x	T_x	$\overset{\circ}{e}_x$
44	0.002 393	0.5	96 811.03	231.668 8	96 695.19	3 289 843	33.982 11
45	0.002 639	0.5	96 579.36	254.872 9	96 451.92	3 193 148	33.062 43
46	0.002 913	0.5	96 324.49	280.593 2	96 184.19	3 096 696	32.148 59
47	0.003 213	0.5	96 043.89	308.589 0	95 889.60	3 000 512	31.241 05
48	0.003 538	0.5	95 735.30	338.711 5	95 565.95	2 904 623	30.340 14
49	0.003 884	0.5	95 396.59	370.520 4	95 211.33	2 809 057	29.446 09
50	0.004 249	0.5	95 026.07	403.765 8	94 824.19	2 713 845	28.558 95
51	0.004 633	0.5	94 622.31	438.385 1	94 403.11	2 619 021	27.678 69
52	0.005 032	0.5	94 183.92	473.933 5	93 946.95	2 524 618	26.805 19
53	0.005 445	0.5	93 709.99	510.250 9	93 454.86	2 430 671	25.938 23
54	0.005 869	0.5	93 199.74	546.989 3	92 926.24	2 337 216	25.077 50
55	0.006 302	0.5	92 652.75	583.897 6	92 360.80	2 244 290	24.222 59
56	0.006 747	0.5	92 068.85	621.188 5	91 758.26	2 151 929	23.373 04
57	0.007 227	0.5	91 447.66	660.892 2	91 117.21	2 060 171	22.528 41
58	0.007 770	0.5	90 786.77	705.413 2	90 434.06	1 969 054	21.688 77
59	0.008 403	0.5	90 081.36	756.953 6	89 702.88	1 878 620	20.854 70
60	0.009 161	0.5	89 324.40	818.300 8	88 915.25	1 788 917	20.027 19
61	0.010 065	0.5	88 506.10	890.813 9	88 060.69	1 700 001	19.207 73
62	0.011 129	0.5	87 615.29	975.070 5	87 127.75	1 611 941	18.397 94
63	0.012 360	0.5	86 640.22	1 070.873	86 104.78	1 524 813	17.599 37
64	0.013 771	0.5	85 569.34	1 178.375	84 980.16	1 438 708	16.813 36
65	0.015 379	0.5	84 390.97	1 297.849	83 742.04	1 353 728	16.041 15
66	0.017 212	0.5	83 093.12	1 430.199	82 378.02	1 269 986	15.283 89
67	0.019 304	0.5	81 662.92	1 576.421	80 874.71	1 187 608	14.542 81
68	0.021 691	0.5	80 086.50	1 737.156	79 217.92	1 106 733	13.819 22
69	0.024 411	0.5	78 349.34	1 912.586	77 393.05	1 027 515	13.114 54
70	0.027 495	0.5	76 436.76	2 101.629	75 385.94	950 122.3	12.430 18
71	0.030 965	0.5	74 335.13	2 301.787	73 184.24	874 736.4	11.767 47
72	0.034 832	0.5	72 033.34	2 509.065	70 778.81	801 552.1	11.127 52
73	0.039 105	0.5	69 524.28	2 718.747	68 164.90	730 773.3	10.511 05
74	0.043 796	0.5	66 805.53	2 925.815	65 342.62	662 608.4	9.918 466
75	0.048 921	0.5	63 879.71	3 125.060	62 317.18	597 265.8	9.349 851

续表

x	q_x	a_x	l_x	d_x	L_x	T_x	$\overset{\circ}{e}_x$
76	0.054 506	0.5	60 754.66	3 311.493	59 098.91	534 948.6	8.805 064
77	0.060 586	0.5	57 443.16	3 480.251	55 703.04	475 849.7	8.283 835
78	0.067 202	0.5	53 962.91	3 626.416	52 149.70	420 146.7	7.785 841
79	0.074 400	0.5	50 336.49	3 745.035	48 463.98	367 997.0	7.310 738
80	0.082 220	0.5	46 591.46	3 830.750	44 676.08	319 533.0	6.858 188
81	0.090 700	0.5	42 760.71	3 878.396	40 821.51	274 856.9	6.427 791
82	0.099 868	0.5	38 882.31	3 883.099	36 940.76	234 035.4	6.019 070
83	0.109 754	0.5	34 999.21	3 841.304	33 078.56	197 094.6	5.631 401
84	0.120 388	0.5	31 157.91	3 751.039	29 282.39	164 016.0	5.264 026
85	0.131 817	0.5	27 406.87	3 612.692	25 600.53	134 733.7	4.916 054
86	0.144 105	0.5	23 794.18	3 428.860	22 079.75	109 133.1	4.586 547
87	0.157 334	0.5	20 365.32	3 204.157	18 763.24	87 053.38	4.274 589
88	0.171 609	0.5	17 161.16	2 945.010	15 688.66	68 290.14	3.979 342
89	0.187 046	0.5	14 216.15	2 659.075	12 886.62	52 601.48	3.700 121
90	0.203 765	0.5	11 557.08	2 354.928	10 379.61	39 714.87	3.436 411
91	0.221 873	0.5	9 202.15	2 041.709	8 181.296	29 335.25	3.187 869
92	0.241 451	0.5	7 160.442	1 728.896	6 295.994	21 153.96	2.954 281
93	0.262 539	0.5	5 431.546	1 425.993	4 718.55	14 857.96	2.735 494
94	0.285 129	0.5	4 005.553	1 142.099	3 434.504	10 139.41	2.531 339
95	0.309 160	0.5	2 863.454	885.265 4	2 420.821	6 704.91	2.341 546
96	0.334 529	0.5	1 978.188	661.761 4	1 647.308	4 284.088	2.165 662
97	0.361 101	0.5	1 316.427	475.363 1	1 078.745	2 636.781	2.002 983
98	0.388 727	0.5	841.063 9	326.944 3	677.591 8	1 558.035	1.852 458
99	0.417 257	0.5	514.119 7	214.520 0	406.859 7	880.443 4	1.712 526
100	0.446 544	0.5	299.599 6	133.784 4	232.707 4	473.583 7	1.580 722
101	0.476 447	0.5	165.815 2	79.002 16	126.314 1	240.876 3	1.452 679
102	0.506 830	0.5	86.813 05	43.999 46	64.813 32	114.562 2	1.319 642
103	0.537 558	0.5	42.813 59	23.014 79	31.306 20	49.748 84	1.161 987
104	0.568 497	0.5	19.798 8	11.255 56	14.171 02	18.442 65	0.931 503
105	1	0.5	8.543 243	8.543 243	4.271 622	4.271 622	0.5

(3) 在 UDD 假设下,有 $\mathring{e}_x = e_x + \frac{1}{2}$。这是因为,在(2)中利用生命表编制方法计算平均余命时,死亡人数平均活过的分数年龄也纳入了剩余寿命的计算。因此,(2)中计算的平均余命要比(1)中计算的取整余命大 0.5。

2. (1) 总结计算 $\mathring{e}_0 = E(X)$、$E(X^2)$ 和 $\text{var}(X)$ 的方法。

(2) 总结计算 $\mathring{e}_x = E(T)$、$E(T^2)$ 和 $\text{var}(T)$ 的方法。

(3) 总结计算 $\mathring{e}_{x:\overline{n}|}$ 的方法。

(4) 总结计算 $_nm_x$ 的方法。

答:(1) 计算 $\mathring{e}_0 = E(X)$ 的三种方法:

① $\mathring{e}_0 = E(X) = \int_0^\infty x f(x) \mathrm{d}x = \int_0^\infty x \,_xp_0 \mu_x \mathrm{d}x$

② $\mathring{e}_0 = E(X) = \int_0^\infty s(x) \mathrm{d}x = \int_0^\infty {_xp_0} \mathrm{d}x$

③ $\mathring{e}_0 = E(X) = \int_0^\infty {_xp_0} \mathrm{d}x = \int_0^\infty \frac{l_x}{l_0} \mathrm{d}x = \frac{\int_0^\infty l_x \mathrm{d}x}{l_0} = \frac{T_0}{l_0}$

即 $\mathring{e}_0 = E(X) = \int_0^\infty x f(x) \mathrm{d}x = \int_0^\infty s(x) \mathrm{d}x = \frac{T_0}{l_0}$

计算 $E(X^2)$ 的四种方法:

① $E(X^2) = \int_0^\infty x^2 f(x) \mathrm{d}x = \int_0^\infty x^2 \,_xp_0 \mu_x \mathrm{d}x$

② $E(X^2) = \int_0^\infty -x^2 \mathrm{d}s(x) = -x^2 s(x) \big|_0^\infty + \int_0^\infty 2x s(x) \mathrm{d}x = \int_0^\infty 2x s(x) \mathrm{d}x = \int_0^\infty 2x \,_xp_0 \mathrm{d}x$

③ $E(X^2) = \int_0^\infty 2x \,_xp_0 \mathrm{d}x = \int_0^\infty 2x \frac{l_x}{l_0} \mathrm{d}x = \frac{2}{l_0} \int_0^\infty x l_x \mathrm{d}x$

④ $E(X^2) = \frac{2}{l_0} \int_0^\infty x l_x \mathrm{d}x = \frac{2 \int_0^\infty T_x \mathrm{d}x}{l_0} = \frac{2Y_0}{l_0}$ (其中,$Y_0 = \int_0^\infty T_x \mathrm{d}x$)

利用二重积分(交换积分顺序)推导④:

$\frac{2Y_0}{l_0} = \frac{2 \int_0^\infty T_x \mathrm{d}x}{l_0} = \frac{2 \int_0^\infty \int_x^\infty l_y \mathrm{d}y \mathrm{d}x}{l_0} = \frac{2 \int_0^\infty l_y \mathrm{d}y \int_0^y \mathrm{d}x}{l_0} = \frac{2 \int_0^\infty y l_y \mathrm{d}y}{l_0} = \frac{2}{l_0} \int_0^\infty x l_x \mathrm{d}x$

即 $E(X^2) = \int_0^\infty x^2 f(x) \mathrm{d}x = \int_0^\infty 2x s(x) \mathrm{d}x = \frac{2}{l_0} \int_0^\infty x l_x \mathrm{d}x = \frac{2 \int_0^\infty T_x \mathrm{d}x}{l_0}$

计算 $\text{var}(X)$ 的方法:

$$\text{var}(X) = E(X^2) - [E(X)]^2 = E(X^2) - (\mathring{e}_0)^2$$

(2) 计算 $\mathring{e}_x = E(T)$ 的四种方法:

① $\overset{\circ}{e}_x = E(T) = \int_0^\infty t f_T(t)\mathrm{d}x = \int_0^\infty t\,{}_tp_x\mu_{x+t}\mathrm{d}t$

② $\overset{\circ}{e}_x = E(T) = \int_0^\infty s_T(t)\mathrm{d}t = \int_0^\infty {}_tp_x\mathrm{d}t$

③ $\overset{\circ}{e}_x = E(T) = \int_0^\infty {}_tp_x\mathrm{d}t = \int_0^\infty \frac{s(x+t)}{s(x)}\mathrm{d}t = \int_0^\infty \frac{l_{x+t}}{l_x}\mathrm{d}t$

④ $\overset{\circ}{e}_x = E(T) = \int_0^\infty \frac{l_{x+t}}{l_x}\mathrm{d}t = \frac{\int_x^\infty l_y\mathrm{d}y}{l_x} = \frac{T_x}{l_x}$

即 $\overset{\circ}{e}_x = E(T) = \int_0^\infty t f_T(t)\mathrm{d}x = \int_0^\infty s_T(t)\mathrm{d}t = \frac{T_x}{l_x}$

计算 $E(T^2)$ 的四种方法：

① $E(T^2) = \int_0^\infty t^2 f_T(t)\mathrm{d}t = \int_0^\infty t^2\,{}_tp_x\mu_{x+t}\mathrm{d}t$

② $E(T^2) = \int_0^\infty -t^2\mathrm{d}s_T(t) = -t^2 s_T(t)\big|_0^\infty + \int_0^\infty 2t s_T(t)\mathrm{d}t = \int_0^\infty 2t s_T(t)\mathrm{d}t = \int_0^\infty 2t\,{}_tp_x\mathrm{d}t$

③ $E(T^2) = \int_0^\infty 2t\,{}_tp_x\mathrm{d}t = \int_0^\infty 2t\frac{l_{x+t}}{l_x}\mathrm{d}t = \frac{2}{l_x}\int_0^\infty t l_{x+t}\mathrm{d}t$

④ $E(T^2) = \frac{2}{l_x}\int_0^\infty t l_{x+t}\mathrm{d}t = \frac{2\int_0^\infty T_{x+t}\mathrm{d}t}{l_x} = \frac{2\int_x^\infty T_y\mathrm{d}y}{l_x} = \frac{2Y_x}{l_x}$

其中，$Y_x = \int_0^\infty T_{x+t}\mathrm{d}t = \int_x^\infty T_y\mathrm{d}y$。

利用二重积分(交换积分顺序)推导④：

$\dfrac{2Y_x}{l_x} = \dfrac{2\int_0^\infty T_{x+t}\mathrm{d}t}{l_x} = \dfrac{2\int_0^\infty \int_{x+t}^\infty l_y\mathrm{d}y\mathrm{d}t}{l_x} = \dfrac{2\int_x^\infty l_y\mathrm{d}y\int_0^{y-x}\mathrm{d}t}{l_x} = \dfrac{2\int_x^\infty (y-x)l_y\mathrm{d}y}{l_x} = \dfrac{2}{l_x}\int_0^\infty t l_{x+t}\mathrm{d}t$

即 $E(T^2) = \int_0^\infty t^2 f_T(t)\mathrm{d}t = \int_0^\infty 2t s_T(t)\mathrm{d}t = \frac{2}{l_x}\int_0^\infty t l_{x+t}\mathrm{d}t = \frac{2\int_x^\infty T_y\mathrm{d}y}{l_x}$

计算 $\mathrm{var}(T)$ 的方法：

$$\mathrm{var}(T) = E(T^2) - [E(T)]^2 = E(T^2) - (\overset{\circ}{e}_x)^2$$

(3) 计算 $\overset{\circ}{e}_{x:\overline{n}|}$ 的四种方法：

① $\overset{\circ}{e}_{x:\overline{n}|} = \int_0^n t f_T(t)\mathrm{d}t + n s_T(n) = \int_0^n t\,{}_tp_x\mu_{x+t}\mathrm{d}t + n s_T(n) = \int_0^n t\,{}_tp_x\mu_{x+t}\mathrm{d}t + n\,{}_np_x$

② $\overset{\circ}{e}_{x:\overline{n}|} = \int_0^n -t\mathrm{d}s_T(t) + n s_T(n) = -t s_T(t)\big|_0^n + \int_0^n s_T(t)\mathrm{d}t + n s_T(n)$

$= \int_0^n s_T(t)\mathrm{d}t = \int_0^n {}_tp_x\mathrm{d}t$

③ $\overset{\circ}{e}_{x:\overline{n}|} = \int_0^n {}_tp_x\mathrm{d}t = \int_0^n \frac{l_{x+t}}{l_x}\mathrm{d}t$

④ $\overset{\circ}{e}_{x:\overline{n}|} = \int_0^n \frac{l_{x+t}}{l_x} dt = \frac{{}_nL_x}{l_x} = \frac{T_x - T_{x+n}}{l_x}$

即 $\overset{\circ}{e}_{x:\overline{n}|} = \int_0^n t f_T(t) dt + n s_T(n) = \int_0^n s_T(t) dt = \int_0^n \frac{l_{x+t}}{l_x} dt = \frac{{}_nL_x}{l_x} = \frac{T_x - T_{x+n}}{l_x}$

(4) 计算 ${}_nm_x$ 的三种方法：

① ${}_nm_x = \dfrac{\int_0^n f_T(t) dt}{\int_0^n s_T(t) dt} = \dfrac{\int_0^n {}_tp_x \mu_{x+t} dt}{\int_0^n {}_tp_x dt}$

② ${}_nm_x = \dfrac{\int_0^n {}_tp_x \mu_{x+t} dt}{\int_0^n {}_tp_x dt} = \dfrac{\int_0^n \frac{l_{x+t}}{l_x} \mu_{x+t} dt}{\int_0^n \frac{l_{x+t}}{l_x} dt} = \dfrac{\int_0^n l_{x+t} \mu_{x+t} dt}{\int_0^n l_{x+t} dt}$

③ ${}_nm_x = \dfrac{\int_0^n l_{x+t} \mu_{x+t} dt}{\int_0^n l_{x+t} dt} = \dfrac{{}_nd_x}{{}_nL_x} = \dfrac{l_x - l_{x+n}}{T_x - T_{x+n}}$

推导③：

对于分子来说，对 $f_T(t) = -s'_T(t)$ 两边进行如下定积分：

$\int_0^n f_T(t) dt = \int_0^n -s'_T(t) dt$，进而得到 $\int_0^n {}_tp_x \mu_{x+t} dt = 1 - s_T(n)$

两边同乘以 l_x，得到

$$\int_0^n l_{x+t} \mu_{x+t} dt = l_x - l_x s_T(n) = l_x - l_x \times \frac{l_{x+n}}{l_x} = l_x - l_{x+n} = {}_nd_x$$

对于分母来说，由定义可知：

$${}_nL_x = \int_0^n l_{x+t} dt = \int_x^{x+n} l_y dy = \int_x^\infty l_y dy - \int_{x+n}^\infty l_y dy = T_x - T_{x+n}$$

故③成立。

即 ${}_nm_x = \dfrac{\int_0^n f_T(t) dt}{\int_0^n s_T(t) dt} = \dfrac{\int_0^n l_{x+t} \mu_{x+t} dt}{\int_0^n l_{x+t} dt} = \dfrac{{}_nd_x}{{}_nL_x} = \dfrac{l_x - l_{x+n}}{T_x - T_{x+n}}$

本章专业术语

第一节 0岁新生儿的死亡时间随机变量的分布		死力	Force of Mortality, 也称危险率(Hazard Rate)、失效率或故障率(Failure Rate)
新生儿的未来寿命	Future Lifetime of a New-born Person	生存函数	Survival Function

续表

死亡概率	Probability of Death,也称死亡率(Mortality Rate)	死亡时间在年内服从均匀分布假设	Uniform Distribution of Death Assumption,UDD
生存概率	Probability of Survival	第四节 生命表方法	
完全预期寿命	Complete Future Lifetime	生命表方法	The Life Table Approach
取整预期寿命	Curtate Future Lifetime	生命表	Life Table
第二节 连续型生存分布		国民生命表	National Life Table
连续型生存模型	Continuous Survival Model	经验生命表	Experience Life Table
简单的参数生存模型	Simple Parametric Survival Model	死亡率修匀	Mortality Graduation
均匀分布模型	Uniform Distribution Model	死亡风险	Mortality Risk
指数分布模型	Exponential Distribution Model	长寿风险	Longevity Risk
Gompertz 分布模型	Gompertz Distribution Model	完全生命表	Complete Life Table
Makeham 分布模型	Makeham Distribution Model	简易生命表	Abridged Life Table
Weibull 分布模型	Weibull Distribution Model	人类死亡率数据库	Human Mortality Database, HMD
Logistic 类型分布模型	Logistic Type Distribution Model	中国精算师协会	China Association of Actuaries, CAA
Gompertz 律	Gompertz's Law	静态生命表	Static Life Table,也称特定时间生命表(Time-specific Life Table)
Makeham 律	Makeham's Law	动态生命表	Dynamic Life Table
极限年龄 ω	The Limiting Age,ω,也称最高年龄(The Maximum Age,ω)	时期生命表	Period Life Table
演示生命表	Illustrative Life Table	队列生命表	Cohort Life Table
第三节 x 岁的人的剩余死亡时间随机变量的分布		中心死亡率	Central Death Rate,也称粗死亡率(Crude Death Rate)
完全剩余寿命	Complete Remaining Lifetime	条件死亡概率	Conditional Probability of Death
取整剩余寿命	Curtate Remaining Lifetime	瞬时死亡率	Instantaneous Mortality Rate
完全未来寿命 $T(x)$	Complete Future Lifetime,$T(x)$	暴露人口数	Exposed Population
取整未来寿命 $K(x)$	Curtate Future Lifetime,$K(x)$	风险暴露	Risk Exposure

附表 I 中国人身保险业经验生命表(1990—1993)

年龄	非养老金业务表			养老金业务表		
	男（CL1）	女（CL2）	男女混合（CL3）	男（CL4）	女（CL5）	男女混合（CL6）
0	0.003 037	0.002 765	0.002 909	0.002 733	0.002 489	0.002 618
1	0.002 157	0.001 859	0.002 016	0.001 941	0.001 673	0.001 814
2	0.001 611	0.001 314	0.001 470	0.001 450	0.001 183	0.001 323
3	0.001 250	0.000 966	0.001 114	0.001 125	0.000 869	0.001 003
4	0.001 000	0.000 734	0.000 872	0.000 900	0.000 661	0.000 785
5	0.000 821	0.000 573	0.000 702	0.000 739	0.000 516	0.000 632
6	0.000 690	0.000 458	0.000 579	0.000 621	0.000 412	0.000 521
7	0.000 593	0.000 375	0.000 489	0.000 534	0.000 338	0.000 440
8	0.000 520	0.000 315	0.000 421	0.000 468	0.000 284	0.000 379
9	0.000 468	0.000 274	0.000 374	0.000 421	0.000 247	0.000 337
10	0.000 437	0.000 249	0.000 346	0.000 393	0.000 224	0.000 311
11	0.000 432	0.000 240	0.000 339	0.000 389	0.000 216	0.000 305
12	0.000 458	0.000 248	0.000 356	0.000 412	0.000 223	0.000 320
13	0.000 516	0.000 269	0.000 396	0.000 464	0.000 242	0.000 356
14	0.000 603	0.000 302	0.000 457	0.000 543	0.000 272	0.000 411
15	0.000 706	0.000 341	0.000 529	0.000 635	0.000 307	0.000 476
16	0.000 812	0.000 382	0.000 602	0.000 731	0.000 344	0.000 542
17	0.000 907	0.000 421	0.000 670	0.000 816	0.000 379	0.000 603
18	0.000 981	0.000 454	0.000 724	0.000 883	0.000 409	0.000 652
19	0.001 028	0.000 481	0.000 762	0.000 925	0.000 433	0.000 686
20	0.001 049	0.000 500	0.000 778	0.000 944	0.000 450	0.000 700
21	0.001 048	0.000 511	0.000 784	0.000 943	0.000 460	0.000 706
22	0.001 030	0.000 517	0.000 780	0.000 927	0.000 465	0.000 702
23	0.001 003	0.000 519	0.000 767	0.000 903	0.000 467	0.000 690
24	0.000 972	0.000 519	0.000 752	0.000 875	0.000 467	0.000 677
25	0.000 945	0.000 519	0.000 738	0.000 851	0.000 467	0.000 664
26	0.000 925	0.000 520	0.000 728	0.000 833	0.000 468	0.000 655
27	0.000 915	0.000 525	0.000 727	0.000 824	0.000 473	0.000 654
28	0.000 918	0.000 533	0.000 730	0.000 826	0.000 480	0.000 657
29	0.000 933	0.000 546	0.000 743	0.000 840	0.000 491	0.000 669

续表

年龄	非养老金业务表			养老金业务表		
	男 (CL1)	女 (CL2)	男女混合 (CL3)	男 (CL4)	女 (CL5)	男女混合 (CL6)
30	0.000 963	0.000 566	0.000 773	0.000 867	0.000 509	0.000 696
31	0.001 007	0.000 592	0.000 809	0.000 906	0.000 533	0.000 728
32	0.001 064	0.000 625	0.000 855	0.000 958	0.000 563	0.000 770
33	0.001 136	0.000 666	0.000 910	0.001 022	0.000 599	0.000 819
34	0.001 222	0.000 714	0.000 976	0.001 100	0.000 643	0.000 878
35	0.001 321	0.000 772	0.001 057	0.001 189	0.000 695	0.000 951
36	0.001 436	0.000 838	0.001 146	0.001 292	0.000 754	0.001 031
37	0.001 565	0.000 914	0.001 249	0.001 409	0.000 823	0.001 124
38	0.001 710	0.001 001	0.001 366	0.001 539	0.000 901	0.001 229
39	0.001 872	0.001 098	0.001 497	0.001 685	0.000 988	0.001 347
40	0.002 051	0.001 208	0.001 650	0.001 846	0.001 087	0.001 485
41	0.002 250	0.001 331	0.001 812	0.002 025	0.001 198	0.001 631
42	0.002 470	0.001 468	0.001 993	0.002 223	0.001 321	0.001 794
43	0.002 713	0.001 620	0.002 193	0.002 442	0.001 458	0.001 794
44	0.002 981	0.001 790	0.002 409	0.002 683	0.001 611	0.002 168
45	0.003 276	0.001 979	0.002 658	0.002 948	0.001 781	0.002 392
46	0.003 601	0.002 188	0.002 933	0.003 241	0.001 969	0.002 640
47	0.003 958	0.002 420	0.003 231	0.003 562	0.002 178	0.002 908
48	0.004 352	0.002 677	0.003 558	0.003 917	0.002 409	0.003 202
49	0.004 784	0.002 962	0.003 925	0.004 306	0.002 666	0.003 533
50	0.005 260	0.003 277	0.004 322	0.004 734	0.002 929	0.003 890
51	0.005 783	0.003 627	0.004 770	0.005 205	0.003 264	0.004 293
52	0.006 358	0.004 014	0.005 263	0.005 722	0.003 613	0.004 737
53	0.006 991	0.004 442	0.005 790	0.006 292	0.003 998	0.005 211
54	0.007 686	0.004 916	0.006 367	0.006 917	0.004 424	0.005 730
55	0.008 449	0.005 440	0.007 005	0.007 604	0.004 896	0.006 305
56	0.009 288	0.006 020	0.007 735	0.008 359	0.005 418	0.006 962
57	0.010 210	0.006 661	0.008 524	0.009 189	0.005 995	0.007 672
58	0.011 222	0.007 370	0.009 386	0.010 100	0.006 633	0.008 447
59	0.012 333	0.008 154	0.010 349	0.011 100	0.007 339	0.009 314

续表

年龄	非养老金业务表			养老金业务表		
	男 (CL1)	女 (CL2)	男女混合 (CL3)	男 (CL4)	女 (CL5)	男女混合 (CL6)
60	0.013 553	0.009 022	0.011 378	0.012 198	0.008 120	0.010 240
61	0.014 892	0.009 980	0.012 508	0.013 403	0.008 982	0.011 257
62	0.016 361	0.011 039	0.013 779	0.014 725	0.009 935	0.012 401
63	0.017 972	0.012 209	0.015 167	0.016 175	0.010 988	0.013 650
64	0.019 740	0.013 502	0.016 672	0.017 766	0.012 152	0.015 005
65	0.021 677	0.014 929	0.018 275	0.019 509	0.013 436	0.016 448
66	0.023 800	0.016 505	0.020 107	0.021 420	0.014 855	0.018 096
67	0.026 125	0.018 044	0.022 111	0.023 513	0.016 420	0.019 900
68	0.028 671	0.020 162	0.024 315	0.025 804	0.017 146	0.021 884
69	0.031 457	0.022 278	0.036 701	0.028 311	0.020 050	0.024 031
70	0.034 504	0.024 610	0.029 296	0.031 054	0.022 149	0.026 366
71	0.037 835	0.027 180	0.032 152	0.034 052	0.024 462	0.028 937
72	0.041 474	0.030 009	0.035 305	0.037 327	0.027 008	0.031 775
73	0.045 446	0.033 132	0.038 746	0.040 901	0.029 811	0.034 871
74	0.049 779	0.036 549	0.042 465	0.044 801	0.032 984	0.038 219
75	0.054 501	0.040 313	0.046 582	0.049 051	0.036 282	0.041 924
76	0.059 644	0.044 447	0.051 078	0.053 680	0.040 002	0.045 970
77	0.065 238	0.048 984	0.055 926	0.058 714	0.044 086	0.050 333
78	0.071 317	0.053 958	0.061 236	0.064 185	0.048 562	0.055 112
79	0.077 916	0.059 405	0.066 958	0.070 124	0.053 465	0.060 262
80	0.085 069	0.065 364	0.073 092	0.076 562	0.058 828	0.065 783
81	0.092 813	0.071 876	0.079 823	0.083 532	0.064 688	0.071 841
82	0.101 184	0.078 981	0.087 192	0.091 066	0.071 083	0.078 473
83	0.110 218	0.086 722	0.095 102	0.099 196	0.078 050	0.085 592
84	0.119 951	0.095 145	0.103 653	0.107 956	0.085 631	0.093 288
85	0.130 418	0.104 291	0.112 976	0.117 376	0.093 862	0.101 678
86	0.141 651	0.114 207	0.123 047	0.127 486	0.102 786	0.110 742
87	0.153 681	0.124 933	0.133 927	0.138 313	0.112 440	0.120 534
88	0.166 534	0.136 511	0.145 631	0.149 881	0.122 860	0.131 068
89	0.180 233	0.148 980	0.158 079	0.162 210	0.134 082	0.142 271

续表

年龄	非养老金业务表			养老金业务表		
	男(CL1)	女(CL2)	男女混合(CL3)	男(CL4)	女(CL5)	男女混合(CL6)
90	0.194 795	0.162 374	0.171 599	0.175 316	0.146 137	0.154 439
91	0.210 233	0.176 721	0.185 702	0.189 210	0.159 049	0.167 132
92	0.226 550	0.192 046	0.200 967	0.203 895	0.159 049	0.180 870
93	0.243 742	0.208 364	0.217 252	0.219 368	0.187 528	0.195 527
94	0.261 797	0.225 680	0.234 450	0.235 617	0.203 112	0.211 005
95	0.280 694	0.243 992	0.253 233	0.252 625	0.219 593	0.227 910
96	0.300 399	0.263 285	0.282 344	0.270 359	0.236 957	0.245 110
97	0.320 871	0.283 531	0.292 664	0.288 784	0.255 178	0.263 398
98	0.342 055	0.304 690	0.314 651	0.307 850	0.274 221	0.283 186
99	0.363 889	0.326 708	0.336 441	0.327 500	0.294 037	0.302 797
100	0.386 299	0.349 518	0.358 080	0.347 669	0.314 566	0.322 272
101	0.409 200	0.373 037	0.381 455	0.368 280	0.335 733	0.343 310
102	0.432 503	0.397 173	0.405 397	0.389 253	0.357 456	0.364 857
103	0.456 108	0.421 820	0.429 801	0.410 497	0.379 638	0.386 821
104	0.479 911	0.446 863	0.454 556	0.431 920	0.402 177	0.409 100
105	1.000 000	1.000 000	1.000 000	1.000 000	1.000 000	1.000 000

附表 Ⅱ 中国人身保险业经验生命表(2000—2003)

年龄	非养老金业务表		养老金业务表	
	男(CL1)	女(CL2)	男(CL3)	女(CL4)
0	0.000 722	0.000 661	0.000 627	0.000 575
1	0.000 603	0.000 536	0.000 525	0.000 466
2	0.000 499	0.000 424	0.000 434	0.000 369
3	0.000 416	0.000 333	0.000 362	0.000 290
4	0.000 358	0.000 267	0.000 311	0.000 232
5	0.000 323	0.000 224	0.000 281	0.000 195
6	0.000 309	0.000 201	0.000 269	0.000 175
7	0.000 308	0.000 189	0.000 268	0.000 164
8	0.000 311	0.000 181	0.000 270	0.000 158
9	0.000 312	0.000 175	0.000 271	0.000 152
10	0.000 312	0.000 169	0.000 272	0.000 147

续表

年龄	非养老金业务表		养老金业务表	
	男(CL1)	女(CL2)	男(CL3)	女(CL4)
11	0.000 312	0.000 165	0.000 271	0.000 143
12	0.000 313	0.000 165	0.000 272	0.000 143
13	0.000 320	0.000 169	0.000 278	0.000 147
14	0.000 336	0.000 179	0.000 292	0.000 156
15	0.000 364	0.000 192	0.000 316	0.000 167
16	0.000 404	0.000 208	0.000 351	0.000 181
17	0.000 455	0.000 226	0.000 396	0.000 196
18	0.000 513	0.000 245	0.000 446	0.000 213
19	0.000 572	0.000 264	0.000 497	0.000 230
20	0.000 621	0.000 283	0.000 540	0.000 246
21	0.000 661	0.000 300	0.000 575	0.000 261
22	0.000 692	0.000 315	0.000 601	0.000 274
23	0.000 716	0.000 328	0.000 623	0.000 285
24	0.000 738	0.000 338	0.000 643	0.000 293
25	0.000 759	0.000 347	0.000 660	0.000 301
26	0.000 779	0.000 355	0.000 676	0.000 308
27	0.000 795	0.000 362	0.000 693	0.000 316
28	0.000 815	0.000 372	0.000 712	0.000 325
29	0.000 842	0.000 386	0.000 734	0.000 337
30	0.000 881	0.000 406	0.000 759	0.000 351
31	0.000 932	0.000 432	0.000 788	0.000 366
32	0.000 994	0.000 465	0.000 820	0.000 384
33	0.001 055	0.000 496	0.000 855	0.000 402
34	0.001 121	0.000 528	0.000 893	0.000 421
35	0.001 194	0.000 563	0.000 936	0.000 441
36	0.001 275	0.000 601	0.000 985	0.000 464
37	0.001 367	0.000 646	0.001 043	0.000 493
38	0.001 472	0.000 699	0.001 111	0.000 528
39	0.001 589	0.000 761	0.001 189	0.000 569
40	0.001 715	0.000 828	0.001 275	0.000 615
41	0.001 845	0.000 897	0.001 366	0.000 664
42	0.001 978	0.000 966	0.001 461	0.000 714
43	0.002 113	0.001 033	0.001 560	0.000 763

续表

年龄	非养老金业务表		养老金业务表	
	男(CL1)	女(CL2)	男(CL3)	女(CL4)
44	0.002 255	0.001 103	0.001 665	0.000 815
45	0.002 413	0.001 181	0.001 783	0.000 873
46	0.002 595	0.001 274	0.001 918	0.000 942
47	0.002 805	0.001 389	0.002 055	0.001 014
48	0.003 042	0.001 527	0.002 238	0.001 123
49	0.003 299	0.001 690	0.002 446	0.001 251
50	0.003 570	0.001 873	0.002 666	0.001 393
51	0.003 847	0.002 074	0.002 880	0.001 548
52	0.004 132	0.002 295	0.003 085	0.001 714
53	0.004 434	0.002 546	0.003 300	0.001 893
54	0.004 778	0.002 836	0.003 545	0.002 093
55	0.005 203	0.003 178	0.003 838	0.002 318
56	0.005 744	0.003 577	0.004 207	0.002 607
57	0.006 427	0.004 036	0.004 676	0.002 979
58	0.007 260	0.004 556	0.005 275	0.003 410
59	0.008 229	0.005 133	0.006 039	0.003 816
60	0.009 313	0.005 768	0.006 989	0.004 272
61	0.010 490	0.006 465	0.007 867	0.004 781
62	0.011 747	0.007 235	0.008 725	0.005 351
63	0.013 091	0.008 094	0.009 677	0.005 988
64	0.014 542	0.009 059	0.010 731	0.006 701
65	0.016 134	0.010 148	0.011 900	0.007 499
66	0.017 905	0.011 376	0.013 229	0.008 408
67	0.019 886	0.012 760	0.014 705	0.009 438
68	0.022 103	0.014 316	0.016 344	0.010 592
69	0.024 571	0.016 066	0.018 164	0.011 886
70	0.027 309	0.018 033	0.020 184	0.013 337
71	0.030 340	0.020 241	0.022 425	0.014 964
72	0.033 684	0.022 715	0.024 911	0.016 787
73	0.037 371	0.025 479	0.027 668	0.018 829
74	0.041 430	0.028 561	0.030 647	0.021 117

续表

年龄	非养老金业务表		养老金业务表	
	男(CL1)	女(CL2)	男(CL3)	女(CL4)
75	0.045 902	0.031 989	0.033 939	0.023 702
76	0.050 829	0.035 796	0.037 577	0.026 491
77	0.056 262	0.040 026	0.041 594	0.029 602
78	0.062 257	0.044 726	0.046 028	0.033 070
79	0.068 871	0.049 954	0.050 920	0.036 935
80	0.076 187	0.055 774	0.056 312	0.041 241
81	0.084 224	0.062 253	0.062 253	0.046 033
82	0.093 071	0.069 494	0.068 791	0.051 365
83	0.102 800	0.077 511	0.075 983	0.057 291
84	0.113 489	0.086 415	0.083 883	0.063 872
85	0.125 221	0.096 294	0.092 554	0.071 174
86	0.138 080	0.107 243	0.102 059	0.079 267
87	0.152 157	0.119 364	0.112 464	0.088 225
88	0.167 543	0.132 763	0.123 836	0.098 129
89	0.184 333	0.147 553	0.136 246	0.109 061
90	0.202 621	0.163 850	0.149 763	0.121 107
91	0.222 500	0.181 775	0.164 456	0.134 355
92	0.244 059	0.201 447	0.180 392	0.148 896
93	0.267 383	0.222 987	0.197 631	0.164 816
94	0.292 544	0.246 507	0.216 228	0.182 201
95	0.319 604	0.272 115	0.236 229	0.201 129
96	0.348 606	0.299 903	0.257 666	0.221 667
97	0.379 572	0.329 942	0.280 553	0.243 870
98	0.412 495	0.362 281	0.304 887	0.267 773
99	0.447 334	0.396 933	0.330 638	0.293 385
100	0.484 010	0.433 869	0.357 746	0.320 685
101	0.522 397	0.473 008	0.386 119	0.349 615
102	0.562 317	0.514 211	0.415 626	0.380 069
103	0.603 539	0.557 269	0.446 094	0.411 894
104	0.645 770	0.601 896	0.477 308	0.444 879
105	1.000 000	1.000 000	1.000 000	1.000 000

附表Ⅲ 中国人身保险业经验生命表(2010—2013)

年龄	非养老类业务一表		非养老类业务二表		养老类业务表	
	男(CL1)	女(CL2)	男(CL3)	女(CL4)	男(CL5)	女(CL6)
0	0.000 867	0.000 620	0.000 620	0.000 455	0.000 566	0.000 453
1	0.000 615	0.000 456	0.000 465	0.000 324	0.000 386	0.000 289
2	0.000 445	0.000 337	0.000 353	0.000 236	0.000 268	0.000 184
3	0.000 339	0.000 256	0.000 278	0.000 180	0.000 196	0.000 124
4	0.000 280	0.000 203	0.000 229	0.000 149	0.000 158	0.000 095
5	0.000 251	0.000 170	0.000 200	0.000 131	0.000 141	0.000 084
6	0.000 237	0.000 149	0.000 182	0.000 119	0.000 132	0.000 078
7	0.000 233	0.000 137	0.000 172	0.000 110	0.000 129	0.000 074
8	0.000 238	0.000 133	0.000 171	0.000 105	0.000 131	0.000 072
9	0.000 250	0.000 136	0.000 177	0.000 103	0.000 137	0.000 072
10	0.000 269	0.000 145	0.000 187	0.000 103	0.000 146	0.000 074
11	0.000 293	0.000 157	0.000 202	0.000 105	0.000 157	0.000 077
12	0.000 319	0.000 172	0.000 220	0.000 109	0.000 170	0.000 080
13	0.000 347	0.000 189	0.000 240	0.000 115	0.000 184	0.000 085
14	0.000 375	0.000 206	0.000 261	0.000 121	0.000 197	0.000 090
15	0.000 402	0.000 221	0.000 280	0.000 128	0.000 208	0.000 095
16	0.000 427	0.000 234	0.000 298	0.000 135	0.000 219	0.000 100
17	0.000 449	0.000 245	0.000 315	0.000 141	0.000 227	0.000 105
18	0.000 469	0.000 255	0.000 331	0.000 149	0.000 235	0.000 110
19	0.000 489	0.000 262	0.000 346	0.000 156	0.000 241	0.000 115
20	0.000 508	0.000 269	0.000 361	0.000 163	0.000 248	0.000 120
21	0.000 527	0.000 274	0.000 376	0.000 170	0.000 256	0.000 125
22	0.000 547	0.000 279	0.000 392	0.000 178	0.000 264	0.000 129
23	0.000 568	0.000 284	0.000 409	0.000 185	0.000 273	0.000 134
24	0.000 591	0.000 289	0.000 428	0.000 192	0.000 284	0.000 139
25	0.000 615	0.000 294	0.000 448	0.000 200	0.000 297	0.000 144
26	0.000 644	0.000 300	0.000 471	0.000 208	0.000 314	0.000 149
27	0.000 675	0.000 307	0.000 497	0.000 216	0.000 333	0.000 154
28	0.000 711	0.000 316	0.000 526	0.000 225	0.000 354	0.000 160
29	0.000 751	0.000 327	0.000 558	0.000 235	0.000 379	0.000 167
30	0.000 797	0.000 340	0.000 595	0.000 247	0.000 407	0.000 175

续表

年龄	非养老类业务一表		非养老类业务二表		养老类业务表	
	男(CL1)	女(CL2)	男(CL3)	女(CL4)	男(CL5)	女(CL6)
31	0.000 847	0.000 356	0.000 635	0.000 261	0.000 438	0.000 186
32	0.000 903	0.000 374	0.000 681	0.000 277	0.000 472	0.000 198
33	0.000 966	0.000 397	0.000 732	0.000 297	0.000 509	0.000 213
34	0.001 035	0.000 423	0.000 788	0.000 319	0.000 549	0.000 231
35	0.001 111	0.000 454	0.000 850	0.000 346	0.000 592	0.000 253
36	0.001 196	0.000 489	0.000 919	0.000 376	0.000 639	0.000 277
37	0.001 290	0.000 530	0.000 995	0.000 411	0.000 690	0.000 305
38	0.001 395	0.000 577	0.001 078	0.000 450	0.000 746	0.000 337
39	0.001 515	0.000 631	0.001 170	0.000 494	0.000 808	0.000 372
40	0.001 651	0.000 692	0.001 270	0.000 542	0.000 878	0.000 410
41	0.001 804	0.000 762	0.001 380	0.000 595	0.000 955	0.000 450
42	0.001 978	0.000 841	0.001 500	0.000 653	0.001 041	0.000 494
43	0.002 173	0.000 929	0.001 631	0.000 715	0.001 138	0.000 540
44	0.002 393	0.001 028	0.001 774	0.000 783	0.001 245	0.000 589
45	0.002 639	0.001 137	0.001 929	0.000 857	0.001 364	0.000 640
46	0.002 913	0.001 259	0.002 096	0.000 935	0.001 496	0.000 693
47	0.003 213	0.001 392	0.002 277	0.001 020	0.001 641	0.000 750
48	0.003 538	0.001 537	0.002 472	0.001 112	0.001 798	0.000 811
49	0.003 884	0.001 692	0.002 682	0.001 212	0.001 967	0.000 877
50	0.004 249	0.001 859	0.002 908	0.001 321	0.002 148	0.000 950
51	0.004 633	0.002 037	0.003 150	0.001 439	0.002 340	0.001 031
52	0.005 032	0.002 226	0.003 409	0.001 568	0.002 544	0.001 120
53	0.005 445	0.002 424	0.003 686	0.001 709	0.002 759	0.001 219
54	0.005 869	0.002 634	0.003 982	0.001 861	0.002 985	0.001 329
55	0.006 302	0.002 853	0.004 297	0.002 027	0.003 221	0.001 450
56	0.006 747	0.003 085	0.004 636	0.002 208	0.003 469	0.001 585
57	0.007 227	0.003 342	0.004 999	0.002 403	0.003 731	0.001 736
58	0.007 770	0.003 638	0.005 389	0.002 613	0.004 014	0.001 905
59	0.008 403	0.003 990	0.005 807	0.002 840	0.004 323	0.002 097
60	0.009 161	0.004 414	0.006 258	0.003 088	0.004 660	0.002 315
61	0.010 065	0.004 923	0.006 742	0.003 366	0.005 034	0.002 561

续表

年龄	非养老类业务一表		非养老类业务二表		养老类业务表	
	男(CL1)	女(CL2)	男(CL3)	女(CL4)	男(CL5)	女(CL6)
62	0.011 129	0.005 529	0.007 261	0.003 684	0.005 448	0.002 836
63	0.012 360	0.006 244	0.007 815	0.004 055	0.005 909	0.003 137
64	0.013 771	0.007 078	0.008 405	0.004 495	0.006 422	0.003 468
65	0.015 379	0.008 045	0.009 039	0.005 016	0.006 988	0.003 835
66	0.017 212	0.009 165	0.009 738	0.005 626	0.007 610	0.004 254
67	0.019 304	0.010 460	0.010 538	0.006 326	0.008 292	0.004 740
68	0.021 691	0.011 955	0.011 496	0.007 115	0.009 046	0.005 302
69	0.024 411	0.013 674	0.012 686	0.008 000	0.009 897	0.005 943
70	0.027 495	0.015 643	0.014 192	0.009 007	0.010 888	0.006 660
71	0.030 965	0.017 887	0.016 106	0.010 185	0.012 080	0.007 460
72	0.034 832	0.020 432	0.018 517	0.011 606	0.013 550	0.008 369
73	0.039 105	0.023 303	0.021 510	0.013 353	0.015 387	0.009 436
74	0.043 796	0.026 528	0.025 151	0.015 508	0.017 686	0.010 730
75	0.048 921	0.030 137	0.029 490	0.018 134	0.020 539	0.012 332
76	0.054 506	0.034 165	0.034 545	0.021 268	0.024 017	0.014 315
77	0.060 586	0.038 653	0.040 310	0.024 916	0.028 162	0.016 734
78	0.067 202	0.043 648	0.046 747	0.029 062	0.032 978	0.019 619
79	0.074 400	0.049 205	0.053 801	0.033 674	0.038 437	0.022 971
80	0.082 220	0.055 385	0.061 403	0.038 718	0.044 492	0.026 770
81	0.090 700	0.062 254	0.069 485	0.044 160	0.051 086	0.030 989
82	0.099 868	0.069 880	0.077 987	0.049 977	0.058 173	0.035 598
83	0.109 754	0.078 320	0.086 872	0.056 157	0.065 722	0.040 576
84	0.120 388	0.087 611	0.096 130	0.062 695	0.073 729	0.045 915
85	0.131 817	0.097 754	0.105 786	0.069 596	0.082 223	0.051 616
86	0.144 105	0.108 704	0.115 900	0.076 863	0.091 239	0.057 646
87	0.157 334	0.120 371	0.126 569	0.084 501	0.100 900	0.064 084
88	0.171 609	0.132 638	0.137 917	0.092 504	0.111 321	0.070 942
89	0.187 046	0.145 395	0.150 089	0.100 864	0.122 608	0.078 241
90	0.203 765	0.158 572	0.163 239	0.109 567	0.134 870	0.086 003
91	0.221 873	0.172 172	0.177 519	0.118 605	0.148 212	0.094 249
92	0.241 451	0.186 294	0.193 067	0.127 985	0.162 742	0.103 002

续表

年龄	非养老类业务一表		非养老类业务二表		养老类业务表	
	男(CL1)	女(CL2)	男(CL3)	女(CL4)	男(CL5)	女(CL6)
93	0.262 539	0.201 129	0.209 999	0.137 743	0.178 566	0.112 281
94	0.285 129	0.216 940	0.228 394	0.147 962	0.195 793	0.122 109
95	0.309 160	0.234 026	0.248 299	0.158 777	0.214 499	0.132 540
96	0.334 529	0.252 673	0.269 718	0.170 380	0.234 650	0.143 757
97	0.361 101	0.273 112	0.292 621	0.183 020	0.256 180	0.155 979
98	0.388 727	0.295 478	0.316 951	0.196 986	0.279 025	0.169 421
99	0.417 257	0.319 794	0.342 628	0.212 604	0.303 120	0.184 301
100	0.446 544	0.345 975	0.369 561	0.230 215	0.328 401	0.200 836
101	0.476 447	0.373 856	0.397 652	0.250 172	0.354 803	0.219 242
102	0.506 830	0.403 221	0.426 801	0.272 831	0.382 261	0.239 737
103	0.537 558	0.433 833	0.456 906	0.298 551	0.410 710	0.262 537
104	0.568 497	0.465 447	0.487 867	0.327 687	0.440 086	0.287 859
105	1.000 000	1.000 000	1.000 000	1.000 000	1.000 000	1.000 000

附表Ⅳ 中国人身保险业经验生命表(2023)(征求意见稿)

年龄	非养老类业务一表男女表 (CL1)		非养老类业务二表男女表 (CL2)		养老类业务表男女表 (CL3)	
	男	女	男	女	男	女
0	0.000 344	0.000 318	0.000 239	0.000 207	0.000 215	0.000 178
1	0.000 272	0.000 231	0.000 199	0.000 162	0.000 173	0.000 139
2	0.000 216	0.000 169	0.000 164	0.000 126	0.000 141	0.000 109
3	0.000 172	0.000 126	0.000 134	0.000 099	0.000 116	0.000 087
4	0.000 140	0.000 099	0.000 111	0.000 079	0.000 098	0.000 071
5	0.000 118	0.000 084	0.000 094	0.000 067	0.000 085	0.000 060
6	0.000 106	0.000 078	0.000 084	0.000 060	0.000 076	0.000 054
7	0.000 103	0.000 078	0.000 081	0.000 059	0.000 072	0.000 051
8	0.000 107	0.000 084	0.000 085	0.000 062	0.000 071	0.000 051
9	0.000 119	0.000 094	0.000 095	0.000 069	0.000 073	0.000 052
10	0.000 138	0.000 106	0.000 110	0.000 078	0.000 078	0.000 055
11	0.000 161	0.000 119	0.000 128	0.000 087	0.000 087	0.000 060
12	0.000 187	0.000 132	0.000 147	0.000 096	0.000 097	0.000 064
13	0.000 215	0.000 145	0.000 166	0.000 103	0.000 110	0.000 069

续表

年龄	非养老类业务一表男女表（CL1）		非养老类业务二表男女表（CL2）		养老类业务表男女表（CL3）	
	男	女	男	女	男	女
14	0.000 243	0.000 156	0.000 184	0.000 109	0.000 123	0.000 074
15	0.000 269	0.000 165	0.000 198	0.000 112	0.000 137	0.000 078
16	0.000 292	0.000 172	0.000 210	0.000 114	0.000 151	0.000 082
17	0.000 313	0.000 177	0.000 220	0.000 116	0.000 166	0.000 087
18	0.000 332	0.000 181	0.000 229	0.000 118	0.000 181	0.000 091
19	0.000 350	0.000 184	0.000 239	0.000 120	0.000 195	0.000 095
20	0.000 368	0.000 187	0.000 250	0.000 125	0.000 210	0.000 100
21	0.000 388	0.000 190	0.000 263	0.000 131	0.000 223	0.000 104
22	0.000 411	0.000 194	0.000 279	0.000 138	0.000 236	0.000 108
23	0.000 435	0.000 199	0.000 297	0.000 146	0.000 247	0.000 112
24	0.000 461	0.000 205	0.000 317	0.000 153	0.000 258	0.000 115
25	0.000 489	0.000 212	0.000 338	0.000 160	0.000 269	0.000 118
26	0.000 516	0.000 219	0.000 361	0.000 166	0.000 281	0.000 121
27	0.000 543	0.000 226	0.000 383	0.000 171	0.000 294	0.000 124
28	0.000 570	0.000 234	0.000 405	0.000 176	0.000 309	0.000 128
29	0.000 596	0.000 242	0.000 427	0.000 182	0.000 327	0.000 133
30	0.000 623	0.000 250	0.000 450	0.000 188	0.000 348	0.000 139
31	0.000 653	0.000 259	0.000 474	0.000 196	0.000 373	0.000 148
32	0.000 687	0.000 269	0.000 501	0.000 206	0.000 402	0.000 158
33	0.000 727	0.000 281	0.000 532	0.000 218	0.000 438	0.000 170
34	0.000 775	0.000 294	0.000 570	0.000 231	0.000 479	0.000 184
35	0.000 832	0.000 311	0.000 616	0.000 246	0.000 527	0.000 200
36	0.000 899	0.000 332	0.000 670	0.000 263	0.000 581	0.000 218
37	0.000 977	0.000 358	0.000 732	0.000 283	0.000 640	0.000 237
38	0.001 066	0.000 389	0.000 802	0.000 306	0.000 703	0.000 258
39	0.001 165	0.000 426	0.000 879	0.000 333	0.000 768	0.000 281
40	0.001 276	0.000 469	0.000 962	0.000 363	0.000 836	0.000 307
41	0.001 399	0.000 520	0.001 050	0.000 398	0.000 904	0.000 335
42	0.001 537	0.000 577	0.001 144	0.000 439	0.000 974	0.000 366
43	0.001 691	0.000 642	0.001 244	0.000 485	0.001 046	0.000 400
44	0.001 862	0.000 714	0.001 351	0.000 536	0.001 122	0.000 437
45	0.002 052	0.000 793	0.001 467	0.000 593	0.001 202	0.000 479

续表

年龄	非养老类业务一表男女表(CL1)		非养老类业务二表男女表(CL2)		养老类业务表男女表(CL3)	
	男	女	男	女	男	女
46	0.002 260	0.000 881	0.001 593	0.000 656	0.001 287	0.000 525
47	0.002 486	0.000 977	0.001 731	0.000 724	0.001 378	0.000 576
48	0.002 730	0.001 083	0.001 883	0.000 797	0.001 477	0.000 633
49	0.002 995	0.001 199	0.002 050	0.000 874	0.001 585	0.000 693
50	0.003 283	0.001 325	0.002 235	0.000 956	0.001 705	0.000 758
51	0.003 599	0.001 462	0.002 439	0.001 042	0.001 839	0.000 824
52	0.003 948	0.001 612	0.002 662	0.001 133	0.001 990	0.000 893
53	0.004 338	0.001 777	0.002 907	0.001 229	0.002 162	0.000 965
54	0.004 775	0.001 957	0.003 174	0.001 333	0.002 359	0.001 040
55	0.005 262	0.002 158	0.003 465	0.001 446	0.002 584	0.001 121
56	0.005 801	0.002 380	0.003 780	0.001 571	0.002 839	0.001 213
57	0.006 391	0.002 627	0.004 122	0.001 711	0.003 128	0.001 318
58	0.007 030	0.002 901	0.004 493	0.001 869	0.003 452	0.001 440
59	0.007 714	0.003 205	0.004 896	0.002 048	0.003 813	0.001 581
60	0.008 442	0.003 541	0.005 337	0.002 252	0.004 215	0.001 743
61	0.009 216	0.003 914	0.005 821	0.002 486	0.004 658	0.001 927
62	0.010 044	0.004 373	0.006 355	0.002 781	0.005 141	0.002 154
63	0.010 940	0.004 916	0.006 947	0.003 139	0.005 660	0.002 418
64	0.011 920	0.005 566	0.007 607	0.003 574	0.006 210	0.002 726
65	0.013 008	0.006 320	0.008 346	0.004 087	0.006 785	0.003 071
66	0.014 233	0.007 171	0.009 180	0.004 674	0.007 381	0.003 448
67	0.015 626	0.008 128	0.010 125	0.005 341	0.007 999	0.003 858
68	0.017 224	0.009 208	0.011 205	0.006 097	0.008 648	0.004 310
69	0.019 067	0.010 431	0.012 448	0.006 954	0.009 345	0.004 816
70	0.021 201	0.011 819	0.013 888	0.007 924	0.010 119	0.005 390
71	0.023 674	0.013 398	0.015 562	0.009 022	0.011 009	0.006 047
72	0.026 537	0.015 196	0.017 515	0.010 264	0.012 063	0.006 804
73	0.029 844	0.017 240	0.019 793	0.011 665	0.013 335	0.007 681
74	0.033 652	0.019 561	0.022 444	0.013 247	0.014 884	0.008 697
75	0.038 018	0.022 188	0.025 516	0.015 030	0.016 769	0.009 872

年龄	非养老类业务一表男女表 (CL1)		非养老类业务二表男女表 (CL2)		养老类业务表男女表 (CL3)	
	男	女	男	女	男	女
76	0.042 995	0.025 120	0.029 055	0.017 015	0.019 049	0.011 216
77	0.048 640	0.028 374	0.033 105	0.019 219	0.021 778	0.012 749
78	0.055 001	0.031 966	0.037 704	0.021 661	0.025 008	0.014 493
79	0.062 126	0.035 910	0.042 887	0.024 360	0.028 783	0.016 471
80	0.070 055	0.040 217	0.048 682	0.027 334	0.033 142	0.018 707
81	0.078 838	0.044 894	0.055 111	0.030 602	0.038 119	0.021 230
82	0.088 187	0.049 947	0.062 190	0.034 091	0.043 833	0.024 069
83	0.098 483	0.055 533	0.069 931	0.038 292	0.049 577	0.027 255
84	0.109 783	0.062 099	0.078 336	0.042 976	0.056 001	0.030 947
85	0.122 137	0.069 364	0.087 375	0.048 189	0.063 165	0.034 972
86	0.135 586	0.077 385	0.097 704	0.053 978	0.071 132	0.039 486
87	0.150 162	0.086 217	0.109 020	0.060 394	0.079 960	0.044 539
88	0.165 879	0.095 914	0.121 358	0.067 488	0.089 705	0.050 182
89	0.182 737	0.106 527	0.134 746	0.075 309	0.100 417	0.056 472
90	0.200 712	0.118 103	0.149 193	0.083 907	0.112 137	0.063 463
91	0.219 761	0.130 682	0.164 692	0.093 330	0.124 896	0.071 210
92	0.239 813	0.144 295	0.181 213	0.103 617	0.138 708	0.079 769
93	0.260 775	0.158 960	0.198 705	0.114 806	0.153 568	0.089 190
94	0.282 528	0.174 682	0.217 092	0.126 924	0.169 454	0.099 519
95	0.304 929	0.191 451	0.236 272	0.139 985	0.186 315	0.110 794
96	0.327 815	0.209 238	0.256 120	0.153 994	0.204 079	0.123 044
97	0.351 007	0.227 991	0.276 489	0.168 938	0.222 645	0.136 283
98	0.374 317	0.247 640	0.297 214	0.184 787	0.241 888	0.150 512
99	0.397 549	0.268 091	0.318 119	0.201 492	0.261 662	0.165 712
100	0.420 512	0.289 232	0.339 017	0.218 985	0.281 798	0.181 842
101	0.443 023	0.310 929	0.359 724	0.237 178	0.302 118	0.198 843
102	0.464 912	0.333 032	0.380 062	0.255 963	0.322 432	0.216 628
103	0.486 029	0.355 380	0.399 864	0.275 216	0.342 554	0.235 091
104	0.506 247	0.377 803	0.418 982	0.294 797	0.362 300	0.254 104
105	1.000 000	1.000 000	1.000 000	1.000 000	1.000 000	1.000 000

年龄	非养老类业务一表 男女表 (大湾区专属参考) (CL4)		非养老类业务二表 男女表 (大湾区专属参考) (CL5)		养老类业务表 男女表 (大湾区专属参考) (CL6)		单一生命体表 男女表 (CL7)	
	男	女	男	女	男	女	男	女
0	0.000 266	0.000 236	0.000 184	0.000 147	0.000 162	0.000 124	0.000 255	0.000 224
1	0.000 208	0.000 171	0.000 152	0.000 114	0.000 128	0.000 098	0.000 205	0.000 164
2	0.000 163	0.000 124	0.000 124	0.000 088	0.000 105	0.000 076	0.000 164	0.000 121
3	0.000 130	0.000 093	0.000 102	0.000 069	0.000 087	0.000 061	0.000 132	0.000 091
4	0.000 106	0.000 072	0.000 085	0.000 055	0.000 074	0.000 049	0.000 108	0.000 073
5	0.000 090	0.000 060	0.000 072	0.000 046	0.000 066	0.000 042	0.000 091	0.000 062
6	0.000 081	0.000 055	0.000 065	0.000 041	0.000 060	0.000 038	0.000 082	0.000 058
7	0.000 078	0.000 055	0.000 062	0.000 040	0.000 057	0.000 036	0.000 079	0.000 059
8	0.000 081	0.000 060	0.000 064	0.000 043	0.000 056	0.000 036	0.000 083	0.000 063
9	0.000 089	0.000 068	0.000 071	0.000 048	0.000 058	0.000 037	0.000 093	0.000 070
10	0.000 101	0.000 079	0.000 081	0.000 056	0.000 061	0.000 040	0.000 108	0.000 079
11	0.000 118	0.000 091	0.000 094	0.000 064	0.000 067	0.000 044	0.000 126	0.000 088
12	0.000 138	0.000 105	0.000 109	0.000 072	0.000 074	0.000 048	0.000 145	0.000 097
13	0.000 159	0.000 117	0.000 124	0.000 080	0.000 084	0.000 052	0.000 165	0.000 105
14	0.000 179	0.000 129	0.000 137	0.000 086	0.000 093	0.000 057	0.000 183	0.000 111
15	0.000 200	0.000 138	0.000 149	0.000 090	0.000 104	0.000 061	0.000 200	0.000 116
16	0.000 219	0.000 145	0.000 159	0.000 094	0.000 115	0.000 066	0.000 214	0.000 119
17	0.000 235	0.000 150	0.000 168	0.000 096	0.000 126	0.000 069	0.000 226	0.000 122
18	0.000 251	0.000 153	0.000 175	0.000 098	0.000 139	0.000 073	0.000 237	0.000 124
19	0.000 267	0.000 154	0.000 182	0.000 101	0.000 151	0.000 077	0.000 248	0.000 127
20	0.000 282	0.000 155	0.000 190	0.000 104	0.000 163	0.000 080	0.000 260	0.000 131
21	0.000 299	0.000 156	0.000 199	0.000 108	0.000 175	0.000 084	0.000 275	0.000 136
22	0.000 316	0.000 158	0.000 210	0.000 113	0.000 185	0.000 087	0.000 292	0.000 142
23	0.000 335	0.000 160	0.000 221	0.000 118	0.000 195	0.000 090	0.000 312	0.000 148
24	0.000 353	0.000 163	0.000 234	0.000 123	0.000 202	0.000 093	0.000 334	0.000 155
25	0.000 371	0.000 168	0.000 247	0.000 127	0.000 210	0.000 096	0.000 358	0.000 162
26	0.000 389	0.000 173	0.000 261	0.000 130	0.000 218	0.000 099	0.000 382	0.000 168
27	0.000 405	0.000 177	0.000 275	0.000 134	0.000 225	0.000 103	0.000 407	0.000 175
28	0.000 419	0.000 183	0.000 289	0.000 137	0.000 233	0.000 105	0.000 431	0.000 182
29	0.000 434	0.000 187	0.000 302	0.000 141	0.000 243	0.000 110	0.000 454	0.000 188

续表

年龄	非养老类业务一表 男女表 （大湾区专属参考） (CL4)		非养老类业务二表 男女表 （大湾区专属参考） (CL5)		养老类业务表 男女表 （大湾区专属参考） (CL6)		单一生命体表 男女表 (CL7)	
	男	女	男	女	男	女	男	女
30	0.000 450	0.000 193	0.000 317	0.000 147	0.000 255	0.000 116	0.000 478	0.000 196
31	0.000 468	0.000 200	0.000 333	0.000 153	0.000 270	0.000 124	0.000 503	0.000 204
32	0.000 492	0.000 207	0.000 351	0.000 161	0.000 289	0.000 132	0.000 531	0.000 214
33	0.000 522	0.000 215	0.000 374	0.000 171	0.000 314	0.000 143	0.000 565	0.000 225
34	0.000 560	0.000 227	0.000 401	0.000 182	0.000 343	0.000 154	0.000 606	0.000 238
35	0.000 604	0.000 240	0.000 433	0.000 195	0.000 379	0.000 166	0.000 657	0.000 253
36	0.000 656	0.000 258	0.000 472	0.000 211	0.000 422	0.000 180	0.000 717	0.000 271
37	0.000 712	0.000 281	0.000 516	0.000 228	0.000 470	0.000 194	0.000 786	0.000 292
38	0.000 774	0.000 308	0.000 565	0.000 249	0.000 522	0.000 211	0.000 864	0.000 317
39	0.000 842	0.000 342	0.000 620	0.000 274	0.000 576	0.000 230	0.000 948	0.000 347
40	0.000 915	0.000 382	0.000 680	0.000 303	0.000 630	0.000 251	0.001 036	0.000 381
41	0.000 999	0.000 428	0.000 746	0.000 337	0.000 684	0.000 276	0.001 127	0.000 420
42	0.001 094	0.000 480	0.000 819	0.000 376	0.000 737	0.000 304	0.001 220	0.000 463
43	0.001 204	0.000 536	0.000 898	0.000 421	0.000 790	0.000 336	0.001 317	0.000 510
44	0.001 332	0.000 599	0.000 987	0.000 471	0.000 846	0.000 372	0.001 419	0.000 562
45	0.001 478	0.000 667	0.001 085	0.000 526	0.000 904	0.000 413	0.001 530	0.000 618
46	0.001 647	0.000 742	0.001 195	0.000 586	0.000 970	0.000 458	0.001 655	0.000 679
47	0.001 835	0.000 822	0.001 318	0.000 650	0.001 044	0.000 506	0.001 796	0.000 745
48	0.002 048	0.000 912	0.001 456	0.000 717	0.001 129	0.000 560	0.001 957	0.000 818
49	0.002 284	0.001 010	0.001 610	0.000 788	0.001 226	0.000 615	0.002 142	0.000 897
50	0.002 546	0.001 118	0.001 782	0.000 860	0.001 337	0.000 673	0.002 351	0.000 984
51	0.002 839	0.001 236	0.001 972	0.000 935	0.001 461	0.000 733	0.002 588	0.001 079
52	0.003 166	0.001 367	0.002 181	0.001 013	0.001 603	0.000 794	0.002 854	0.001 184
53	0.003 532	0.001 510	0.002 411	0.001 095	0.001 761	0.000 858	0.003 153	0.001 299
54	0.003 943	0.001 668	0.002 661	0.001 182	0.001 942	0.000 925	0.003 488	0.001 427
55	0.004 405	0.001 838	0.002 932	0.001 278	0.002 146	0.000 999	0.003 860	0.001 571
56	0.004 919	0.002 024	0.003 225	0.001 385	0.002 378	0.001 081	0.004 270	0.001 734
57	0.005 484	0.002 228	0.003 540	0.001 506	0.002 642	0.001 174	0.004 720	0.001 918
58	0.006 104	0.002 451	0.003 880	0.001 643	0.002 940	0.001 281	0.005 208	0.002 127

续表

年龄	非养老类业务一表 男女表 (大湾区专属参考) (CL4)		非养老类业务二表 男女表 (大湾区专属参考) (CL5)		养老类业务表 男女表 (大湾区专属参考) (CL6)		单一生命体表 男女表 (CL7)	
	男	女	男	女	男	女	男	女
59	0.006 774	0.002 697	0.004 248	0.001 799	0.003 276	0.001 402	0.005 734	0.002 363
60	0.007 492	0.002 968	0.004 649	0.001 976	0.003 650	0.001 541	0.006 296	0.002 628
61	0.008 262	0.003 273	0.005 088	0.002 178	0.004 062	0.001 696	0.006 898	0.002 924
62	0.009 084	0.003 653	0.005 571	0.002 433	0.004 510	0.001 885	0.007 538	0.003 287
63	0.009 969	0.004 109	0.006 108	0.002 740	0.004 990	0.002 106	0.008 221	0.003 712
64	0.010 931	0.004 662	0.006 709	0.003 111	0.005 500	0.002 364	0.008 955	0.004 213
65	0.011 988	0.005 308	0.007 384	0.003 545	0.006 033	0.002 653	0.009 755	0.004 785
66	0.013 166	0.006 045	0.008 149	0.004 040	0.006 591	0.002 969	0.010 637	0.005 422
67	0.014 499	0.006 878	0.009 023	0.004 599	0.007 177	0.003 313	0.011 627	0.006 128
68	0.016 023	0.007 820	0.010 026	0.005 233	0.007 802	0.003 694	0.012 755	0.006 919
69	0.017 780	0.008 885	0.011 188	0.005 950	0.008 483	0.004 119	0.014 060	0.007 814
70	0.019 818	0.010 089	0.012 539	0.006 766	0.009 245	0.004 602	0.015 587	0.008 834
71	0.022 186	0.011 453	0.014 116	0.007 693	0.010 124	0.005 155	0.017 385	0.010 005
72	0.024 937	0.012 997	0.015 961	0.008 745	0.011 159	0.005 794	0.019 505	0.011 351
73	0.028 124	0.014 746	0.018 116	0.009 942	0.012 398	0.006 535	0.022 000	0.012 900
74	0.031 804	0.016 729	0.020 626	0.011 302	0.013 889	0.007 396	0.024 921	0.014 675
75	0.036 028	0.018 973	0.023 537	0.012 849	0.015 687	0.008 398	0.028 315	0.016 699
76	0.040 849	0.021 486	0.026 892	0.014 585	0.017 843	0.009 550	0.032 221	0.018 969
77	0.046 317	0.024 292	0.030 733	0.016 531	0.020 409	0.010 871	0.036 674	0.021 493
78	0.052 479	0.027 417	0.035 097	0.018 708	0.023 435	0.012 383	0.041 699	0.024 280
79	0.059 376	0.030 886	0.040 019	0.021 137	0.026 968	0.014 111	0.047 310	0.027 332
80	0.067 047	0.034 727	0.045 528	0.023 840	0.031 051	0.016 078	0.053 514	0.030 651
81	0.075 542	0.038 967	0.051 649	0.026 840	0.035 728	0.018 313	0.060 307	0.034 234
82	0.084 582	0.043 632	0.058 401	0.030 082	0.041 120	0.020 845	0.067 675	0.038 076
83	0.094 538	0.048 888	0.065 800	0.034 008	0.046 580	0.023 707	0.075 593	0.042 209
84	0.105 461	0.055 165	0.073 856	0.038 427	0.052 735	0.027 042	0.083 717	0.047 254
85	0.117 408	0.062 263	0.082 546	0.043 395	0.059 661	0.030 705	0.093 383	0.052 850
86	0.130 600	0.069 859	0.092 574	0.048 877	0.067 383	0.034 909	0.103 962	0.059 046
87	0.144 930	0.078 273	0.103 597	0.054 987	0.075 967	0.039 648	0.115 492	0.065 888

续表

年龄	非养老类业务一表 男女表 （大湾区专属参考） （CL4）		非养老类业务二表 男女表 （大湾区专属参考） （CL5）		养老类业务表 男女表 （大湾区专属参考） （CL6）		单一生命体表 男女表 （CL7）	
	男	女	男	女	男	女	男	女
88	0.160 421	0.087 567	0.115 657	0.061 781	0.085 474	0.044 978	0.128 001	0.073 426
89	0.177 077	0.097 802	0.128 788	0.069 316	0.095 960	0.050 960	0.141 507	0.081 707
90	0.194 884	0.109 035	0.143 009	0.077 648	0.107 472	0.057 655	0.156 010	0.090 776
91	0.213 805	0.121 317	0.158 320	0.086 831	0.120 046	0.065 128	0.171 495	0.100 675
92	0.233 778	0.134 692	0.174 703	0.096 918	0.133 706	0.073 443	0.187 927	0.111 439
93	0.254 718	0.149 195	0.192 116	0.107 954	0.148 457	0.082 661	0.205 249	0.123 098
94	0.276 512	0.164 846	0.210 493	0.119 980	0.164 283	0.092 840	0.223 383	0.135 668
95	0.299 026	0.181 651	0.229 742	0.133 023	0.181 147	0.104 035	0.242 228	0.149 158
96	0.322 104	0.199 598	0.249 750	0.147 101	0.198 984	0.116 288	0.261 663	0.163 561
97	0.345 572	0.218 654	0.270 376	0.162 216	0.217 704	0.129 632	0.281 549	0.178 855
98	0.369 245	0.238 766	0.291 465	0.178 353	0.237 191	0.144 085	0.301 731	0.194 999
99	0.392 932	0.259 857	0.312 844	0.195 479	0.257 307	0.159 646	0.322 043	0.211 935
100	0.416 442	0.281 829	0.334 333	0.213 540	0.277 890	0.176 296	0.342 318	0.229 586
101	0.439 593	0.304 562	0.355 748	0.232 460	0.298 766	0.193 990	0.362 385	0.247 856
102	0.462 212	0.327 918	0.376 911	0.252 144	0.319 749	0.212 663	0.382 082	0.266 634
103	0.484 147	0.351 742	0.397 654	0.272 478	0.340 653	0.232 223	0.401 259	0.285 792
104	0.505 267	0.375 869	0.417 824	0.293 331	0.361 295	0.252 554	0.419 782	0.305 191
105	1.000 000	1.000 000	1.000 000	1.000 000	1.000 000	1.000 000	1.000 000	1.000 000

注：粤港澳大湾区特指粤港澳大湾区中的广州、深圳、珠海、佛山、惠州、东莞、中山、江门、肇庆九个珠三角城市覆盖的区域。

第五章

寿命分布估计

 本章学习目标

1. 了解完全数据(个体数据、分组数据)、不完全数据的特点,熟悉不同数据类型下的风险集的计算和经验生存函数的估计。

2. 掌握不完全数据下经验生存函数的 Kaplan-Meier 乘积极限估计、累积危险率(累积死力)函数的 Nelson-Aalen 估计。

3. 熟悉经验生存函数的方差估计的基本原理,以及利用 Δ 方法求解生存函数的对数转换的置信区间的基本原理;掌握经验生存函数的方差的 Greenwood 近似估计,以及生存函数的近似的线性置信区间和对数转换的置信区间的估计及其相互转换。

4. 熟悉累积危险率函数的方差估计的基本原理,以及利用 Δ 方法求解累积危险率函数的对数转换的置信区间的基本原理;掌握累积危险率函数的方差的泊松近似估计,以及累积危险率函数的近似的线性置信区间和对数转换的置信区间的估计及其相互转换。

5. 理解完全数据和不完全数据下经验生存函数的均值估计和方差估计的区别与联系;从点估计和区间估计角度,理解不完全数据对完全数据的推广和扩展。

第一节 完全数据和不完全数据

一、完全数据

如果能够对一个概率分布的定义域内的任意一点都收集数据,并且记录每个观测值,那么这种数据集就是完全数据(Complete Data)。其中,精确记录了每个观测值的数据集称为完全个体数据(Complete Individual Data);而当个体数据量过多时,可以考虑对观测值进行分组,只记录观测值所属的分组,则这种数据集称为分组数据(Grouped Data)。

在保险领域,第二章介绍的损失分布(包括离散型损失次数分布、连续型损失金额分布),以及第四章介绍的 0 岁新生儿的连续型死亡时间随机变量 $X(X \geq 0)$、离散型取整死亡时间随机变量 $K(K=0, 1, 2, \cdots)$ 对应的观测值的数据集通常被视为完全数据。其中,X

在各个年龄区间$(x, x+1]$($x \geq 0$)对应的观测值的数据集通常被视为分组数据。

二、不完全数据

如果无法对一个概率分布的定义域内的任意一点都收集数据，并且记录每个观测值，那么这种数据集就是不完全数据(Incomplete Data)。通常，不完全数据产生的原因有两种：删失、截断。

(1) 删失数据(Censored Data)：通常情况下我们对属于某一范围内的数据精确记录其观测值，而对超出该范围的数据只记录其所属的范围，则这种数据集称为删失数据。其中，左删失数据(Left Censored Data)是指只知道观测值小于某个给定值，而不知道其具体值；右删失数据(Right Censored Data)是指只知道观测值大于某个给定值，而不知道其具体值。

(2) 截断数据(Truncated Data)：通常情况下我们对属于某一范围内的数据精确记录其观测值，而对超出该范围的数据不作记录，则这种数据集称为截断数据。其中，左截断数据(Left Truncated Data)是指对小于某个给定值的观测值不作记录；右截断数据(Right Truncated Data)是指对大于某个给定值的观测值不作记录。

那么，删失数据和截断数据有哪些区别与联系？显然，相比完全数据，截断数据比删失数据损失的信息更多。这是因为，删失数据对超出范围的数据是有记录的，记录了其所属的范围；而截断数据对超出范围的数据则是没有任何记录的。

现实中得到的数据集通常是不完全数据。最常见的不完全数据是左截断和右删失数据。例如，在保险实务中，通常含免赔额的理赔额数据是左截断数据；含保单(赔偿)限额的理赔额数据是右删失数据。

对于寿险保单合同而言，通常保单会因被保险人身故(死亡)、保单持有人退保(解除保险合同而中止)、保单满期而终止；实际中保险公司只能观测到身故、退保、满期这三个事件中的首次发生时间。给定保险公司选定的起止观测时间，那些在初始观测时间开始后才进入的保单，其死亡时间必定晚于初始观测时间，因此该保单数据是左截断数据。而那些在最终观测时间结束时就已经退保或者满期的保单数据就是右删失数据。例如，在第四章中，x岁的人的剩余死亡时间随机变量$T(x)=(X-x)_+|X>x$、取整剩余死亡时间随机变量$K(x)$对应的观测值的数据集就是左截断数据。x岁的人购买了n年期两全保险(Endowment Insurance)合同，其给付时间随机变量$T(x)\wedge n$对应的观测值的数据集就是右删失数据。

类似地，在生存分析和生命表构造中，要跟踪每个人的出生和死亡是不现实的。通常的做法是在几年的时间内跟踪观测一个由不同年龄段的人组成的人口群体的生存状况。显然，当某人开始参与一项生存分析研究项目时，他必然处于生存状态，且其死亡年龄至少不会低于他参与该项目时的年龄，因此数据是左截断数据；如果他在退出该项目研究时没有死亡，那么数据就是右删失数据。实际上，人口普查和人口抽样调查就是采用这样的做法。

第二节 完全数据下的经验分布函数估计

一、个体数据

1. 经验分布函数

数据依赖型分布(Data Dependent Distribution)是一种非参数分布(Non-parametric Distribution),它的复杂程度至少与产生它的数据或者其他信息相当,并且其参数个数会随着数据点或者信息量的增加而增加。因此,基于数据依赖型分布的建模方法属于非参数方法(Non-parametric Approach)。在数据依赖型分布中,最简单的分布是经验分布(Empirical Distribution)[①]。

为研究总体分布函数,我们从中抽取一个样本量为 n 的数据集。如果假设每个数据点的概率为 $\frac{1}{n}$,那么相应的分布函数即为经验分布函数,其计算公式为

$$F_n(x) = \sum_{i=1}^{n} \frac{1}{n} I(x_i \leqslant x) = \frac{\#\{x_i \leqslant x\}}{n} \tag{5.2.1}$$

其中,$I(\cdot)$ 为示性函数,$\# A$ 表示集合 A 中元素的个数。

更一般地,观测值 x_i 中可能包括相同的数值。我们记其中有 k 个不同的数值,从小到大排序依次是:$y_1 < y_2 < \cdots < y_k$,且记 $s_j = \#\{x_i : x_i = y_j\}$ 表示取值为 y_j 的观测值的个数。显然,$s_1 + s_2 + \cdots + s_k = n$。则相应的经验分布函数可以表示为

$$F_n(x) = \frac{1}{n} \sum_{j : y_j \leqslant x} s_j \tag{5.2.2}$$

定义经验分布概率函数(Empirical Distribution Probability Function) $p_n(x)$ 为取值为 x 的观测值的概率估计(频率)。则有

$$p_n(x) = \begin{cases} \dfrac{s_j}{n} & x = y_j \\ 0 & x \neq y_j \end{cases} \tag{5.2.3}$$

显然,$F_n(x)$ 和 $p_n(x)$ 之间存在如下关系:

$$F_n(x) = \sum_{j : y_j \leqslant x} p_n(y_j) \tag{5.2.4}$$

$$p_n(y_j) = F_n(y_j) - F_n(y_{j-1}) \tag{5.2.5}$$

【例题 5-1】

假设一组样本数据 $x_1, x_2, \cdots, x_8$ 依次为 7、2、4、4、6、2、1、9,求解:

[①] 本章借鉴中国精算师协会组编(2013)著作《精算模型》中的第八章"经验模型",详细介绍寿命分布的经验估计。

(1) 计算在每个观测值上的经验概率。
(2) 计算在每个观测值上的经验分布函数值。
(3) 经验分布函数的表达式。
(4) 绘制经验分布函数图。

解:(1) 将样本数据由小到大排序后,可以得到 6 个不同的观测值

$$y_1=1 \quad y_2=2 \quad y_3=4 \quad y_4=6 \quad y_5=7 \quad y_6=9$$

相应的观测个数依次为

$$s_1=1 \quad s_2=2 \quad s_3=2 \quad s_4=1 \quad s_5=1 \quad s_6=1$$

进而得到,在每个观测值上的经验概率依次为

$$p_8(1)=\frac{1}{8} \quad p_8(2)=\frac{1}{4} \quad p_8(4)=\frac{1}{4} \quad p_8(6)=\frac{1}{8} \quad p_8(7)=\frac{1}{8} \quad p_8(9)=\frac{1}{8}$$

(2) 在每个观测值上的经验分布依次为

$$F_8(1)=\frac{1}{8} \quad F_8(2)=\frac{3}{8} \quad F_8(4)=\frac{5}{8} \quad F_8(6)=\frac{3}{4} \quad F_8(7)=\frac{7}{8} \quad F_8(9)=1$$

(3) $$F_8(x)=\begin{cases} 0 & x<1 \\ 1/8 & 1\leqslant x<2 \\ 3/8 & 2\leqslant x<4 \\ 5/8 & 4\leqslant x<6 \\ 3/4 & 6\leqslant x<7 \\ 7/8 & 7\leqslant x<9 \\ 1 & x\geqslant 9 \end{cases}$$

(4) 经验分布函数图如图 5-1 所示。

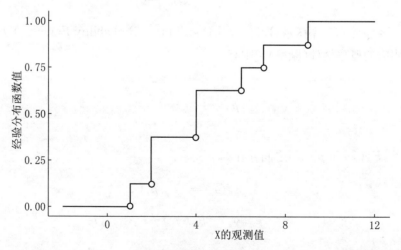

图 5-1 经验分布函数图

显然,经验分布函数是一个在每个数据点向上跳跃的阶梯函数(Step Function),在观测值 y_j 处跳跃值为 $p_n(y_j)=\frac{s_j}{n}$。因此,经验分布函数是右连续的分段函数,每个分段区间

都是左闭右开的。

需要说明的是，经验分布函数作为分段常数函数的这一性质对总体分布的推断意义并不大。这是因为，总体分布函数几乎总是严格递增函数。事实上，经验分布函数的阶梯式增加是由于样本容量的有限性；可以推断，如果样本容量无限增大，经验分布函数阶梯的个数也就不断增大，而相应的幅度不断减小，进而得到的曲线也就会更加平滑。有鉴于此，实际中，可以用拟合这些降幅的光滑曲线（Smooth Curve）来调整经验分布函数曲线。这一调整过程称为修匀（Graduation），是推导总体分布函数 $F(x)$ 的一个重要组成部分。下面我们只考虑 $F(x)$ 的初始估计，而不进行修匀。

2. 风险集与经验生存函数

定义经验生存函数（Empirical Survival Function）$S_n(x)$ 为生存时间大于 x 的概率估计。则有

$$S_n(x) = 1 - F_n(x) \tag{5.2.6}$$

将式(5.2.1)代入式(5.2.6)，得到

$$S_n(x) = 1 - F_n(x) = 1 - \frac{\#\{x_i \leq x\}}{n} = \frac{\#\{x_i > x\}}{n} \tag{5.2.7}$$

定义在观测值 y_j 处的风险集（Risk Set）r_j 为不小于 y_j 的观测值组成的集合，记为

$$r_j = \#\{x_i : x_i \geq y_j\} \tag{5.2.8}$$

则有

$$r_j = \sum_{i=j}^{k} s_i \tag{5.2.9}$$

进而经验生存函数和经验分布函数的计算公式为

$$\begin{cases} S_n(x) = \dfrac{r_j}{n} \\ F_n(x) = 1 - \dfrac{r_j}{n} \end{cases}, \quad y_{j-1} \leq x < y_j \tag{5.2.10}$$

【例题 5-2】

基于例题 5-1 的一组样本数据 $x_1, x_2, \cdots, x_8$：7、2、4、4、6、2、1、9，进一步求解：

(1) 计算在每个观测值上的风险集。
(2) 计算在每个观测值上的经验生存函数值。
(3) 经验生存函数的表达式。
(4) 绘制经验生存函数图。

解：(1) 将样本数据由小到大排序后，可以得到 6 个不同的观测值

$$y_1 = 1 \quad y_2 = 2 \quad y_3 = 4 \quad y_4 = 6 \quad y_5 = 7 \quad y_6 = 9$$

相应的观测个数依次为

$$s_1=1 \quad s_2=2 \quad s_3=2 \quad s_4=1 \quad s_5=1 \quad s_6=1$$

进而得到,在每个观测值上的风险集依次为

$$r_1=\sum_{i=1}^{6}s_i=8 \quad r_2=\sum_{i=2}^{6}s_i=7 \quad r_3=\sum_{i=3}^{6}s_i=5 \quad r_4=\sum_{i=4}^{6}s_i=3$$

$$r_5=\sum_{i=5}^{6}s_i=2 \quad r_6=\sum_{i=6}^{6}s_i=1$$

(2) 因此,在每个观测值上的经验生存函数值依次为

$$S_8(1)=\frac{7}{8} \quad S_8(2)=\frac{5}{8} \quad S_8(4)=\frac{3}{8} \quad S_8(6)=\frac{1}{4} \quad S_8(7)=\frac{1}{8} \quad S_8(9)=0$$

(3) $S_8(x)=\begin{cases} 1 & x<1 \\ 7/8 & 1\leqslant x<2 \\ 5/8 & 2\leqslant x<4 \\ 3/8 & 4\leqslant x<6 \\ 1/4 & 6\leqslant x<7 \\ 1/8 & 7\leqslant x<9 \\ 0 & x\geqslant 9 \end{cases}$

(4) 经验生存函数图如图 5-2 所示。

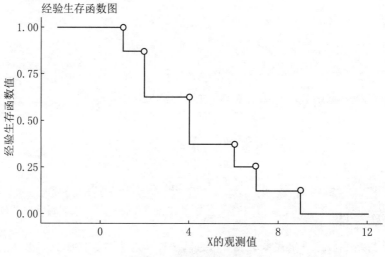

图 5-2 经验生存函数图

显然,经验生存函数是一个在每个数据点向下跳跃的阶梯函数(Step Function),在观测值 y_j 处跳跃值为 $p_n(y_j)=\frac{s_j}{n}$。因此,经验生存函数也是右连续的分段函数,每个分段区间都是左闭右开的。

3. 经验分布(生存)函数的统计性质

经验分布函数 $F_n(x)$ 是对总体分布函数 $F(x)$ 的一种估计量,经验生存函数 $S_n(x)$ 也

是对总体生存函数 $s(x)$ 的一种估计量。

(1) 经验分布(生存)函数的相合性。

$$F_n(x) = \sum_{i=1}^{n} \frac{1}{n} I(x_i \leqslant x) = \frac{\#\{x_i \leqslant x\}}{n} \tag{5.2.11}$$

显然,在式(5.2.1)中,每个加项 $I(x_i \leqslant x)$ 都独立且服从伯努利分布(0—1 分布),即 $I(x_i \leqslant x) \sim B(1, F(x))$,从而 $\#\{x_i \leqslant x\}$ 服从二项分布,即 $\#\{x_i \leqslant x\} \sim B(n, F(x))$。故有

$$\begin{cases} E[I(x_i \leqslant x)] = F(x) \\ \text{var}[I(x_i \leqslant x)] = F(x)[1-F(x)] \end{cases} \tag{5.2.12}$$

进而得到

$$E[F_n(x)] = E\left[\sum_{i=1}^{n} \frac{1}{n} I(x_i \leqslant x)\right] = \frac{1}{n} \sum_{i=1}^{n} E[I(x_i \leqslant x)] = F(x) \tag{5.2.13}$$

$$\text{var}[F_n(x)] = \text{var}\left[\sum_{i=1}^{n} \frac{1}{n} I(x_i \leqslant x)\right] = \frac{1}{n^2} \sum_{i=1}^{n} \text{var}[I(x_i \leqslant x)] = \frac{1}{n} F(x) S(x) \tag{5.2.14}$$

因此,$F_n(x) \xrightarrow{P} F(x)$,即经验分布函数 $F_n(x)$ 满足相合性。它是对总体分布函数 $F(x)$ 的无偏一致估计量。

类似地,经验生存函数 $S_n(x)$ 也满足相合性。它是对总体生存函数 $S(x)$ 的无偏一致估计量。即有

$$E[S_n(x)] = E[1 - F_n(x)] = 1 - F(x) = S(x) \tag{5.2.15}$$

$$\text{var}[S_n(x)] = \text{var}[1 - F_n(x)] = \text{var}[F_n(x)] = \frac{1}{n} F(x) S(x) \tag{5.2.16}$$

(2) 经验分布(生存)函数的点估计和区间估计。

① 经验分布(生存)函数的均值和方差估计。

在实际中,经验分布函数的均值和方差估计,可以采用如下经验估计

$$\begin{cases} \hat{F}(x) = F_n(x) \\ \widehat{\text{var}}[F_n(x)] = \frac{1}{n} F_n(x) S_n(x) \end{cases} \tag{5.2.17}$$

类似地,经验生存函数的均值和方差估计,可以采用如下经验估计

$$\begin{cases} \hat{S}(x) = S_n(x) \\ \widehat{\text{var}}[S_n(x)] = \frac{1}{n} F_n(x) S_n(x) \end{cases} \tag{5.2.18}$$

② 分布(生存)函数的区间估计。

由中心极限定理可知,$F_n(x)$ 和 $S_n(x)$ 都近似服从正态分布,且有

$$\frac{F_n(x)-F(x)}{\sqrt{\mathrm{var}[F_n(x)]}}=\frac{F_n(x)-F(x)}{\sqrt{F(x)S(x)/n}}=\frac{F_n(x)-F(x)}{\sqrt{F(x)[1-F(x)]/n}}\sim N(0,1) \qquad (5.2.19)$$

$$\frac{S_n(x)-S(x)}{\sqrt{\mathrm{var}[S_n(x)]}}=\frac{S_n(x)-S(x)}{\sqrt{F(x)S(x)/n}}=\frac{S_n(x)-S(x)}{\sqrt{S(x)[1-S(x)]/n}}\sim N(0,1) \qquad (5.2.20)$$

相应的 $F(x)$ 和 $S(x)$ 的 $1-\alpha$ 的置信区间可以分别表示为

$$\left[F_n(x)-u_{\alpha/2}\sqrt{\mathrm{var}[F_n(x)]},\ F_n(x)+u_{\alpha/2}\sqrt{\mathrm{var}[F_n(x)]}\right] \qquad (5.2.21)$$

$$\left[S_n(x)-u_{\alpha/2}\sqrt{\mathrm{var}[S_n(x)]},\ S_n(x)+u_{\alpha/2}\sqrt{\mathrm{var}[S_n(x)]}\right] \qquad (5.2.22)$$

具体而言,$F(x)$ 和 $S(x)$ 的 $1-\alpha$ 的置信区间可以分别求解如下不等式得到。

$$-u_{\alpha/2}\leqslant \frac{F_n(x)-F(x)}{\sqrt{F(x)[1-F(x)]/n}}\leqslant u_{\alpha/2} \qquad (5.2.23)$$

$$-u_{\alpha/2}\leqslant \frac{S_n(x)-S(x)}{\sqrt{S(x)[1-S(x)]/n}}\leqslant u_{\alpha/2} \qquad (5.2.24)$$

其中,$u_{\alpha/2}$ 是标准正态分布的 $1-\alpha/2$ 的分位点。

显然,由于式(5.2.23)的分子和分母中都含有 $F(x)$,式(5.2.24)的分子和分母中都含有 $S(x)$,从而求解它们的置信区间相对比较困难。通常可以采用一种近似做法,即用 $F_n(x)$ 替换分母中的 $F(x)$,用 $S_n(x)$ 替换分母中的 $S(x)$,或称用 $\widehat{\mathrm{var}}[F_n(x)]$ 替换 $\mathrm{var}[F_n(x)]$,用 $\widehat{\mathrm{var}}[S_n(x)]$ 替换 $\mathrm{var}[S_n(x)]$,得到如下近似的置信区间:

$$\left[F_n(x)-u_{\alpha/2}\sqrt{F_n(x)[1-F_n(x)]/n},\ F_n(x)+u_{\alpha/2}\sqrt{F_n(x)[1-F_n(x)]/n}\right] \qquad (5.2.25)$$

$$\left[S_n(x)-u_{\alpha/2}\sqrt{S_n(x)[1-S_n(x)]/n},\ S_n(x)+u_{\alpha/2}\sqrt{S_n(x)[1-S_n(x)]/n}\right] \qquad (5.2.26)$$

将式(5.2.10)代入,得到 $F(x)$ 和 $S(x)$ ($y_{j-1}\leqslant x<y_j$) 的 $1-\alpha$ 的近似的置信区间分别为

$$\left[1-\frac{r_j}{n}-u_{\alpha/2}\sqrt{\frac{r_j(n-r_j)}{n^3}},\ 1-\frac{r_j}{n}+u_{\alpha/2}\sqrt{\frac{r_j(n-r_j)}{n^3}}\right] \qquad (5.2.27)$$

$$\left[\frac{r_j}{n}-u_{\alpha/2}\sqrt{\frac{r_j(n-r_j)}{n^3}},\ \frac{r_j}{n}+u_{\alpha/2}\sqrt{\frac{r_j(n-r_j)}{n^3}}\right] \qquad (5.2.28)$$

同理,$p=P(a<X\leqslant b)=F(b)-F(a)$ 的经验估计为 $\hat{p}=F_n(b)-F_n(a)$。类似前面的推导,该估计量也满足相合性,即有

$$\begin{cases} E(\hat{p})=p \\ \mathrm{var}(\hat{p})=\dfrac{p(1-p)}{n} \end{cases} \qquad (5.2.29)$$

相应的方差的经验估计为 $\widehat{\mathrm{var}}[\hat{p}]=\dfrac{\hat{p}(1-\hat{p})}{n}$。

进一步地，由中心极限定理可知，$\hat{p}$ 近似服从正态分布，且有

$$\frac{\hat{p}-E(\hat{p})}{\sqrt{\mathrm{var}(\hat{p})}}=\frac{\hat{p}-p}{\sqrt{p(1-p)/n}}\sim N(0,1) \tag{5.2.30}$$

因此，p 的 $1-\alpha$ 的置信区间可以通过求解如下不等式得到。

$$-u_{\alpha/2}\leqslant\frac{\hat{p}-p}{\sqrt{p(1-p)/n}}\leqslant u_{\alpha/2} \tag{5.2.31}$$

其中，$u_{\alpha/2}$ 是标准正态分布的 $1-\alpha/2$ 的分位点。

显然，由于式(5.2.31)的分子和分母中都含有 p，从而求解 p 的置信区间相对比较困难。通常可以采用一种近似做法，即用 $\hat{p}$ 替换分母中的 p，得到如下近似的置信区间：

$$\left[\hat{p}-u_{\alpha/2}\sqrt{\frac{\hat{p}(1-\hat{p})}{n}},\ \hat{p}+u_{\alpha/2}\sqrt{\frac{\hat{p}(1-\hat{p})}{n}}\right] \tag{5.2.32}$$

类似地，$_{k|}q_0$ 的经验估计为 $_{k|}\hat{q}_0=F_n(k+1)-F_n(k)=S_n(k)-S_n(k+1)$。该估计量也满足相合性，即有

$$\begin{cases} E(_{k|}\hat{q}_0)=_{k|}q_0 \\ \mathrm{var}(_{k|}\hat{q}_0)=\dfrac{_{k|}q_0(1-_{k|}q_0)}{n} \end{cases} \tag{5.2.33}$$

相应的方差的经验估计为 $\widehat{\mathrm{var}}(_{k|}\hat{q}_0)=\dfrac{_{k|}\hat{q}_0(1-_{k|}\hat{q}_0)}{n}$。

更一般地，$_kq_x$ 的经验估计为 $_k\hat{q}_x=\dfrac{S_n(x)-S_n(x+k)}{S_n(x)}$。假设 n_x 为 x 岁存活的个体数 $(n_0=n)$，则 $_kq_x$ 的经验估计可以进一步表示为

$$_k\hat{q}_x=\frac{n_x-n_{x+k}}{n_x} \tag{5.2.34}$$

显然，由于式(5.2.34)的分子和分母都是随机变量，从而通常无法得到 $_k\hat{q}_x$ 的方差(无条件方差)的经验估计。但当 n_x 已知时，求解 $_k\hat{q}_x$ 的条件方差的经验估计却很容易。即有

$$\widehat{\mathrm{var}}[_k\hat{q}_x\mid n_x]=\frac{_k\hat{q}_x(1-_k\hat{q}_x)}{n_x}=\frac{(n_x-n_{x+k})n_{x+k}}{n_x^3} \tag{5.2.35}$$

二、分组数据

1. 经验分布光滑曲线

对于分组数据，我们可以在个体数据的基础上，通过插值方法近似估计经验分布函数，其中最常见的插值方法就是线性插值。

假设分组数据的分段点为：$c_0 < c_1 < \cdots < c_k$，其中 $c_0 = 0$，$c_k = \infty$；落在 c_{j-1} 与 c_j 之间的观测值为 n_j 个，且 $\sum_{j=1}^{k} n_j = n$。则在分段点处的经验分布函数值为

$$F_n(c_j) = \frac{\sum_{i=1}^{j} n_i}{n} \tag{5.2.36}$$

我们采用线性插值法来估计 $[c_{j-1}, c_j)$ 区间的经验分布光滑曲线，简称卵形线（Ogive）。其计算公式为

$$F_n(x) = \frac{c_j - x}{c_j - c_{j-1}} F_n(c_{j-1}) + \frac{x - c_{j-1}}{c_j - c_{j-1}} F_n(c_j), \quad c_{j-1} \leqslant x < c_j \tag{5.2.37}$$

相应的经验密度函数的计算公式为

$$f_n(x) = \frac{F_n(c_j) - F_n(c_{j-1})}{c_j - c_{j-1}} = \frac{n_j}{n(c_j - c_{j-1})}, \quad c_{j-1} \leqslant x < c_j \tag{5.2.38}$$

经验密度函数图也称直方图（Histogram），相应的线下面积表示经验概率值。

【例题 5-3】

已知在 $t = 0$ 时由 20 个个体组成的样本，假设所有个体均在 5 周内死亡，且每周死亡人数依次为：2、3、8、6、1。求解：

(1) q_3 的经验估计。

(2) 死亡时间分布的直方图。

解：(1) q_3 为第 3 周末存活的个体在第 4 周死亡的概率，则有：

$$\hat{q}_3 = \frac{6}{20 - 2 - 3 - 8} = \frac{6}{7}。$$

(2) 死亡时间分布的直方图如图 5-3 所示。

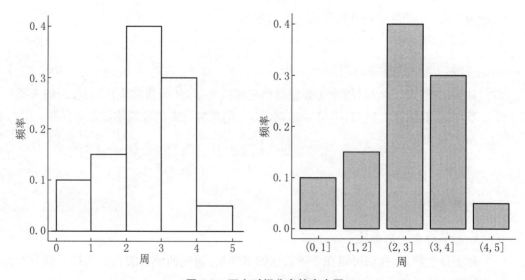

图 5-3 死亡时间分布的直方图

2. 经验密度估计的统计性质

令 N_j 表示落在 c_{j-1} 与 c_j 之间的观测值个数随机变量,则 $N_1, N_2, \cdots, N_k$ 服从联合多项分布,其联合概率函数为

$$p(n_1, n_2, \cdots, n_k) = \frac{n!}{n_1! n_2! \cdots n_k!} \prod_{j=1}^{k} \left[F(c_j) - F(c_{j-1}) \right]^{n_j} \tag{5.2.39}$$

从而其边际分布为如下二项分布:

$$N_j \sim B(n, F(c_j) - F(c_{j-1})) \tag{5.2.40}$$

在 c_{j-1} 时刻之前死亡的总人数的分布为

$$\sum_{i=1}^{j-1} N_i \sim B(n, F(c_{j-1})) \tag{5.2.41}$$

因此,有

$$\begin{cases} E(N_j) = n[F(c_j) - F(c_{j-1})] \\ \mathrm{var}(N_j) = n[F(c_j) - F(c_{j-1})][1 - F(c_j) + F(c_{j-1})] \end{cases} \tag{5.2.42}$$

$$\begin{cases} E\left(\sum_{i=1}^{j-1} N_i\right) = nF(c_{j-1}) \\ \mathrm{var}\left(\sum_{i=1}^{j-1} N_i\right) = nF(c_{j-1})[1 - F(c_{j-1})] \end{cases} \tag{5.2.43}$$

由式(5.2.37)可知:

$$\begin{aligned} F_n(x) &= F_n(c_{j-1}) + \frac{F_n(c_j) - F_n(c_{j-1})}{c_j - c_{j-1}}(x - c_{j-1}) \\ &= \frac{\sum_{i=1}^{j-1} N_i}{n} + \frac{N_j}{n} \times \frac{x - c_{j-1}}{c_j - c_{j-1}} \end{aligned}, \quad c_{j-1} \leqslant x < c_j \tag{5.2.44}$$

对式(5.2.44)两边取期望,得到

$$\begin{aligned} E[F_n(x)] &= \frac{E\left(\sum_{i=1}^{j-1} N_i\right)}{n} + \frac{E(N_j)}{n} \times \frac{x - c_{j-1}}{c_j - c_{j-1}} \\ &= \frac{1}{n} \times nF(c_{j-1}) + \frac{n[F(c_j) - F(c_{j-1})]}{n} \times \frac{x - c_{j-1}}{c_j - c_{j-1}}, \quad c_{j-1} \leqslant x < c_j \\ &= \frac{c_j - x}{c_j - c_{j-1}} F(c_{j-1}) + \frac{x - c_{j-1}}{c_j - c_{j-1}} F(c_j) \end{aligned}$$

$$\tag{5.2.45}$$

对式(5.2.44)两边取方差,得到

$$\begin{aligned}
\operatorname{var}[F_n(x)] &= \frac{\operatorname{var}(\sum_{i=1}^{j-1} N_i)}{n^2} + \frac{(x-c_{j-1})^2}{n^2(c_j-c_{j-1})}\operatorname{var}(N_j) + \frac{2(x-c_{j-1})}{n^2(c_j-c_{j-1})}\operatorname{cov}(\sum_{i=1}^{j-1} N_i, N_j) \\
&= \frac{1}{n^2} n F(c_{j-1})[1-F(c_{j-1})] \\
&\quad + \frac{(x-c_{j-1})^2}{n^2(c_j-c_{j-1})} n[F(c_j)-F(c_{j-1})][1-F(c_j)+F(c_{j-1})] \\
&\quad + \frac{2(x-c_{j-1})}{n^2(c_j-c_{j-1})}\{-nF(c_{j-1})n[F(c_j)-F(c_{j-1})]\} \\
&= \frac{1}{n}\left\{F(c_{j-1}) + \left(\frac{x-c_{j-1}}{c_j-c_{j-1}}\right)^2[F(c_j)-F(c_{j-1})] \right. \\
&\quad \left. - \left[F(c_{j-1})+\frac{x-c_{j-1}}{c_j-c_{j-1}}[F(c_j)-F(c_{j-1})]\right]^2\right\} \\
&= \frac{1}{n}\left\{F(c_{j-1}) + \left(\frac{x-c_{j-1}}{c_j-c_{j-1}}\right)^2[F(c_j)-F(c_{j-1})] - \{E[F_n(x)]\}^2\right\}
\end{aligned}$$

(5.2.46)

其中，$c_{j-1} \leqslant x < c_j$。

显然，当 $x=c_{j-1}$（即分段点）时，$F_n(x)$ 是无偏一致估计量。而当 $x \neq c_{j-1}$（即区间内点 $c_{j-1} < x < c_j$）时，$F_n(x)$ 是有偏一致估计量。

相应的 $\operatorname{var}[F_n(x)]$ 的经验估计值为：

$$\widehat{\operatorname{var}}[F_n(x)] = \frac{1}{n}\left\{F_n(c_{j-1}) + \left(\frac{x-c_{j-1}}{c_j-c_{j-1}}\right)^2[F_n(c_j)-F_n(c_{j-1})] - F_n(x)^2\right\}$$

(5.2.47)

进一步地，$F(x)$ 的 $1-\alpha$ 的置信区间可以表示为：

$$\left[F_n(x)-u_{\alpha/2}\sqrt{\operatorname{var}[F_n(x)]},\ F_n(x)+u_{\alpha/2}\sqrt{\operatorname{var}[F_n(x)]}\right]$$

(5.2.48)

$F(x)$ 的 $1-\alpha$ 的近似的置信区间可以表示为：

$$\left[F_n(x)-u_{\alpha/2}\sqrt{\widehat{\operatorname{var}}[F_n(x)]},\ F_n(x)+u_{\alpha/2}\sqrt{\widehat{\operatorname{var}}[F_n(x)]}\right]$$

(5.2.49)

类似地，对式(5.2.38)两边取期望，得到：

$$E[f_n(x)] = \frac{E(N_j)}{n(c_j-c_{j-1})} = \frac{F(c_j)-F(c_{j-1})}{c_j-c_{j-1}},\ c_{j-1} \leqslant x < c_j$$

(5.2.50)

对式(5.2.38)两边取方差，得到：

$$\operatorname{var}[f_n(x)] = \frac{\operatorname{var}(N_j)}{n^2(c_j-c_{j-1})^2} = \frac{[F(c_j)-F(c_{j-1})][1-F(c_j)+F(c_{j-1})]}{n(c_j-c_{j-1})^2},\ c_{j-1} \leqslant x < c_j$$

(5.2.51)

根据拉格朗日中值定理，$\exists \xi (c_{j-1} < \xi < c_j)$（即区间内点），$f_n(\xi)$是无偏一致估计量。而其他点 $x \neq \xi$（包括分段点 $x = c_{j-1}$），$f_n(x)$是有偏一致估计量。

$\text{var}[f_n(x)]$的经验估计值为

$$\widehat{\text{var}}[f_n(x)] = \frac{f_n(x)[1 - f_n(x)(c_j - c_{j-1})]}{n(c_j - c_{j-1})}, \quad c_{j-1} \leqslant x < c_j \tag{5.2.52}$$

进一步地，$f(x)$的$1 - \alpha$的置信区间可以表示为

$$\left[f(x) - u_{\alpha/2} \sqrt{\text{var}[f_n(x)]}, \ f_n(x) + u_{\alpha/2} \sqrt{\text{var}[f_n(x)]} \right] \tag{5.2.53}$$

$f(x)$的$1 - \alpha$的近似的置信区间可以表示为

$$\left[f(x) - u_{\alpha/2} \sqrt{\widehat{\text{var}}[f_n(x)]}, \ f_n(x) + u_{\alpha/2} \sqrt{\widehat{\text{var}}[f_n(x)]} \right] \tag{5.2.54}$$

最后指出，分组数据下的估计和完全个体数据下的估计都是基于二项分布进行的。因此，估计结果也是一致的。

【例题 5-4】

基于例题 5-3 的一组样本数据，进一步求解：

(1) 若样本的死亡时间在$(0, 5]$区间服从均匀分布，求$\text{var}(_2\hat{q}_0)$和$\text{var}(\hat{p}_3 | n_4 + n_5 = 7)$的值。

(2) 若样本的死亡分布未知，求$\text{var}(_2\hat{q}_0)$和$\text{var}(\hat{p}_3 | n_4 + n_5 = 7)$的经验估计。

解：

(1) 当$X \sim U(0, 5)$时，有

$$_2q_0 = F(3) - F(2) = \frac{3-2}{5} = 0.2$$

$$p_3 = \frac{S(4)}{S(3)} = \frac{5-4}{5} \times \frac{5}{5-3} = 0.5$$

进而得到

$$\text{var}(_2\hat{q}_0) = \frac{_2q_0(1 - _2q_0)}{n} = \frac{0.2 \times (1 - 0.2)}{20} = 0.008$$

$$\text{var}(\hat{p}_3 | n_4 + n_5 = 7) = \frac{p_3(1 - p_3)}{n_4 + n_5} = \frac{0.5 \times (1 - 0.5)}{7} = \frac{1}{28}$$

(2) 当样本的死亡分布未知时，利用死亡数据信息，得到如下经验估计：

$$_2\hat{q}_0 = \frac{20 - 2 - 3}{20} \times \frac{8}{20 - 2 - 3} = \frac{8}{20} = 0.4$$

$$\hat{p}_3 = \frac{7 - 6}{7} = \frac{1}{7}$$

$$\widehat{\text{var}}(_2\hat{q}_0) = \frac{_2\hat{q}_0(1 - _2\hat{q}_0)}{n} = \frac{0.4 \times (1 - 0.4)}{20} = 0.012$$

$$\widehat{\mathrm{var}}(\hat{p}_3 | n_4+n_5=7)=\frac{\hat{p}_3(1-\hat{p}_3)}{n_4+n_5}=\frac{1/7\times(1-1/7)}{7}=\frac{6}{343}=0.01749$$

第三节 不完全数据下的经验分布函数估计

一、风险集

在生存模型中,风险集是由那些在指定年龄仍处于被观察状态的个体构成的。

与完全数据的情形类似,我们把未被删失的观测值 x_i 中包含的所有 k 个不同的数值依次记为 $y_1<y_2<\cdots<y_k$,且用 s_j 表示 y_j 出现的次数。则在观测值 y_j 时刻的风险集包括:

(1) 死亡时间 x_i 在 y_j 或 y_j 以后的个体;

(2) 删失时间 u_i 在 y_j 或 y_j 以后的个体。

对于那些在 y_j 以后才首次被观测到的个体,我们认为其在 y_j 时刻并没有处于被观测状态,即存在截断点 d_i。

因此,从活过 y_j 时刻的观测个体的去向来看(未来法),y_j 时刻的风险集 r_j 的计算公式为

$$r_j=\#\{x_i:x_i\geqslant y_j\}+\#\{u_i:u_i\geqslant y_j\}-\#\{d_i:d_i\geqslant y_j\} \tag{5.3.1}$$

从 y_j 时刻之前进入观测的个体的去向来看(过去法),y_j 时刻的风险集 r_j 的计算公式为

$$r_j=\#\{d_i:d_i<y_j\}-\#\{x_i:x_i<y_j\}-\#\{u_i:u_i<y_j\} \tag{5.3.2}$$

显然,风险集总数 n 满足:

$$\begin{aligned}n&=\#\{x_i\}+\#\{u_i\}\\&=\#\{x_i:x_i\geqslant y_j\}+\#\{x_i:x_i<y_j\}+\#\{u_i:u_i\geqslant y_j\}+\#\{u_i:u_i<y_j\}\\&=\#\{d_i\}=\#\{d_i:d_i\geqslant y_j\}+\#\{d_i:d_i<y_j\}\end{aligned} \tag{5.3.3}$$

我们从式(5.3.3)也可以看出,式(5.3.1)和式(5.3.2)是等价的。

在式(5.3.1)和式(5.3.2)中,令 $\#\{u_i:u_i\geqslant y_j\}=0$、$\#\{d_i:d_i\geqslant y_j\}=0$、$\#\{d_i:d_i<y_j\}=\#\{x_i\}$、$\#\{u_i:u_i<y_j\}=0$,得到

$$r_j=\#\{x_i:x_i\geqslant y_j\}=\#\{x_i\}-\#\{x_i:x_i<y_j\}$$

此时,风险集退化为完全数据下的式(5.2.8)。因此,没有删失和截断的完全数据是存在删失和截断的不完全数据的特例。

在实际中,我们通常使用如下递推公式以使计算更加方便。

$$r_j=r_{j-1}+\#\{d_i:y_{j-1}\leqslant d_i<y_j\}-\#\{x_i:y_{j-1}\leqslant x_i<y_j\}-\#\{u_i:y_{j-1}\leqslant u_i<y_j\} \tag{5.3.4}$$

其中,规定 $r_0=0$。

显然,封闭人群的生存分析就是在完全数据下进行的,而有进入、有退出的动态人群的生存分析就是在更一般的不完全数据下进行的。这里关于生存分析的风险集的描述同样适用于第二、三章的损失分布和风险模型。

二、经验生存函数的 Kaplan-Meier 估计

1. Kaplan-Meier 乘积极限估计的推导

有了风险集的概念,我们就可以估计经验生存函数。最常用的估计方法是 Kaplan 和 Meier(1958)提出的乘积极限估计,简称 Kaplan-Meier 估计。

Kaplan-Meier 估计经验生存函数的方法和步骤是:

(1) 把未被删失的观测值 x_i 中包含的所有 k 个不同的数值依次记为 $y_1 < y_2 < \cdots < y_k$,且用 s_j 表示 y_j 出现的次数。

(2) 对于 $t < y_1$,由于在 y_1 时刻之前没有人身故,故认为 $S(t)=1$。

(3) 在 y_1 时刻的死亡事件发生之前,风险集为 r_1,表示有 r_1 个人会面临死亡风险,而实际死亡人数为 s_1。因此,活过 y_1 时刻的概率为 $\dfrac{r_1-s_1}{r_1}$,即 $S_n(y_1)=\dfrac{r_1-s_1}{r_1}$。在 y_1 和 y_2 之间的时刻,没有新的死亡发生,因此,在这个时间段内生存函数值保持不变。

(4) 类似地,活过 y_2 时刻的条件概率为 $P(T>y_2|T>y_1)=\dfrac{r_2-s_2}{r_2}$。在观测个体相互独立假设下,有 $S_n(y_2)=S_n(y_1)\dfrac{r_2-s_2}{r_2}$。

(5) 继续上述推导,我们可以得到如下 Kaplan-Meier 乘积极限估计的计算公式:

$$S_n(t)=\begin{cases} 1 & 0 \leqslant t < y_1 \\ \prod_{i=1}^{j-1}\dfrac{r_i-s_i}{r_i} & y_{j-1} \leqslant t < y_j, j \leqslant k \\ \prod_{i=1}^{k}\dfrac{r_i-s_i}{r_i} \text{ 或 } 0 & t \geqslant y_k \end{cases} \quad (5.3.5)$$

对于 $t \geqslant y_k$,需要说明以下两点。

(1) 若 $s_k=r_k$,则当 $t \geqslant y_k$ 时,该样本中的所有个体都在 y_k 之前死亡。因此,从经验上看,$S_n(t)=0$。

(2) 由于存在删失,可能在最后一个身故时刻被观察以后,仍有个体生存,而这些个体在 y_k 之前被删失了。因此,我们无法估计 y_k 之后的生存函数。对此,我们有以下三种解决办法。

① 选取 $\prod_{i=1}^{k}\dfrac{r_i-s_i}{r_i}$ 作为 $S_n(t)$ 的估计。这种方法得到的估计量是有偏的。此外,当 $s_k < r_k$ 时,利用生存函数求解分布的各阶矩时所作的广义积分是发散的,这是不理想的。

② 规定在 y_k 之后的所有取值都为 0。这种方法得到的估计量也是有偏的。但这种方法可以计算各阶矩。

③ 选取一条指数函数衰减的曲线来拟合 y_k 之后的生存函数，这是对前述两种解决方法的折衷处理。

令 $w=\max\{y_k, u_1, u_2, \cdots, u_n\}$。当 $t>w$ 时，令 $S_n(t)=e^{\ln S^* \frac{t}{w}}=S^{*\frac{t}{w}}$，其中 $S^* = \prod_{i=1}^{k} \frac{r_i-s_i}{r_i}$。显然，由指数函数的性质，此时的经验分布函数对各阶矩的积分都是收敛的。

显然，式(5.3.5)的 Kaplan-Meier 乘积极限估计也适用于完全数据下经验分布函数的估计。在完全数据下，所有观测值均为 x_i，并且 $d_i=0$。因此，有：$r_1=n$, $r_i=\sum_{j=i}^{k} s_j$, $r_i-s_i=\sum_{j=i+1}^{k} s_j=r_{i+1}$。

代入式(5.3.5)，得到

$$S_n(t)=\begin{cases} 1 & 0 \leqslant t < y_1 \\ \prod_{i=1}^{j-1} \frac{r_{i+1}}{r_i}=\frac{r_j}{n} & y_{j-1} \leqslant t < y_j, j \leqslant k \\ \prod_{i=1}^{k} \frac{r_{i+1}}{r_i}=\frac{r_{k+1}}{n}=\frac{r_k}{n} & t \geqslant y_k \end{cases} \quad (5.3.6)$$

显然，式(5.3.6)与式(5.2.10)中的经验分布函数相同。

2. 经验生存函数的点估计和区间估计

(1) 经验生存函数的均值和方差估计。

从本质上讲，Kaplan-Meier 估计公式可以分解成如下两个步骤：

① 利用生存概率的连乘法则，将生存函数分解成如下一系列条件概率的乘积，再对每个条件概率进行估计。

$$S(t)=P(T>t)=\prod_{i=1}^{j-1} P(T>y_i \mid T>y_{i-1}), \quad y_{j-1} \leqslant t < y_j, j \leqslant k \quad (5.3.7)$$

② 构造每个条件概率的无偏估计：

$$\hat{P}(T>y_i \mid T>y_{i-1})=\frac{r_i-s_i}{r_i} \quad (5.3.8)$$

由于死亡事件的独立性，将式(5.3.8)代入式(5.3.7)，即可得到式(5.3.5)。

注意到，在式(5.3.8)中，r_i 是在 y_i 时刻面临死亡风险的个体总数，且每个个体风险事件发生的概率相互独立，因此，风险事件发生的总数 s_i 服从如下二项分布：

$$s_i \sim B(r_i, 1-P(T>y_i \mid T>y_{i-1})) \quad (5.3.9)$$

其中，$P(T>y_i \mid T>y_{i-1})=\frac{S(y_i)}{S(y_{i-1})}$。

因此，式(5.3.8)的期望和方差可以表示为

$$E\left(\frac{r_i-s_i}{r_i}\right)=\frac{r_i-E(s_i)}{r_i}=\frac{r_i-r_i\left[1-\dfrac{S(y_i)}{S(y_{i-1})}\right]}{r_i}=\frac{S(y_i)}{S(y_{i-1})} \tag{5.3.10}$$

$$\text{var}\left(\frac{r_i-s_i}{r_i}\right)=\frac{\text{var}(s_i)}{r_i^2}=\frac{r_i\left[1-\dfrac{S(y_i)}{S(y_{i-1})}\right]\dfrac{S(y_i)}{S(y_{i-1})}}{r_i^2}=\frac{[S(y_{i-1})-S(y_i)]S(y_i)}{r_iS(y_{i-1})^2}$$
$$\tag{5.3.11}$$

显然,在确定的死亡事件发生时刻 y_{j-1} 的经验生存函数 $S_n(y_{j-1})$ 是无偏估计量,而在没有死亡事件发生时刻的经验生存函数 $S_n(t)$ 是有偏估计量。即当 $t=y_{j-1}$(分段点处)时, $S_n(t)$ 是无偏估计量。而当 $t\neq y_{j-1}$(区间内点 $y_{j-1}<t<y_j$)时,$S_n(t)$ 是有偏估计量。这是因为

$$E[S_n(y_{j-1})]=E\left(\prod_{i=1}^{j-1}\frac{r_i-s_i}{r_i}\right)=\prod_{i=1}^{j-1}E\left(\frac{r_i-s_i}{r_i}\right)=\prod_{i=1}^{j-1}\frac{S(y_i)}{S(y_{i-1})}=\frac{S(y_{j-1})}{S(y_0)}=S(y_{j-1})$$
$$\tag{5.3.12}$$

而对于 $y_{j-1}\leqslant t<y_j$,则有

$$E[S_n(t)]=E[S_n(y_{j-1})]=S(y_{j-1}) \tag{5.3.13}$$

相应的偏误为

$$E[S_n(t)]-S(t)=E[S_n(y_{j-1})]-S(t)=S(y_{j-1})-S(t) \tag{5.3.14}$$

类似地,下面我们首先估计在死亡时刻 y_j 处的经验生存函数 $S_n(y_j)$ 的方差,然后在扩展到更一般的时刻 t。在 $S_n(y_j)$ 的方差推导过程中,需要使用如下两个性质:

① 若 X_1,X_2,$\cdots$,X_n 是相互独立的随机变量,且 $E(X_i)=\mu_i$,$\text{var}(X_i)=\sigma_i^2$。则有

$$\begin{aligned}\text{var}(X_1\cdots X_n)&=E(X_1^2\cdots X_n^2)-[E(X_1\cdots X_n)]^2\\&=E(X_1^2)\cdots E(X_n^2)-E(X_1)^2\cdots E(X_n)^2\\&=\prod_{i=1}^n(\mu_i^2+\sigma_i^2)-\prod_{i=1}^n\mu_i^2\end{aligned} \tag{5.3.15}$$

② 若 $a_i(i=1,2,\cdots,n)$ 相对于某一常数 p 均为高阶无穷小,即 $a_i\sim o(p)$,则:

$$\prod_{i=1}^n(1+a_i)=1+\sum_{i=1}^n a_i+o(p^2) \tag{5.3.16}$$

根据上述两个性质,可以得到 $S_n(y_j)$ 的方差的近似估计:

$$\begin{aligned}\text{var}[S_n(y_j)]&=\text{var}\left(\prod_{i=1}^j\frac{r_i-s_i}{r_i}\right)\\&=\prod_{i=1}^j\left\{\frac{S(y_i)^2}{S(y_{i-1})^2}+\frac{[S(y_{i-1})-S(y_i)]S(y_i)}{r_iS(y_{i-1})^2}\right\}-\prod_{i=1}^j\left[\frac{S(y_i)^2}{S(y_{i-1})^2}\right]\\&=\prod_{i=1}^j\left\{\frac{r_iS(y_i)^2+[S(y_{i-1})-S(y_i)]S(y_i)}{r_iS(y_{i-1})^2}\right\}-\frac{S(y_j)^2}{S(y_0)^2}\end{aligned}$$

$$= \prod_{i=1}^{j} \left\{ \frac{S(y_i)^2}{S(y_{i-1})^2} \frac{r_i S(y_i) + [S(y_{i-1}) - S(y_i)]}{r_i S(y_i)} \right\} - \frac{S(y_j)^2}{S(y_0)^2}$$

$$= \frac{S(y_j)^2}{S(y_0)^2} \left\{ \prod_{i=1}^{j} \left[1 + \frac{S(y_{i-1}) - S(y_i)}{r_i S(y_i)} \right] - 1 \right\}$$

$$\approx S(y_j)^2 \sum_{i=1}^{j} \frac{S(y_{i-1}) - S(y_i)}{r_i S(y_i)} \tag{5.3.17}$$

而对于 $y_{j-1} \leqslant t < y_j$，则有

$$\mathrm{var}[S_n(t)] \approx S(t)^2 \sum_{i=1}^{j} \frac{S(y_{i-1}) - S(y_i)}{r_i S(y_i)} \tag{5.3.18}$$

由式(5.3.10)可知，$\frac{r_i - s_i}{r_i}$ 是 $\frac{S(y_i)}{S(y_{i-1})}$ 的经验估计，将其代入式(5.3.17)，可以得到 $S_n(y_j)$ 的方差的如下 Greenwood 近似公式：

$$\widehat{\mathrm{var}}[S_n(y_j)] = S_n(y_j)^2 \sum_{i=1}^{j} \frac{s_i}{r_i(r_i - s_i)} \tag{5.3.19}$$

进一步地，Greenwood 近似公式可以拓展到更一般的时刻 t 的情形，即有

$$\widehat{\mathrm{var}}[S_n(t)] = S_n(t)^2 \sum_{i: y_i \leqslant t} \frac{s_i}{r_i(r_i - s_i)} \tag{5.3.20}$$

最后指出，不完全数据下经验生存函数 $S_n(t)$ 的方差的 Greenwood 近似公式是完全个体数据下 $S_n(t)$ 的方差估计的推广。显然，它也适用于完全个体数据的情形。

这是因为，在完全个体数据下，有：$r_{i+1} = r_i - s_i$。当 $y_{j-1} \leqslant t < y_j$ 时，有

$$\widehat{\mathrm{var}}[S_n(t)] = S_n(t)^2 \sum_{i: y_i \leqslant t} \frac{s_i}{r_i(r_i - s_i)} = S_n(t)^2 \sum_{i: y_i \leqslant t} \frac{r_i - r_{i+1}}{r_i r_{i+1}}$$

$$= S_n(t)^2 \sum_{i: y_i \leqslant t} \left(\frac{1}{r_{i+1}} - \frac{1}{r_i} \right) = \left(\frac{r_j}{n} \right)^2 \left(\frac{1}{r_j} - \frac{1}{r_1} \right) = \left(\frac{r_j}{n} \right)^2 \left(\frac{1}{r_j} - \frac{1}{n} \right)$$

$$= \frac{r_j(n - r_j)}{n^3} = \frac{1}{n} S_n(t)[1 - S_n(t)] \tag{5.3.21}$$

显然，此时，式(5.3.21)退化为式(5.2.18)中的方差估计。

(2) 生存函数的区间估计。

结合前面的均值和方差估计，利用正态近似，可以得到 $S(t)$ 的 $1-\alpha$ 的线性置信区间为

$$\left[S_n(t) - u_{\alpha/2} \sqrt{\mathrm{var}[S_n(t)]}, \ S_n(t) + u_{\alpha/2} \sqrt{\mathrm{var}[S_n(t)]} \right] \tag{5.3.22}$$

$S(t)$ 的 $1-\alpha$ 的近似的线性置信区间为

$$\left[S_n(t) - u_{\alpha/2} \sqrt{\widehat{\mathrm{var}}[S_n(t)]}, \ S_n(t) + u_{\alpha/2} \sqrt{\widehat{\mathrm{var}}[S_n(t)]} \right]$$

$$= \left[S_n(t) - u_{\alpha/2} \sqrt{S_n(t)^2 \sum_{i: y_i \leqslant t} \frac{s_i}{r_i(r_i - s_i)}}, \ S_n(t) + u_{\alpha/2} \sqrt{S_n(t)^2 \sum_{i: y_i \leqslant t} \frac{s_i}{r_i(r_i - s_i)}} \right]$$

$$\tag{5.3.23}$$

其中，$u_{\alpha/2}$ 是标准正态分布的 $1-\alpha/2$ 的分位点。

需要注意的是，对于小样本数据下的生存函数的置信区间估计，直接利用正态近似，极有可能得到置信区间的下界小于 0，上界大于 1 的结果。这样的值是没有意义的，这是因为，它不满足生存函数的定义域为 $[0,1]$ 区间的要求。

解决这个问题的方法是使用对数转换的置信区间进行估计。其基本思想是：首先将具有有限值域的函数通过对数转换转化为值域为 $(-\infty,+\infty)$ 的函数，然后通过估计转换后的函数的置信区间，再反推转换前的函数的置信区间。

在估计对数转换的置信区间的过程中，通常使用 Δ 方法（Delta Method）。Δ 方法是用来求解随机变量的函数的方差的一种方法，可以表示为

$$\begin{cases} E(X)=\mu_X \\ \mathrm{var}(X)=\sigma_X^2 \\ Y=g(X) \end{cases} \Rightarrow \begin{cases} E(Y)=g(\mu_X) \\ \mathrm{var}(Y)=[g'(\mu_X)]^2 \sigma_X^2 \end{cases} \tag{5.3.24}$$

具体构造原理是，若令 $Y_n=g(X_n)$，其中 $g(\cdot)$ 为连续可微函数，X_n 是 $E(X_n)$ 的一致估计，则在适当的正则性条件下，有

$$\begin{aligned} Y_n - E(Y_n) &= g(X_n) - E[g(X_n)] = g(X_n) - g[E(X_n)] + g[E(X_n)] - E[g(X_n)] \\ &= g'(X_n)[X_n - E(X_n)] + o[X_n - E(X_n)] \end{aligned}$$

因此，可以得到

$$\begin{aligned} \mathrm{var}(Y_n) &= E[Y_n - E(Y_n)]^2 \\ &\approx [g'(X_n)]^2 E[X_n - E(X_n)]^2 = [g'(X_n)]^2 \mathrm{var}(X_n) \end{aligned} \tag{5.3.25}$$

下面利用 Δ 方法求解 $S(t)$ 的近似的对数转换的置信区间。

我们选取转换函数 $g(\theta)=\ln(-\ln\theta)$，即有

$$Y_n(t)=g[S_n(t)]=\ln[-\ln S_n(t)]=\ln\left[\int_0^t \mu_n(t)\mathrm{d}t\right]=\ln H_n(t)$$

这里，$H_n(t)$ 为经验累积危险率函数。显然，$Y_n(t)$ 的值域为 $(-\infty,+\infty)$，且是 $S_n(t)$ 的减函数、$H_n(t)$ 的增函数。

利用正态近似，可以得到 $Y(t)$ 的 $1-\alpha$ 的近似的线性置信区间为

$$\left[Y_n(t) - u_{\alpha/2}\sqrt{\widehat{\mathrm{var}}[Y_n(t)]},\ Y_n(t) + u_{\alpha/2}\sqrt{\widehat{\mathrm{var}}[Y_n(t)]}\right] \tag{5.3.26}$$

其中，$\widehat{\mathrm{var}}[Y_n(t)] = \left[g'[S_n(t)]\right]^2 \widehat{\mathrm{var}}[S_n(t)] = \dfrac{\widehat{\mathrm{var}}[S_n(t)]}{[S_n(t)\ln S_n(t)]^2} = \dfrac{S_n(t)^2 \sum_{i:y_i \leqslant t} \dfrac{s_i}{r_i(r_i-s_i)}}{[S_n(t)\ln S_n(t)]^2}$。

进而得到：

$$\sqrt{\widehat{\mathrm{var}}[Y_n(t)]} = -\dfrac{\sqrt{\widehat{\mathrm{var}}[S_n(t)]}}{S_n(t)\ln S_n(t)} \geqslant 0$$

因此，$Y(t)$ 的 $1-\alpha$ 的近似的对数转换的置信区间为

$$\left[\ln[-\ln S_n(t)]+u_{\alpha/2}\frac{\sqrt{\widehat{\text{var}}[S_n(t)]}}{S_n(t)\ln S_n(t)},\ \ln[-\ln S_n(t)]-u_{\alpha/2}\frac{\sqrt{\widehat{\text{var}}[S_n(t)]}}{S_n(t)\ln S_n(t)}\right] \tag{5.3.27}$$

相应的 $S(t)=\exp[-e^{Y(t)}]$ 的 $1-\alpha$ 的近似的对数转换的置信区间为

$$\begin{aligned}&\left[\exp\left(-e^{\ln[-\ln S_n(t)]-u_{\alpha/2}\frac{\sqrt{\widehat{\text{var}}[S_n(t)]}}{S_n(t)\ln S_n(t)}}\right),\ \exp\left(-e^{\ln[-\ln S_n(t)]+u_{\alpha/2}\frac{\sqrt{\widehat{\text{var}}[S_n(t)]}}{S_n(t)\ln S_n(t)}}\right)\right]\\&=\left[S_n(t)^{\exp\left(-u_{\alpha/2}\frac{\sqrt{\widehat{\text{var}}[S_n(t)]}}{S_n(t)\ln S_n(t)}\right)},\ S_n(t)^{\exp\left(u_{\alpha/2}\frac{\sqrt{\widehat{\text{var}}[S_n(t)]}}{S_n(t)\ln S_n(t)}\right)}\right]\end{aligned} \tag{5.3.28}$$

进而得到，$H(t)=e^{Y(t)}$ 的 $1-\alpha$ 的近似的对数转换的置信区间为

$$\left[H_n(t)\exp\left\{u_{\alpha/2}\frac{\sqrt{\widehat{\text{var}}[S_n(t)]}}{S_n(t)\ln S_n(t)}\right\},\ H_n(t)\exp\left\{-u_{\alpha/2}\frac{\sqrt{\widehat{\text{var}}[S_n(t)]}}{S_n(t)\ln S_n(t)}\right\}\right] \tag{5.3.29}$$

进一步令 $\exp\left\{u_{\alpha/2}\frac{\sqrt{\widehat{\text{var}}[S_n(t)]}}{S_n(t)\ln S_n(t)}\right\}=u_1(0<u_1<1)$，则 $S(t)$ 的 $1-\alpha$ 的近似的对数转换的置信区间可以简写为

$$[S_n(t)^{1/u_1},\ S_n(t)^{u_1}] \tag{5.3.30}$$

$H(t)$ 的 $1-\alpha$ 的近似的对数转换的置信区间可以简写为

$$\left[H_n(t)u_1,\ \frac{H_n(t)}{u_1}\right] \tag{5.3.31}$$

显然，这种对数转换的置信区间能同时保证 $S(t)$ 的置信区间在 $[0,1]$ 内、$H(t)$ 的置信区间在 $(0,+\infty)$ 内，而式(5.3.23)所示的线性置信区间则无法保证。因此，在区间估计时可以通过这种转换进行调整。

【例题 5-5】

在一项生存研究中，采用经验分布估计总体分布。已知生存函数 $S(t)$ 的 95% 的近似的线性置信区间为 $[0.8415,1.0229]$，计算 $S(t)$ 的 95% 的近似的对数转换的置信区间。

解：$S(t)$ 的 $1-\alpha$ 的近似的线性置信区间为

$$\left[S_n(t)-u_{\alpha/2}\sqrt{\widehat{\text{var}}[S_n(t)]},\ S_n(t)+u_{\alpha/2}\sqrt{\widehat{\text{var}}[S_n(t)]}\right]$$

$S(t)$ 的 $1-\alpha$ 的近似的对数转换的置信区间为

$$[S_n(t)^{1/u_1},\ S_n(t)^{u_1}]$$

其中，$u_1 = \exp\left\{\dfrac{u_{\alpha/2}\sqrt{\widehat{\mathrm{var}}[S_n(t)]}}{S_n(t)\ln S_n(t)}\right\}(0 < u_1 < 1)$。

由题意得

$$S_n(t) = \frac{0.841\ 5 + 1.022\ 9}{2} = 0.932\ 2$$

$$u_{\alpha/2}\sqrt{\widehat{\mathrm{var}}[S_n(t)]} = 1.022\ 9 - 0.932\ 2 = 0.090\ 7$$

进而得到

$$u_1 = \exp\left\{\dfrac{u_{\alpha/2}\sqrt{\widehat{\mathrm{var}}[S_n(t)]}}{S_n(t)\ln S_n(t)}\right\} = \exp\left(\dfrac{0.090\ 7}{0.932\ 2\ln 0.932\ 2}\right) = 0.250\ 114$$

因此，$S(t)$ 的近似的对数转换的置信区间为

$$[S_n(t)^{1/u_1},\ S_n(t)^{u_1}] = [0.932\ 2^{1/0.250\ 114},\ 0.932\ 2^{0.250\ 114}] = [0.755\ 3,\ 0.982\ 6]$$

三、累积危险率函数的 Nelson-Aalen 估计

显然，在上一节的 Kaplan-Meier 估计中，利用 $H_n(t) = -\ln S_n(t)$ 和 Δ 方法，我们可以得到 $H_n(t)$ 的均值和方差估计，以及 $H(t)$ 的近似的线性置信区间和对数转换的置信区间。

下面进一步给出直接得到 $H(t)$ 的点估计和区间估计的另一种方法，即 Nelson-Aalen 方法。同理，利用 $\hat{S}(t) = e^{-\hat{H}(t)}$ 和 Δ 方法，我们也可以得到 $\hat{S}(t)$ 的均值和方差估计，以及 $S(t)$ 的近似的线性置信区间和对数转换的置信区间。

1. 累积危险率函数的均值和方差估计

结合生存函数 $S(t)$、概率密度函数 $f(t)$、危险率函数 $h(t)$、累积危险率函数 $H(t)$ 之间的关系：

$$\begin{cases} H(t) = -\ln S(t) \\ H'(t) = -\dfrac{S'(t)}{S(t)} = \dfrac{f(t)}{S(t)} = h(t) \end{cases} \tag{5.3.32}$$

下面给出估计 $H(t)$ 的直观推导。在任意时刻 t，令 $r(t)$ 为风险集，$s(t)$ 表示在时刻 t 之前死亡个体数的期望值，则有

$$s(t) = \int_0^t r(u)h(u)\mathrm{d}u \tag{5.3.33}$$

两边求导，得到

$$\mathrm{d}s(t) = r(t)h(t)\mathrm{d}t \tag{5.3.34}$$

进而得到

$$\dfrac{\mathrm{d}s(t)}{r(t)} = h(t)\mathrm{d}t \tag{5.3.35}$$

两边积分，得到

$$\int_0^t \frac{\mathrm{d}s(t)}{r(t)} = \int_0^t h(t)\mathrm{d}t = H(t) \tag{5.3.36}$$

我们采用时刻 t 之前的死亡个数的经验估计 $\hat{s}(t)$ 代替 $s(t)$。显然，$\hat{s}(t)$ 是一个阶梯函数，在每个死亡时刻增加 s_i。因此，将式(5.3.36)的左边变为 $\sum_{i:y_i\leqslant t}\frac{s_i}{r_i}$，就可以得到 $H(t)$ 的如下 Nelson-Aalen 估计：

$$\hat{H}(t) = H_n(t) = \sum_{i:y_i\leqslant t}\frac{s_i}{r_i} = \begin{cases} 0 & 0\leqslant t < y_1 \\ \sum_{i=1}^{j-1}\frac{s_i}{r_i} & y_{j-1}\leqslant t < y_j, j\leqslant k \\ \sum_{i=1}^{k}\frac{s_i}{r_i} & t\geqslant y_k \end{cases} \tag{5.3.37}$$

结合式(5.3.32)，得到生存函数 $S(t)$ 的 Nelson-Aalen 估计为

$$\hat{S}(t) = e^{-\hat{H}(x)} \tag{5.3.38}$$

为了估计 $H(t)$ 的 Nelson-Aalen 估计的方差，我们假设在死亡时刻 y_j 附近的个体数服从参数为 $r_j h(y_j)$ 的泊松分布。因此，$\mathrm{var}(s_j)=r_j h(y_j)$ 可以用 $r_j\frac{s_j}{r_j}=s_j$ 来估计。

进一步假设各时间点的死亡人数相互独立，则有

$$\widehat{\mathrm{var}}[\hat{H}(y_j)] = \widehat{\mathrm{var}}\left[\sum_{i=1}^{j}\frac{s_i}{r_i}\right] = \sum_{i=1}^{j}\frac{\widehat{\mathrm{var}}(s_i)}{r_i^2} = \sum_{i=1}^{j}\frac{s_i}{r_i^2} \tag{5.3.39}$$

进一步地，上式也可以拓展到更一般的时刻 t 的情形，即有

$$\widehat{\mathrm{var}}[\hat{H}(t)] = \widehat{\mathrm{var}}\left[\sum_{i:y_i\leqslant t}\frac{s_i}{r_i}\right] = \sum_{i:y_i\leqslant t}\frac{\widehat{\mathrm{var}}(s_i)}{r_i^2} = \sum_{i:y_i\leqslant t}\frac{s_i}{r_i^2} \tag{5.3.40}$$

2. 累积危险率函数的区间估计

结合前面的均值和方差估计，利用正态近似，可以得到 $H(t)$ 的 $1-\alpha$ 的线性置信区间为

$$\left[H_n(t) - u_{\alpha/2}\sqrt{\mathrm{var}[H_n(t)]},\ H_n(t) + u_{\alpha/2}\sqrt{\mathrm{var}[H_n(t)]}\right] \tag{5.3.41}$$

$H(t)$ 的 $1-\alpha$ 的近似的线性置信区间为：

$$\left[\hat{H}(t) - u_{\alpha/2}\sqrt{\widehat{\mathrm{var}}[\hat{H}(t)]},\ \hat{H}(t) + u_{\alpha/2}\sqrt{\widehat{\mathrm{var}}[\hat{H}(t)]}\right]$$
$$= \left[\hat{H}(t) - u_{\alpha/2}\sqrt{\sum_{i:y_i\leqslant t}\frac{s_i}{r_i^2}},\ \hat{H}(t) + u_{\alpha/2}\sqrt{\sum_{i:y_i\leqslant t}\frac{s_i}{r_i^2}}\right] \tag{5.3.42}$$

其中，$u_{\alpha/2}$ 是标准正态分布的 $1-\alpha/2$ 的分位点。

类似 Kaplan-Meier 估计，下面利用 Δ 方法求解 $H(t)$ 的近似的对数转换的置信区间。我们选取转换函数 $g(\theta)=\ln\theta$，即 $Y(t)=g[H(t)]=\ln H(t)$。显然，$Y(t)$ 的值域为

$(-\infty, +\infty)$,且是 $H(t)$ 的增函数。

利用正态近似,可以得到 $Y(t)$ 的 $1-\alpha$ 的近似的线性置信区间为

$$\left[\hat{Y}(t) - u_{\alpha/2}\sqrt{\widehat{\mathrm{var}}[\hat{Y}(t)]},\ \hat{Y}(t) + u_{\alpha/2}\sqrt{\widehat{\mathrm{var}}[\hat{Y}(t)]}\right] \tag{5.3.43}$$

其中,$\widehat{\mathrm{var}}[\hat{Y}(t)] = \{g'[\hat{H}(t)]\}^2\ \widehat{\mathrm{var}}[\hat{H}(t)] = \dfrac{\widehat{\mathrm{var}}[\hat{H}(t)]}{[\hat{H}(t)]^2} = \dfrac{\sum\limits_{i:y_i \leqslant t} \dfrac{s_i}{r_i^2}}{[\hat{H}(t)]^2}$。

进而得到,$Y(t)$ 的 $1-\alpha$ 的近似的对数转换的置信区间为

$$\left[\ln \hat{H}(t) - u_{\alpha/2}\dfrac{\sqrt{\widehat{\mathrm{var}}[\hat{H}(t)]}}{\hat{H}(t)},\ \ln \hat{H}(t) + u_{\alpha/2}\dfrac{\sqrt{\widehat{\mathrm{var}}[\hat{H}(t)]}}{\hat{H}(t)}\right] \tag{5.3.44}$$

相应的 $H(t) = e^{Y(t)}$ 的 $1-\alpha$ 的近似的对数转换的置信区间为

$$\left[\exp\left\{\ln \hat{H}(t) - u_{\alpha/2}\dfrac{\sqrt{\widehat{\mathrm{var}}[\hat{H}(t)]}}{\hat{H}(t)}\right\},\ \exp\left\{\ln \hat{H}(t) + u_{\alpha/2}\dfrac{\sqrt{\widehat{\mathrm{var}}[\hat{H}(t)]}}{\hat{H}(t)}\right\}\right]$$
$$= \left[\hat{H}(t)e^{-u_{\alpha/2}\frac{\sqrt{\widehat{\mathrm{var}}[\hat{H}(t)]}}{\hat{H}(t)}},\ \hat{H}(t)e^{u_{\alpha/2}\frac{\sqrt{\widehat{\mathrm{var}}[\hat{H}(t)]}}{\hat{H}(t)}}\right] \tag{5.3.45}$$

进而得到,$S(t) = e^{-H(t)}$ 的 $1-\alpha$ 的近似的对数转换的置信区间为

$$\left[\exp\left\{-\hat{H}(t)e^{u_{\alpha/2}\frac{\sqrt{\widehat{\mathrm{var}}[\hat{H}(t)]}}{\hat{H}(t)}}\right\},\ \exp\left\{-\hat{H}(t)e^{-u_{\alpha/2}\frac{\sqrt{\widehat{\mathrm{var}}[\hat{H}(t)]}}{\hat{H}(t)}}\right\}\right]$$
$$= \left[\hat{S}(t)^{e^{u_{\alpha/2}\frac{\sqrt{\widehat{\mathrm{var}}[\hat{H}(t)]}}{\hat{H}(t)}}},\ \hat{S}(t)^{e^{-u_{\alpha/2}\frac{\sqrt{\widehat{\mathrm{var}}[\hat{H}(t)]}}{\hat{H}(t)}}}\right] \tag{5.3.46}$$

进一步令 $\exp\left\{u_{\alpha/2}\dfrac{\sqrt{\widehat{\mathrm{var}}[\hat{H}(t)]}}{\hat{H}(t)}\right\} = u_2\ (u_2 > 1)$,则 $H(t)$ 的 $1-\alpha$ 的近似的对数转换的置信区间可以简写为

$$\left[\dfrac{\hat{H}(t)}{u_2},\ \hat{H}(t)u_2\right] \tag{5.3.47}$$

$S(t)$ 的 $1-\alpha$ 的近似的对数转换的置信区间可以简写为

$$\left[\hat{S}(t)^{u_2},\ \hat{S}(t)^{1/u_2}\right] \tag{5.3.48}$$

显然,这种对数转换的置信区间也能同时保证 $H(t)$ 的置信区间在 $(0, +\infty)$ 内、$S(t)$ 的置信区间在 $[0, 1]$ 内,而式(5.3.42)所示的线性置信区间则无法保证。因此,在区间估计时也可以通过这种转换进行调整。

最后指出,Kaplan-Meier 估计和 Nelson-Aalen 估计得到的 $S(t)$ 和 $H(t)$ 的线性置信区间、对数转换的置信区间都是相同的。感兴趣的同学可以通过推导 $u_2 = \dfrac{1}{u_1}$ 来体会。

【例题 5-6】

在一项生存研究中,采用经验分布估计总体分布。已知累积危险率函数 $H(t)$ 的 95% 的近似的对数转换的置信区间为 $[1.68, 2.60]$,计算 $H(t)$ 的 95% 的近似的线性置信区间。

解: $H(t)$ 的 $1-\alpha$ 的近似的线性置信区间为

$$\left[\hat{H}(t) - u_{\alpha/2}\sqrt{\widehat{\text{var}}[\hat{H}(t)]}, \hat{H}(t) + u_{\alpha/2}\sqrt{\widehat{\text{var}}[\hat{H}(t)]}\right]$$

$H(t)$ 的 $1-\alpha$ 的近似的对数转换的置信区间为

$$\left[\frac{\hat{H}(t)}{u_2}, \hat{H}(t)u_2\right]$$

其中,$u_2 = \exp\left\{\dfrac{u_{\alpha/2}\sqrt{\widehat{\text{var}}[\hat{H}(t)]}}{\hat{H}(t)}\right\}(u_2 > 1)$。

由题意得

$$\hat{H}(t) = \sqrt{1.68 \times 2.60} = 2.089\,976$$

$$u_2 = \exp\left\{\frac{u_{\alpha/2}\sqrt{\widehat{\text{var}}[\hat{H}(t)]}}{\hat{H}(t)}\right\} = \frac{2.60}{2.089\,976} = 1.244\,033$$

进而得到

$$u_{\alpha/2}\sqrt{\widehat{\text{var}}[\hat{H}(t)]} = \ln 1.244\,033 \times 2.089\,976 = 0.456\,365$$

因此,$H(t)$ 的近似的线性置信区间为

$$\left[\hat{H}(t) - u_{\alpha/2}\sqrt{\widehat{\text{var}}[\hat{H}(t)]}, \hat{H}(t) + u_{\alpha/2}\sqrt{\widehat{\text{var}}[\hat{H}(t)]}\right]$$
$$= [2.089\,976 - 0.456\,365, 2.089\,976 + 0.456\,365] = [1.63, 2.55]$$

表 5-1 汇总了完全数据和不完全数据下寿命分布的点估计和区间估计。

显然,当 $x = c_{j-1}$(即分段点)时,$F_n(x)$ 是无偏一致估计量。当 $x \neq c_{j-1}$(即区间内点)时,$F_n(x)$ 是有偏一致估计量。

表 5-1 寿命分布的点估计和区间估计

数据类型	分布	均值和方差及其经验估计	$1-\alpha$ 的置信区间 (总体分布)
完全数据	个体数据	经验分布函数	$F_n(x)$ 是无偏一致估计量 $\begin{cases} E[F_n(x)] = F(x) \\ \text{var}[F_n(x)] = \dfrac{1}{n}F(x)S(x) \end{cases}$	$F(x)$ 的线性置信区间 $\left[F_n(x) \pm u_{\alpha/2}\sqrt{\widehat{\text{var}}[F_n(x)]}\right]$

续表

数据类型	分布	均值和方差及其经验估计	$1-\alpha$ 的置信区间（总体分布）
完全数据	个体数据 / 经验分布函数	$\hat{E}[F_n(x)] = \hat{F}(x) = F_n(x) = 1 - \dfrac{r_j}{n}$ $(y_{j-1} \leqslant x < y_j)$ $\widehat{\operatorname{var}}[F_n(x)] = \dfrac{1}{n} F_n(x) S_n(x)$ $= \dfrac{1}{n}\left(1 - \dfrac{r_j}{n}\right)\dfrac{r_j}{n} = \dfrac{r_j(n-r_j)}{n^3}$ $(y_{j-1} \leqslant x < y_j)$	$F(x)$的近似的线性置信区间 $\left[F_n(x) \pm u_{\alpha/2} \sqrt{\widehat{\operatorname{var}}[F_n(x)]} \right]$ $= \left[1 - \dfrac{r_j}{n} \pm u_{\alpha/2} \sqrt{\dfrac{r_j(n-r_j)}{n^3}} \right]$ $(y_{j-1} \leqslant x < y_j)$
	个体数据 / 经验生存函数	$S_n(x)$是无偏一致估计量 $\begin{cases} E[S_n(x)] = S(x) \\ \operatorname{var}[S_n(x)] = \dfrac{1}{n} F(x) S(x) \end{cases}$	$S(x)$的线性置信区间 $\left[S_n(x) \pm u_{\alpha/2} \sqrt{\operatorname{var}[S_n(x)]} \right]$
		$\hat{E}[S_n(x)] = \hat{S}(x) = S_n(x) = \dfrac{r_j}{n}$ $(y_{j-1} \leqslant x < y_j)$ $\widehat{\operatorname{var}}[S_n(x)] = \dfrac{1}{n} F_n(x) S_n(x)$ $= \dfrac{1}{n}\left(1 - \dfrac{r_j}{n}\right)\dfrac{r_j}{n} = \dfrac{r_j(n-r_j)}{n^3}$ $(y_{j-1} \leqslant x < y_j)$	$S(x)$的近似的线性置信区间 $\left[S_n(x) \pm u_{\alpha/2} \sqrt{\widehat{\operatorname{var}}[S_n(x)]} \right]$ $= \left[\dfrac{r_j}{n} \pm u_{\alpha/2} \sqrt{\dfrac{r_j(n-r_j)}{n^3}} \right]$ $(y_{j-1} \leqslant x < y_j)$
	分组数据 / 经验分布函数	当$x = c_{j-1}$（即分段点）时，$F_n(x)$是无偏一致估计量 当$x \neq c_{j-1}$（即区间内点）时，$F_n(x)$是有偏一致估计量 $E[F_n(x)] = \dfrac{c_j - x}{c_j - c_{j-1}} F(c_{j-1}) + \dfrac{x - c_{j-1}}{c_j - c_{j-1}} F(c_j)$ $\operatorname{var}[F_n(x)]$ $= \dfrac{1}{n}\left(F(c_{j-1}) + \left(\dfrac{x - c_{j-1}}{c_j - c_{j-1}}\right)^2 [F(c_j) - F(c_{j-1})] - \{E[F_n(x)]\}^2 \right)$ $(c_{j-1} \leqslant x < c_j)$	$F(x)$的线性置信区间 $\left[F_n(x) \pm u_{\alpha/2} \sqrt{\operatorname{var}[F_n(x)]} \right]$ $(c_{j-1} \leqslant x < c_j)$
		$\hat{E}[F_n(x)] = \hat{F}(x) = F_n(x) = \dfrac{c_j - x}{c_j - c_{j-1}} F_n(c_{j-1})$ $+ \dfrac{x - c_{j-1}}{c_j - c_{j-1}} F_n(c_j)$ $\widehat{\operatorname{var}}[F_n(x)]$ $= \dfrac{1}{n}\left\{ F_n(c_{j-1}) + \left(\dfrac{x - c_{j-1}}{c_j - c_{j-1}}\right)^2 [F_n(c_j) - F_n(c_{j-1})] - F_n(x)^2 \right\}$ $(c_{j-1} \leqslant x < c_j)$	$F(x)$的近似的线性置信区间 $\left[F_n(x) \pm u_{\alpha/2} \sqrt{\widehat{\operatorname{var}}[F_n(x)]} \right]$ $(c_{j-1} \leqslant x < c_j)$

续表

数据类型	分布	均值和方差及其经验估计	$1-\alpha$ 的置信区间（总体分布）
完全数据	分组数据	经验密度函数	$\exists \xi(c_{j-1}<\xi<c_j)$（即区间内点），$f_n(\xi)$ 是无偏一致估计量 其他点 $x\neq\xi$（包括分段点 $x=c_{j-1}$），$f_n(x)$ 是有偏一致估计量 $E[f_n(x)] = \dfrac{E(N_j)}{n(c_j-c_{j-1})} = \dfrac{F(c_j)-F(c_{j-1})}{c_j-c_{j-1}}$ $\mathrm{var}[f_n(x)] = \dfrac{\mathrm{var}(N_j)}{n^2(c_j-c_{j-1})^2}$ $= \dfrac{[F(c_j)-F(c_{j-1})][1-F(c_j)+F(c_{j-1})]}{n(c_j-c_{j-1})^2}$ $(c_{j-1} \leqslant x < c_j)$	$f(x)$ 的线性置信区间 $\left[f_n(x) \pm u_{\alpha/2}\sqrt{\mathrm{var}[f_n(x)]}\right]$ $(c_{j-1} \leqslant x < c_j)$
		$f_n(x) = \dfrac{F_n(c_j)-F_n(c_{j-1})}{c_j-c_{j-1}} = \dfrac{n_j}{n(c_j-c_{j-1})}$ $(c_{j-1} \leqslant x < c_j)$ $\widehat{\mathrm{var}}[f_n(x)] = \dfrac{f_n(x)[1-f_n(x)(c_j-c_{j-1})]}{n(c_j-c_{j-1})}$ $(c_{j-1} \leqslant x < c_j)$	$f(x)$ 的近似的线性置信区间 $\left[f_n(x) \pm u_{\alpha/2}\sqrt{\widehat{\mathrm{var}}[f_n(x)]}\right]$ $(c_{j-1} \leqslant x < c_j)$
不完全数据	经验生存函数	当 $t=y_{j-1}$（即分段点处）时，$S_n(t)$ 是无偏估计量 当 $t\neq y_{j-1}$（即区间内点）时，$S_n(t)$ 是有偏估计量 $E[S_n(t)] = E[S_n(y_{j-1})] = S(y_{j-1})$ $\mathrm{var}[S_n(t)] \approx S(t)^2 \sum\limits_{i:y_i\leqslant t} \dfrac{S(y_{i-1})-S(y_i)}{r_i S(y_i)}$（近似估计） $(y_{j-1} \leqslant t < y_j)$	$S(t)$ 的线性置信区间 $\left[S_n(t) \pm u_{\alpha/2}\sqrt{\mathrm{var}[S_n(t)]}\right]$ $(y_{j-1} \leqslant t < y_j)$ $S(t)$ 的对数转换的置信区间 $[S_n(t)^{1/\mu_1},\ S_n(t)^{\mu_1}]$ $(y_{j-1} \leqslant t < y_j)$ $\mu_1 = \exp\left\{u_{\alpha/2}\dfrac{\sqrt{\mathrm{var}[S_n(t)]}}{S_n(t)\ln S_n(t)}\right\}$ $(0 < \mu_1 < 1)$
		Kaplan-Meier 估计 $\hat{E}[S_n(t)]$ $= S_n(t)$ $= \begin{cases} 1 & 0 \leqslant t < y_1 \\ \prod\limits_{i=1}^{j-1}\dfrac{r_{i+1}}{r_i} = \dfrac{r_j}{n} & y_{j-1}\leqslant t<y_j,\ j\leqslant k \\ \prod\limits_{i=1}^{k}\dfrac{r_{i+1}}{r_i} = \dfrac{r_{k+1}}{n} = \dfrac{r_k}{n} & t \geqslant y_k \end{cases}$ $\widehat{\mathrm{var}}[S_n(t)] = S_n(t)^2 \sum\limits_{i:y_i\leqslant t}\dfrac{s_i}{r_i(r_i-s_i)}$ (Greenwood 近似估计) $H_n(t) = -\ln S_n(t)$ $(y_{j-1} \leqslant t < y_j)$	$S(t)$ 和 $H(t)$ 的近似的线性置信区间 $\left[S_n(t) \pm u_{\alpha/2}\sqrt{\widehat{\mathrm{var}}[S_n(t)]}\right]$ $= \left[S_n(t) \pm u_{\alpha/2}\sqrt{S_n(t)^2\sum\limits_{i:y_i\leqslant t}\dfrac{s_i}{r_i(r_i-s_i)}}\right]$ $\left[H_n(t) \pm u_{\alpha/2}\sqrt{\widehat{\mathrm{var}}[H_n(t)]}\right]$ $= \left[-\ln S_n(t) \pm u_{\alpha/2}\dfrac{\sqrt{\widehat{\mathrm{var}}[S_n(t)]}}{S_n(t)}\right]$ $(y_{j-1} \leqslant t < y_j)$ $S(t)$ 和 $H(t)$ 的近似的对数转换的置信区间 $[S_n(t)^{1/u_1},\ S_n(t)^{u_1}]\ \left[H_n(t)u_1,\ \dfrac{H_n(t)}{u_1}\right]$ $u_1 = \exp\left\{u_{\alpha/2}\dfrac{\sqrt{\widehat{\mathrm{var}}[S_n(t)]}}{S_n(t)\ln S_n(t)}\right\}$ $(0 < u_1 < 1)\quad (y_{j-1} \leqslant t < y_j)$

续表

数据类型	分布	均值和方差及其经验估计	$1-\alpha$ 的置信区间（总体分布）
不完全数据	累积危险率函数	$\mathrm{var}[\hat{H}(t)] \approx \sum_{i:y_i \leqslant t} \frac{\mathrm{var}(s_i)}{r_i^2} \approx \sum_{i:y_i \leqslant t} \frac{h(y_i)}{r_i}$（泊松近似估计） $(y_{j-1} \leqslant t < y_j)$	$H(t)$的线性置信区间 $\left[\hat{H}(t) \pm u_{\alpha/2} \sqrt{\mathrm{var}[\hat{H}(t)]}\right] (y_{j-1} \leqslant t < y_j)$ $H(t)$的对数转换的置信区间 $\left[\dfrac{\hat{H}(t)}{\mu_2}, \hat{H}(t)\mu_2\right] (y_{j-1} \leqslant t < y_j)$ $\mu_2 = \exp\left\{u_{\alpha/2} \dfrac{\sqrt{\mathrm{var}[\hat{H}(t)]}}{\hat{H}(t)}\right\} = \dfrac{1}{\mu_1}$ $(\mu_2 > 1)$
		Nelson-Aalen 估计 $\hat{H}(t) = H_n(t) = \sum_{i:y_i \leqslant t} \dfrac{s_i}{r_i}$ $= \begin{cases} 0 & 0 \leqslant t < y_1 \\ \sum_{i=1}^{j-1} \dfrac{s_i}{r_i} & y_{j-1} \leqslant t < y_j, j \leqslant k \\ \sum_{i=1}^{k} \dfrac{s_i}{r_i} & t \geqslant y_k \end{cases}$ $\widehat{\mathrm{var}}[\hat{H}(t)] = \widehat{\mathrm{var}}\left[\sum_{i:y_i \leqslant t} \dfrac{s_i}{r_i}\right] = \sum_{i:y_i \leqslant t} \dfrac{\widehat{\mathrm{var}}(s_i)}{r_i^2}$ $= \sum_{i:y_i \leqslant t} \dfrac{s_i}{r_i^2}$ $\hat{S}(t) = e^{-\hat{H}(t)}$ $(y_{j-1} \leqslant t < y_j)$	$H(t)$和$S(t)$的近似的线性置信区间 $\left[\hat{H}(t) \pm u_{\alpha/2} \sqrt{\widehat{\mathrm{var}}[\hat{H}(t)]}\right]$ $= \left[\hat{H}(t) \pm u_{\alpha/2} \sqrt{\sum_{i:y_i \leqslant t} \dfrac{s_i}{r_i^2}}\right] (y_{j-1} \leqslant t < y_j)$ $\left[\hat{S}(t) \pm u_{\alpha/2} \sqrt{\widehat{\mathrm{var}}[\hat{S}(t)]}\right]$ $= \left[e^{-\hat{H}(t)} \pm u_{\alpha/2} e^{-\hat{H}(t)} \sqrt{\widehat{\mathrm{var}}[\hat{H}(t)]}\right]$ $(y_{j-1} \leqslant t < y_j)$ $H(t)$和$S(t)$的近似的对数转换的置信区间 $\left[\dfrac{\hat{H}(t)}{u_2}, \hat{H}(t)u_2\right] \left[\hat{S}(t)^{u_2}, \hat{S}(t)^{1/u_2}\right]$ $u_2 = \exp\left\{u_{\alpha/2} \dfrac{\sqrt{\widehat{\mathrm{var}}[\hat{H}(t)]}}{\hat{H}(t)}\right\} = \dfrac{1}{u_1}$ $(u_2 > 1) \quad (y_{j-1} \leqslant t < y_j)$

第四节 本章 R 软件操作与实现

一、绘制经验分布(生存)函数图

下面以例题 5-1 为例,利用 R 软件的 ggplot2 软件包中的 ggplot 函数来绘制经验分布函数图。具体 R 代码如下:

```
install.packages("ggplot2")    # 若未安装 ggplot2 包,则先进行安装。
library(ggplot2)
data <- data.frame(x = c(-2, 1, 2, 4, 6, 7, 9, 12), y = c(0, 1/8, 3/8, 5/8, 3/4, 7/8, 1, 1))
ggplot(data, aes(x = x, y = y, colour = "red")) + geom_step() +
geom_point(mapping = aes(x = data[2,1], y = data[1,2]), data = data, colour = 'red', size = 3, pch = 1) +
```

```
        geom_point(mapping = aes(x = data[3,1], y = data[2,2]), data = data, colour =
'red', size = 3, pch = 1) +
        geom_point(mapping = aes(x = data[4,1], y = data[3,2]), data = data, colour =
'red', size = 3, pch = 1) +
        geom_point(mapping = aes(x = data[5,1], y = data[4,2]), data = data, colour =
'red', size = 3, pch = 1) +
        geom_point(mapping = aes(x = data[6,1], y = data[5,2]), data = data, colour =
'red', size = 3, pch = 1) +
        geom_point(mapping = aes(x = data[7,1], y = data[6,2]), data = data, colour =
'red', size = 3, pch = 1) +
        labs(title = "经验分布函数图", x = "X的观测值", y = "经验分布函数值")
```

类似地,下面以例题5-2为例,利用R软件的ggplot2软件包中的ggplot函数来绘制经验生存函数图。具体R代码如下:

```
    library(ggplot2)
    data <- data.frame(x = c( - 2, 1, 2, 4, 6, 7, 9, 12), y = c(1, 7/8, 5/8, 3/8,
1/4, 1/8, 0, 0))
    ggplot(data, aes(x = x, y = y, colour = "red")) + geom_step() +
        geom_point(mapping = aes(x = data[2,1], y = data[1,2]), data = data, colour =
'red', size = 3, pch = 1) +
        geom_point(mapping = aes(x = data[3,1], y = data[2,2]), data = data, colour =
'red', size = 3, pch = 1) +
        geom_point(mapping = aes(x = data[4,1], y = data[3,2]), data = data, colour =
'red', size = 3, pch = 1) +
        geom_point(mapping = aes(x = data[5,1], y = data[4,2]), data = data, colour =
'red', size = 3, pch = 1) +
        geom_point(mapping = aes(x = data[6,1], y = data[5,2]), data = data, colour =
'red', size = 3, pch = 1) +
        geom_point(mapping = aes(x = data[7,1], y = data[6,2]), data = data, colour =
'red', size = 3, pch = 1) +
        labs(title = "经验生存函数图", x = "X的观测值", y = "经验生存函数值")
```

感兴趣的同学也可以思考其他的绘图方法。

二、绘制分组数据的直方图

下面以例题5-3为例,利用R软件的ggplot2软件包中的ggplot函数来绘制分组数据的直方图,即连续变量在各个区间的频率分布直方图。其中,图5-3的左图的R代码如下:

```
data <- data.frame(x = c(0, 0, 1, 1, 1, 2, 2, 2, 3, 3, 3, 4, 4, 4, 5, 5), y = c(0,
2/20, 0, 2/20, 3/20, 0, 3/20, 8/20, 0, 8/20, 6/20, 0, 6/20, 1/20, 0, 1/20))
ggplot(data, aes(x = x, y = y, colour = "red")) + geom_step() +
geom_hline(yintercept = 0, color = "black") +
labs(title = "死亡时间分布的直方图", x = "周", y = "频率")
```

图 5-3 的右图的 R 代码如下:

```
data <- data.frame(
    group = c("(0,1]", "(1,2]", "(2,3]", "(3,4]", "(4,5]"),    # 分组变量
    value = c(2/20,3/20,8/20,6/20,1/20))    # 值变量
ggplot(data, aes(x = group, y = value)) +
geom_bar(stat = 'identity', fill = 3,col = 3) +
labs(title = "死亡时间分布的直方图", x = "周", y = "频率")
```

感兴趣的同学也可以思考其他的绘图方法。

三、Kaplan-Meier 估计和 Nelson-Aalen 估计的 R 实现举例

利用 R 软件的 survival 软件包中的 survfit 函数可以实现对经验生存函数进行 Kaplan-Meier 估计,对累积危险率函数进行 Nelson-Aalen 估计。相应的 R 代码形式为:

```
install.packages("survival")    # 若未安装 survival 包,则先进行安装。
library(survival)
survfit(formula, conf.int = 0.95, conf.type = "plain")
```

这里,formula 是一个以生存对象(Survival Object)为响应变量(Response variable)的公式对象。

例如:使用下面 R 代码可以实现对经验生存函数和累积危险率函数的估计和图示(图 5-4)。

```
fit <- survfit(Surv(time, status) ~ x, data = aml)
plot(fit, lty = 2:3, xlab = "月", ylab = "经验生存函数值", main = "经验生存函数图")
legend(100, .8, c("组 1", "组 2"), lty = 2:3)

lsurv2 <- survfit(Surv(time, status) ~ x, aml, type = 'fleming')
plot(lsurv2, lty = 2:3, fun = "cumhaz",
    xlab = "月", ylab = "累积危险率函数值", main = "累积危险率函数图")
legend(100, 2.5, c("组 1", "组 2"), lty = 2:3)
```

这里,R 代码中的函数 Surv(time, status)表示数据中存在右删失数据。其中,参数 time 表示一个包含死亡事件发生时刻或者删失时刻的向量,参数 status 代表一个 0、1 向量,右删失记为 0,发生死亡事件记为 1。

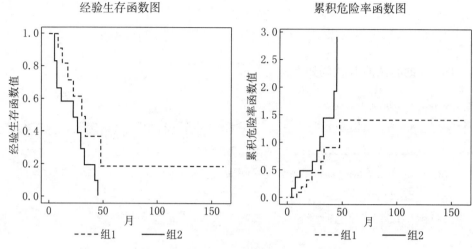

图 5-4　经验生存函数和累积危险率函数的图示

 本章习题与扩展思考题

一、本章习题

1. 通常来说,完全数据包括哪些类型? 请结合保险数据,进行举例说明。

答: 完全数据(Complete Data):如果能够对一个概率分布的定义域内的任意一点都收集数据,并且记录每个观测值,那么这种数据集就是完全数据。其中,精确记录了每个观测值的数据集称为完全个体数据(Complete Individual Data);而当个体数据量过多时,可以考虑对观测值进行分组,只记录观测值所属的分组,则这种数据集称为分组数据(Grouped Data)。

在保险领域,第二章介绍的损失分布(包括离散型损失次数分布、连续型损失金额分布),以及第四章介绍的 0 岁新生儿的连续型死亡时间随机变量 $X(X \geqslant 0)$、离散型取整死亡时间随机变量 $K(K=0,1,2,\cdots)$ 对应的观测值的数据集通常被视为完全数据。其中,X 在各个年龄区间 $(x, x+1](x \geqslant 0)$ 对应的观测值的数据集通常被视为分组数据。

2. 通常来说,不完全数据包括哪些类型? 请结合保险数据,进行举例说明。

答: 通常来说,不完全数据(Incomplete Data)包括删失数据(Censored Data)和截断数据(Truncated Data)。

删失数据(Censored Data):通常情况下我们对属于某一范围内的数据精确记录其观测值,而对超出该范围的数据只记录其所属的范围,则这种数据集称为删失数据。其中,左删失数据(Left Censored Data)是指只知道观测值小于某个给定值,而不知道其具体值;右删失数据(Right Censored Data)是指只知道观测值大于某个给定值,而不知道其具体值。

截断数据(Truncated Data):通常情况下我们对属于某一范围内的数据精确记录其观

测值,而对超出该范围的数据不作记录,则这种数据集称为截断数据。其中,左截断数据(Left Truncated Data)是指对小于某个给定值的观测值不作记录;右截断数据(Right Truncated Data)是指对大于某个给定值的观测值不作记录。

也就是说,通常不完全数据包括左删失数据、左截断数据、右删失数据和右截断数据四种类型。

在保险实务中,通常含免赔额的理赔额数据是左截断数据;含保单(赔偿)限额的理赔额数据是右删失数据。假设损失额 X 为完全数据,则理赔额 Y 存在以下四种不完全数据结构。

(1) 左删失数据:$Y_1=(X-d)_+=\begin{cases} 0 & X\leqslant d \\ X-d & X>d \end{cases}$ 对应的观测值的数据集

(2) 左截断数据:$Y_2=(X-d)_+|X>d$ 对应的观测值的数据集

(3) 右删失数据:$Y_3=X\wedge u$ 对应的观测值的数据集

(4) 右截断数据:$Y_4=X\wedge u|X\leqslant u$ 对应的观测值的数据集

显然,相比完全数据,截断数据比删失数据损失的信息更多。这是因为,删失数据对超出范围的数据是有记录的,记录了其所属的范围;而截断数据对超出范围的数据则是没有任何记录的。

3. 已知:

(1) 从某保单组合中随机抽取一组赔付样本如下:

赔付区间	保单数
(0, 50]	36
(50, 150]	x
(150, 250]	y
(250, 500]	84
(500, 1 000]	80
(1 000, ∞)	0
总计	n

(2) 从这组数据中构造的 $x_1=90$ 和 $x_2=210$ 的经验分布函数分别为 $F_n(90)=0.21$、$F_n(210)=0.51$。

计算 x 和 y 的值。

解: 由题意得

$$x+y+200=n \tag{1}$$

$$F_n(90)=0.6F_n(50)+0.4F_n(150)=0.6\times\frac{36}{n}+0.4\frac{36+x}{n}=0.21 \tag{2}$$

$$F_n(210)=0.4F_n(150)+0.6F_n(250)=0.4\frac{36+x}{n}+0.6\frac{36+x+y}{n}=0.51 \tag{3}$$

(3)−(2)得 $0.6\dfrac{x+y}{n}=0.3$

进而得到 $x+y=\dfrac{n}{2}$

代入式(1)得到 $\dfrac{n}{2}+200=n$

因此，$n=400$，$x+y=200$

将 $n=400$ 代入式(2)，得到

$$0.6\times\dfrac{36}{400}+0.4\,\dfrac{36+x}{400}=0.21$$

解得 $x=120$

进而得到 $y=80$

4. 已知一组完全数据样本，在 $t=0$ 时有 30 个个体，所有个体均在 6 周内死亡，并且只记录每周死亡人数。在这 6 周内死亡人数分别为 3，5，8，7，5，2。计算死亡时间分布的直方图 $f_n(x)$ 在 $x=3.5$ 处的方差估计值。

解：由题意得 $n=30$，$c_0=0$，$c_1=1$，$c_2=2$，$c_3=3$，$c_4=4$，$c_5=5$，$c_6=6$，$n_1=3$，$n_2=5$，$n_3=8$，$n_4=7$，$n_5=5$，$n_6=2$。

$$\begin{cases} f_n(x)=\dfrac{n_j}{n(c_j-c_{j-1})} \\ \widehat{\mathrm{var}}[f_n(x)]=\dfrac{f_n(x)[1-f_n(x)(c_j-c_{j-1})]}{n(c_j-c_{j-1})} \end{cases}(c_{j-1}\leqslant x<c_j)$$

进而得到

$$f_n(3.5)=\dfrac{n_4}{n(c_4-c_3)}=\dfrac{7}{30\times(4-3)}=\dfrac{7}{30}$$

$$\widehat{\mathrm{var}}[f_n(3.5)]=\dfrac{f_n(3.5)[1-f_n(3.5)(c_4-c_3)]}{30(c_4-c_3)}=\dfrac{\dfrac{7}{30}\times\left(1-\dfrac{7}{30}\right)\times(4-3)}{30\times(4-3)}=0.005\,963$$

5. 下面是某一年期死亡研究的信息：

(1) 25 人在初始时刻 $t=0$ 进入研究；

(2) 在时刻 $t=0.4$ 时有 n 人进入研究；

(3) 研究期间无人退出；

(4) 研究期间共 13 人死亡，具体情况为：

死亡时年龄	死亡数
0.25	4
0.50	2
0.75	3
1.00	4

(5) $S(1)$ 的 Kaplan-Meier 乘积极限估计为 0.604。

计算 n 的值。

解:由题意得

$$\hat{S}(1)=\frac{25-4}{25}\cdot\frac{25-4+n-9}{25-4+n}=0.604$$

解得 $n=11.033\,898$

6. 已知某保单的理赔额样本数据为:2,3,3,5,5^+,6,7,7^+,9,11^+。其中,上标"+"表示该样本为右删失数据,即该样本损失额超过了保单限额。采用 Kaplan-Meier 乘积极限估计该保单损失超过 6.5 的概率。

解:由题意得:保单损失超过 6.5 的概率记为 $S(6.5)$,其 Kaplan-Meier 乘积极限估计为

$$\hat{S}(6.5)=\prod_{i:y_i\leqslant 6.5}\left(1-\frac{s_i}{r_i}\right)=\left(1-\frac{4}{10}\right)\times\left(1-\frac{1}{10-4-1}\right)=0.48$$

7. 现有一组完全数据,死亡发生时间依次为:$t_1\leqslant t_2\leqslant\cdots\leqslant t_n$,已知:

(1) 第三人死亡后累积危险率函数 $H(t)$ 的 Nelson-Aalen 估计值为 0.416 667;

(2) 在第三人死亡之前,第一人、第二人死亡同时发生;

计算 $S(t_3)$ 的 Kaplan-Meier 乘积极限估计值。

解:由题意得

$S(t_3)$ 的 Kaplan-Meier 乘积极限估计为:$S(t_3)=\frac{n-3}{n}$

$H(t)$ 的 Nelson-Aalen 估计为

$$\hat{H}(t)=\sum_{j:y_j\leqslant t}\frac{s_j}{r_j}=\frac{2}{n}+\frac{1}{n-2}=0.416\,667=\frac{1}{2.4}(t\geqslant t_3)$$

进而得到 $(n-8)(n-1.2)=0$

故 $n=8$,$n=1.2$(舍去)

因此,$S(t_3)=\frac{n-3}{n}=\frac{5}{8}=0.625$

8. 针对如下数据集:200、300、100、400、X。已知 $k=4$,$s_2=1$,$r_4=1$,$\hat{H}(410)$ 的 Nelson-Aalen 估计值大于 2.15。那么 X 的值为( )。

解:由 $k=4$ 可知,数据集中包含 4 个不同的数值。因此,X 只能取 100、200、300 或 400。

由 $r_4=r_1-s_1-s_2-s_3=5-s_1-1-s_3=1$ 可得,$s_1+s_3=3$。因此,X 只能取 100 或 300。

当 $X=100$ 时,$\hat{H}(410)=\sum_{j:y_j\leqslant 410}\frac{s_i}{r_i}=\frac{2}{5}+\frac{1}{3}+\frac{1}{2}+\frac{1}{1}=2.23>2.15$

当 $X=300$ 时,$\hat{H}(410)=\sum_{j:y_j\leqslant 410}\frac{s_i}{r_i}=\frac{1}{5}+\frac{1}{4}+\frac{2}{3}+\frac{1}{1}=2.12<2.15$

因此,$X=100$

9. 已知如下数据集:2 500、2 500、2 500、3 617、3 662、4 517、5 000、5 000、6 010、6 932、7 500、7 500。假设$\hat{H}_1(7\,000)$为该数据集中没有删失数据时的Nelson-Aalen估计,$\hat{H}_2(7\,000)$为该数据集中观测值2 500、5 000和7 500是右删失数据时的Nelson-Aalen估计。计算$|\hat{H}_1(7\,000)-\hat{H}_2(7\,000)|$的值。

解:由题意得

$H(t)$的Nelson-Aalen估计为$\hat{H}(t)=\sum\limits_{j:y_j\leqslant t}\dfrac{s_i}{r_i}$

$$\hat{H}_1(7\,000)=\sum_{j:y_j\leqslant 7\,000}\frac{s_i}{r_i}=\frac{3}{12}+\frac{1}{9}+\frac{1}{8}+\frac{1}{7}+\frac{2}{6}+\frac{1}{4}+\frac{1}{3}$$

$$\hat{H}_2(7\,000)=\frac{1}{12-3}+\frac{1}{8}+\frac{1}{7}+\frac{1}{6-2}+\frac{1}{3}=\frac{1}{9}+\frac{1}{8}+\frac{1}{7}+\frac{1}{4}+\frac{1}{3}$$

$$|\hat{H}_1(7\,000)-\hat{H}_2(7\,000)|=\frac{3}{12}+\frac{2}{6}-\frac{1}{4}-\frac{1}{3}=\frac{7}{12}=0.583\,3$$

10. 在含右删失数据的死亡率研究中,给定如下数据:

时刻t	死亡数	风险数
3	1	50
5	3	49
6	5	k
10	7	21

已知$t=10$时生存函数的Nelson-Aalen估计为0.575,计算k的值。

解:由题意得$\hat{s}(10)=e^{-\hat{H}(10)}=0.575$

进而得到$\hat{H}(10)=0.553\,385$

利用Nelson-Aalen估计,得到

$$\hat{H}(10)=\sum_{j:y_j\leqslant 10}\frac{s_i}{r_i}=\frac{1}{50}+\frac{3}{49}+\frac{5}{k}+\frac{7}{21}=0.553\,385$$

从而得到$k=36$

11. 针对一个有1 000人的特定新生观察人群,观察三年,已知:

(1) 观察期间没有新的观察对象加入,也没有存活的观察对象退出观察;

(2) 死亡在年末发生;

(3) $\dfrac{\hat{q}_i}{\hat{p}_i\cdot r_{i+1}}=1.11\times 10^{-4}$,$i=0,1$;

(4) $S(3)$的估计值为0.752。

利用Greenwood近似公式估计$\hat{S}(3)$的方差,计算其值。

解:Greenwood近似公式为

$$\widehat{\mathrm{var}}[S_n(y_j)] = [S_n(y_j)]^2 \sum_{i=1}^{j} \frac{s_i}{r_i(r_i - s_i)}$$

进而得到

$$\widehat{\mathrm{var}}[\hat{S}(3)] = [\hat{S}(3)]^2 \sum_{i=1}^{3} \frac{s_i}{r_i(r_i - s_i)} = 0.752^2 \sum_{i=1}^{3} \frac{s_i}{r_i(r_i - s_i)}$$

由题意得

$$r_1 = 1\,000, \quad \frac{\hat{q}_0}{\hat{p}_0 \cdot r_1} = 1.11 \times 10^{-4}, \quad \frac{\hat{q}_1}{\hat{p}_1 \cdot r_2} = 1.11 \times 10^{-4}$$

进而得到

$$\hat{p}_0 = 0.9 \quad \hat{q}_0 = 0.1 \quad s_1 = r_1 \hat{q}_0 = 1\,000 \times 0.1 = 100 \quad r_2 = r_1 - s_1 = 1\,000 - 100 = 900$$

$$\hat{p}_1 = 0.91 \quad \hat{q}_1 = 0.09 \quad s_2 = r_2 \hat{q}_2 = 900 \times 0.09 = 81 \quad r_3 = r_2 - s_2 = 900 - 81 = 819$$

由 $\hat{S}(3) = \dfrac{1\,000 - s_1 - s_2 - s_3}{1\,000} = \dfrac{1\,000 - 100 - 81 - s_3}{1\,000} = 0.752$ 可得

$$s_3 = 67$$

因此,得到

$$\widehat{\mathrm{var}}[\hat{S}(3)] = 0.752^2 \sum_{i=1}^{3} \frac{s_i}{r_i(r_i - s_i)}$$

$$= 0.752^2 \left(\frac{100}{1\,000 \times (1\,000 - 100)} + \frac{81}{900 \times (900 - 81)} + \frac{67}{819 \times (819 - 67)} \right)$$

$$= 1.864 \times 10^{-4}$$

或者

$$\widehat{\mathrm{var}}[\hat{S}(3)] = 0.752^2 \sum_{i=1}^{3} \frac{s_i}{r_i(r_i - s_i)} = 0.752^2 \sum_{i=0}^{2} \frac{\hat{q}_i}{\hat{p}_i \cdot r_{i+1}}$$

$$= 0.752^2 \left(1.11 \times 10^{-4} \times 2 + \frac{67}{819 \times (819 - 67)} \right)$$

$$= 1.864 \times 10^{-4}$$

12. 已知某理赔额样本数据为:4、4、5^+、5^+、5^+、8、10^+、10^+、12 和 15。其中,上标"+"表示该样本为右删失数据,即该样本损失额超过了保单限额。采用 Greenwood 近似公式估计 Kaplan-Meier 乘积极限估计值 $\hat{S}(11)$ 的方差,计算其值。

解: Greenwood 近似公式为

$$\widehat{\mathrm{var}}[S_n(t)] = S_n(t)^2 \sum_{i: y_i \leqslant t} \frac{s_i}{r_i(r_i - s_i)}$$

则有

$$\widehat{\text{var}}[\hat{S}(11)] = \hat{S}(11)^2 \sum_{i: y_i \leqslant 11} \frac{s_i}{r_i(r_i - s_i)}$$

其中，$\hat{S}(11) = \prod_{i \leqslant t} \left(1 - \frac{s_i}{r_i}\right) = \left(1 - \frac{2}{10}\right) \times \left(1 - \frac{1}{5}\right) = \frac{16}{25} = 0.64$

代入后，得到

$$\widehat{\text{var}}[\hat{S}(11)] = \hat{S}(11)^2 \sum_{i: y_i \leqslant 11} \frac{s_i}{r_i(r_i - s_i)}$$

$$= 0.64^2 \times \left(\frac{2}{10 \times (10-2)} + \frac{1}{5 \times (5-1)}\right) = 0.64^2 \times \left(\frac{1}{40} + \frac{1}{20}\right) = 0.030\ 7$$

13. 已知某保单的理赔额样本数据为：$2, 3, 3, 5, 5^+, 6, 7, 7^+, 9, 11^+$。其中，上标"+"表示该样本为右删失数据，即该样本损失额超过了保单限额。采用Greenwood近似公式估计该保单损失超过6.5的概率的方差，计算其值。

解：由题意得：保单损失超过6.5的概率为 $P(X > 6.5) = S_n(6.5)$。其Greenwood近似公式为

$$\widehat{\text{var}}[S_n(t)] = S_n(t)^2 \sum_{i: y_i \leqslant t} \frac{s_i}{r_i(r_i - s_i)}$$

则有

$$\widehat{\text{var}}[S_n(6.5)] = S_n(6.5)^2 \sum_{i: y_i \leqslant 6.5} \frac{s_i}{r_i(r_i - s_i)}$$

其中，$S_n(6.5) = \prod_{i: y_i \leqslant 6.5} \left(1 - \frac{s_i}{r_i}\right) = \left(1 - \frac{4}{10}\right) \times \left(1 - \frac{1}{10-4-1}\right) = 0.48$

代入后，得到

$$\widehat{\text{var}}[S_n(6.5)] = S_n(6.5)^2 \sum_{i: y_i \leqslant 6.5} \frac{s_i}{r_i(r_i - s_i)}$$

$$= 0.48^2 \times \left(\frac{4}{10 \times (10-4)} + \frac{1}{(10-4-1) \times (10-4-1-1)}\right)$$

$$= 0.48^2 \times \left(\frac{1}{15} + \frac{1}{20}\right) = 0.026\ 88$$

14. 已知：

(1) 一组健康保单的损失额 X 服从指数分布，且均值未知。

(2) 随机抽取如下6个损失样本：$100, 200, 400, 800, 1\ 400, 3\ 100$。

使用 Δ 方法计算 $S(1\ 500)$ 的极大似然估计的方差的近似值。

解：由题意得 $X \sim E(\theta = 1/\lambda)$，其中，$\theta$ 未知。则有

θ 的极大似然估计为：$\hat{\theta} = \bar{X} = \dfrac{100 + 200 + 400 + 800 + 1\ 400 + 3\ 100}{6} = 1\ 000$

$$S(1\,500)=e^{-1\,500/\theta}=g(\theta)$$

应用 Δ 方法得到

$$\widehat{\text{var}}[\hat{S}(1\,500)]=[g'(\hat{\theta})]^2\,\widehat{\text{var}}(\hat{\theta})=\left[\frac{1\,500}{\hat{\theta}^2}e^{-1\,500/\hat{\theta}}\right]^2\widehat{\text{var}}(\hat{\theta})=\left[\frac{1\,500}{\bar{X}^2}e^{-1\,500/\bar{X}}\right]^2\widehat{\text{var}}(\bar{X})$$

$$=\left[\frac{1\,500}{1\,000^2}e^{-1\,500/1\,000}\right]^2\widehat{\text{var}}(\bar{X})=\left[\frac{1\,500}{10^6}e^{-1.5}\right]^2\frac{\widehat{\text{var}}(X)}{n}$$

$$=\left[\frac{1\,500}{10^6}e^{-1.5}\right]^2\frac{\hat{\theta}^2}{6}=\left[\frac{1\,500}{10^6}e^{-1.5}\right]^2\frac{1\,000^2}{6}=0.018\,67$$

15. 在一项生存研究中,采用经验分布估计总体分布。已知生存函数 $S(t)$ 的 95% 的近似的对数转换的置信区间为 $[0.755\,3,0.982\,6]$,计算 $S(t)$ 的 95% 的近似的线性置信区间。

解: $S(t)$ 的 $1-\alpha$ 的近似的线性置信区间为

$$\left[S_n(t)-u_{\alpha/2}\sqrt{\widehat{\text{var}}[S_n(t)]}\,,\,S_n(t)+u_{\alpha/2}\sqrt{\widehat{\text{var}}[S_n(t)]}\right]$$

$S(t)$ 的 $1-\alpha$ 的近似的对数转换的置信区间为

$$\left[S_n(t)^{1/u_1},S_n(t)^{u_1}\right]$$

其中, $u_1=\exp\left\{\dfrac{u_{\alpha/2}\sqrt{\widehat{\text{var}}[S_n(t)]}}{S_n(t)\ln S_n(t)}\right\}(0<u_1<1)$。

由题意得 $\begin{cases}S_n(t)^{1/u_1}=0.755\,3\\S_n(t)^{u_1}=0.982\,6\end{cases}$

进而得到 $\begin{cases}\dfrac{1}{u_1}\ln S_n(t)=\ln 0.755\,3\\u_1\ln S_n(t)=\ln 0.982\,6\end{cases}$

解得 $\begin{cases}u_1=0.250\,094\\S_n(t)=0.932\,22\end{cases}$ 或 $\begin{cases}u_1=-0.250\,094\\S_n(t)=1.072\,708\end{cases}$ (舍)

进而得到

$$u_{\alpha/2}\sqrt{\widehat{\text{var}}[S_n(t)]}=\ln u\times S_n(t)\ln S_n(t)=\ln(0.250\,094)\times 0.932\,22\times\ln 0.932\,22$$
$$=0.090\,68$$

因此, $S(t)$ 的 95% 的近似的线性置信区间为

$$\left[S_n(t)-u_{\alpha/2}\sqrt{\widehat{\text{var}}[S_n(t)]}\,,\,S_n(t)+u_{\alpha/2}\sqrt{\widehat{\text{var}}[S_n(t)]}\right]$$
$$=[0.932\,22-0.090\,68,0.932\,22+0.090\,68]=[0.841\,5,1.022\,9]$$

16. 在一项生存研究中,采用经验分布估计总体分布。已知生存函数 $S(t)$ 的 95% 的近似的线性置信区间为 $[0.84,1.02]$,计算 $S(t)$ 的 90% 的近似的对数转换的置信区间。

解: $S(t)$ 的 $1-\alpha$ 的近似的线性置信区间为

$$\left[S_n(t) - u_{\alpha/2}\sqrt{\widehat{\text{var}}[S_n(t)]}, \, S_n(t) + u_{\alpha/2}\sqrt{\widehat{\text{var}}[S_n(t)]}\right]$$

$S(t)$ 的 $1-\alpha$ 的近似的对数转换的置信区间为

$$\left[S_n(t)^{1/u_1}, \, S_n(t)^{u_1}\right]$$

其中，$u_1 = \exp\left\{\dfrac{u_{\alpha/2}\sqrt{\widehat{\text{var}}[S_n(t)]}}{S_n(t)\ln S_n(t)}\right\}$ $(0 < u_1 < 1)$。

由题意得

$$S_n(t) = \frac{0.84 + 1.02}{2} = 0.93$$

$$u_{0.025}\sqrt{\widehat{\text{var}}[S_n(t)]} = 1.02 - 0.93 = 0.09$$

其中，$u_{0.025} = 1.96$。

进而得到 $\sqrt{\widehat{\text{var}}[S_n(t)]} = 0.045\,918$

因此，当 $\alpha = 0.1$ 时，则有

$$u_1 = \exp\left\{\frac{u_{\alpha/2}\sqrt{\widehat{\text{var}}[S_n(t)]}}{S_n(t)\ln S_n(t)}\right\} = \exp\left(\frac{1.645 \times 0.045\,918}{0.93\ln 0.93}\right) = 0.326\,541$$

进而得到 $S(t)$ 的 90% 的近似的对数转换的置信区间为

$$\left[S_n(t)^{1/u_1}, \, S_n(t)^{u_1}\right] = \left[0.93^{1/0.326\,541}, \, 0.93^{0.326\,541}\right] = [0.80, \, 0.98]$$

17. 在一项生存研究中，采用经验分布估计总体分布。已知生存函数 $S(t)$ 的 90% 的近似的对数转换的置信区间为 $[0.80, 0.98]$，计算 $S(t)$ 的 95% 的近似的线性置信区间。

解: $S(t)$ 的 $1-\alpha$ 的近似的线性置信区间为

$$\left[S_n(t) - u_{\alpha/2}\sqrt{\widehat{\text{var}}[S_n(t)]}, \, S_n(t) + u_{\alpha/2}\sqrt{\widehat{\text{var}}[S_n(t)]}\right]$$

$S(t)$ 的 $1-\alpha$ 的近似的对数转换的置信区间为

$$\left[S_n(t)^{1/u_1}, \, S_n(t)^{u_1}\right]$$

其中，$u_1 = \exp\left\{\dfrac{u_{\alpha/2}\sqrt{\widehat{\text{var}}[S_n(t)]}}{S_n(t)\ln S_n(t)}\right\}$ $(0 < u_1 < 1)$。

由题意得 $\begin{cases} S_n(t)^{1/u_1} = 0.80 \\ S_n(t)^{u_1} = 0.98 \end{cases}$

进而得到 $\begin{cases} \dfrac{1}{u_1}\ln S_n(t) = \ln 0.80 \\ u_1 \ln S_n(t) = \ln 0.98 \end{cases}$

解得 $\begin{cases} u_1 = 0.3009 \\ S_n(t) = 0.9351 \end{cases}$ 或 $\begin{cases} u_1 = -0.3009 \\ S_n(t) = 1.0694 \end{cases}$（舍）

当 $\alpha = 0.1$ 时，$u_{0.5} = 1.645$。则有

$$u_{0.5}\sqrt{\widehat{\mathrm{var}}[S_n(t)]} = \ln u_1 \times S_n(t) \ln S_n(t) = \ln(0.3009) \times 0.9351 \times \ln 0.9351 = 0.0754$$

解得 $\sqrt{\widehat{\mathrm{var}}[S_n(t)]} = 0.0458$

当 $\alpha = 0.05$ 时，$u_{0.25} = 1.96$。因此，$S(t)$ 的 95% 的近似的线性置信区间为

$$\left[S_n(t) - u_{\alpha/2}\sqrt{\widehat{\mathrm{var}}[S_n(t)]},\ S_n(t) + u_{\alpha/2}\sqrt{\widehat{\mathrm{var}}[S_n(t)]}\right]$$
$$= [0.9351 - 1.96 \times 0.0458,\ 0.9351 + 1.96 \times 0.0458] = [0.84, 1.02]$$

18. 在一项生存研究中，采用经验分布估计总体分布。已知累积危险率函数 $H(t)$ 的 95% 的近似的线性置信区间为 $[1.63, 2.55]$，计算 $H(t)$ 的 95% 的近似的对数转换的置信区间。

解：$H(t)$ 的 $1-\alpha$ 的近似的线性置信区间为

$$\left[\hat{H}(t) - u_{\alpha/2}\sqrt{\widehat{\mathrm{var}}[\hat{H}(t)]},\ \hat{H}(t) + u_{\alpha/2}\sqrt{\widehat{\mathrm{var}}[\hat{H}(t)]}\right]$$

$H(t)$ 的 $1-\alpha$ 的近似的对数转换的置信区间为

$$\left[\frac{\hat{H}(t)}{u_2},\ \hat{H}(t)u_2\right]$$

其中，$u_2 = \exp\left\{\dfrac{u_{\alpha/2}\sqrt{\widehat{\mathrm{var}}[\hat{H}(t)]}}{\hat{H}(t)}\right\} (u_2 > 1)$。

由题意得

$$\hat{H}(t) = \frac{1.63 + 2.55}{2} = 2.09$$

$$u_{\alpha/2}\sqrt{\widehat{\mathrm{var}}[\hat{H}(t)]} = 2.55 - 2.09 = 0.46$$

进而得到

$$u_2 = \exp\left\{\frac{u_{\alpha/2}\sqrt{\widehat{\mathrm{var}}[\hat{H}(t)]}}{\hat{H}(t)}\right\} = e^{0.46/2.09}$$

因此，$H(t)$ 的 95% 的近似的对数转换的置信区间为

$$\left[\frac{\hat{H}(t)}{u_2},\ \hat{H}(t)u_2\right] = [2.09e^{-0.46/2.09},\ 2.09e^{0.46/2.09}] = [1.68, 2.60]$$

19. 在一项生存研究中，采用经验分布估计总体分布。已知累积危险率函数 $H(t)$ 的 90% 的近似的线性置信区间为 $[1.58, 2.12]$，计算 $H(t)$ 的 95% 的近似的对数转换的置信区间。

解：$H(t)$ 的 $1-\alpha$ 的近似的线性置信区间为

$$\left[\hat{H}(t)-u_{\alpha/2}\sqrt{\widehat{\mathrm{var}}[\hat{H}(t)]},\ \hat{H}(t)+u_{\alpha/2}\sqrt{\widehat{\mathrm{var}}[\hat{H}(t)]}\right]$$

$H(t)$ 的 $1-\alpha$ 的近似的对数转换的置信区间为

$$\left[\frac{\hat{H}(t)}{u_2},\ \hat{H}(t)u_2\right]$$

其中，$u_2 = \exp\left\{\dfrac{u_{\alpha/2}\sqrt{\widehat{\mathrm{var}}[\hat{H}(t)]}}{\hat{H}(t)}\right\}\ (u_2 > 1)$。

由题意得

$$\hat{H}(t) = \frac{1.58 + 2.12}{2} = 1.85$$

$$u_{0.05}\sqrt{\widehat{\mathrm{var}}[\hat{H}(t)]} = 2.12 - 1.85 = 0.27$$

其中，$u_{0.05} = 1.645$。

进而得到 $\sqrt{\widehat{\mathrm{var}}[\hat{H}(t)]} = 0.164\,134$

因此，当 $\alpha = 0.05$ 时，则有

$$u_2 = \exp\left\{\frac{u_{0.025}\sqrt{\widehat{\mathrm{var}}[\hat{H}(t)]}}{\hat{H}(t)}\right\} = \exp\left(\frac{1.96 \times 0.164\,134}{1.85}\right) = 1.189\,928$$

$H(t)$ 的 95% 的近似的对数转换的置信区间为

$$\left[\frac{\hat{H}(t)}{u_2},\ \hat{H}(t)u_2\right] = \left[\frac{1.85}{1.189\,928},\ 1.85 \times 1.189\,928\right] = [1.55,\ 2.20]$$

二、扩展思考题

1. 证明本章第三节中的 $u_2 = \dfrac{1}{u_1}$。

证明：下面给出两种证明方法。

方法一：直接利用 u_1 和 u_2 的定义和 Δ 方法进行证明。

$$u_2 = \exp\left\{\frac{u_{\alpha/2}\sqrt{\widehat{\mathrm{var}}[\hat{H}(t)]}}{\hat{H}(t)}\right\} = \exp\left\{\frac{u_{\alpha/2}\sqrt{\widehat{\mathrm{var}}[H_n(t)]}}{H_n(t)}\right\} = \exp\left\{\frac{u_{\alpha/2}\sqrt{\widehat{\mathrm{var}}[-\ln S_n(t)]}}{-\ln S_n(t)}\right\}$$

利用 Δ 方法，得到

$$\sqrt{\widehat{\mathrm{var}}[-\ln S_n(t)]} = \frac{\sqrt{\widehat{\mathrm{var}}[S_n(t)]}}{S_n(t)}$$

代入后，得到

$$u_2 = \exp\left\{\frac{u_{\alpha/2}\sqrt{\widehat{\mathrm{var}}[S_n(t)]}}{-S_n(t)\ln S_n(t)}\right\} = \frac{1}{u_1}$$

方法二：利用转换函数 $Y(t)$ 的近似的对数转换的置信区间和 Δ 方法进行证明。
$Y(t) = \ln[-\ln S(t)] = \ln H(t)$ 的 $1-\alpha$ 的近似的对数转换的置信区间为

$$\left[\ln H_n(t) + \frac{u_{\alpha/2}\sqrt{\widehat{\mathrm{var}}[S_n(t)]}}{S_n(t)\ln S_n(t)},\ \ln H_n(t) - \frac{u_{\alpha/2}\sqrt{\widehat{\mathrm{var}}[S_n(t)]}}{S_n(t)\ln S_n(t)}\right]$$

$$= [\ln H_n(t) + \ln u_1,\ \ln H_n(t) - \ln u_1] = \left[\ln H_n(t)u_1,\ \ln\frac{H_n(t)}{u_1}\right]$$

进而得到，$H(t) = e^{Y(t)}$ 的 $1-\alpha$ 的近似的对数转换的置信区间为

$$\left[H_n(t)u_1,\ \frac{H_n(t)}{u_1}\right]$$

这等价于式 (5.3.47) 所示的 $H(t)$ 的近似的对数转换的置信区间

$$\left[\frac{\hat{H}(t)}{u_2},\ \hat{H}(t)u_2\right]$$

因此，$u_2 = \dfrac{1}{u_1}$。

2. 在一项生存研究中，采用经验分布估计总体分布。已知生存函数 $S(t)$ 的 95% 的近似的对数转换的置信区间为 $[0.80, 0.98]$，计算累积危险率函数 $H(t)$ 的 95% 的近似的对数转换的置信区间。

解：$S(t)$ 的 $1-\alpha$ 的近似的对数转换的置信区间为

$$[S_n(t)^{1/u_1},\ S_n(t)^{u_1}]$$

其中，$u_1 = \exp\left\{\dfrac{u_{\alpha/2}\sqrt{\widehat{\mathrm{var}}[S_n(t)]}}{S_n(t)\ln S_n(t)}\right\}(0 < u_1 < 1)$。

由题意得 $\begin{cases} S_n(t)^{1/u_1} = 0.80 \\ S_n(t)^{u_1} = 0.98 \end{cases}$

进而得到 $\begin{cases} \dfrac{1}{u_1}\ln S_n(t) = \ln 0.80 \\ u_1 \ln S_n(t) = \ln 0.98 \end{cases}$

解得 $\begin{cases} u_1 = 0.300\ 9 \\ S_n(t) = 0.935\ 1 \end{cases}$ 或 $\begin{cases} u_1 = -0.300\ 9 \\ S_n(t) = 1.069\ 4 \end{cases}$（舍）

进而得到

$$H_n(t) = -\ln S_n(t) = -\ln 0.935\ 1 = 0.067\ 1$$

因此，$H(t)$ 的 $1-\alpha$ 的近似的对数转换的置信区间为

$$\left[\frac{H_n(t)}{u_2}, H_n(t)u_2\right] = \left[H_n(t)u_1, \frac{H_n(t)}{u_1}\right] = \left[0.067\ 1\times 0.300\ 9, \frac{0.067\ 1}{0.300\ 9}\right] = [0.02, 0.22]$$

3. 在一项生存研究中，采用经验分布估计总体分布。已知累积危险率函数 $H(t)$ 的 $1-\alpha$ 的近似的对数转换的置信区间为 $[0.02, 0.22]$，计算生存函数 $S(t)$ 的 $1-\alpha$ 的近似的对数转换的置信区间。

解：$H(t)$ 的 $1-\alpha$ 的近似的对数转换的置信区间为

$$\left[\frac{H_n(t)}{u_2}, H_n(t)u_2\right]$$

其中，$u_2 = \exp\left\{\dfrac{u_{\alpha/2}\sqrt{\widehat{\text{var}}[\hat{H}(t)]}}{\hat{H}(t)}\right\}$ $(u_2 > 1)$。

由题意得 $\begin{cases}\dfrac{H_n(t)}{u_2}=0.02\\ H_n(t)u_2=0.22\end{cases}$

解得 $\begin{cases}u_2=3.316\ 625\\ H_n(t)=0.066\ 332\end{cases}$ 或 $\begin{cases}u_2=-3.316\ 625\\ H_n(t)=-0.066\ 332\end{cases}$（舍）

进而得到

$$S_n(t) = e^{-H_n(t)} = e^{-0.066\ 332} = 0.935\ 820$$

因此，生存函数 $S(t)$ 的 $1-\alpha$ 的近似的对数转换的置信区间为

$$[S_n(t)^{1/u_1}, S_n(t)^{u_1}] = [S_n(t)^{u_2}, S_n(t)^{1/u_2}] = [0.935\ 820^{3.316\ 625}, 0.935\ 820^{1/3.316\ 625}]$$
$$= [0.80, 0.98]$$

本章专业术语

第一节 完全数据和不完全数据		两全保险	Endowment Insurance
完全数据	Complete Data	删失机制	Censoring Mechanism
不完全数据	Incomplete Data	区间删失	Interval-censoring
完全个体数据	Complete Individual Data	第二节 完全数据下的经验分布函数估计	
分组数据	Grouped Data	数据依赖型分布	Data Dependent Distribution
删失数据	Censored Data	非参数分布	Non-parametric Distribution
左删失数据	Left Censored Data	参数分布	Parametric Distribution
右删失数据	Right Censored Data	非参数方法	Non-parametric Approach
截断数据	Truncated Data	参数方法	Parametric Approach
左截断数据	Left Truncated Data	非参数估计	Non-parametric Estimation
右截断数据	Right Truncated Data	参数估计	Parametric Estimation

续表

寿命分布估计	Estimating the lifetime distribution	柱形图	Bar Chart
经验分布函数	Empirical Distribution Function	第三节 不完全数据下的经验分布函数估计	
经验分布概率函数	Empirical Distribution Probability Function	Kaplan-Meier 乘积极限估计	Kaplan-Meier Product Limit Estimator
经验生存函数	Empirical Survival Function	Nelson-Aalen 估计	Nelson-Aalen Estimator
经验估计	Empirical Estimation	Greenwood 公式	Greenwood's Formula
阶梯函数	Step Function	Greenwood 近似	Greenwood Approximation
平滑函数	Smooth Function	对数转换的置信区间	Log-transformed Confidence Interval
修匀	Graduation	Δ 方法	Delta Method
风险集	Risk Set	危险率函数	Hazard Rate Function
经验分布光滑曲线	Empirical Distribution Smooth Curve,也称卵形线(Ogive)	累积危险率函数	Cumulative Hazard Rate Function
直方图	Histogram		

第六章
人类死亡率数据库的动态生命表编制方法

本章学习目标

1. 掌握 HMD 中整个生命周期人口估计方法的核心思想;理解 Lexis 图、Lexis 三角形、均匀分布假设在全年龄死亡人口估计、整个生命周期人口估计中的重要作用。

2. 熟悉 HMD 中的完全生命表(时期生命表、队列生命表)的构造原理、假设条件、编制方法,以及对 0 岁、最高年龄组的特殊处理。理解本章介绍的动态生命表(时期生命表、队列生命表)对第四章介绍的静态生命表的编制拓展。

3. 理解高龄人口死亡率估计对编制时期生命表的重要意义。

4. 理解时期生命表中的中心死亡率 m_x 与时期死亡率 M_x 相等需要假设条件;而队列生命表中的中心死亡率 m_x 与队列死亡率 M_x 相等则不需要任何假设条件。

5. 理解中心死亡率 m_x、死亡概率 q_x、平均生存年数 a_x 三个量之间的恒等关系仅适用于队列生命表,而不适用于时期生命表。

6. 掌握从完全生命表提取简易生命表的方法;思考国民生命表编制对经验生命表编制的启示作用。

第一节　HMD 中人口估计的一般原则

一、术语及符号表示

人类死亡率数据库(Human Mortality Database,HMD)中人口统计采用 1×1、1×5、1×10、5×1、5×5、5×10 六种标准格式。例如,1×10 表示年龄区间为单岁年龄组,即 0,1,…,109,110+[①],时间区间为 10 年;5×1 表示年龄区间为五龄组,即 0,1—4,5—9,10—14,…,105—109,110+,时间区间为 1 年。这里,由于新生儿存在先天影响因素,通常将 0—4 岁进一步拆分成 0 岁、1—4 岁。

---

① 110+表示将 110 岁及以上年龄合并为一个年龄分组。

二、Lexis 图和 Lexis 三角形

莱克西斯图(Lexis Diagram),亦称时间年龄方格图(本章简称 Lexis 图),由德国统计学家莱克西斯于 1875 年创造。

Lexis 图是一种描绘随年龄和时间变化的人口存量和流量及人口统计事件的工具,如图 6-1 所示。其中,左图展示了 Lexis 图的一部分,已被分成多个 1×1 单元格,每个单元格对应 1 岁年龄和 1 年时间。每条 45°线代表一个个体生存时间,也称生命线。这些线或由于死亡而终止,采用 x 表示,如线 c 和线 e;或由于迁出而终止,采用实心圆表示,如线 b;有些个体可能会迁入,采用空心圆表示,如线 d 和线 g。生命线可能仅穿过 Lexis 图的某一部分,如线 a 和线 f。右图中日历年 t、年龄为 x 岁的 1×1 单元格由两个 Lexis 三角形组成,其中上、下三角分别属于 $t-x-1$、$t-x$ 年出生队列(Birth Cohort)。显然,1×1 单元格会横跨两个出生队列。

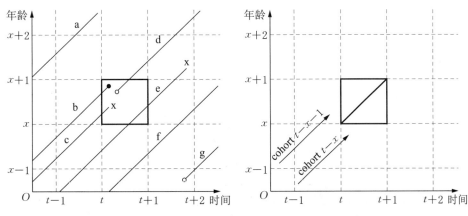

图 6-1 Lexis 图和 Lexis 三角形示例

在这种标准的连续型表述中,x 岁是指年龄位于 $[x, x+1)$ 内;t 年时刻、x 岁的人口是指 t 年 1 月 1 日年龄位于 $[x, x+1)$ 内的所有人。Lexis 三角形在描述 HMD 中原始数据的格式、估计死亡人数等人口统计分析中有着重要作用。在 HMD 中,如果原始数据中没有给出死亡人数,那么人口估计的重要步骤就是通过 Lexis 三角形估计死亡人数。

三、方法简介

HMD 中生命表编制方法是一套系统的稳健估计方法,其核心工作是全年龄人口估计。这需要对所研究的人口群体有较详细的统计数据,如按年龄和性别细分的人口数、生育率、死亡率等数据资料。HMD 发布的详细的方法协议(Methods Protocol)目前已修订至第 6 版[①]。本章借鉴该方法协议,详细介绍 HMD 中生命表编制过程。

---

① https://www.mortality.org/File/GetDocument/Public/Docs/MethodsProtocolV6.pdf.

第二节 全年龄死亡人口估计方法

HMD中全年龄死亡人口估计分性别进行,再求和得到总死亡人数,可以细分为以下四个步骤。

一、未知年龄的死亡人数的分配

令 $D_L(x,t)$ 和 $D_U(x,t)$ 分别表示日历年 t、位于 $[x, x+1)$ 的 Lexis 下三角和上三角死亡人数;$D_{UNK}(t)$ 表示日历年 t 内未知年龄的死亡人数;$D_{TOT}(t)$ 表示日历年 t 内的总死亡人数。则有

$$D_{TOT}(t) = \sum_x [D_L(x,t) + D_U(x,t)] + D_{UNK}(t) \tag{6.2.1}$$

将 $D_{UNK}(t)$ 按比例分配到 Lexis 下三角和上三角中,即对于第 t 年内的所有年龄 x,分配后的下三角死亡人数 $D_L^*(x,t)$ 和上三角死亡人数 $D_U^*(x,t)$ 分别为

$$\begin{aligned}D_L^*(x,t) &= D_L(x,t) + D_{UNK}(t) \frac{D_L(x,t)}{\sum_x [D_L(x,t) + D_U(x,t)]} \\ &= D_L(x,t) \cdot \left(\frac{D_{TOT}(t)}{D_{TOT}(t) - D_{UNK}(t)} \right)\end{aligned} \tag{6.2.2}$$

$$\begin{aligned}D_U^*(x,t) &= D_U(x,t) + D_{UNK}(t) \frac{D_U(x,t)}{\sum_x [D_L(x,t) + D_U(x,t)]} \\ &= D_U(x,t) \cdot \left(\frac{D_{TOT}(t)}{D_{TOT}(t) - D_{UNK}(t)} \right)\end{aligned} \tag{6.2.3}$$

式(6.2.2)和式(6.2.3)实现了年龄未知的死亡人数在整个年龄范围内的再分配,并且这种再分配后的总死亡人数满足 $D_{TOT}^*(t) = D_{TOT}(t)$。

需要指出,第一,再分配后个体 Lexis 三角形中死亡人数已不是观测值,而是估计值。第二,这种分配方法是先将年龄已知死亡人数分配到 Lexis 三角形,再按比例将年龄未知死亡人数统一分配到各 Lexis 三角形。我们也可先将年龄未知死亡人数分配到各年龄组,再将年龄已知死亡人数和分配后年龄未知死亡人数一同分配到 Lexis 三角形。显然,计算顺序对结果不会产生影响。

二、将 1×1 死亡人数分离到 Lexis 三角形中

一种简单直观的分配方法是将 1×1 死亡人数平均分配于上下三角形,这种上下成对分配方法可以平衡上下三角形的高估和低估误差。该方法也常用于 Kannisto-Thatcher 数据

库中 80 岁及以上高龄人口死亡分析[①]。然而,Vallin 指出[②],Lexis 正方形中上下三角死亡人数比例会随年龄变化,这种等分做法会导致误差过大。对于包含整个年龄范围的时期和队列死亡数据来说,生命第 1 年死亡人数大量集中于下三角,不应被等分;死亡人数在两个三角形中的分布受两个队列相对大小的影响,有时也受战争等历史事件的影响,出生序列显著不连续会导致队列大小发生变化。因此,我们需要考虑影响 Lexis 三角形的死亡人数分布的各种因素,最终得到一个完整的回归模型,再进行分配。

在 HMD 中,这项回归分析数据来源于 1901—1999 年瑞典、1950—1998 年日本和 1907—1997 年法国 0—104 岁人口数据。这些时期 Lexis 三角形死亡人数可以通过原始数据中的年龄范围获得,剔除 Lexis 正方形中死亡人数为 0 的观测值,得到男性样本 $n^M = 24\,872$,女性样本 $n^F = 25\,017$。

具体来说,令 $\pi_d(x, t)$ 表示发生在下三角中的死亡人数占比,即有

$$\pi_d(x, t) = \frac{D_L(x, t)}{D_L(x, t) + D_U(x, t)} = \frac{D_L(x, t)}{D(x, t)} \quad (6.2.4)$$

其中,$D(x, t)$ 表示 1×1 Lexis 正方形中观测死亡人数。当 $D_L(x, t)$ 和 $D_U(x, t)$ 未知时,通过估计下三角中的死亡人数占比 $\hat{\pi}_d(x, t)$,可以得到下三角和上三角死亡人数的估计值,采用公式表示为

$$\begin{cases} \hat{D}_L(x, t) = \hat{\pi}_d(x, t) \cdot D(x, t) \\ \hat{D}_U(x, t) = [1 - \hat{\pi}_d(x, t)] \cdot D(x, t) \end{cases} \quad (6.2.5)$$

下面分别构造男性和女性的被解释变量 $\pi_d^M(x, t)$ 和 $\pi_d^F(x, t)$ 的多元回归模型。

HMD 中构建了六种多元线性回归模型,并采用加权最小二乘法(Weighted Least Squares,WLS)来拟合这六种模型。其中,与 $\pi_d(x, t)$ 的每个观测值相关的权重定义为

$$w(x, t) = \frac{D(x, t)}{\sum_x D(x, t)} \quad (6.2.6)$$

模型 I 仅包含年龄效应,用来反映在整个年龄范围上 $\pi_d(x, t)$ 的变化水平。

模型 II 同时考虑了年龄和出生人口因素,通过加入与下三角相关的出生人数占比 $\pi_b(x, t)$,改进了模型的拟合效果。$\pi_b(x, t)$ 的定义为

$$\pi_b(x, t) = \frac{B(t-x)}{B(t-x) + B(t-x-1)} \quad (6.2.7)$$

其中,$B(t-x)$ 表示同一人口群体中第 $t-x$ 年出生的男性和女性总人数。当可获得的出生序列不完整时,设定 $\pi_b(x, t) = 0.5$。显然,$\pi_b(x, t)$ 提供了日历年 t、$[x, x+1)$ 的两个连续出生队列的相对大小,代表 Lexis 正方形中下三角更年轻队列出生人数占两个队列总出生人数的比例。虽然该比例度量了两个队列在出生时的相对大小,但也可作为更高年

[①] Thatcher, A. R., Kannisto, V., Vaupel, J. W. The Force of Mortality at Ages 80 to 120[M]. Odense, Denmark: Odense University Press, 1998.

[②] Vallin, J. La Mortalité Par Génération en France, Depuis 1899[M]. Paris: Presses Universitaires de France, 1973.

龄的相对大小的一个有用的参考指标。回归分析中最终采用的解释变量为中心化后的出生人数占比 $\pi_b(x,t)-0.5$。

模型 Ⅲ 进一步加入虚拟变量 $I(t=1\,918)$ 和 $I(t=1\,919)$ 来反映世界性西班牙流感传染病①对死亡分布的强烈影响。其中,当括号内逻辑值为真时,示性函数 $I(\cdot)$ 取值为 1;否则为 0。

对于多数年龄群体来说,$\pi_d(x,t)$ 趋向于随时间推移而增加,而这种变化与死亡率水平和死亡模式的变化有关。为此,**模型 Ⅳ** 进一步加入婴儿死亡率代理变量来解释婴儿死亡率减少与各年龄范围内下三角中较高死亡人数占比的相关性。令 $IMR(t)$ 表示日历年 t 的婴儿死亡率,采用 Pressat(1980)提出的如下估计方法:

$$IMR(t)=\frac{D(0,t)}{(1/3)B(t-1)+(2/3)B(t)} \tag{6.2.8}$$

若 $B(t)$ 和 $D(0,t)$ 已知,但 $B(t-1)$ 未知,则令 $B(t-1)=B(t)$ 来计算 $IMR(t)$。此外,在回归分析中,由于 $\ln IMR(t)$ 与 $\pi_d(x,t)$ 之间的关系更接近于线性关系,故**模型 Ⅳ** 中使用的是 $\ln IMR(t)$。

为了完善模型,进一步检验了 $\ln IMR(t)$ 与各年龄组间可能存在的相互作用,发现这些交互项仅在 0 岁和 1 岁才具有统计显著性,故**模型 Ⅴ** 中进一步加入了交互项 $\ln IMR(t) \cdot I(x=0)$ 和 $\ln IMR(t) \cdot I(x=1)$。

特别地,针对 0 岁,当 $\ln IMR(t)$ 非常小时,$\ln IMR(t)$ 与 $\pi_d(x,t)$ 的关系倾向于负向变化。因此,当 $IMR(t)<0.01$ 时,进一步在 $\ln IMR(t)$ 和虚拟变量 $I(x=0)$ 间加入一个新的交互项,即 $[\ln IMR(t)-\ln 0.01] \cdot I(x=0) \cdot I(IMR(t)<0.01)$,得到**模型 Ⅵ**。令 $\hat{\alpha}_x^M$ 和 $\hat{\alpha}_x^F$ 分别表示男性和女性的年龄效应,则相应的多元回归方程分别为

$$\begin{aligned}\hat{\pi}_d^M(x,t)=&0.483\,8+\hat{\alpha}_x^M+0.699\,2 \cdot [\pi_b(x,t)-0.5]\\&+0.072\,8 \cdot I(t=1\,918)-0.035\,2 \cdot I(t=1\,919)\\&-0.008\,8 \cdot \ln IMR(t)\\&-0.074\,5 \cdot \ln IMR(t) \cdot I(x=0)\\&+0.025\,9 \cdot \ln IMR(t) \cdot I(x=1)\\&+0.167\,3 \cdot [\ln IMR(t)-\ln 0.01] \cdot I(x=0) \cdot I(IMR(t)<0.01)\end{aligned} \tag{6.2.9}$$

$$\begin{aligned}\hat{\pi}_d^F(x,t)=&0.471\,0+\hat{\alpha}_x^F+0.737\,2 \cdot [\pi_b(x,t)-0.5]\\&+0.102\,5 \cdot I(t=1\,918)-0.023\,7 \cdot I(t=1\,919)\\&-0.011\,2 \cdot \ln IMR(t)\\&-0.068\,8 \cdot \ln IMR(t) \cdot I(x=0)\\&+0.026\,8 \cdot \ln IMR(t) \cdot I(x=1)\\&+0.152\,6 \cdot [\ln IMR(t)-\ln 0.01] \cdot I(x=0) \cdot I(IMR(t)<0.01)\end{aligned} \tag{6.2.10}$$

---

① 西班牙流感传染病是人类历史上第二致命的传染病,在 1918—1919 年曾经造成全世界约 10 亿人感染,2 500 万—4 000 万人死亡,当时世界人口约 17 亿人,其全球感染率达到 50% 以上,平均致死率约为 2.5%—5%,显著高于一般流感的 0.1% 的平均致死率。

表 6-1 和表 6-2 概括了分性别的六种线性回归模型的估计结果。无论男性还是女性，**模型Ⅵ**的拟合效果都是最优的。

表 6-1　男性下三角中死亡人数占比的六种线性回归模型

	Null	Ⅰ	Ⅱ	Ⅲ	Ⅳ	Ⅴ	Ⅵ
截距项	0.517 6	0.522 6	0.522 6	0.522 3	0.483 1	0.485 3	0.483 8
年龄组							
0		0.229 4	0.230 0	0.230 4	0.237 1	0.055 5	0.023 0
1		0.037 0	0.038 2	0.038 5	0.046 9	0.123 4	0.124 9
2—4		−0.004 4	−0.003 4	−0.003 3	0.003 5	0.007 1	0.008 6
5—9		−0.008 8	−0.008 0	−0.008 0	−0.002 1	0.001 6	0.003 1
10—14		−0.020 0	−0.019 3	−0.019 4	−0.013 9	−0.010 1	−0.008 6
15—19		−0.027 4	−0.026 9	−0.027 4	−0.023 0	−0.019 0	−0.017 5
20—24		−0.005 6	−0.005 7	−0.006 9	−0.001 9	−0.002 0	0.003 5
25—29		−0.001 4	−0.000 6	−0.001 9	0.002 7	0.006 6	0.008 1
30—34		−0.005 6	−0.005 3	−0.006 2	−0.002 5	0.001 6	0.003 1
35—39		−0.014 5	−0.014 3	−0.014 8	−0.012 4	−0.008 0	−0.006 5
40—44		−0.018 9	−0.018 8	−0.018 8	−0.017 9	−0.013 2	−0.011 7
45—49		−0.021 0	−0.021 2	−0.021 0	−0.021 2	−0.016 3	−0.014 8
50—54		−0.020 1	−0.020 4	−0.020 2	−0.021 1	−0.016 0	−0.014 5
55—59		−0.019 5	−0.019 7	−0.019 4	−0.020 9	−0.015 7	−0.014 2
60—64		−0.020 6	−0.020 8	−0.020 5	−0.022 5	−0.017 2	−0.015 7
65—69		−0.022 1	−0.022 5	−0.022 2	−0.024 7	−0.019 3	−0.017 9
70—74		−0.023 6	−0.024 1	−0.023 8	−0.026 8	−0.021 3	−0.019 8
75—79		−0.025 5	−0.026 0	−0.025 7	−0.029 4	−0.023 8	−0.022 3
80—84		−0.024 0	−0.024 4	−0.024 1	−0.028 9	−0.023 1	−0.021 6
85—89		−0.016 9	−0.017 6	−0.017 3	−0.023 6	−0.017 5	−0.016 0
90—94		−0.007 7	−0.008 5	−0.008 1	−0.016 2	−0.009 8	−0.008 3
95—99		0.006 3	0.005 4	0.005 7	−0.004 3	0.002 4	0.003 9
100—104		0.034 8	0.033 9	0.034 3	0.022 9	0.029 9	0.031 3
$\pi_b(x, t)-0.5$			0.679 8	0.677 8	0.692 9	0.699 2	0.699 2
$t=1\,918$				0.061 1	0.072 5	0.072 5	0.072 8
$t=1\,919$				−0.048 1	−0.036 2	−0.035 5	−0.035 2
$\ln IMR(t)$					−0.010 8	−0.008 8	−0.008 8
$\ln IMR(t) \cdot (x=0)$						−0.062 0	−0.074 5
$\ln IMR(t) \cdot (x=1)$						0.025 9	0.025 9
$[\ln IMR(t)-\ln 0.01] \cdot (x=0) \cdot (IMR(t)<0.01)$							0.167 3
R^2	0.000 0	0.696 3	0.716 3	0.726 4	0.749 2	0.774 3	0.776 8

表 6-2　女性下三角中死亡人数占比的六种线性回归模型

	Null	I	II	III	IV	V	VI
截距项	0.510 4	0.517 0	0.517 2	0.516 3	0.471 2	0.472 4	0.471 0
年龄组							
0		0.228 5	0.229 5	0.229 9	0.236 8	0.069 7	0.039 2
1		0.046 2	0.048 0	0.047 9	0.057 0	0.135 1	0.136 5
2—4		−0.000 3	0.001 1	0.000 6	0.008 4	0.011 6	0.013 0
5—9		−0.010 1	−0.009 2	−0.010 0	−0.002 9	0.000 4	0.001 8
10—14		−0.025 4	−0.024 6	−0.025 8	−0.018 6	−0.015 4	−0.014 0
15—19		−0.024 2	−0.023 5	−0.024 9	−0.018 1	−0.014 9	−0.013 5
20—24		−0.016 2	−0.015 9	−0.017 1	−0.010 8	−0.007 4	−0.006 1
25—29		−0.014 1	−0.013 7	−0.015 1	−0.009 3	−0.005 9	−0.004 6
30—34		−0.012 7	−0.012 6	−0.013 7	−0.009 0	−0.005 5	−0.004 1
35—39		−0.015 3	−0.015 2	−0.015 7	−0.012 3	−0.008 6	−0.007 2
40—44		−0.014 2	−0.014 2	−0.014 2	−0.012 3	−0.008 4	−0.007 0
45—49		−0.013 1	−0.013 4	−0.013 1	−0.012 6	−0.008 5	−0.007 1
50—54		−0.013 6	−0.014 2	−0.013 8	−0.014 0	−0.009 8	−0.008 4
55—59		−0.014 0	−0.014 5	−0.014 0	−0.014 8	−0.010 5	−0.009 1
60—64		−0.018 0	−0.018 5	−0.017 9	−0.019 1	−0.014 8	−0.013 4
65—69		−0.021 5	−0.022 1	−0.021 5	−0.023 3	−0.018 9	−0.017 5
70—74		−0.023 3	−0.024 0	−0.023 4	−0.026 0	−0.021 5	−0.020 1
75—79		−0.025 1	−0.025 8	−0.025 1	−0.029 1	−0.024 4	−0.023 0
80—84		−0.023 5	−0.024 0	−0.023 3	−0.029 4	−0.024 5	−0.023 1
85—89		−0.016 5	−0.017 3	−0.016 5	−0.025 3	−0.020 1	−0.018 7
90—94		−0.006 6	−0.007 3	−0.006 5	−0.018 1	−0.012 5	−0.011 2
95—99		0.005 5	0.004 7	0.005 5	−0.008 6	−0.002 7	−0.001 4
100—104		0.027 4	0.026 7	0.027 5	0.011 4	0.017 6	0.019 0
$\pi_b(x, t) - 0.5$			0.725 5	0.722 0	0.735 7	0.737 7	0.737 2
$t = 1918$				0.088 7	0.101 9	0.102 3	0.102 5
$t = 1919$				−0.037 9	−0.024 3	−0.023 9	−0.023 7
$\ln IMR(t)$					−0.012 7	−0.011 1	−0.011 2
$\ln IMR(t) \cdot (x=0)$						−0.057 1	−0.068 8
$\ln IMR(t) \cdot (x=1)$						0.026 8	0.026 8
$[\ln IMR(t) - \ln 0.01] \cdot (x=0) \cdot (IMR(t)<0.01)$							0.152 6
R^2	0.000 0	0.711 3	0.736 2	0.755 8	0.794 1	0.817 0	0.819 2

三、将 $m \times 1$ 死亡人数分离到 1×1 数据格式中

对于年龄开区间以下的各年龄组,采用 McNeil 等(1977)中的三次样条函数拟合每个日历年死亡人数的累积分布函数的方法,就可以将 $m \times 1$ 死亡人数分离到 1×1 格式中。

具体来讲,令 $Y(x) = \sum_{u=0}^{x-1} D_u$ 表示在 x 岁之前的累积死亡人数,显然 $Y(0)=0$。假设 $Y(x)(x \in [1,5])$ 已知。则拟合 $Y(x)$ 的三次样条函数可以表示为:

$$Y(x)=\alpha_0+\alpha_1 x+\alpha_2 x^2+\alpha_3 x^3+\beta_1(x-k_1)^3 I(x>k_1)+\cdots+\beta_n(x-k_n)^3 I(x>k_n) \quad (6.2.11)$$

其中,$\alpha_0,\cdots,\alpha_3$ 和 $\beta_1,\cdots,\beta_n$ 为待估参数。当括号内的逻辑值为真时,示性函数 $I(\cdot)$ 为 1,否则为 0。$k_1,\cdots,k_n$ 表示在 $m\times 1$ 格式中,年龄开区间以下的各年龄组的年龄起点,通常设定 $k_1=1$,k_n 为年龄开区间下限,年龄区间上边界为 $\omega=\max(105, k_n+m)$。另外,由于 $Y(0)=0$,从而 $\alpha_0=0$,故式(6.2.11)中也可以不含截距项 α_0。

对于 $x=0, k_1,\cdots,k_n,\omega$ 来说,可以构造 $n+2$ 个方程。为了估计式(6.2.11)中的 $n+4$ 个未知参数,还需要两个约束条件,通常设定函数在边界处的斜率为约束条件。令上边界函数 $Y(x)$ 的斜率为 0,即 $Y'(\omega)=0$,这与极高年龄死亡分布往往呈现锥形一致。对于下边界,由于 0 岁死亡高度集中,故考虑 $Y(1)$ 的斜率。由拉格朗日中值定理得 $Y'(1) \approx Y(2)-Y(1)=D_1$,进一步假设年龄位于 $[1,5)$ 区间内的死亡人数大约有一半发生在出生后的第 2 年,即有 $Y'(1)\approx 0.5[Y(5)-Y(1)]$。

综上所述,拟合的三次样条函数可通过求解 $n+4$ 个系数矩阵组成的线性方程组得到。利用 $n+4$ 个系数估计值 $\hat{\alpha}_0,\cdots,\hat{\alpha}_3$、$\hat{\beta}_1,\cdots,\hat{\beta}_n$ 得到拟合值 $\hat{Y}(x)(x=0,1,\cdots,k_n)$,进而年龄开区间以下所有年龄 $x=0,1,2,\cdots,k_n-1$ 的死亡人数可采用差分形式 $\hat{D}_x=\hat{Y}(x+1)-\hat{Y}(x)$ 进行估计。

四、将年龄开区间中的死亡人数分离到 Lexis 三角形中

1. 基本方法

在很多情况下,原始数据并没有提供 x 岁以上死亡人口的详细年龄信息,只提供了给定日历年 t,年龄开区间 $[x, +\infty)$ 内的总死亡人数,记为 $_{\infty}D_x(t)$。我们需要采取合适的方法将 $_{\infty}D_x(t)$ 分离到更细的年龄类别。通常的做法是直接将 $_{\infty}D_x(t)$ 分离到 Lexis 三角形中,具体步骤为:

(1) 令 x^* 为年龄开区间的下界(如 80、90、100 岁等),构造 x^*-20 岁及以上年龄的生存函数。对于 $i=0,1,\cdots,20$,则有

$$S(x^*-i)=\frac{_{\infty}D_{x^*-i}}{_{\infty}D_{x^*-20}} \quad (6.2.12)$$

其中,$S(x^*-i)$ 为构造的生存函数,$_{\infty}D_{x^*-i}$ 表示 t 年 x^*-i 岁及以上的累积死亡人数。

(2) 使用第四章给出的描述高龄人口死力 $\mu(x)$ 的 Kannisto 模型进行拟合。其函数形式为

$$\mu(x)=\frac{ae^{b(x-x_0)}}{1+ae^{b(x-x_0)}} \quad (6.2.13)$$

其中，$x_0 = x^* - 20$，a 和 b 为待估参数，且满足 $a \geq 0$，$b \geq 0$。相应的生存函数可以表示为

$$s(x) = \exp\left(-\int_{x_0}^{x} \mu_t \, dt\right) = \exp\left[-\int_{x_0}^{x} \frac{ae^{b(t-x_0)}}{1+ae^{b(t-x_0)}} dt\right] = \left[\frac{1+a}{1+ae^{b(x-x_0)}}\right]^{\frac{1}{b}} \quad (6.2.14)$$

对于 $x = x_0, x_0+1, \cdots, \omega$，则有 $\hat{S}(x) = \hat{s}(x)$。在此基础上，通过最小化式(6.2.12)计算的 $\ln S(x^* - i)$ 和 Kannisto 模型拟合的 $\ln \hat{s}(x^* - i)$ 的残差平方和(Residual Sum of Squares，RSS)来估计参数 a 和 b。即

$$\sum_{i=0}^{20} [\ln S(x^* - i) - \ln \hat{s}(x^* - i)]^2 = \sum_{i=0}^{19} \left[\ln S(x^* - i) - \frac{1}{b}\ln\left(\frac{1+a}{1+ae^{b(20-i)}}\right)\right]^2 \quad (6.2.15)$$

(3) 将估计值 $\hat{a}$ 和 $\hat{b}$ 代入式(6.2.14)，进而估计 $[x^*, \omega]$ 区间中 Lexis 下三角和上三角的死亡人数占比 $d(x)$ 和 $d(x+0.5)$。对于 $x = x^*, x^*+0.5, x^*+1, x^*+1.5, \cdots, \omega$，则有

$$\begin{cases} d(x) = \hat{s}(x) - \hat{s}(x+0.5) \\ d(x+0.5) = \hat{s}(x+0.5) - \hat{s}(x+1) \end{cases} \quad (6.2.16)$$

进一步得到 $[x^*, \omega]$ 区间中 Lexis 下三角和上三角的死亡人数的分布

$$\begin{cases} \hat{D}_L(x) = {}_\infty D_{x^*} \cdot \dfrac{d(x)}{\hat{s}(x^*)} \\ \hat{D}_U(x) = {}_\infty D_{x^*} \cdot \dfrac{d(x+0.5)}{\hat{s}(x^*)} \end{cases} \quad (6.2.17)$$

若某个 Lexis 三角形中估计出的死亡人数少于 0.25，则假设该三角形及其以上各三角形中都不再有死亡人数。同时，为了保证最终估计出的 $\sum_{x=x^*}^{\omega} \hat{D}_x = {}_\infty D_{x^*}$，还需要按相应比例调整该三角形以下开区间内各年龄的估计死亡人数。

2. 稳健性修正

一方面，有些情况下年龄区间 $[x^* - 20, x^*]$ 的死亡人数会发生异常波动，从而影响 Kannisto 模型的拟合效果；另一方面，年龄开区间 $[x^*, +\infty)$ 内队列规模的变化也可能高估或低估模型估计出的特定队列死亡人数。因此，我们有必要在使用基本方法时，辅以对获得的观测数据进行如下稳健性修正。

(1) 死亡人数异常波动的修正方法。

在 HMD 中，识别离群值的具体步骤为

① 对于 $x = x^* - 30, x^* - 29, \cdots, x^* - 1$，计算各年龄的死亡人数的一阶差分 $\Delta D(x)$。

$$\Delta D(x) = D(x+1) - D(x) \quad (6.2.18)$$

② 为了识别 $\Delta D(x)$ 的趋势，采用式(6.2.11)所示的三次样条函数进行拟合，即最小化

函数为

$$p\sum_{x=x^*-30}^{x^*-1}[\Delta D(x)-f(x)]^2+(1-p)\int_{x^*-30}^{x^*-1}[f''(x)]^2\mathrm{d}x \qquad (6.2.19)$$

其中,$f(x)$ 为标准三次样条函数,p 为平滑参数。$p=0$ 时为最小二乘线性拟合结果;$p=1$ 时为自然三次样条曲线。显然,前者会将太多的波动识别为离群值,而后者则因每个观测值都在回归曲线上,从而无法识别出任一离群值。通常选取 $p=0.0005$,以实现两者之间的权衡。

③ 令 σ 表示 $\Delta D(x)$ 与 $f(x)$ 之差的标准差,若 $|\Delta D(x)-f(x)|>1.8\sigma$,则将 $\Delta D(x)$ 定义为离群值。即任一落在 $[f(x)-1.8\sigma,f(x)+1.8\sigma]$ 区间外的 $\Delta D(x)$ 都视为离群值。

④ 通过两个离群值可以确定存在异常波动的年龄区间 $[x_{\min},x_{\max}]$。这里,$x_{\min}$ 和 $x_{\max}$ 分别表示存在异常波动的年龄起点和终点。在应用基本方法之前,需要采用拟合值代替 $[x_{\min},x_{\max}]$ 区间的所有观测值。

(2) 队列规模的修正方法。

这种修正实质是考虑年龄开区间内每个队列与其他相邻队列的相对规模后,再重新分配死亡人数到各年龄中。具体而言,对于 $t-x$ 年出生队列,x 为 t 年 12 月 31 日最后生日年龄,且令 $x\geqslant x^*$。图 6-2 给出了描述队列规模修正的示例。

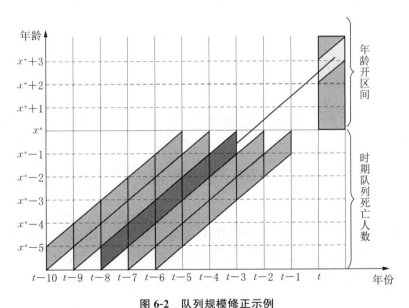

图 6-2 队列规模修正示例

结合图 6-2,其修正步骤可以概括为以下五步。

① 计算队列 $t-x$ 在到达 x^*-1 岁时死亡人数与其相邻队列到达同样年龄时平均死亡人数之比,记为 $r(x)_1$。

② 同理,计算队列 $t-x$ 在达到 x^*-2、x^*-3、x^*-4、x^*-5 岁时的相应比值,分别记为 $r(x)_2,r(x)_3,r(x)_4,r(x)_5$。相应的计算公式可以表示为:

$$r(x)_j = \frac{D_U[x^*-j-1, t-j-(x-x^*)] + D_L[x^*-j, t-j-(x-x^*)]}{\sum_{i=x-m}^{x+l}\{D_U[x^*-j-1, t-j-(i-x^*)] + D_L[x^*-j, t-j-(i-x^*)]\}/(l+m+1)}$$
(6.2.20)

其中，$l = \min[[t-t_{\min}-j-(x-x^*)], 2]$，$m = \min[(x-x^*), 2]$，$t_{\min}$ 表示可获得的观测数据序列的第一年，且满足 $t_{\min} < t-(x-x^*)$。

③ 将这五个比值进行平均，作为该队列相对于其相邻队列的估计值，即此队列规模的调整系数 $r(x) = \frac{1}{n}\sum_{j=1}^{n} r(x)_j$，这里 $n = \min[[t-t_{\min}-(x-x^*)], 5]$。

④ 将基本方法得到的年龄开区间各三角形死亡人数最初估计值乘以调整系数 $r(x)$。即对于 $x = x^*+1, x^*+2, \cdots, \omega$，有 $\hat{D}_U(x-1, t) = r(x) \cdot D_U(x-1, t)$；对于 $x = x^*, x^*+1, x^*+2, \cdots, \omega$，有 $\hat{D}_L(x, t) = r(x) \cdot D_L(x, t)$。

⑤ 最后对模型进行一个微调整，以确保所有队列的死亡人数估计值加总后与年龄开区间观测的累积死亡人数相等。其最终估计值 $\tilde{D}_U(x-1, t)$ 和 $\tilde{D}_L(x, t)$ 的计算公式为

$$\tilde{D}_U(x-1, t) = \hat{D}_U(x-1, t) \cdot \frac{{}_\infty D_{x^*}(t)}{\sum_{i=x^*}^{\omega}[\hat{D}_L(i, t) + \hat{D}_U(i, t)]} \quad (6.2.21)$$

$$\tilde{D}_L(x, t) = \hat{D}_L(x, t) \cdot \frac{{}_\infty D_{x^*}(t)}{\sum_{i=x^*}^{\omega}[\hat{D}_L(i, t) + \hat{D}_U(i, t)]} \quad (6.2.22)$$

显然，调整后的最终估计值满足 $\sum_{x=x^*}^{\omega}[\tilde{D}_U(x-1, t) + \tilde{D}_L(x, t)] = {}_\infty D_{x^*}(t)$。

第三节 整个生命周期人口估计方法

HMD 中每年 1 月 1 日全年龄人口估计方法主要包括以下四种：线性插值方法（Linear Interpolation Method）、两次人口普查期间的生存方法（Intercensal Survival Method）、灭绝队列方法（Extinct Cohorts Methods）和幸存者比率方法（Survivor Ratio Method）。

一、线性插值方法

在有些情况下，来自可靠渠道的人口估计并非都是每年 1 月 1 日，如年中人口估计。当两次人口估计的时间间隔为 1 年或更短时间时，通常采用线性插值方法来估计 1 月 1 日的人口数。显然，在人口数据序列开始或结束时，由于没有两个已知的数据点，故不能使用线性插值方法，我们需要使用下文给出的"前一个人口普查期间"或"后一个人口普查期间"的方法来估计。

二、两次人口普查期间的生存方法

当两次人口估计的时间间隔大于1年时,通常使用两次人口普查期间的生存方法。为了估计两次人口普查期间每年1月1日的各年龄人口,需要处理两种情况。一是之前存在的队列,即那些在第一次人口普查时已经存在的队列。二是新队列,即在两次人口普查期间出生的队列。

1. 特例

假设一个国家每5年进行一次人口普查,而且每次人口普查都发生在1月1日。针对之前存在的队列和新队列,图6-3为描述两次人口普查期间的生存方法示例。

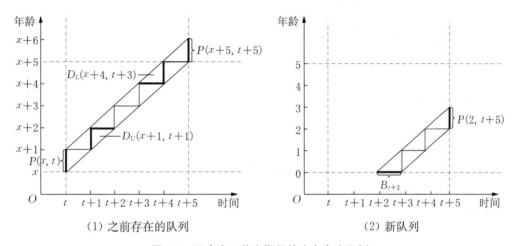

(1) 之前存在的队列　　　　　(2) 新队列

图6-3　两次人口普查期间的生存方法示例

(1) 之前存在的队列

令 $C_1(x)$ 表示在第 t 年1月1日位于 $[x, x+1)$ 的人口普查数。假设没有迁移和误差,则有

$$C_1(x) = \sum_{i=0}^{\infty} [D_U(x+i, t+i) + D_L(x+i+1, t+i)] \quad (6.3.1)$$

这表明,当前人口普查数等于未来各年死亡人数之和。这与下文采用灭绝队列方法估计高龄人口规模的原理相同。当已知 t 年1月1日 x 岁队列规模时,则 $t+5$ 年1月1日该队列规模为

$$\hat{C}_2(x+5) = C_1(x) - \sum_{i=0}^{4} [D_U(x+i, t+i) + D_L(x+i+1, t+i)] \quad (6.3.2)$$

然而,如果两次人口普查期间存在迁入、迁出或人口及死亡记录错误,那么该估计将与下次人口普查实际观测值 $C_2(x+5)$ 存在差异。记迁移和误差之和为 $\Delta_x = C_2(x+5) - \hat{C}_2(x+5)$。假设迁移和误差在图6-3中左图所示的平行四边形内均匀分布(Uniform Distribution),则两次人口普查期间每年1月1日的人口估计为:

$$P(x+n, t+n) = C_1(x) - \sum_{i=0}^{n-1}[D_U(x+i, t+i)$$
$$+ D_L(x+i+1, t+i)] + \frac{n}{5}\Delta_x \quad (n=0, \cdots, 5) \tag{6.3.3}$$

(2) 新队列

对于出生在两次人口普查区间 $t+j$ ($j=0, \cdots, 4$) 年的队列来说,记 K 为 $[t+j+1, t+5]$ 长度,即 $K=4-j$。则 $t+j$ 年出生队列 B_{t+j} 在第二次人口普查时的人口估计为:

$$\hat{C}_2(K) = B_{t+j} - D_L(0, t+j) - \sum_{i=1}^{K}[D_U(i-1, t+j+i) + D_L(i, t+j+i)] \tag{6.3.4}$$

类似地,迁移和误差之和记为 $\Delta'_{t+j} = C_2(K) - \hat{C}_2(K)$。假设迁移和误差在图 6-3 中右图所示的梯形内均匀分布,则从出生到第二次人口普查之间每年 1 月 1 日 ($k=0, \cdots, K$) 的人口估计为:

$$P(k, t+j+1+k) = B_{t+j} - D_L(0, t+j) - \sum_{i=1}^{k}[D_U(i-1, t+j+i)$$
$$+ D_L(i, t+j+i)] + \frac{2k+1}{2K+1}\Delta'_{t+j} \tag{6.3.5}$$

2. 一般情形

下面考虑人口普查发生在任何日期,并且两次人口普查期间有任意长度的一般情形。针对之前存在的队列、婴儿队列和新队列,图 6-4 为描述两次人口普查期间的一般生存方法示例。

记 t 和 $t+N$ 分别为两次人口普查期间第一个和最后一个 1 月 1 日,则 N 表示两次人口普查期间的完整日历年数。令 f_1 表示第一次人口普查前 $t-1$ 年的分数时间,f_2 表示第二次人口普查前 $t+N$ 年的分数时间。故两次人口普查分别发生在 $t-1+f_1$ 和 $t+N+f_2$。

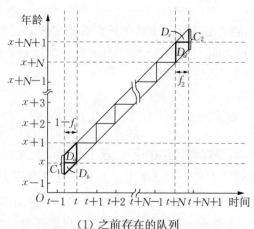

(1) 之前存在的队列

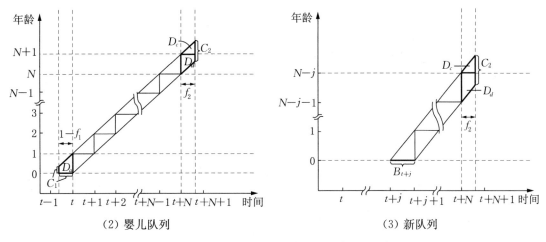

(2) 婴儿队列　　　　　　　　　　　(3) 新队列

图 6-4　两次人口普查期间的一般生存方法示例

(1) 之前存在的队列。

图 6-4(1)显示的队列是 t 年 1 月 1 日时 x 岁队列。该队列在第一次人口普查时为 $x-1$ 或 x 岁,第二次人口普查时达到 $x+N$ 或 $x+N+1$ 岁。在每次人口普查时,如果个体均匀分布于各自年龄区间,那么两次人口普查期间开始和结束时队列规模分别为

$$\begin{cases} C_1 = (1-f_1)C_1(x-1) + f_1 C_1(x) \\ C_2 = (1-f_2)C_2(x+N) + f_2 C_2(x+N+1) \end{cases} \quad (6.3.6)$$

假设 Lexis 三角形中死亡服从均匀分布,则第一次人口普查后的队列在 $t-1$ 年死亡人数由 $D_a = (1-f_1^2)D_L(x, t-1)$ 和 $D_b = (1-f_1)^2 D_U(x-1, t-1)$ 两部分组成;第二次人口普查前的队列在 $t+N$ 年死亡人数也由 $D_c = f_2^2 D_L(x+N+1, t+N)$ 和 $D_d = (2f_2 - f_2^2)D_U(x+N, t+N)$ 两部分组成。

结合两次人口普查期间的完整日历年内的死亡人数,可以估计第二次人口普查时的队列规模:

$$\hat{C}_2 = C_1 - (D_a + D_b) - \sum_{i=0}^{N-1} [D_U(x+i, t+i) + D_L(x+i+1, t+i)] - (D_c + D_d) \quad (6.3.7)$$

将迁移和误差之和记为 $\Delta_x = C_2 - \hat{C}_2$。假设迁移和误差在图 6-4(1)所示的平行四边形内均匀分布,则两次人口普查期间每年 1 月 1 日($n=0, \cdots, N$)的人口估计为

$$P(x+n, t+n) = C_1 - (D_a + D_b) - \sum_{i=0}^{n-1} [D_U(x+i, t+i) + D_L(x+i+1, t+i)] + \frac{1-f_1+n}{N+1-f_1+f_2} \Delta_x \quad (6.3.8)$$

其中,$\dfrac{1-f_1+n}{N+1-f_1+f_2}$ 为图 6-4(1)中日历年 $t+n$ 年之前的平行四边形面积与总平行四边形

面积之比。

(2) 婴儿队列。

以上公式适用于两次人口普查期间第一个 1 月 1 日年龄为 1 岁及以上年龄队列。对于在该日期年龄为 0 岁的婴儿队列来说,需要进行一些调整。即对于 $n=0,\cdots,N$,有

$$C_1=(1-f_1)B_{t-1}+f_1C_1(0) \tag{6.3.9}$$

$$\hat{C}_2=C_1-D_a-\sum_{i=0}^{N-1}[D_U(i,t+i)+D_L(i+1,t+i)]-(D_c+D_d) \tag{6.3.10}$$

$$P(n,t+n)=C_1-D_a-\sum_{i=0}^{n-1}[D_U(i,t+i)+D_L(i+1,t+i)]$$
$$+\frac{0.5(1-f_1^2)+n}{N+0.5(1-f_1^2)+f_2}\Delta_0 \tag{6.3.11}$$

其中,$\Delta_0=C_2-\hat{C}_2$,$\dfrac{0.5(1-f_1^2)+n}{N+0.5(1-f_1^2)+f_2}$ 为图 6-4(2) 中 $t+n$ 年之前的图形面积与总图形面积之比。

(3) 新队列。

$t+j$ 年出生队列在第二次人口普查之前最后一个 1 月 1 日时的年龄为 $K=N-j-1$。那么第二次人口普查时 $t+j$ 年出生队列的人口估计为

$$\hat{C}_2=B_{t+j}-D_L(0,t+j)-\sum_{i=1}^{K}D_U(i-1,t+j+i)+D_L(i,t+j+i)-(D_c+D_d)$$
$$\tag{6.3.12}$$

从出生到第二次人口普查期间每年 1 月 1 日 $(k=0,\cdots,K)$ 的人口估计为

$$P(k,t+j+k+1)=B_{t+j}-D_L(0,t+j)-\sum_{i=1}^{k}[D_U(i-1,t+j+i)$$
$$+D_L(i,t+j+i)]+\frac{2k+1}{2K+1+2f_2}\Delta'_{t+j} \tag{6.3.13}$$

其中,$\Delta'_{t+j}=C_2-\hat{C}_2$,$\dfrac{2k+1}{2K+1+2f_2}$ 为图 6-4(3) 中日历年 $t+k$ 年之前的梯形面积与总梯形面积之比。

3. 人口普查前后的生存方法

人口普查前后的生存方法示例如图 6-5 所示。$t-x-1$ 年出生队列在人口普查前的 $t-1$、$t-2$ 年 1 月 1 日人口估计为

$$P(x-1,t-1)=C_1+D'_a+D'_b \tag{6.3.14}$$

$$P(x-2,t-2)=C_1+D'_a+D'_b+D_L(x-1,t-2)+D_U(x-2,t-2) \tag{6.3.15}$$

在人口普查后的 $t+N+1$、$t+N+2$ 年 1 月 1 日人口估计为

$$P(x+N+1,t+N+1)=C_2-D'_c-D'_d \tag{6.3.16}$$

$$P(x+N+2, t+N+2) = C_2 - D'_c - D'_d - D_U(x+N+1, t+N+1) \\ - D_L(x+N+2, t+N+1)$$
(6.3.17)

这里,符号 D'_a、D'_b、D'_c 和 D'_d 分别是 D_a、D_b、D_c 和 D_d 的补集,即 D'_a 和 D'_b、D'_c 和 D'_d 的死亡人数之和等于相应的 Lexis 三角形中的死亡人数。

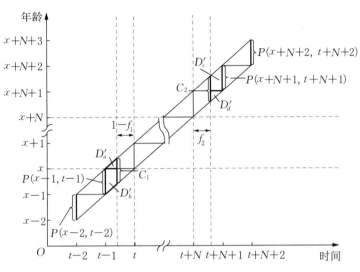

图 6-5 人口普查前后的生存方法示例

三、灭绝队列方法

灭绝队列方法用来估计观察期末没有生存者的 80 岁及以上队列人口,假设考虑的队列在 x 岁后没有迁移。按照该方法,队列在年龄 x 岁的人口就是队列未来所有死亡人数之和,即

$$P(x, t) = \sum_{i=0}^{\infty} [D_U(x+i, t+i) + D_L(x+i+1, t+i)]$$
(6.3.18)

应用灭绝队列方法之前,首先需要确定哪个队列是灭绝的。通常若某队列在观察期末达到极限年龄 ω,则称该队列为灭绝队列。考虑在观察期末年龄为 x 岁的队列,其中 x 是某个很高的年龄,如 120 岁。检验最近 ℓ 个类似队列从到达 x 岁那年 1 月 1 日到观察期末的死亡人数,实际中通常选取 $\ell=5$。对于这些在特定年龄和时间区间上的队列,计算平均死亡人数:

$$\widetilde{D}(x, t_n, \ell) = \frac{1}{\ell} \sum_{j=1}^{\ell} \sum_{i=0}^{j-1} [D_U(x+i, t_n-j+i) + D_L(x+i+1, t_n-j+i)]$$
(6.3.19)

显然,当 x 很高时,$\widetilde{D}(x, t_n, \ell)$ 将接近于 0。定义 ω 为满足 $\widetilde{D}(x, t_n, \ell) \leqslant 0.5$ 的 x 的最小值。换句话说,$\omega-1$ 为满足 $\widetilde{D}(x, t_n, \ell) > 0.5$ 的 x 的最大值。

图 6-6 给出了 $\ell=5$ 和 $x=\omega-1$ 情形下灭绝规则的图解。此时,式(6.3.19)对应于图 6-6 中 5 个平行四边形中死亡人数的平均数。

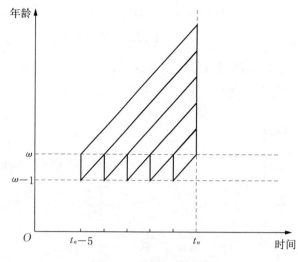

图 6-6 灭绝规则的图解

四、幸存者比率

幸存者比率方法用于估计 80 岁以上几乎灭绝队列人口，适用于在观察期末至少 90 岁的未灭绝队列。幸存者比率是指，第 t 年 1 月 1 日 x 岁生存者与 k 年前相同队列生存者的比率，即

$$R(x,t,k)=\frac{P(x,t)}{P(x-k,t-k)} \tag{6.3.20}$$

采用 Thatcher 等[1]的方法，假设该队列在相应时间区间内没有迁移，则该比率可以表示为

$$R(x,t,k)=\frac{P(x,t)}{P(x,t)+\dot{D}} \tag{6.3.21}$$

其中，$\dot{D}=\sum_{i=1}^{k}[D_U(x-i,t-i)+D_L(x-i+1,t-i)]$。

进而得到

$$P(x,t)=\frac{R(x,t,k)}{1-R(x,t,k)}\dot{D} \tag{6.3.22}$$

通过估计 $R(x,t,k)$ 和 $\dot{D}$，可以得到 $P(x,t)$。其中 $\dot{D}$ 采用将年龄开区间中死亡人数分离到 Lexis 三角形的方法得到。假设所考虑的队列与之前 m 个队列幸存者比率相等，通过合并 m 个队列，可以得到

$$\hat{R}(x,t,k)=\frac{\sum_{i=1}^{m}P(x,t-i)}{\sum_{i=1}^{m}P(x-k,t-k-i)} \tag{6.3.23}$$

---

[1] Thatcher, A. R., Kannisto, V., Andreev, K. The Survivor Ratio Method for Estimating Numbers at High Ages[J]. Demographic Research, 2002, (1):2-15.

上述步骤采用迭代运算完成。如图 6-7 所示,首先,估计观察期末最老的非灭绝队列人口 $\hat{P}(\omega-1, t_n)$,选取 $k=m=5$。其次,采用灭绝队列方法得到 $\hat{P}(\omega-2, t_n-1)$、$\hat{P}(\omega-3, t_n-2)$ 等以前年份队列规模,直到 80 岁。最后,递推得到 $\hat{P}(\omega-2, t_n)$,$\hat{P}(\omega-3, t_n)$ 等,直到某个较低的年龄下限,如 90 岁。

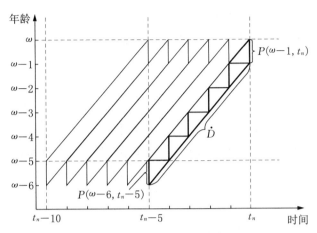

图 6-7　最老的非灭绝队列的幸存者比率方法图解

五、方法总结

HMD 中全年龄人口估计方法的核心思想是以普查的人口统计数据为标准,对经常性抽样调查统计的死亡人数进行一系列的调整。在此基础上,采用多元回归分析、三次样条函数拟合、Kannisto 模型拟合尾部寿命分布等统计方法得到整个生命周期(The Entire Life Span)分性别、年龄的 Lexis 上三角和下三角死亡人口估计,再综合应用线性插值、普查期间生存、灭绝队列、幸存者比率方法得到人口普查期间及第一次人口普查之前或最后一次人口普查之后较短时期内整个生命跨度全年龄人口估计。

图 6-8 绘制了主要人口估计方法适用的年龄和时间区域。其中,A 区域采用官方估计或两次人口普查期间的生存方法估计;B 区域采用灭绝队列方法估计;C 区域采用幸存者比率方法估计。

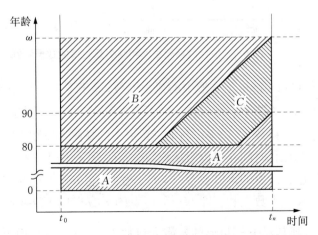

图 6-8　三种主要的人口估计方法适用的年龄和时间区域

第四节 动态死亡率

死亡率是死亡人数除以暴露人口数(也称人-年风险暴露,即平均生存人年数)得到的比率。下面利用前两节得到的全年龄死亡人口估计和每年1月1日全年龄人口估计,给出时期死亡率和队列死亡率的计算方法。

一、时期死亡率

在 1×1 标准格式下,令 D_{xt}^p、E_{xt}^p 和 M_{xt}^p 分别表示 t 年 $[x, x+1)$ 区间的死亡人数、暴露人口数和时期死亡率(Period Death Rates),则相应的计算公式可以表示为

$$M_{xt}^p = \frac{D_{xt}^p}{E_{xt}^p} \tag{6.4.1}$$

图 6-9 中左图给出了估计时期死亡率的数据示例。其中,分子和分母采用如下估计:

$$D_{xt}^p = D_L(x, t) + D_U(x, t) \tag{6.4.2}$$

$$E_{xt}^p = \frac{1}{2}[P(x, t) + P(x, t+1)] + \frac{1}{6}[D_L(x, t) - D_U(x, t)] \tag{6.4.3}$$

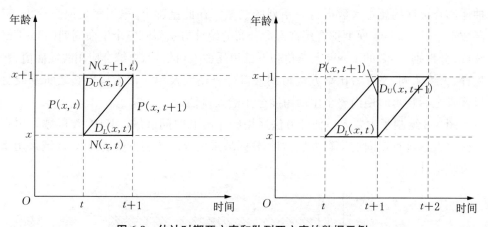

图 6-9 估计时期死亡率和队列死亡率的数据示例

显然,D_{xt}^p 为 1×1 Lexis 正方形中的死亡人数,等于下三角形中的死亡人数 $D_L(x, t)$ 与上三角形中的死亡人数 $D_U(x, t)$ 之和。E_{xt}^p 为 1×1 Lexis 正方形中的暴露人口数,等于下三角形中的暴露人口数 $E_L^p(x, t)$ 与上三角形中的暴露人口数 $E_U^p(x, t)$ 之和。

下面在出生和死亡时间在年内服从均匀分布假设下,给出式(6.4.3)的推导过程。

考虑在 t 年达到 x 岁的人口数 $N(x, t)$。显然,它等于 $t+1$ 年 1 月 1 日 x 岁的人口数与下三角形中的死亡人数之和。即 $N(x, t) = P(x, t+1) + D_L(x, t)$。倘若这些个体在 t 年末都未死亡,则其对下三角形的暴露人口数为 $\frac{1}{2}N(x, t)$,而下三角形中的死亡人数

$D_L(x,t)$ 导致的平均暴露损失(即下三角形中死亡人口平均活过的分数年龄乘以死亡人数)需要从中减去。其中,下三角形中的平均死亡年龄可以采用如下二重积分来计算,从而平均活过的分数年龄为 $x+\frac{1}{3}-x=\frac{1}{3}$。

$$\int_0^1\int_0^t 2(x+s)\mathrm{d}s\mathrm{d}t = \int_0^1 (x+s)^2\big|_0^t \mathrm{d}t = \int_0^1 [(x+t)^2 - x^2]\mathrm{d}t$$
$$= \left[\frac{1}{3}(x+t)^3 - x^2 t\right]\Big|_0^1 = \frac{1}{3}(x+1)^3 - x^2 - \frac{1}{3}x^3 \quad (6.4.4)$$
$$= x + \frac{1}{3}$$

这里,下三角形面积为 1/2。在均匀分布假设下,下三角形中的死亡概率密度为 2,平均死亡年龄的被积函数为 $x+s$。

因此,下三角形中的暴露人口数 $E_L(x,t)$ 的计算公式为

$$E_L^p(x,t) = \frac{1}{2}N(x,t) - \frac{1}{3}D_L(x,t)$$
$$= \frac{P(x,t+1) + D_L(x,t)}{2} - \frac{D_L(x,t)}{3} = \frac{1}{2}P(x,t+1) + \frac{1}{6}D_L(x,t) \quad (6.4.5)$$

类似地,考虑在 t 年达到 $x+1$ 岁的人口数 $N(x+1,t)$。显然,它等于 t 年 1 月 1 日 x 岁的人口数与上三角形中的死亡人数之差。即 $N(x+1,t) = P(x,t) - D_U(x,t)$。这些个体对上三角形的暴露人口数为 $\frac{1}{2}N(x+1,t)$,而上三角形中的死亡人数 $D_U(x,t)$ 导致的平均暴露贡献(即上三角形中死亡人口平均活过的分数年龄乘以死亡人数)也需要加上。其中,上三角形中的平均死亡年龄可以采用如下二重积分来计算,从而平均活过的分数年龄为 $\left(x+\frac{2}{3}\right) - \left(x+\frac{1}{3}\right) = \frac{1}{3}$。

$$\int_0^1\int_t^1 2(x+s)\mathrm{d}s\mathrm{d}t = \int_0^1 (x+s)^2\Big|_t^1 \mathrm{d}t = \int_0^1 [(x+1)^2 - (x+t)^2]\mathrm{d}t$$
$$= \left[(x+1)^2 t - \frac{1}{3}(x+t)^3\right]\Big|_0^1 = (x+1)^2 - \frac{1}{3}(x+1)^3 + \frac{1}{3}x^3$$
$$= x + \frac{2}{3} \quad (6.4.6)$$

因此,上三角形中的暴露人口数 $E_U(x,t)$ 的计算公式为

$$E_U^p(x,t) = \frac{1}{2}N(x+1,t) + \frac{1}{3}D_U(x,t)$$
$$= \frac{P(x,t) - D_U(x,t)}{2} + \frac{1}{3}D_U(x,t) = \frac{1}{2}P(x,t) - \frac{1}{6}D_U(x,t) \quad (6.4.7)$$

进而得到，Lexis 正方形中的暴露人口数 E_{xt}^p 的计算公式为

$$\begin{aligned}
E_{xt}^p &= E_L^p(x,t) + E_U^p(x,t) \\
&= \frac{1}{2}P(x,t+1) + \frac{1}{6}D_L(x,t) + \frac{1}{2}P(x,t) - \frac{1}{6}D_U(x,t) \\
&= \frac{1}{2}[P(x,t) + P(x,t+1)] + \frac{1}{6}[D_L(x,t) - D_U(x,t)]
\end{aligned} \quad (6.4.8)$$

二、队列死亡率

1. 估计队列死亡率

在 1×1 标准格式下，令 D_{xt}^c、E_{xt}^c 和 M_{xt}^c 分别表示 $t-x$ 年出生队列的死亡人数、暴露人口数和队列死亡率(Cohort Death Rates)，则相应的计算公式可以表示为

$$M_{xt}^c = \frac{D_{xt}^c}{E_{xt}^c} \quad (6.4.9)$$

前面图 6-9 中右图给出了估计队列死亡率的数据示例。其中，除 0 岁外，分子和分母采用如下估计：

$$D_{xt}^c = D_L(x,t) + D_U(x,t+1) \quad (6.4.10)$$

$$E_{xt}^c = P(x,t+1) + \frac{1}{3}[D_L(x,t) - D_U(x,t+1)] \quad (6.4.11)$$

显然，D_{xt}^c 为 1×1 Lexis 平行四边形中的死亡人数，等于下三角形中的死亡人数 $D_L(x,t)$ 与上三角形中的死亡人数 $D_U(x,t+1)$ 之和。E_{xt}^c 为 1×1 Lexis 平行四边形中的暴露人口数，等于下三角形中的暴露人口数 $E_L^c(x,t)$ 与上三角形中的暴露人口数 $E_U^c(x,t+1)$ 之和。

下面在出生和死亡时间在年内服从均匀分布假设下，给出式(6.4.11)的解释。

考虑在 $t+1$ 年 1 月 1 日 x 岁的估计人口数 $P(x,t+1)$。倘若上三角形中没有死亡，则这些个体对平行四边形的暴露人口数为 $P(x,t+1)$，而上三角形中的死亡人数 $D_U(x,t+1)$ 导致的平均暴露损失（即上三角形中死亡人口平均活过的分数年龄乘以死亡人数）需要从中减去；同时，下三角形中的死亡人数 $D_L(x,t)$ 导致的平均暴露贡献（即下三角形中死亡人口平均活过的分数年龄乘以死亡人数）也需要加上。因此，1×1 Lexis 平行四边形中的暴露人口数 M_{xt}^c 可以表示为式(6.4.11)的形式。其中，下三角形中的暴露人口数为

$$E_L^c(x,t) = \frac{1}{2}P(x,t+1) + \frac{1}{3}D_L(x,t) \quad (6.4.12)$$

上三角形中的暴露人口数为

$$E_U^c(x,t+1) = \frac{1}{2}P(x,t+1) - \frac{1}{3}D_U(x,t+1) \quad (6.4.13)$$

最后指出，如式(6.4.9)所示，假设没有迁移，即在封闭人群下，队列死亡率 M_{xt}^c 和生命

表中的 m_{xt}^c 是无差异的。由于 0 岁中心死亡率 m_{0t}^c 与其他年龄的中心死亡率的估计方法略有不同，为保证 $M_{0t}^c = m_{0t}^c$，我们定义 $E_{0t}^c = D_{0t}^c / m_{0t}^c$。

2. 队列死亡率和队列死亡概率的恒等关系

对于封闭人群来说，下面证明队列死亡率 M_{xt}^c 与队列生命表中的死亡概率 q_{xt}^c 之间存在如下恒等关系：

$$q_{xt}^c = \frac{m_{xt}^c}{1+(1-a_{xt}^c)m_{xt}^c} = \frac{M_{xt}^c}{1+(1-a_{xt}^c)M_{xt}^c} \tag{6.4.14}$$

其中，a_{xt}^c 表示在 $[x, x+1)$ 区间死亡人口的平均生存年数（即平均活过的分数年龄）。显然，这一关系就是第四章式(4.4.17)给出的 m_x 和 q_x 之间的换算关系。

证明： 如前所示，对于 $t-x$ 年出生队列来说，在出生和死亡时间在年内服从均匀分布假设下，有

$$M_{xt}^c = m_{xt}^c = \frac{D_{xt}^c}{E_{xt}^c} = \frac{D_L(x,t) + D_U(x,t+1)}{P(x,t+1) + \frac{1}{3}[D_L(x,t) - D_U(x,t+1)]} \tag{6.4.15}$$

在 Lexis 三角形内死亡人口服从均匀分布假设下，下三角的平均死亡年龄为 $x+\frac{1}{3}$，上三角的平均死亡年龄为 $x+\frac{2}{3}$。则有

$$a_{xt}^c = \frac{\frac{1}{3}D_L(x,t) + \frac{2}{3}D_U(x,t+1)}{D_L(x,t) + D_U(x,t+1)} \tag{6.4.16}$$

进而得到

$$\frac{M_{xt}^c}{1+(1-a_{xt}^c)M_{xt}^c}$$

$$= \frac{D_L(x,t) + D_U(x,t+1)}{E_{xt}^c}$$

$$\times \frac{1}{1 + \left[1 - \frac{\frac{1}{3}D_L(x,t) + \frac{2}{3}D_U(x,t+1)}{D_L(x,t) + D_U(x,t+1)}\right] \times \frac{D_L(x,t) + D_U(x,t+1)}{E_{xt}^c}}$$

$$= \frac{D_L(x,t) + D_U(x,t+1)}{E_{xt}^c + \frac{2}{3}D_L(x,t) + \frac{1}{3}D_U(x,t+1)}$$

$$= \frac{D_L(x,t) + D_U(x,t+1)}{P(x,t+1) + \frac{1}{3}[D_L(x,t) - D_U(x,t+1)] + \frac{2}{3}D_L(x,t) + \frac{1}{3}D_U(x,t+1)}$$

$$= \frac{D_L(x,t) + D_U(x,t+1)}{P(x,t+1) + D_L(x,t)}$$

对于 $t-x$ 年出生队列来说，从年龄 x 岁存活到 $x+1$ 岁的生存概率 p_{xt}^c 可以表示为

$$p_{xt}^c = \frac{N(x+1, t+1)}{N(x, t)} = \frac{P(x, t+1)}{P(x, t+1) + D_L(x, t)} \times \frac{P(x, t+1) - D_U(x, t+1)}{P(x, t+1)}$$

$$= \frac{P(x, t+1) - D_U(x, t+1)}{P(x, t+1) + D_L(x, t)}$$

显然，无论出生和死亡时间在年内是否服从均匀分布假设，该生存概率都是从年龄 x 岁存活到 t 年末的分数年龄与从 $t+1$ 年初存活到年龄 $x+1$ 岁的分数年龄的乘积，即满足连乘法则。

进而得到

$$q_{xt}^c = 1 - p_{xt}^c = \frac{D_L(x, t) + D_U(x, t+1)}{P(x, t+1) + D_L(x, t)} \tag{6.4.17}$$

因此，式(6.4.14)成立。

需要说明的是，即使出生和死亡时间在年内不满足均匀分布假设，该结论也恒成立。换句话说，对于出生队列来说，在任意一组假设下，这三个量都满足该恒等关系。因此，我们在编制队列生命表时，并没有必要优先计算(中心)死亡率或死亡概率。然而，在时期生命表中，这一恒等关系并不恒成立。因此需要先计算(中心)死亡率，再利用三个量之间的关系计算死亡概率。

最后指出，我们也可类似定义其他五种标准格式下的时期死亡率和队列死亡率。显然，它们都是采用相应区间的死亡人数除以暴露人口数进行估计的。为了简化符号表示，下文不再使用上标 p 或 c 来区分时期死亡率和队列死亡率，也不再加入下标 t。例如，$_5M_x$ 既可以表示 t 年 $[x, x+5)$ 区间的时期死亡率，也可以表示 $t-x$ 出生队列在 $[x, x+5)$ 区间的队列死亡率。同学们可以结合上下文自行判断。

第五节 动态生命表

动态生命表的编制不依赖于随时间积累的真实数据进行计算。对于任意时间区间，我们从一系列特定年龄的死亡率来计算动态生命表。然而，时期生命表和队列生命表编制方法略有不同。

针对时期生命表，在 1×1 标准格式下，我们首先利用式(6.4.1)估计死亡率，其中较高年龄的死亡率还需要拟合一个 Logistic 类型分布函数进行平滑处理；然后再将死亡率转换为时期生命表中的死亡概率。

针对队列生命表，在 1×1 标准格式下，我们直接利用式(6.4.17)估计队列生命表中的死亡概率，且较高年龄的死亡率不需要进行平滑处理。显然，如第四节所示，这种估计与先估计队列死亡率、再转换为队列死亡概率得到的结果完全一致。

最后指出，我们在 1×1 标准格式下，编制的时期生命表和队列生命表属于完全生命表。

HMD 中的其他五种标准格式下的简易生命表则是从完全生命表中提取的。例如,在 5×1 标准格式下,我们并不直接利用五龄组数据来估计五龄组的死亡人口、人口数和死亡率,进而编制简易生命表;而是利用 1×1 标准格式下的完全生命表,直接提取得到 5×1 标准格式下的简易生命表。这种处理保证了不同标准格式下得到的预期寿命等统计量都是相等的。

一、时期生命表

时期生命表(Period Life Tables)描述了某一时期不同出生队列组成的人口群体的死亡规律的概率分布。然而,观测到的时期死亡率仅仅是随机过程的一次结果,该随机过程也会产生其他可能的结果。尤其是在较高年龄,这种内在的随机性会更显著,因此我们有必要对较高年龄的死亡率进行平滑处理,以增加转换后的死亡概率的代表性。

1. 高龄人口死亡率估计

在 1×1 格式下,已知死亡人数 D_x 和暴露人口数 E_x($x=80, 81, \cdots, 110+$),下面给出采用 Logistic 类型分布函数——Kannisto 模型[①]拟合 80 岁及以上年龄的男性和女性的死亡率的详细过程。对于男性和女性的死亡率来说,我们都使用极大似然估计各自的分布参数,然后再利用加权平均得到总人口的死亡率。

Kannisto 模型可以表示为

$$\mu_x(a,b)=\frac{ae^{b(x-80)}}{1+ae^{b(x-80)}} \tag{6.5.1}$$

其中,$a>0, b>0$[②],从而 $\mu_x(a,b)$ 为 x 的增函数。

假设 $D_x \sim \pi(E_x \mu_{x+0.5}(a,b))$。由于 $\mu_x(a,b)$ 上界为 1,故 $M_x = D_x/E_x = \mu_{x+0.5}(a,b)$ 的上界也为 1。

首先,最大化如下对数似然函数,得到参数估计值 $\hat{a}$ 和 $\hat{b}$。

$$\begin{aligned}\ln L(a,b) &= \sum_{x=80}^{110}[D_x \ln E_x \mu_{x+0.5}(a,b) - E_x \mu_{x+0.5}(a,b) - \ln(D_x!)] \\ &= \sum_{x=80}^{110}[D_x \ln E_x + D_x \ln \mu_{x+0.5}(a,b) - E_x \mu_{x+0.5}(a,b) - \ln(D_x!)] \\ &= \sum_{x=80}^{110}[D_x \ln \mu_{x+0.5}(a,b) - E_x \mu_{x+0.5}(a,b)] + \underbrace{\sum_{x=80}^{110}[D_x \ln E_x - \ln(D_x!)]}_{\text{常数}} \\ &= \sum_{x=80}^{110}[D_x \ln \mu_{x+0.5}(a,b) - E_x \mu_{x+0.5}(a,b)] + \text{常数}\end{aligned} \tag{6.5.2}$$

这里,为方便起见,把 110 岁及以上的年龄开区间定义为 $x=110$。

[①] 之所以选取 Kannisto 模型是因为,大量研究表明,相比其他死亡率模型,Kannisto 模型在高龄人口死亡率模式的曲线拟合中效果更好。

[②] 由于 Kannisto 模型有两个待估参数,故仅当 80 岁及以上至少有两个正的死亡率观测值时,才能进行估计。当少于两个时,假设 $[x_{\bar{\omega}}, 110]$ 区间的死亡率为常数,其中 $x_{\bar{\omega}}$ 是 $M_x>0$ 的最大年龄。此外,为了满足两参数为正的限制,我们采用 a^* 和 b^* 来拟合模型,其中 $a=e^{a^*}$ 且 $b=e^{b^*}$。

其次,把 $\hat{a}$ 和 $\hat{b}$ 代入式(6.5.1),估计死亡率 $\hat{M}_x$,即 $\hat{M}_x = \hat{\mu}_{x+0.5} = \mu_{x+0.5}(\hat{a}, \hat{b})$。

然后,对于男性和女性来说,我们从相同的年龄开始来拟合高龄死亡率。由于通常高龄男性的死亡人数相比女性要少,故令 Y 为男性人口中小于 100 个死亡人数的最低年龄,且 $80 \leqslant Y \leqslant 95$。则对于 Y 及其以上年龄,采用估计值 $\hat{M}_x$;其他年龄采用观测值 M_x。若 $Y > 95$,则 95 岁及其以上年龄,采用估计值 $\hat{M}_x$;其他年龄采用观测值。因此,男性和女性的完全生命表都是基于以下死亡率向量构造的:$M_0, M_1, \cdots, M_{Y-1}, \hat{M}_Y, \cdots, \hat{M}_{109}, {}_\infty\hat{M}_{110}$。

换句话说,男性和女性的死亡率的计算公式为

$$\begin{cases} M_x = D_x/E_x & x \leqslant 79 \\ M_x = D_x/E_x & x < 95, D_x^m \geqslant 100 \\ \hat{M}_x = \hat{\mu}_{x+0.5} = \mu_{x+0.5}(\hat{a}, \hat{b}) & \text{其他} \quad x \geqslant 80 \end{cases} \quad (6.5.3)$$

最后,在获得男性和女性的死亡率之后,利用如下加权平均方法计算总人口的死亡率。

$$\hat{M}_x^T = w_x^F \hat{M}_x^F + (1-w_x^F)\hat{M}_x^M \quad (6.5.4)$$

其中,上标 T、M 和 F 分别表示总体、男性和女性,w_x^F 表示 x 岁女性人口的权重,有待估计。

对于观测的死亡率来说,女性人口的权重 w_x^F 等于观测的女性暴露人口数的占比 π_x^F,即有

$$w_x^F = \pi_x^F = \frac{E_x^F}{E_x^F + E_x^M} = \frac{E_x^F}{E_x^T} \quad (6.5.5)$$

对于平滑后的高龄死亡率来说,该权重虽然也可以利用观测的暴露人口数进行计算,但是由于在较高年龄上这些值的随机波动,直接采用该权重会导致总人口的死亡率序列不像男性和女性的死亡率那样平滑。因此,我们通过加权最小二乘法(WLS)拟合如下 logit 模型来平滑 π_x^F:

$$z = \text{logit}(\pi_x^F) = \ln\left(\frac{\pi_x^F}{1-\pi_x^F}\right) = \beta_0 + \beta_1 x + \beta_2 x^2 \quad (6.5.6)$$

我们舍去使 E_x^F 或 E_x^M 为 0,或者两者都为 0 的观测值。这是因为,在这种情况下,π_x^F 等于 0 或 1 或不存在,导致 logit 函数没有定义。此外,在拟合式(6.5.6)时,我们使用权重 E_x^T[①]。进而得到如下拟合值:

$$\begin{cases} \hat{z} = \hat{\beta}_0 + \hat{\beta}_1 x + \hat{\beta}_2 x^2 \\ w_x^F = \hat{\pi}_x^F = \dfrac{e^{\hat{z}}}{1+e^{\hat{z}}} \end{cases} \quad (6.5.7)$$

因此,平滑后的总人口的死亡率的计算公式可以表示为

---

① 理论上讲,拟合式(6.5.6)的模型的正确权重应为 $\hat{\pi}_x^F(1-\hat{\pi}_x^F) \cdot E_x^T$,但由于其依赖于拟合值本身,从而需要迭代处理;加之在观测范围内,$\hat{\pi}_x^F(1-\hat{\pi}_x^F)$ 比 E_x^T 有更少的变异性。因此,这里使用权重 E_x^T,能更方便地提供合理的精确性。

$$\hat{M}_x^T = \hat{\pi}_x^F \hat{M}_x^F + (1-\hat{\pi}_x^F)\hat{M}_x^M \tag{6.5.8}$$

2. 时期生命表编制过程

类似第四章静态生命表的编制，下面给出分性别的时期生命表的编制过程。具体而言，可分为以下六个步骤。

（1）假设生命表中的死亡率 m_x 等于式(6.5.3)给出的死亡率 M_x。该假设仅当实际人口的年龄结构与平稳人口（即生命表）的年龄结构相同时才是正确的[①]。然而，对于单岁年龄区间来说，大部分情况下，这种偏差很小，可以忽略不计。

（2）将 m_x 转换为死亡概率 q_x。令 a_x 为[x, $x+1$]区间死亡人口的平均生存年数（即平均活过的分数年龄）。除 0 岁外，假设 $a_x=0.5$（即 UDD 假设）。则计算 q_x 的公式可以表示为

$$q_x = \frac{m_x}{1+(1-a_x)m_x} \tag{6.5.9}$$

其中，$x=0,1,2,\cdots,109$。对于年龄开区间来说，设定 $_\infty a_{110}=1/_\infty m_{110}$，进而得到 $_\infty q_{110}=1$。

对于 0 岁新生儿来说，采用 Coale-Demeny 模型生命表[②]中关于 a_0 的公式：

如果 $m_0 \geqslant 0.107$，那么：

$$a_0 = \begin{cases} 0.350, & \text{女性} \\ 0.330, & \text{男性} \end{cases} \tag{6.5.10}$$

否则，如果 $m_0 < 0.107$，那么：

$$a_0 = \begin{cases} 0.053+2.800 \cdot m_0, & \text{女性} \\ 0.045+2.684 \cdot m_0, & \text{男性} \end{cases} \tag{6.5.11}$$

对于男女混合的生命表来说，则有

$$a_0^T = \frac{a_0^F D_0^F + a_0^M D_0^M}{D_0^F + D_0^M} \tag{6.5.12}$$

其中上标 T、F 和 M 分别表示总体、女性和男性，D_0^M 和 D_0^F 表示 0 岁男性和女性的死亡人口数（即 Lexis 正方形中的分性别死亡人口）。

（3）假设生命表的基数为 $l_0=100\,000$，令 p_x 表示从 x 岁到 $x+1$ 岁的生存概率，则有：

$$\begin{cases} p_x = 1-q_x \\ l_x = l_0 \prod_{i=0}^{x-1} p_i \end{cases} \tag{6.5.13}$$

[①] Keyfitz, N. Applied Mathematical Demography[M]. New York: Springer-Verlag, 1985; Preston, S. H., Heuveline, P., Guillot, M. Demography: Measuring and Modeling Population Processes[M]. Malden, Massachusetts, United States: Blackwell Publishing, 2001.

[②] Coale, A. J., Demeny, P., Vaughan, B. Regional Model Life Tables and Stable Populations[M]. New York: Academic Press, 1983.

利用如下递推公式计算 x 岁的幸存人数 l_x 和 $(x,x+1]$ 区间的死亡人数 d_x：

$$\begin{cases} d_x = l_x q_x \\ l_{x+1} = l_x - d_x \end{cases} \tag{6.5.14}$$

其中，$x=0,1,\cdots,109$。对于年龄开区间来说，有 $_\infty d_{110} = l_{110}$。

(4) 计算 $[x,x+1)$ 区间的平均生存人年数 L_x，即生命表中的暴露人口数：

$$L_x = l_x - (1-a_x)d_x \tag{6.5.15}$$

其中，$x=0,1,\cdots,109$。对于年龄开区间来说，有 $_\infty L_{110} = l_{110} a_{110}$。

(5) 计算 x 岁及以上的人的剩余生存年数之和 (T_x)：

$$T_x = \sum_{i=x}^{109} L_i + {}_\infty L_{110} \tag{6.5.16}$$

其中，$x=0,1,\cdots,109$。对于年龄开区间来说，有 $T_{110} = {}_\infty L_{110}$。对于 $[x,x+n)$ 区间来说，平均生存人年数满足 $_n L_x = T_x - T_{x+n}$。

(6) 计算 x 岁的人的平均余命 $\overset{\circ}{e}_x$：

$$\overset{\circ}{e}_x = \frac{T_x}{l_x} \tag{6.5.17}$$

其中，$x=0,1,\cdots,110$。

二、队列生命表

队列生命表(Cohort Life Tables)描述了不同时期某一出生队列组成的人口群体的死亡规律(生命历史)的概率分布。显然，前面给出的分性别的时期生命表的编制过程也适合于分性别的队列生命表的编制工作，唯一的区别在于，q_x、a_x 和 m_x 的值不同。

1. 一年队列

在 1×1 格式下，下面给出队列生命表中计算 q_x、a_x 和 m_x 的方法。

对于 q_x，如前所述，我们可以利用式(6.4.17)直接计算 x 岁的人在一年内的死亡概率 q_x，简记为

$$q_x = 1 - \frac{P - D_U}{P + D_L} = \frac{D_L + D_U}{P + D_L} \tag{6.5.18}$$

其中，如前面图 6-9 右图所示，$P = P(x, t+1)$ 表示 $t+1$ 年 1 月 1 日 x 岁的人口数，$D_L = D_L(x,t)$ 表示队列 $t-x$ 到达 x 岁的下三角形中的死亡人数，$D_U = D_U(x, t+1)$ 表示该队列在下一年的上三角形中的死亡人数。对于封闭人群(即不考虑迁移)来说，式(6.5.18)为精确公式。在大多数情况下，如果迁移方向和规模在上三角形和下三角形中是相似的，那么它也是一种合理的近似[①]。

对于 a_x(除 0 岁外)，进一步假设 Lexis 三角形中死亡人口服从均匀分布，我们可以利用式(6.4.16)计算 $[x,x+1)$ 区间死亡人口的平均生存年数 a_x，简记为

---

① Pressat, R. Demographic Analysis: Methods, Results, Applications[M]. New York: Aldine Publishing, 1980.

$$a_x = \frac{\frac{1}{3}D_L + \frac{2}{3}D_U}{D_L + D_U} \qquad (6.5.19)$$

对于 m_x(除 0 岁外),我们不需要做任何假设,生命表中的死亡率 m_x 就等于式(6.4.15)的死亡率 M_x。这是因为,实际人口与生命表人口是相同的。而式(6.4.15)却是在出生和死亡时间在年内服从均匀分布假设下得到的。简记为

$$m_x = M_x = \frac{D_L + D_U}{P + \frac{1}{3}(D_L - D_U)} \qquad (6.5.20)$$

由于 0 岁的死亡均匀分布假设往往不成立,而该假设却是计算 a_x 和 m_x 的基础。因此,下面给出利用 q_0 计算 a_0 和 m_0 的迭代方法。

给定 q_0,利用式(6.5.10)和式(6.5.11)以及如下恒等关系进行迭代计算。

$$q_0 = \frac{m_0}{1 + (1 - a_0)m_0} \qquad (6.5.21)$$

首先设定迭代初始值,即令 $m_0^{(0)} = q_0$;然后根据式(6.5.10)和式(6.5.11),得到 $a_0^{(0)}$。在后续迭代中,利用式(6.5.21)、q_0 和 $a_0^{(n-1)}$ 反解 $m_0^{(n)} = \frac{q_0}{1 - q_0 + q_0 a_0^{(n-1)}}$,再根据式(6.5.10)和式(6.5.11),由 $m_0^{(n)}$ 计算 $a_0^{(n)}$。这个步骤通常在 3、4 次迭代后能很快收敛,最终得到 m_0 的估计值。进一步令 $M_0 = m_0$,并定义 $E_0 = \frac{D_0}{m_0}$,使式(6.4.9)成立。

最后指出,一方面,如果一个队列存在个体在 110 岁时依然存活,那么上述公式仅适用于年龄 $x = 0, 1, \cdots, 109$。在这种情况下,对于 110 岁及以上的开区间,我们设定 $_\infty q_{110} = 1$,$_\infty m_{110} = _\infty M_{110} = _\infty D_{110} / _\infty E_{110}$,$_\infty a_{110} = 1 / _\infty m_{110}$。另一方面,如果队列在 110 岁之前就已经灭绝,那么关于 q_x、m_x 和 a_x 的定义,仅适用于 0 岁到灭绝年龄(且灭绝年龄的 $q_x = 1$),且在灭绝年龄之上的更高年龄的所有值都标记为"缺失值"。

2. 多年队列

类似地,我们可以编制多年队列生命表。下面以 1×5 格式为例,加以介绍。

考虑一个 $n = 5$ 年的出生队列,年龄区间为 $[x, x+1)$。图 6-10 给出了 5 年队列示例。

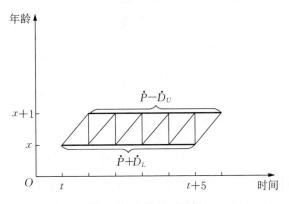

图 6-10　5 年队列示例

针对封闭人群，令 $\dot{P}$ 表示这 5 个队列达到 x 岁时所在年份（即 $[t, t+5)$）1 月 1 日的总的估计人口数。$\dot{D}_L$ 和 $\dot{D}_U$ 分别表示该队列组在 $[x, x+1)$ 内下三角形和上三角形中的总的估计死亡人口。因此，这个 n 年队列的死亡概率为

$$q_x = 1 - \frac{\dot{P} - \dot{D}_U}{\dot{P} + \dot{D}_L} = \frac{\dot{D}_L + \dot{D}_U}{\dot{P} + \dot{D}_L} \tag{6.5.22}$$

n 年队列的（中心）死亡率为

$$m_x = M_x = \frac{\dot{D}_L + \dot{D}_U}{\dot{P} + \frac{1}{3}(\dot{D}_L - \dot{D}_U)} \tag{6.5.23}$$

$[x, x+1)$ 区间死亡人口的平均生存年数（即死亡人口的平均年龄）为

$$a_x = \frac{\frac{1}{3}\dot{D}_L + \frac{2}{3}\dot{D}_U}{\dot{D}_L + \dot{D}_U} \tag{6.5.24}$$

同理，很容易验证，这三个量也满足式(6.4.14)或者式(6.5.9)所示的经典公式。类似地，我们也需要采用迭代方法计算 a_0 和 m_0，以及对最高年龄组进行类似处理。

3. 几乎灭绝的队列

以上描述假设在计算多年队列生命表时，队列中所有个体都已经死亡。然而，很多情况下，我们也需要计算几乎灭绝的队列生命表。

图 6-11 给出了几乎灭绝的队列生命表示例。假设 t_n 表示观测期的最后时刻，此时队列的年龄是 x^*。为了计算该队列生命表，有必要给出一些关于年龄 $x \geqslant x^*$ 时的死亡率假设。一个简单的办法是，假设队列在这些年龄的死亡人数和暴露人口数等于观测期最近五年相应量的平均值。因此，几乎灭绝的队列在年龄 $x \geqslant x^*$ 时的 q_x、m_x 和 a_x 的值与在时刻 t_n 之前观测到的 5 年队列的相应值相同。

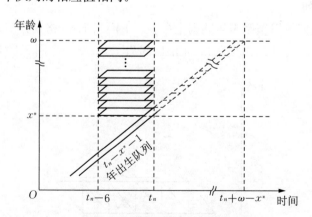

图 6-11 几乎灭绝的队列生命表示例

在进行这些计算时，通常定义可接受的 x^* 的最小值很重要。图 6-12 描述了 t_n 时年龄分别从 x^* 到 x^*+4 的 5 个几乎灭绝的队列生命表示例。其中，对于从 0 岁开始的生命表

来说,当 $x \geqslant x^*$ 时,要求虚构的暴露人口数总和不超过该队列一生暴露人口数的 1‰(以平均生存人年度量)。对于从大于 0 岁的某个年龄开始的生命表来说,则要求虚构的暴露人口数不超过开始年龄之上的暴露人口数总和的 1‰。

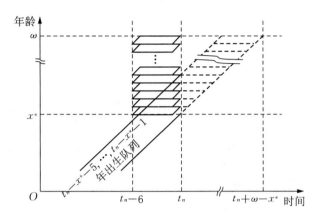

图 6-12 t_n 时年龄分别从 x^* 到 x^*+4 的 5 个几乎灭绝的队列生命表示例

最后指出,这种方法存在的一个问题是,即使某些高龄仍存在一些非 0 的死亡人数和暴露人口数,可能也会得到 $q_x=1$。这是因为,不同年龄的数据涉及多个队列组。因此,当我们决定终止生命表时,通常选取最小的年龄使得 $q_x=1$。

三、简易生命表

下面以 5×1 格式(即五龄组生命表)为例,给出从完全生命表(Complete Life Tables)中提取简易生命表的方法。具体而言,可分为以下两个步骤。

(1) 直接从完全生命表中提取 l_x、T_x 和 e_x 的值。

(2) 计算 $_nL_x=T_x-T_{x+n}$,$_nd_x=l_x-l_{x+n}$,$_nq_x={_nd_x}/l_x$。其中,$x=0, 1, 5, 10, \cdots, 110$。除了年龄范围的两个端点之外,一般 $n=5$。对于开区间来说,令 $n=\infty$、$l_\infty=T_\infty=0$。

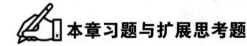 **本章习题与扩展思考题**

一、本章习题

1. 给定如下通过点 $(0, 3)$、$(1, 2)$ 和 $(3, 6)$ 的自然三次样条函数:

$$f(x)=\begin{cases} 3-\dfrac{3}{2}x+\dfrac{1}{2}x^3 & 0\leqslant x\leqslant 1 \\ 2+\dfrac{3}{2}(x-1)^2-\dfrac{1}{4}(x-1)^3 & 1\leqslant x\leqslant 3 \end{cases}$$

采用线性插值方法计算 $f(4)$ 的值。

解：由题意得

$$f(4)=f(3)+(4-3)f'(3)=f(3)+f'(3)$$

当 $1\leqslant x\leqslant 3$ 时，$f'(x)=3(x-1)-\dfrac{3}{4}(x-1)^2$

进而得到 $f'(3)=3(3-1)-\dfrac{3}{4}(3-1)^2=6-3=3$

因此，$f(4)=f(3)+f'(3)=6+3=9$

2. 已知三个点 $(2,25)$、$(4,20)$、$(5,30)$，采用二次多项式插值方法计算 $f(3)$ 的值。

解：下面给出两种方法。

方法一：令二次多项式函数的表达式为 $f(x)=a+bx+cx^2$。则有

$$\begin{cases} f(2)=a+2b+4c=25 \\ f(4)=a+4b+16c=20 \\ f(5)=a+5b+25c=30 \end{cases} \Rightarrow \begin{cases} a=63.3333 \\ b=-27.5 \\ c=4.1667 \end{cases}$$

进而得到 $f(3)=a+3b+9c=63.3333+3\times(-27.5)+9\times 4.1667=18.3335$

方法二：

$$f(3)=\dfrac{(3-4)(3-5)}{(2-4)(2-5)}\times 25+\dfrac{(3-2)(3-5)}{(4-2)(4-5)}\times 20+\dfrac{(3-2)(3-4)}{(5-2)(5-4)}\times 30=18.3335$$

二、扩展思考题

感兴趣的同学可以扩展思考中国的国民生命表的编制方法。可以进一步结合1992—2006年《中国人口统计年鉴》、2007—2023年《中国人口和就业统计年鉴》的人口抽样调查数据，以及1990年、2000年、2010年和2020年《中国人口普查年鉴》的第四次至第七次人口普查数据，绘制1990—2025年中国的时期生命表和简易生命表。

本章专业术语

第一节　HMD中人口估计的一般原则		第二节　全年龄死亡人口估计方法	
人类死亡率数据库	Human Mortality Database, HMD	加权最小二乘法	Weighted Least Squares, WLS
莱克西斯图	Lexis Diagram	多元回归模型	Multivariate Regression Model
Lexis三角形	Lexis Triangle	三次样条函数	Cubic Spline Function
出生队列	Birth Cohort	Kannisto模型	Kannisto Model
方法协议	Methods Protocol	残差平方和	Residual Sum of Squares, RSS

续表

第三节 整个生命周期人口估计方法		新队列	New Cohort
整个生命周期,也称整个生命跨度	The Entire Life Span	第四节 动态死亡率	
人口估计	Population Estimate	时期死亡率	Period Death Rates
均匀分布	Uniform Distribution	队列死亡率	Cohort Death Rates
线性插值方法	Linear Interpolation Method	风险暴露	Exposure to Risk
普查期间的生存方法	Intercensal Survival Method	第五节 动态生命表	
人口普查前后的生存方法	Pre- and Postcensal Survival Method	时期生命表	Period Life Table
灭绝队列方法	Extinct Cohorts Method	队列生命表	Cohort Life Table
幸存者比率方法	Survivor Ratio Method	简易生命表	Abridged Life Table
之前存在的队列	Pre-existing Cohort	多年队列	Multi-year Cohort
婴儿队列	Infant Cohort	几乎灭绝的队列	Almost-extinct Cohort

第七章
Markov 链与经验费率系统

 本章学习目标

1. 熟悉随机过程、Markov 过程的定义及其分类。
2. 熟练应用 Chapman-Kolmogorov 方程计算离散时间 Markov 链的转移概率（如一步转移概率、多步转移概率）。
3. 理解时间齐次 Markov 链、时间非齐次 Markov 链的区别与联系，并学会描述它们在基于频率的经验费率系统、汽车保险、健康保险等保险领域中的应用。
4. 学会绘制 Markov 链的转移图，并结合转移图，掌握 Markov 链的结构属性，如时间齐次性、是否有限状态空间、是否可约、周期性、是否存在平稳概率分布等基本特征。
5. 理解极限概率、平稳概率分布的含义；领悟平稳概率分布的存在性和唯一性，学会运用相关经典结论判断平稳概率分布的存在性和唯一性；掌握简单情况下 Markov 链的平稳分布的计算方法。
6. 学会运用 R 软件中创建和模拟 Markov 链的软件包对具体的保险等现实问题进行建模，并进行相应的估计和模拟。

第一节 Markov 过程

任何随机过程（Stochastic Process）都可以依据时间空间（Time Space）、状态空间（State Space）的离散型和连续型，分为以下四种类型①。

（1）离散时间、离散状态的随机过程（Stochastic Process with Discrete-time and Discrete-state），如无限状态和有限状态的随机游走过程（见本章第四节）、离散时间计数过程（Counting Process）等。

（2）离散时间、连续状态的随机过程（Stochastic Process with Discrete-time and Con-

---

① Mikosch, T. Non-life Insurance Mathematics: An Introduction with Stochastic Processes [M]. New York: Springer-Verlag, 2003.

tinuous-state),如离散时间、连续状态的复合泊松过程。

(3)连续时间、离散状态的随机过程(Stochastic Processes with Continuous-time and Discrete-state),如 Markov 跳跃过程、连续时间计数过程(Counting Process)、泊松过程、离散状态的复合泊松过程等。

(4)连续时间、连续状态的随机过程(Stochastic Processes with Continuous-time and Continuous-state),如连续时间、连续状态的复合泊松过程。

Markov 过程是一类离散状态的随机过程,包括离散时间 Markov 过程(Discrete-time Markov process)、连续时间 Markov 过程(Continuous-time Markov Process)两类[①]。

离散时间 Markov 过程:随机过程$\{X_n, n=0,1,2,\cdots\}$,其状态空间是离散的,即包含有限个或可列个值(也可以是无限个);且具有离散时间。因此也称为离散时间 Markov 链。例如:$\{X_n=i\}$表示过程在时刻 n 处于状态 i 这一事件。

连续时间 Markov 过程:随机过程$\{X_t, t\geqslant 0\}$,其状态空间是离散的,即包含有限个或可列个值(也可以是无限个);且具有连续时间。因此也称为连续时间 Markov 链,亦称为 Markov 跳跃过程(Markov Jump Process)。

本章关注的是离散时间 Markov 链及其在保险领域的应用。

第二节 转移概率与 Chapman-Kolmogorov 方程

离散时间 Markov 链是一个随机变量序列 $X_0, X_1, \cdots, X_n, \cdots$。对于所有整数时刻 $n>m$,有限或可列的状态空间 S 中的状态 $i_0, i_1, \cdots, i_{m-1}, i, j$,具有以下性质:

$$P[X_n=j|X_0=i_0, X_1=i_1, \cdots, X_{m-1}=i_{m-1}, X_m=i]=P[X_n=j|X_m=i] \tag{7.2.1}$$

这一性质称为马尔可夫性质(Markov Property)。

式(7.2.1)表明,对于离散时间 Markov 链,在给定过去状态 $X_0=i_0, X_1=i_1, \cdots, X_{m-1}=i_{m-1}$ 和现在状态(当前状态)$X_m=i$ 的条件下,未来状态 X_n 的条件分布仅取决于现在状态(当前状态),而与过去状态无关。

式(7.2.1)等号右侧的条件概率是描述离散时间 Markov 链的关键,我们将其称为转移概率(Transition Probability),记为

$$P[X_n=j|X_m=i]=p_{ij}^{(m,n)} \tag{7.2.2}$$

对于所有整数时刻 $m<\ell<n$,S 中的所有状态 i,j,离散时间 Markov 链的转移概率遵循查普曼-科尔莫戈罗夫方程(**Chapman-Kolmogorov 方程**):

$$p_{ij}^{(m,n)}=\sum_{k\in S}p_{ik}^{(m,\ell)}p_{kj}^{(\ell,n)} \tag{7.2.3}$$

[①] Norberg, R. The Markov Chain Market[J]. ASTIN Bulletin, 2003, 33(2):265-287.

直观上讲,式(7.2.3)等号右侧的 $p_{ik}^{(m,\ell)} p_{kj}^{(\ell,n)}$ 表示:Markov 过程从现在(当前)状态 i 出发,先经过 $\ell-m$ 步转移到状态 k,再经过 $n-\ell$ 步转移到状态 j 的概率。考虑所有可能的中间状态 k,就可以得到式(7.2.3)。

下面利用 Markov 性质(Markov Property)和条件形式的全概率法则(The Law of Total Probability),给出两种证明方法。

方法一:

如果 $A_1,A_2,\cdots,A_k,\cdots$ 是全集(完备集)Ω 中的互斥事件(Disjoint Events),即 $\bigcup_{k=1}^{\infty} A_k = \Omega$,$A_k \cap A_j = \varnothing$,$k \neq j$,那么对于任何两个事件 B 和 C,有

$$P(B|C) = \sum_{k=1}^{\infty} P(B|C, A_k) P(A_k|C) \tag{7.2.4}$$

进而得到

$$\begin{aligned} p_{ij}^{(m,n)} &= P[X_n = j | X_m = i] \\ &= \sum_{k \in S} P[X_n = j | X_m = i, X_\ell = k] P[X_\ell = k | X_m = i] \\ &= \sum_{k \in S} P[X_n = j | X_\ell = k] P[X_\ell = k | X_m = i] \\ &= \sum_{k \in S} p_{ik}^{(m,\ell)} p_{kj}^{(\ell,n)} \end{aligned} \tag{7.2.5}$$

显然,式(7.2.5)中,对于 $\ell > m$,利用了 Markov 性质。

方法二:

$$\begin{aligned} p_{ij}^{(m,n)} &= P[X_n = j | X_m = i] \\ &= \sum_{k \in S} P[X_n = j, X_\ell = k | X_m = i] \\ &= \sum_{k \in S} P[X_\ell = k | X_m = i] P[X_n = j | X_m = i, X_\ell = k] \\ &= \sum_{k \in S} P[X_\ell = k | X_m = i] P[X_n = j | X_\ell = k] \\ &= \sum_{k \in S} p_{ik}^{(m,\ell)} p_{kj}^{(\ell,n)} \end{aligned} \tag{7.2.6}$$

显然,式(7.2.6)中,对于 $\ell > m$,也利用了 Markov 性质。

Chapman-Kolmogorov 方程使我们可以根据一步转移概率 $p_{ij}^{(n,n+1)}$ 来计算一般的转移概率 $p_{ij}^{(m,n)}$。因此,给定以下两个条件,我们可以确定 Markov 链的分布。

(1) 一步转移概率 $p_{ij}^{(n,n+1)}$。

(2) 初始概率分布 $q_j = P(X_0 = j)$。

事实上,根据上述两个条件,我们可以计算出任一路径的概率:

$$P[X_0 = i_0, X_1 = i_1, \cdots, X_n = i_n] = q_{i_0} p_{i_0 i_1}^{(0,1)} p_{i_1 i_2}^{(1,2)} \cdots p_{i_{n-1} i_n}^{(n-1,n)} \tag{7.2.7}$$

因此,在可能的情况下,以形成 Markov 链的方式来确定状态是很方便的。第四节中的例子可以进一步说明这一点。

第三节　Markov 链的时间相依性

一、时间齐次 Markov 链

作为特例,如果一步转移概率与时间无关,即时间独立(Time-independent),那么其可以进一步简化为

$$p_{ij}^{(n,n+1)} = p_{ij} \tag{7.3.1}$$

在这种情况下,我们将其对应的 Markov 链称为时间齐次 Markov 链(Time-homogeneous Markov Chains)。从式(7.3.1)可以看出,一般的转移概率仅取决于时间差,即有

$$P[X_{m+\ell} = j \mid X_m = i] = p_{ij}^{(\ell)} \tag{7.3.2}$$

$$p_{ij}^{(m,n)} = p_{ij}^{(n-m)} \tag{7.3.3}$$

我们将式(7.3.2)称为 ℓ-步转移概率(ℓ-step Transition Probability)。

对于时间齐次 Markov 链,所有整数时刻 $m < \ell < n$,S 中的所有状态 i, j,式(7.2.3)的 Chapman-Kolmogorov 方程可以进一步表示为

$$p_{ij}^{(n-m)} = \sum_{k \in S} p_{ik}^{(\ell-m)} p_{kj}^{(n-\ell)} \tag{7.3.4}$$

进一步地,时间齐次 Markov 链的一步转移概率矩阵 $\mathbf{P}$ 是 $N \times N$ 的方阵,这里 N 表示状态空间 S 中的状态个数(可以是无限个),其元素 P_{ij} 表示一步转移概率,即有

$$P_{ij} = p_{ij} \tag{7.3.5}$$

进而 ℓ-步转移概率 $p_{ij}^{(\ell)}$ 可以通过计算矩阵 $\mathbf{P}$ 的 ℓ 次幂(即 ℓ-步转移矩阵 $\mathbf{P}^\ell$)来获得,即有

$$p_{ij}^{(\ell)} = (\mathbf{P}^\ell)_{ij} \tag{7.3.6}$$

显然,$\mathbf{P}^\ell = \mathbf{P}^{\ell-1+1} = \mathbf{P}^{\ell-1}\mathbf{P} = \cdots = \prod_1^\ell \mathbf{P}$。即 ℓ-步转移矩阵 $\mathbf{P}^\ell$ 等于一步转移概率矩阵 $\mathbf{P}$ 的 ℓ 次幂。

归一化条件:$\sum_{j \in S} p_{ij} = 1$ 适用于所有的状态 i,即矩阵 $\mathbf{P}$ 的所有行。更一般地,$\sum_{j \in S} p_{ij}^{(\ell)} = 1$ 对于所有的状态 i 都成立。

转移图(Transition Graph):通常绘制 Markov 链的转移图,有助于掌握 Markov 链的基本特征,对分析问题具有很好的启发性。

转移图是一个示意图。其中,S 中的每个状态都可以表示为图中的一个节点(Node);当 $P_{ij} > 0$ 时,从节点 i 到节点 j 画一个箭头(Arrow),表明从状态 i 到状态 j 的直接转移是可能的;一步转移概率 P_{ij} 的值可以记录在箭头上方。

二、时间非齐次 Markov 链

对于时间非齐次 Markov 链,一步转移概率不能简单地采用 p_{ij} 表示。这是因为,它们

取决于时间的绝对值,而不仅仅是时间差。"时间"的值可以采用许多因素来表示,例如,一年中的时间、年龄或持续时间。

更一般地,对于时间非齐次 Markov 链,令 $\mathbf{P}^{(m,n)}$ 表示 Markov 过程从现在状态(当前状态) $X_m=i$ 出发到未来状态 X_n 的 $n-m$ 步转移概率 $p_{ij}^{(m,n)}$ 构成的矩阵,则由式(7.2.3)可得:

$$\mathbf{P}^{(m,n)} = \mathbf{P}^{(m,\ell)} \mathbf{P}^{(\ell,n)} \tag{7.3.7}$$

$$\mathbf{P}^{(m,n)} = \mathbf{P}^{(m,m+1)} \mathbf{P}^{(m+1,m+2)} \cdots \mathbf{P}^{(n-2,n-1)} \mathbf{P}^{(n-1,n)} = \prod_{\ell=m}^{n-1} \mathbf{P}^{(\ell,\ell+1)} \tag{7.3.8}$$

即 Markov 过程从现在状态(当前状态) $X_m=i$ 出发到未来状态 X_n 的 $n-m$ 步转移概率矩阵 $\mathbf{P}^{(m,n)}$ 等于 $\ell-m$ 步转移概率矩阵 $\mathbf{P}^{(m,\ell)}$ 与 $n-\ell$ 步转移概率矩阵 $\mathbf{P}^{(\ell,n)}$ 的乘积;Markov 过程从现在状态(当前状态) $X_m=i$ 出发到未来状态 X_n 的 $n-m$ 步转移概率矩阵 $\mathbf{P}^{(m,n)}$ 也等于 $n-m$ 个一步转移概率矩阵 $\mathbf{P}^{(\ell,\ell+1)}$ ($\ell=m,m+1,\cdots,n-2,n-1$) 的连乘。

第四节　Markov 链示例

一、无赔款优待(NCD)系统的简单模型 1

汽车保险(Motor Insurance)中的无赔款优待(No Claims Discount, NCD)系统是 Markov 链的一个主要应用。根据该系统收取的保费取决于驾驶员的索赔记录。

下面给出两个简单的 NCD 模型,并提出一些可能的改进方案。

NCD 模型 1:一家汽车保险公司给予客户的保费折扣有三种状态:无折扣(状态 0)、25%的折扣(状态 1)、50%的折扣(状态 2)。

(1) 若当年无索赔,则下一年的折扣等级最多上调一级,即下一年的折扣状态将转移到一个更高的折扣状态(或者停留在最高的折扣状态)。

(2) 若当年发生一次或多次索赔,则下一年的折扣等级最多下调一级,即下一年的折扣状态将转移到一个更低的折扣状态(或者停留在无折扣状态)。

在这一规则下,保单持有人的折扣状态形成了一个 Markov 链,其状态空间 $S=\{0,1,2\}$。假设在任何一年中无索赔的概率为 3/4,则相应的时间齐次 Markov 链的转移图可以表示为图 7-1。

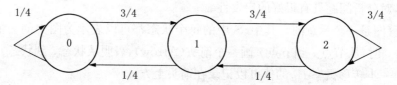

图 7-1　NCD 模型 1 的时间齐次 Markov 链的转移图①

---

① 本图摘自 Institute and Faculty of Acutaries. Risk Modelling and Survival Analysis (CS2) Core Principles. 2023.

转移概率矩阵可以表示为

$$\mathbf{P}=\begin{pmatrix} \frac{1}{4} & \frac{3}{4} & 0 \\ \frac{1}{4} & 0 & \frac{3}{4} \\ 0 & \frac{1}{4} & \frac{3}{4} \end{pmatrix} \tag{7.4.1}$$

假定第 n 年投保的保单持有人没有资格获得当年保费的任何折扣,那么其在第 $n+3$ 年续保时可以获得最高折扣的概率为

$$p_{02}^{(3)}=(\mathbf{P}^3)_{02}=\frac{9}{16}$$

显然,这个模型是时间非齐次的情况也是常见的。例如,在现实中,索赔事件发生概率依赖于时间,以反映交通条件的变化。这可能是源于交通密度、索赔倾向的总体年度趋势等因素的影响。则相应的时间非齐次 Markov 链的转移图可以表示为图 7-2。

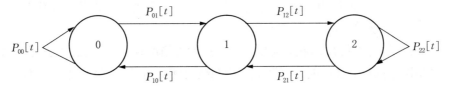

图 7-2　NCD 模型 1 的时间非齐次 Markov 链的转移图[①]

转移概率矩阵可以表示为

$$\mathbf{P}[\mathbf{t}]=\begin{pmatrix} P_{00}[t] & P_{01}[t] & P_{02}[t] \\ P_{10}[t] & P_{11}[t] & P_{12}[t] \\ P_{20}[t] & P_{21}[t] & P_{22}[t] \end{pmatrix} \tag{7.4.2}$$

二、无赔款优待(NCD)系统的简单模型 2

NCD 模型 2:将 NCD 模型 1 调整为以下四种折扣状态:无折扣(状态 0)、25% 的折扣(状态 1)、40% 的折扣(状态 2)、60% 的折扣(状态 3)。

在这个调整后的模型中,上调折扣等级(折扣状态)的规则与 NCD 模型 1 相同。但若当年发生索赔,则下一年的折扣等级将根据上一年是否无索赔而下调一到两级(最多两级)。具体而言,可以细分为以下两种情况:

(1) 若当年发生索赔,且上一年无索赔时,则下一年的折扣状态将转移到一个更低的折扣状态(或者停留在无折扣状态)。

(2) 若当年发生索赔,且上一年也发生索赔时,则下一年的折扣状态将转移到下调两级后的更低的折扣状态(或者停留在无折扣状态)。

---

① 本图摘自 Institute and Faculty of Acutaries. Risk Modelling and Survival Analysis (CS2) Core Principles. 2023.

显然,根据这一规则,下一年的折扣等级与当年和上一年都有关。因此,该折扣调整过程不满足 Markov 性质,从而保单持有人的折扣状态 X_n 不会在状态空间 $S=\{0,1,2,3\}$ 上形成 Markov 链。

下面给出举例说明。在这一规则下,有:$P[X_{n+1}=0|X_n=2,X_{n-1}=1]=0$,表示当年无索赔,下一年最多上调一级,从而下一年不可能转移到无折扣状态。然而,$P[X_{n+1}=0|X_n=2,X_{n-1}=3]>0$,表示当年有索赔,下一年最多下调两级,从而下一年可能转移到无折扣状态。

显然,$P[X_{n+1}=0|X_n=2,X_{n-1}=1]\neq P[X_{n+1}=0|X_n=2,X_{n-1}=3]$。这表明该过程不满足 Markov 性质。

当然,我们也可以把这个过程转化为 Markov 链。

要构建其 Markov 链 $\{Y_n,n=0,1,2,\cdots\}$,我们需要将上一年的一些信息纳入状态。事实上,这只对状态 2 是必要的,我们将其拆分为:

(1) 2+:40% 的折扣,且上一年无索赔。此时处于状态 2 的保单持有人若当年提出索赔,且上一年无索赔时,则下一年下调一级。

(2) 2−:40% 的折扣,且上一年有索赔。此时处于状态 2 的保单持有人若当年提出索赔,且上一年有索赔时,则下一年下调两级。

也就是说,对于状态 2,我们需要区分上述两种情况;而对于其他状态,都不需要区分上述两种情况。即只有在能明确下调一级和两级时才会有差别,而其他状态都不存在这种问题。例如,对于状态 0,若当年提出索赔,且无论上一年有无索赔,则下一年都停留在状态 0。对于状态 1,若当年提出索赔,且无论上一年有无索赔,则下一年都只能下调到状态 0。对于状态 3,说明上一年一定无索赔。此时,若当年提出索赔,则下一年只能下调一级,转移到状态 2−。

如前所述,假设在任何一年中无索赔的概率为 3/4,故保单持有人的折扣状态 Y_n 在状态空间 $S'=\{0,1,2+,2-,3\}$ 上形成 Markov 链。其中,2+,2− 是 40% 的折扣的两个互斥状态,没有交集,不能互相一步转移。则相应的时间齐次 Markov 链的转移图可以表示为图 7-3。

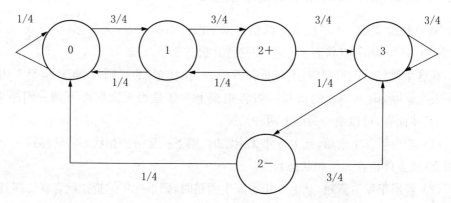

图 7-3 NCD 模型 2 的时间齐次 Markov 链的转移图①

---

① 本图摘自 Institute and Faculty of Acutaries. Risk Modelling and Survival Analysis (CS2) Core Principles. 2023.

转移概率矩阵可以表示为

$$\mathbf{P}=\begin{pmatrix} \frac{1}{4} & \frac{3}{4} & 0 & 0 & 0 \\ \frac{1}{4} & 0 & \frac{3}{4} & 0 & 0 \\ 0 & \frac{1}{4} & 0 & 0 & \frac{3}{4} \\ \frac{1}{4} & 0 & 0 & 0 & \frac{3}{4} \\ 0 & 0 & 0 & \frac{1}{4} & \frac{3}{4} \end{pmatrix} \qquad (7.4.3)$$

假定保单持有人在第 n 年处在 25% 的折扣状态,那么其在第 $n+3$ 年续保时可以获得最高折扣(60%的折扣)的概率为

$$p_{13}^{(3)} = (\mathbf{P}^3)_{13} = \frac{27}{64}$$

其推导过程如下

$$\mathbf{P}^2 = \begin{pmatrix} \frac{1}{4} & \frac{3}{4} & 0 & 0 & 0 \\ \frac{1}{4} & 0 & \frac{3}{4} & 0 & 0 \\ 0 & \frac{1}{4} & 0 & 0 & \frac{3}{4} \\ \frac{1}{4} & 0 & 0 & 0 & \frac{3}{4} \\ 0 & 0 & 0 & \frac{1}{4} & \frac{3}{4} \end{pmatrix}^2 = \begin{pmatrix} \frac{1}{4} & \frac{3}{16} & \frac{9}{16} & 0 & 0 \\ \frac{1}{16} & \frac{3}{8} & 0 & 0 & \frac{9}{16} \\ \frac{1}{16} & 0 & \frac{3}{16} & \frac{3}{16} & \frac{9}{16} \\ \frac{1}{16} & \frac{3}{16} & 0 & \frac{3}{16} & \frac{9}{16} \\ \frac{1}{16} & 0 & 0 & \frac{3}{16} & \frac{12}{16} \end{pmatrix}$$

$$\mathbf{P}^3 = \begin{pmatrix} \frac{1}{4} & \frac{3}{4} & 0 & 0 & 0 \\ \frac{1}{4} & 0 & \frac{3}{4} & 0 & 0 \\ 0 & \frac{1}{4} & 0 & 0 & \frac{3}{4} \\ \frac{1}{4} & 0 & 0 & 0 & \frac{3}{4} \\ 0 & 0 & 0 & \frac{1}{4} & \frac{3}{4} \end{pmatrix}^3 = \begin{pmatrix} \frac{7}{64} & \frac{21}{64} & \frac{9}{64} & 0 & \frac{27}{64} \\ \frac{7}{64} & \frac{3}{64} & \frac{18}{64} & \frac{9}{64} & \frac{27}{64} \\ \frac{4}{64} & \frac{6}{64} & 0 & \frac{9}{64} & \frac{45}{64} \\ \frac{7}{64} & \frac{3}{64} & \frac{9}{64} & \frac{9}{64} & \frac{36}{64} \\ \frac{4}{64} & \frac{3}{64} & 0 & \frac{12}{64} & \frac{45}{64} \end{pmatrix}$$

在该模型中,若状态空间写成 $S''=\{0,1,2-,2+,3\}$,则转移矩阵 $\mathbf{P}$、$\mathbf{P}^2$、$\mathbf{P}^3$ 的第 3、4 行互换,其他都不影响。

最后指出，与本节前面的模型一样，这个模型也可以进行一些改进。例如，索赔事件发生概率可能依赖于时间(Time-dependent)，即时间非齐次 Markov 链，以反映交通条件的变化。此外，索赔事件发生概率也可能依赖于折扣状态，以反映折扣状态对驾驶员谨慎行为的影响。

下面我们再举一个不满足 Markov 性质的随机过程转化为 Markov 链的例子①。

假设明天是否下雨取决于过去两天的天气条件。具体来说，如果过去两天都下雨，那么明天下雨的概率为 0.7；如果今天下雨而昨天没下雨，那么明天下雨的概率为 0.5；如果昨天下雨而今天没下雨，那么明天下雨的概率为 0.4；如果过去两天都没下雨，那么明天下雨的概率为 0.2。

显然，任何时刻的状态只取决于前一天是否下雨，则该模型是 Markov 链。但在这个例子中，任何时刻的状态由过去两天的天气条件决定，则例子中的模型不满足 Markov 性质。但我们可以将其转化为 Markov 链。此时，共有以下四种状态：

(1) 状态 0：今天和昨天都下雨。

(2) 状态 1：今天下雨而昨天没下雨。

(3) 状态 2：昨天下雨而今天没下雨。

(4) 状态 3：今天和昨天都没下雨。

此时，可构造 Markov 链，其转移概率矩阵为

$$P = \begin{bmatrix} 0.7 & 0 & 0.3 & 0 \\ 0.5 & 0 & 0.5 & 0 \\ 0 & 0.4 & 0 & 0.6 \\ 0 & 0.2 & 0 & 0.8 \end{bmatrix} \tag{7.4.4}$$

三、无限状态空间 $S = \{\cdots, -2, -1, 0, 1, 2, \cdots\}$ 的随机游走

该随机游走过程可以定义为：$X_n = Y_1 + Y_2 + \cdots Y_n$，其中，随机变量 Y_j（行走的步数）独立同分布，且 $P[Y_j = 1] = p$，$P[Y_j = -1] = 1 - p$。此外，我们有初始条件：$X_0 = 0$。

显然，该随机游走过程具有独立增量(Independent Increment)，故 Markov 性质成立，且为时间齐次 Markov 链。其转移图是无限的，可以表示为图 7-4。

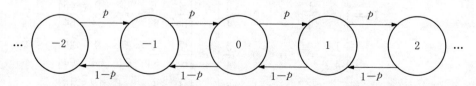

图 7-4　无限状态空间的随机游走的时间齐次 Markov 链的转移图②

---

① 张连增. 精算学中的随机过程[M]. 北京：高等教育出版社，2006.

② 本图摘自 Institute and Faculty of Acutaries. Risk Modelling and Survival Analysis (CS2) Core Principles. 2023.

转移概率矩阵也是无限的，可以表示为

$$\mathbf{P} = \begin{pmatrix} \ddots & \ddots & & & & & \\ \ddots & 0 & p & & & & \\ & 1-p & 0 & p & & & \\ & & \ddots & \ddots & \ddots & & \\ & & & 1-p & 0 & p & \\ & & & & 1-p & 0 & \ddots \\ & & & & & \ddots & \ddots \end{pmatrix} \tag{7.4.5}$$

假设从状态 i 转移到状态 j 需要 n 步随机游走，其中有 u 步向右走，$n-u$ 步向左走，则有：$i+u-(n-u)=j$，即 $u=\frac{1}{2}(n+j-i)$ 步向右走，$n-u=\frac{1}{2}(n-j+i)$ 步向左走。显然，n 步中向右走的次数服从二项分布：$u \sim B(n, p)$。因此，从状态 i 转移到状态 j 的 n-步转移概率（等价于 n 步随机游走中有 u 步向右走，$n-u$ 步向左走的概率）可以表示为

$$p_{ij}^{(n)} = \begin{cases} C_n^u p^u (1-p)^{n-u} & 0 \leqslant n+j-i \leqslant 2n \text{ 且 } n+j-i \text{ 为偶数} \\ 0 & \text{其他} \end{cases}$$

值得注意的是，这个简单的随机游走除了时间齐次（Time-homogeneous）之外，也是空间齐次（Space-homogeneous）的，即有

$$p_{ij}^{(n)} = p_{i+r, j+r}^{(n)} \tag{7.4.6}$$

显然，这个随机游走可以直观解释为：一个人（如醉汉）沿着一条直线（在一条路上）行走，在每一时刻，他或者以概率 p 向右移动一步，或者以概率 $1-p$ 向左移动一步。形象地说，随机游走可以描述为一个醉汉在一条路上左右行走。另外，这个随机游走过程也可以描述为：无限状态空间的赌博模型，即一个赌徒在每盘赌局中赢一元或输一元（输光了也可以不离场，比如可以先记账，或者欠着，或者可以借钱继续赌等），从而导致财富变化的过程。

四、有限状态空间 $S = \{0, 1, 2, \cdots, b\}$ 的随机游走

与前面的例子不同之处在于：这个随机游走在 0 和 b 处有明确的边界条件（Boundary Conditions）。具体边界条件取决于对 Markov 链的解释。以边界 0 为例，常用的边界条件包括：

(1) 反射边界（Reflecting Boundary）：

$$P[X_{n+1} = 1 | X_n = 0] = 1 \tag{7.4.7}$$

(2) 吸收边界（Absorbing Boundary）：

$$P[X_{n+1} = 0 | X_n = 0] = 1 \tag{7.4.8}$$

(3) 混合边界（Mixed Boundary）：

$$\begin{cases} P[X_{n+1}=0|X_n=0]=\alpha \\ P[X_{n+1}=1|X_n=0]=1-\alpha \end{cases} \quad (7.4.9)$$

显然,在 0 和 b 处有吸收边界条件的随机游走也可以用来描述赌徒的财富变化的过程,为有限状态空间的赌博模型。赌徒将继续赌博,直到他的财富达到目标 b,或者他的财富达到 0 而破产。无论哪种情况发生,到达边界都意味着永远停留在那里(即 0 和 b 处为吸收状态)。

在具有混合边界条件的更一般的情况下,其 Markov 链的转移图可以表示为图 7-5。

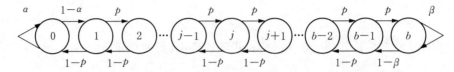

图 7-5 有限状态空间的随机游走的时间齐次 Markov 链的转移图①

转移概率矩阵可以表示为

$$\mathbf{P}=\begin{pmatrix} \alpha & 1-\alpha & & & & & \\ 1-p & 0 & p & & & & \\ & 1-p & 0 & p & & & \\ & & \ddots & \ddots & \ddots & & \\ & & & 1-p & 0 & p \\ & & & & & 1-\beta & \beta \end{pmatrix} \quad (7.4.10)$$

显然,反射边界条件和吸收边界条件都是混合边界条件的特例,即令 α、β 取 0 或 1。

最后指出,NCD 模型 1 是有界随机游走(Bounded Random Walk)的一个实例。本节的模型可以看成是有限状态空间的赌博模型。假设一个赌徒在每一盘赌局中,或者以概率 p 赢得 1 元,或者以概率 $1-p$ 输掉 1 元。进一步地,假设赌徒在输光或者在赢得 b 元时退出赌局,那么该赌徒的财富变化的过程就构成了 Markov 链。这里,称状态 0 和 b 为吸收状态,即过程进入这两个状态就停留在那里的状态。这个例子是一个有限状态的有吸收壁(状态 0 和 b)的随机游走。

五、事故倾向模型

事故倾向模型常用于计数过程的概率估计。对于给定的驾驶员来说,任何时期 j 要么不发生事故($Y_j=0$),要么发生事故($Y_j=1$)。根据驾驶员过去的记录,估计下一期发生事故的概率为

$$P[Y_{n+1}=1|Y_1=y_1, Y_2=y_2, \cdots, Y_n=y_n]=\frac{f(y_1+y_2+\cdots+y_n)}{g(n)} \quad (7.4.11)$$

其中,所有变量的值 y_j 均为 0 或 1,f、g 是两个给定的增函数,且满足 $0 \leqslant f(m) \leqslant$

---

① 本图摘自 Institute and Faculty of Acutaries. Risk Modelling and Survival Analysis (CS2) Core Principles. 2023.

$g(m)$。这里,我们简写成 f、g,从估计的角度看,更有一般性。显然,经验估计 $f(y)=y$,$g(n)=n$ 是其特例。

显然:

$$P[Y_{n+1}=0|Y_1=y_1,Y_2=y_2,\cdots,Y_n=y_n]=1-\frac{f(y_1+y_2+\cdots+y_n)}{g(n)} \quad (7.4.12)$$

对过去记录的依赖性意味着,$\{Y_n, n=1,2,\cdots\}$ 不具有 Markov 性质(因为任何时期都依赖于所有过去时期 Y_j 的取值)。

然而,如果考虑驾驶员所发生事故的累积次数:

$$X_n=\sum_{j=1}^n Y_j \quad (7.4.13)$$

那么 $\{X_n, n=1,2,\cdots\}$ 则是一个具有状态空间 $S=\{0,1,2,\cdots\}$ 的 Markov 链。它具有 Markov 性质,这是因为:

$$\begin{aligned}&P[X_{n+1}=1+x_n|X_1=x_1,X_2=x_2,\cdots,X_n=x_n]\\&=P[X_{n+1}=1+x_n|Y_1=x_1,Y_2=x_2-x_1,\cdots,Y_n=x_n-x_{n-1}]\end{aligned} \quad (7.4.14)$$

由于 $\sum_{j=1}^n Y_j=X_n$,故条件 $Y_1=x_1$, $Y_2=x_2-x_1$, $\cdots$, $Y_n=x_n-x_{n-1}$ 仅仅是 X_n 的函数,因此:

$$\begin{aligned}&P[X_{n+1}=1+x_n|X_1=x_1,X_2=x_2,\cdots,X_n=x_n]\\&=P[X_{n+1}=1+x_n|X_n=x_n]=\frac{f(x_n)}{g(n)}\end{aligned} \quad (7.4.15)$$

值得注意的是,只有当 $g(n)$ 为常数时,该 Markov 链才是时间齐次的。

第五节 Markov 链的长期概率分布

一、平稳概率分布

1. 平稳概率分布的计算

如果对于 S 中的所有 j,以下两个条件成立,那么我们称 $\pi_j(j\in S)$ 是具有转移概率矩阵 $\mathbf{P}$ 的 Markov 链的平稳概率分布(Stationary Probability Distribution)。

$$\pi_j=\sum_{i\in S}\pi_i p_{ij} \quad (7.5.1)$$

$$\pi_j\geqslant 0,\sum_{j\in S}\pi_j=1 \quad (7.5.2)$$

注意到,式(7.5.1)可以采用紧凑的矩阵形式 $\boldsymbol{\pi}=\boldsymbol{\pi}\mathbf{P}$ 表示,其中 $\boldsymbol{\pi}$ 为行向量。其含义是,如果时刻 0 的初始状态的概率分布为 $\boldsymbol{\pi}$,即 $P[X_0=i]=\pi_i$,那么该 Markov 链在时刻 1 的

状态概率分布也是 π，即有

$$P[X_1 = j] = \sum_{i \in S} P[X_1 = j \mid X_0 = i] P[X_0 = i] = \sum_{i \in S} \pi_i p_{ij} = \pi_j$$

由数学归纳法可以证明，对于所有时刻 $n \geq 1$，都成立。假设时刻 $n-1$ 成立，那么对于时刻 n，则有

$$P[X_n = j] = \sum_{i \in S} P[X_n = j \mid X_{n-1} = i] P[X_{n-1} = i] = \sum_{i \in S} \pi_i p_{ij} = \pi_j 。$$

因此，π 是一个不变的概率分布。事实上，该 Markov 链是一个平稳过程（Stationary Process）。这里，平稳概率分布是个无条件分布，它关注的是任何时刻状态空间的分布。

【例题 7-1】

计算第四节中的 NCD 模型 2 的平稳概率分布。

解：利用式 (7.5.1) 和式 (7.5.2) 得到联立方程组

$$\begin{cases} \pi_0 = \frac{1}{4}\pi_0 + \frac{1}{4}\pi_1 + \frac{1}{4}\pi_{2-} \\ \pi_1 = \frac{3}{4}\pi_0 + \frac{1}{4}\pi_{2+} \\ \pi_{2+} = \frac{3}{4}\pi_1 \\ \pi_{2-} = \frac{1}{4}\pi_3 \\ \pi_3 = \frac{3}{4}\pi_{2+} + \frac{3}{4}\pi_{2-} + \frac{3}{4}\pi_3 \\ \pi_0 + \pi_1 + \pi_{2+} + \pi_{2-} + \pi_3 = 1 \end{cases} \quad (7.5.3)$$

解方程组，得到

$$\pi = \left(\frac{13}{169}, \frac{12}{169}, \frac{9}{169}, \frac{27}{169}, \frac{108}{169} \right) \quad (7.5.4)$$

显然，这个线性系统是线性相关的。这是因为，将所有方程相加会得到一个恒等式（由于 $\sum_{j \in S} p_{ij} = 1$ 这一性质，这是方程 $\pi = \pi P$ 的一个一般特征）。有鉴于此，我们可以删去其中任何一个方程，比如最后一个。当然，删去的方程可以用来验证计算出的结果是否正确。

2. 平稳概率分布的存在性和唯一性

通常来说，Markov 链并不一定具有平稳概率分布。如果它存在，也不一定是唯一的。例如，对于第四节中的无限状态空间的随机游走就不存在平稳概率分布；而有限状态空间的随机游走就存在平稳概率分布，但其唯一性取决于 α, β 的值。当状态空间 S 是有限时，情况相对简单。

下面我们不加证明地给出三个经典结论。

结论1：有限状态空间的 Markov 链至少存在一个平稳概率分布。

结论2：有限状态空间的不可约 Markov 链存在唯一的平稳概率分布。

结论3：无论 Markov 链是否可约，无限状态空间的 Markov 链通常不存在平稳概率分布。

这里，不可约 Markov 链(Irreducible Markov Chain)是指，如果 Markov 链的状态空间只包括一个子集合，即任意两个状态都是相通的，那么就称该 Markov 链是不可约的。

相通状态是指，如果存在整数 $n \geqslant 0$，使得 $p_{ij}^{(n)} > 0$，那么就称状态 i 可到达状态 j。相反地，如果不存在这样的 n，那么就称状态 i 不能到达状态 j。如果两个状态 i 和状态 j 是彼此可到达的，那么就称状态 i 和状态 j 相通，记为 $i \leftrightarrow j$。

相通关系满足以下三个性质：

(1) 自反性：对于所有的 i，$i \leftrightarrow i$。

(2) 对称性：如果 $i \leftrightarrow j$，那么 $j \leftrightarrow i$。

(3) 传递性：如果 $i \leftrightarrow j$，$j \leftrightarrow k$，那么 $i \leftrightarrow k$。

两个相通的状态属于同一个类。由上述三个性质可以很容易地得出以下结论：根据相通概念，可以把状态空间分成不相交的子集合，每个子集合内的任意两个状态都是相通的。

通常，我们直接从转移图中就可以判断 Markov 链是否可约。

(1) 前面示例中的 NCD 模型1、NCD 模型2、无限状态空间的随机游走，Markov 链都是不可约的。

(2) 前面示例中的有限状态空间的随机游走，当两边界都不是吸收状态($\alpha \neq 1$ 且 $\beta \neq 1$)时，Markov 链是不可约的；而当任一边界是吸收状态($\alpha = 1$ 或 $\beta = 1$)时，Markov 链是可约的。

(3) 显然，吸收状态不能到达其他任何状态。因此，含有吸收状态的 Markov 链都是可约的。例如，实际中的破产状态。

二、Markov 链的长期行为

平稳分布之所以重要，是因为我们期望 Markov 的分布在长期趋于一个不变的分布 $\boldsymbol{\pi}$，即该分布是收敛的。

因此，从长期来看，在绝大多数时间内 $p_{ij}^{(n)}$ 都将接近于 π_j，即 $\lim\limits_{n \to \infty} p_{ij}^{(n)} = \pi_j$。$\lim\limits_{n \to \infty} p_{ij}^{(n)}$ 称为极限概率(Limiting Probability)，该极限与初始状态 i 无关。

1. 状态的周期性

状态的周期性(Periodic)：当 n 能被 $d(d>1)$ 整除时，$p_{ii}^{(n)} > 0$，我们称状态 i 的周期为 d。也就是说，当 n 不能被 $d(d>1)$ 整除时，$p_{ii}^{(n)} = 0$。

换句话说，如果状态 i 只有在 $d(d>1)$ 的倍数步数 n 中才可能返回，那么状态 i 的周期就是 d。这里，d 是 n 的最大公约数。通常状态 i 既可以奇数步返回，又可以偶数步返回，那么状态 i 被认为是非周期性的，即 $d=1$；而状态 i 只能偶数步返回，而不能奇数步返回，那么状态 i 被认为是周期性的，即 $d=2$。

因此,得到

$$d \begin{cases} =1 & \text{状态 } i \text{ 是非周期性的} \\ >1 & \text{状态 } i \text{ 是周期性的} \\ \infty & \forall n>0, p_{ii}^{(n)}=0 \end{cases} \quad (7.5.5)$$

对于有限状态的 Markov 链来说,所有的常返状态都是正常返的(即从状态 i 出发返回状态 i 的转移步数的期望是有限的),而不存在零常返状态(即从状态 i 出发返回状态 i 的转移步数的期望是无限的)。非周期性的正常返状态称为遍历状态(Ergodic State)。

2. Markov 链的周期性

下面我们也不加证明地给出三个经典结论。

结论 4:如果状态 i 的周期为 d,且状态 i 和状态 j 相通,那么状态 j 的周期也为 d。

结论 5:不可约 Markov 链的所有状态都有相同的周期(或者所有状态都是非周期的)。因此,若不可约 Markov 链的周期为 1,则称其为非周期链,否则称其为周期链。

结论 6:令 $p_{ij}^{(n)}$ 表示一个有限状态空间上的不可约、非周期 Markov 链的 n 步转移概率。那么对于任意的状态 i,j, $\lim\limits_{n\to\infty} p_{ij}^{(n)} = \pi_j$,其中 π 是平稳概率分布。

需要说明的是,式(7.5.1)和式(7.5.2)对于有限状态空间上的不可约的非周期链($d=1$)和周期链($d>1$)都成立,且都有唯一非负解。其中,对于周期链($d>1$),π_j 可以解释为,长期内 Markov 链处于状态 j 的次数比例。

通常,我们直接从转移图中就可以判断状态的周期性,进而判断 Markov 链的周期性。

(1) 前面示例中的 NCD 模型 1、NCD 模型 2,所有状态都是非周期的($d=1$),且 Markov 链都是不可约的,故 Markov 链都是非周期链。

(2) 前面示例中的无限状态空间的随机游走,所有状态的周期都为 2($d=2$),且 Markov 链是不可约的,故 Markov 链是周期为 2 的周期链。

(3) 前面示例中的有限状态空间的随机游走,存在以下三种情况。

① 当 α,$\beta \neq 0$ 且 α,$\beta \neq 1$ 时,所有状态都是非周期的($d=1$),且 Markov 链是不可约的,故 Markov 链是非周期链。

② 当 α,$\beta = 0$ 时,所有状态的周期都为 2($d=2$),且 Markov 链是不可约的,故 Markov 链是周期为 2 的周期链。

③ 当 α,$\beta = 1$ 时,两边界是吸收状态,是非周期的($d=1$);除两边界之外,其他所有状态的周期都为 2($d=2$)。此时 Markov 链是可约的,就没有必要进一步讨论链的周期性了。当然,可以分 Markov 的子类,继续讨论子类不可约链的周期性。

第六节　应用 Markov 链建模

本节假设所拟合的 Markov 链都是时间齐次模型(Time-homogeneous Model),而拟合时间非齐次模型(Time-inhomogeneous Model)相对更复杂。

一、估计转移概率

建立 Markov 模型时首先要解决的问题是状态空间。如第四节中的 NCD 模型 2 所示，首先想到的状态空间可能并不是最合适的，则在拟合 Markov 模型之前可能需要一些调整。

然而，一旦确定了状态空间，就可以通过估计转移概率 p_{ij}，将 Markov 模型拟合到数据中。

令 $x_1, x_2, \cdots, x_N$ 表示可获得的观测值，并定义：

n_i 为时刻 t 的次数（$1 \leqslant t \leqslant N-1$），使得 $x_t = i$。即 n_i 表示观测到的时刻 t 从状态 i 到所有状态的总转移次数。

n_{ij} 为时刻 t 的次数（$1 \leqslant t \leqslant N-1$），使得 $x_t = i$ 和 $x_{t+1} = j$。即 n_{ij} 表示观测到的时刻 t 从状态 i 到状态 j 的转移次数。

因此，p_{ij} 的最佳估计就是 $\hat{p}_{ij} = \dfrac{n_{ij}}{n_i}$。

如果需要估计转移概率的置信区间，那么给定 N_i 的条件下，N_{ij} 的条件分布是二项分布，即 $N_{ij} | N_i \sim B(N_i, p_{ij})$。这意味着，我们可以采用标准技术获得相应的置信区间。

二、评估拟合效果

下一步，我们要确保模型与数据的拟合是充分的。换句话说，检查 Markov 性质是否成立。

对于一般的 Markov 模型，对 Markov 性质的全面验证将涉及大量的工作和庞大的数据。在实践中，通常认为观察连续观测值的三元组就足够了。这里，迭代可以进行外推，三元组是递推公式。具体评估方法如下：

令 n_{ijk} 表示时刻 t 的次数（$1 \leqslant t \leqslant N-2$），使得 $x_t = i$、$x_{t+1} = j$ 和 $x_{t+2} = k$。如果 Markov 性质成立，我们期望 n_{ijk} 是参数为 n_{ij} 和 p_{jk} 的二项分布中的观测值。因此，一个简单且有效的检验是，基于如下统计量的卡方拟合优度检验（Chi-square Goodness-of-fit Test）：

$$X^2 = \sum_i \sum_j \sum_k \frac{(n_{ijk} - n_{ij} \hat{p}_{jk})^2}{n_{ij} \hat{p}_{jk}} \tag{7.6.1}$$

用于评估拟合优度的另一种常用方法是，对拟合链进行一些模拟，并将得到的轨迹图（Trajectories Graph）与实际观察到的过程图进行比较。这种方法经常会弥补卡方检验（Chi-square Test）所遗漏的缺陷。

第七节 本章 R 软件操作与实现

在 R 软件中，markovchain 软件包可以创建和模拟 Markov 链。其中，模拟时间齐次

Markov 链非常简单。这是因为,Markov 性质意味着,给定 X 的过去直到时刻 t 的状态条件下,X_{t+1} 的条件分布只依赖于 X_t。

本节只关注有限状态空间的离散时间 Markov 链的 R 实现。

一、Markov 链的转移图的 R 实现举例

R 软件有许多内置的函数和软件包,可以非常方便地处理离散时间 Markov 链。为了便于说明,下面我们首先给出两种创建和操作 Markov 链对象的方法,然后绘制 Markov 链的转移图。

1. 创建 Markov 链对象

```
install.packages("markovchain")    # 若未安装 markovchain 包,则先进行安装。
library(markovchain)
```

① 对 mcWeather 使用"长"方法

```
#using "long" approach for mcWeather
weatherStates <- c("rainy", "nice", "sunny")
weatherMatrix <- matrix(data = c(0.50, 0.25, 0.25, 0.5, 0.0, 0.5, 0.25, 0.25, 0.5), byrow = TRUE, nrow = 3, dimnames = list(weatherStates, weatherStates))
mcWeather <- new("markovchain", states = weatherStates,
    byrow = TRUE, transitionMatrix = weatherMatrix, name = "Weather")
```

这里采用的是调用新的 S4 方法来创建 Markov 链的"标准"方法。进一步地,我们检验 mcWeather 是 Markov 链对象的方法是:

```
#mcWeather is markovchain object
is(mcWeather, "markovchain")
```

运行结果是:TRUE。

② 在 Mathematica 的 DTMC 上使用"快速"方法

```
#using "quick" approach on Mathematica's DTMC
mathematicaMatr <- matrix(c(1/2, 1/2, 0, 0, 1/2, 1/2, 0, 0, 1/4, 1/4, 1/4, 1/4, 0, 0, 0, 1), byrow = TRUE, nrow = 4)
mathematicaMc<-as(mathematicaMatr, "markovchain")
```

这里采用的是将矩阵对象强制转换为 Markov 链对象的"快速"方法。进一步地,我们检验 mathematicaMc 是 Markov 链对象的方法是:

```
#mathematicaMc is markovchain object
is(mathematicaMc,"markovchain")
```

运行结果也是:TRUE。

2. 绘制 Markov 链的转移图

在此基础上,我们可以使用下面的 R 代码,绘制这两个 Markov 链对象的转移图(见图 7-6)。

```
plot(mcWeather, main = "Weather Markov Chain")
plot(mathematicaMc, main = "Mathematica Markov Chain")
```

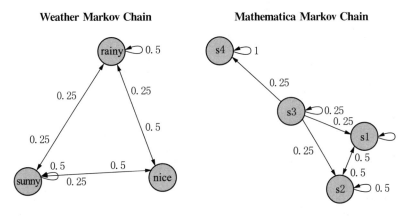

图 7-6　两个 Markov 链的转移图

二、Markov 链的结构属性的 R 实现举例

下面从三个方面给出有限状态空间的离散时间 Markov 链的结构属性的 R 实现。

1. 结构属性概览

下面的摘要方法提供了 Markov 链对象下,DTMC 过程的结构属性概览。

```
# summarizing
summary(mathematicaMc)
```

运行结果是:

Unnamed Markov chain Markov chain that is composed by:
Closed classes:
s1 s2
s4
Recurrent classes:

```
{s1,s2},{s4}
Transient classes:
{s3}
The Markov chain is not irreducible
The absorbing states are: s4
```

在上面的例子中,我们识别了封闭类和瞬态类,执行了不可约性检查,并返回了吸收状态的列表。此外,已知有限状态空间的 Markov 链至少存在一个稳态分布,并且可以使用稳态方法来获得它。为了说明这一点,对于 mcWeather 的矩阵,其 Markov 链是不可约的,故只存在一个一维解;而对于 mathematicaMc 的矩阵,其 Markov 链是可约的,故存在多维解。

2. 平稳概率分布

```
#probability with DTMC: stationary distribution
#when the TM is irreducibile
steadyStates(mcWeather)
```

运行结果是:

```
     rainy  nice  sunny
[1,]  0.4   0.2   0.4
```

表示该平稳概率分布中三种状态的概率分别为:0.4、0.2、0.4。

```
#when reducibility applies
steadyStates(mathematicaMc)
```

运行结果是:

```
      s1    s2   s3  s4
[1,]  0.0   0.0  0   1
[2,]  0.5   0.5  0   0
```

表示该平稳概率分布中四种状态的概率分别为:0.5、0.5、0、0。

3. 状态分类

```
#probability with DTMC: classifying states
transientStates(mathematicaMc)
```

运行结果是:

```
[1] "s3"
absorbingStates(mathematicaMc)
```

运行结果是:

```
[1] "s4"
is.accessible(mathematicaMc, from = "s1", to = "s4")
```

运行结果是:

```
[1] FALSE
```

这里,采用特定的方法和函数返回了瞬态(Transient States)和吸收状态(Absorbing States),并检查其是否可以从另一个状态访问任何状态。

三、Markov 链的平稳概率分布的 R 实现举例

下面结合具体例子,给出 Markov 链的平稳概率分布的 R 实现。

例如,考虑一个具有三种状态的 Markov 链:在每个月底观测的劳动力市场中的就业状态(Emp)、失业状态(Unemp)和非经济活动状态(Inactive)。其中,非经济活动状态是指总人口中不从事经济活动的人口状态。假设三种状态的转移概率矩阵为

$$\mathbf{P} = \begin{pmatrix} 0.8 & 0.1 & 0.1 \\ 0.5 & 0.4 & 0.1 \\ 0.4 & 0 & 0.6 \end{pmatrix}$$

则在 R 软件中创建该 Markov 链的 R 代码为

```
install.packages("markovchain")    # 若未安装 markovchain 包,则先进行安装。
library(markovchain)
Employment = new("markovchain", states = c("Emp", "Unemp", "Inactive"),
transitionMatrix = matrix(data = c(0.8, 0.1, 0.1, 0.5, 0.4, 0.1, 0.4, 0.0, 0.6),
byrow = TRUE, nrow = 3), name = "Employmt")
```

假设该过程开始于 Emp 状态,则采用下面的 R 代码,可以观测其 3 个月、6 个月后的概率分布:

```
InitialState = c(1,0,0)
After3Months = InitialState * (Employment^3)
After6Months = InitialState * (Employment^6)
```

运行上述代码,得到 3 个月后三种状态的概率分别为:0.704、0.121、0.175;6 个月后三种状态的概率分别为:0.687 433、0.115 692、0.196 875。

使用下面的 R 代码可以计算该 Markov 链的平稳概率分布:

```
steadyStates(Employment)
```

运行上述代码,得到平稳概率分布中三种状态的概率分别为:0.685 714 3、0.114 285 7、0.2。

此外,我们也可以使用与上述 3 个月、6 个月类似的 R 代码来检查两个足够大的月份(如 100 个月和 101 个月)结束时的概率分布。若它们的概率分布已经收敛,则也可以找到该 Markov 链的平稳概率分布。

```
After100Months = InitialState * (Employment^100)
After101Months = InitialState * (Employment^101)
```

运行上述代码,得到 100 个月、101 个月后三种状态的概率分别为:0.685 714 3、0.114 285 7、0.2。

最后指出,除了采用 R 软件包模拟 Markov 链之外,Excel 也可以很容易地进行转移概率估计和模拟运算。

本章习题与扩展思考题

一、本章习题

1. 图 7-7 绘制了四个随机过程的样本路径示意图,判断它们的类型。

答:任何随机过程都可以依据时间空间、状态空间的离散型和连续型,分为四种类型。结合图 7-7 可以看出:

(1) 样本路径 A 为离散时间、离散状态的随机过程的样本路径。

(2) 样本路径 B 为离散时间、连续状态的随机过程的样本路径。

(3) 样本路径 C 为连续时间、离散状态的随机过程的样本路径。

(4) 样本路径 D 为连续时间、连续状态的随机过程的样本路径。

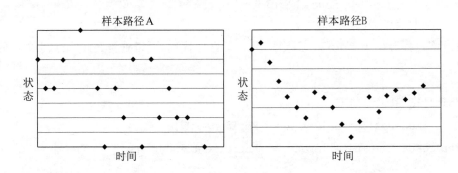

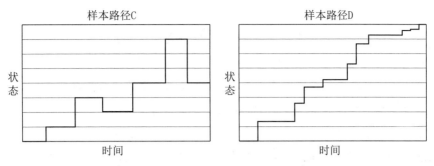

图 7-7 四个随机过程的样本路径示意图

2. 给定以下七个随机过程,判断它们的状态空间、时间空间的类型。

(1) 计数过程

(2) 有限状态的随机游走过程

(3) 无限状态的随机游走过程

(4) 泊松过程

(5) 复合泊松过程

(6) Markov 过程

(7) Markov 跳跃过程

答: 表 7-1 绘制了七个随机过程的状态空间、时间空间的可能的类型。

表 7-1 七个随机过程的状态空间、时间空间的类型

随机过程	状态空间	时间空间
计数过程	离散型	离散型、连续型
有限状态的随机游走过程	离散型	离散型
无限状态的随机游走过程	离散型	离散型
泊松过程	离散型	连续型
复合泊松过程	离散型、连续型	离散型、连续型
Markov 过程	离散型	离散型、连续型
Markov 跳跃过程	离散型	连续型

3. 一家保险公司每年提供可续保的车险保单。为了鼓励保单持有人每年续保,保险公司提供了无赔款优待(NCD)系统,为索赔次数较少的保单持有人提供保费折扣。保费折扣有以下四种级别,依次对应于 0、1、2、3 四种状态。

(1) 0:无折扣

(2) 1:15% 的折扣

(3) 2:25% 的折扣

(3) 3:40% 的折扣

保费折扣规则是：

(1) 若保单持有人当年无索赔,则下一年的折扣等级最多上调一级,即下一年的折扣状态将转移到一个更高的折扣状态(或者停留在最高的折扣状态)。

(2) 若保单持有人当年发生一次或多次索赔,且上一年无索赔时,则下一年的折扣状态将转移到一个更低的折扣状态(或者停留在无折扣状态)。

(3) 若保单持有人当年发生一次或多次索赔,且上一年至少发生一次索赔时,则下一年的折扣状态将转移到下调两级后的更低的折扣状态(或者停留在无折扣状态)。

假设每年提出至少一次索赔的概率为 p,回答以下问题：

(1) 采用 Markov 链为该 NCD 系统建模,需要几个状态。绘制该随机过程的转移图。

(2) 假设 p 为常数,且与上一年是否提出索赔独立。从长期来看,保单持有人中处于 40% 的折扣级别的比例为处于 15% 的折扣级别的比例的 9 倍,计算处于 25% 的折扣级别的比例。

(3) 假设 p 取决于上一年是否提出索赔,那么该过程的状态空间将如何变化？绘制该新的随机过程的转移矩阵 $\mathbf{P}_2$。

解:(1) 需要五个状态。这是因为,如果折扣级别为状态 2 的保单持有人提出索赔,还需要确定其在上一年是否也提出了索赔,以确定其是否下调一个或两个级别。

因此,要构建其 Markov 链 $\{Y_n, n=0, 1, 2, \cdots\}$,我们需要将上一年的一些信息纳入状态 2,并将其拆分为以下两部分。

① 2+:25% 的折扣,且上一年无索赔。此时处于状态 2 的保单持有人若当年提出索赔,且上一年无索赔时,则下一年下调一级。

② 2−:25% 的折扣,且上一年有索赔。此时处于状态 2 的保单持有人若当年提出索赔,且上一年有索赔时,则下一年下调两级。

因此,保单持有人的折扣状态 Y_n 在状态空间 $S_1=\{0, 1, 2+, 2-, 3\}$ 上形成 Markov 链。其中,2+,2− 是 25% 的折扣的两个互斥状态,没有交集,不能互相一步转移。则相应的时间齐次 Markov 链的转移图如图 7-8 所示。

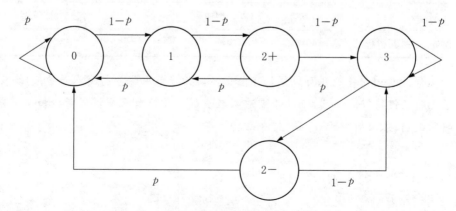

图 7-8　NCD 模型的时间齐次 Markov 链的转移图

(2) 转移概率矩阵可以表示为

$$\mathbf{P} = \begin{pmatrix} p & 1-p & 0 & 0 & 0 \\ p & 0 & 1-p & 0 & 0 \\ 0 & p & 0 & 0 & 1-p \\ p & 0 & 0 & 0 & 1-p \\ 0 & 0 & 0 & p & 1-p \end{pmatrix}$$

平稳概率分布 $\boldsymbol{\pi}$ 满足 $\boldsymbol{\pi} = \boldsymbol{\pi}\mathbf{P}$。利用式(7.5.1)和式(7.5.2)得到联立方程组：

$$\begin{cases} \pi_1 = p(\pi_1 + \pi_2 + \pi_4) & (1) \\ \pi_2 = (1-p)\pi_1 + p\pi_3 & (2) \\ \pi_3 = (1-p)\pi_2 & (3) \\ \pi_4 = p\pi_5 & (4) \\ \pi_5 = (1-p)(\pi_3 + \pi_4 + \pi_5) & (5) \\ \pi_1 + \pi_2 + \pi_3 + \pi_4 + \pi_5 = 1 & (6) \end{cases}$$

将式(3)、式(4)代入式(5)，得到

$$p\pi_5 = (1-p)\pi_3 + (1-p)\pi_4 = (1-p)^2 \pi_2 + (1-p)p\pi_5$$

进而得到 $p^2 \pi_5 = (1-p)^2 \pi_2$。即有

$$\pi_5 = \frac{(1-p)^2}{p^2} \pi_2$$

根据已知条件 $\pi_5 = 9\pi_2$，得到 $\frac{(1-p)^2}{p^2} = 9$

因此，$p = 0.25$

由式(2)、式(3)，得到 $\pi_1 = \frac{1-p+p^2}{1-p} \pi_2$

根据式(4)、已知条件 $\pi_5 = 9\pi_2$，得到 $\pi_4 = 9p\pi_2$

将 π_1、π_2、π_3、π_4 和 π_5 代入式(6)，得到

$$\pi_2 \left(\frac{1-p+p^2}{1-p} + 1 + (1-p) + 9p + \frac{(1-p)^2}{p^2} \right) = 1$$

将 $p = 0.25$ 代入后，得到 $\pi_2 = 0.071\,006$
因此，处于 25% 的折扣级别的比例为

$$\pi_3 + \pi_4 = (0.75 + 9 \times 0.25)\pi_2 = 3\pi_2 = 0.213\,018$$

(3) 需要六个状态。这是因为，若 p 取决于上一年是否提出索赔，则此时保费折扣规则变为以下两个。

① 假设保单持有人上一年无索赔，若当年提出索赔的概率为 p_1，则下一年的折扣状态将转移到一个更低的折扣状态（或者停留在无折扣状态）；若当年无索赔的概率为 $1-p_1$，则

下一年的折扣状态将转移到一个更高的折扣状态(或者停留在最高的折扣状态)。

② 假设保单持有人上一年有索赔,若当年提出索赔的概率为 p_2,则下一年的折扣状态将转移到下调两级后的更低的折扣状态(或者停留在无折扣状态);若当年无索赔的概率为 $1-p_2$,则下一年的折扣状态将转移到一个更高的折扣状态(或者停留在最高的折扣状态)。

因此,对于折扣级别为状态 1 的保单持有人,转移到一个更高的 25% 的折扣级别的概率取决于其是否在上一年提出索赔。

因此,要构建其 Markov 链 $\{Z_n, n=0, 1, 2, \cdots\}$,我们需要进一步将上一年的一些信息纳入状态 1,并将其拆分为以下两部分。

① 1+:15% 的折扣,且上一年无索赔。此时处于状态 1+ 的保单持有人若当年无索赔,且上一年无索赔时,则下一年上调一级到状态 2+。

② 1−:15% 的折扣,且上一年有索赔。此时处于状态 1− 的保单持有人若当年无索赔,且上一年有索赔时,则下一年也上调一级到状态 2+。

因此,保单持有人的折扣状态 Z_n 在状态空间 $S_2=\{0, 1+, 1-, 2+, 2-, 3\}$ 上形成 Markov 链。其中,与 2+、2− 类似,1+、1− 是 15% 的折扣的两个互斥状态,没有交集,不能互相一步转移。则相应的时间齐次 Markov 链的转移概率矩阵 $\mathbf{P}_2$ 可以表示为

$$\mathbf{P}_2 = \begin{pmatrix} p_2 & 1-p_2 & 0 & 0 & 0 & 0 \\ p_1 & 0 & 0 & 1-p_1 & 0 & 0 \\ p_2 & 0 & 0 & 1-p_2 & 0 & 0 \\ 0 & 0 & p_1 & 0 & 0 & 1-p_1 \\ p_2 & 0 & 0 & 0 & 0 & 1-p_2 \\ 0 & 0 & 0 & 0 & p_1 & 1-p_1 \end{pmatrix}$$

4. 个人的边际税率取决于其在一年中的总收入。已知税率有以下三种等级,依次对应于 0、1、2 三种状态。

(1) 0:0% 的税率(对应于非纳税人)

(2) 1:25% 的税率

(3) 2:50% 的税率

假设个人边际税率的逐年变化遵循 Markov 链,且转移概率矩阵为

$$\mathbf{P} = \begin{pmatrix} 1-\beta-\beta^2 & \beta & \beta^2 \\ \beta & 1-3\beta & 2\beta \\ \beta^2 & \beta & 1-\beta-\beta^2 \end{pmatrix}$$

回答以下问题:

(1) 绘制该随机过程的转移图。

(2) 计算 β 的取值范围。

(3) 解释 Markov 链是否为不可约的、周期性的,以及是否取决于 β 的取值。

(4) 假设 $\beta=0.2$，计算长期中每个边际税率下纳税人的比例。

(5) 已知 2020 年某个体的边际税率为 25%，计算其 2022 年的边际税率为 0%、25%、50% 的概率。

解：(1) 该时间齐次 Markov 链的转移图如图 7-9 所示。

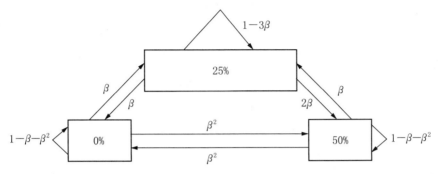

图 7-9 个人边际税率的时间齐次 Markov 链的转移图

(2) 转移概率矩阵需要满足的条件是：各行概率求和等于 1，矩阵中的每个元素（概率值）位于 $[0,1]$ 区间。即有

$$\begin{cases} 1-\beta-\beta^2+\beta+\beta^2=1 & (1) \\ \beta+1-3\beta+2\beta=1 & (2) \\ \beta^2+\beta+1-\beta-\beta^2=1 & (3) \\ 0\leqslant 1-\beta-\beta^2\leqslant 1 & (4) \\ 0\leqslant \beta\leqslant 1 & (5) \\ 0\leqslant \beta^2\leqslant 1 & (6) \\ 0\leqslant 1-3\beta\leqslant 1 & (7) \\ 0\leqslant 2\beta\leqslant 1 & (8) \end{cases}$$

显然，式(1)、(2) 和 (3) 恒成立。

由式(4)得到 $0\leqslant\beta\leqslant\dfrac{\sqrt{5}-1}{2}$ 或者 $\dfrac{-\sqrt{5}-1}{2}\leqslant\beta\leqslant-1$

由式(5)得到 $0\leqslant\beta\leqslant 1$

由式(6)得到 $0\leqslant\beta\leqslant 1$ 或者 $-1\leqslant\beta\leqslant 0$

由式(7)得到 $0\leqslant\beta\leqslant 1/3$

由式(8)得到 $0\leqslant\beta\leqslant 1/2$

取交集后，得到 β 的取值范围为 $0\leqslant\beta\leqslant 1/3$

(3) 当 $0<\beta\leqslant 1/3$ 时，任意两个状态都是相通的。此时该 Markov 链是不可约的。

而当 $\beta=0$ 时，所有状态都不能离开它的当前状态，即都为吸收状态。此时该 Markov 链是可约的。

因此，该 Markov 链是否可约，取决于 β 的取值。

当 $0<\beta\leqslant 1/3$ 时,所有状态都有一个循环。因此,该 Markov 链是非周期性的(即 $d=1$),且取决于 β 的取值。

(4) 假设 $\beta=0.2$,转移概率矩阵可以表示为

$$\mathbf{P}=\begin{pmatrix} 0.76 & 0.2 & 0.04 \\ 0.2 & 0.4 & 0.4 \\ 0.04 & 0.2 & 0.76 \end{pmatrix}$$

平稳概率分布 $\boldsymbol{\pi}$ 满足 $\boldsymbol{\pi}=\boldsymbol{\pi}\mathbf{P}$。利用式(7.5.1)和式(7.5.2)得到联立方程组:

$$\begin{cases} \pi_0=0.76\pi_0+0.2\pi_{25}+0.04\pi_{50} & (1) \\ \pi_{25}=0.2\pi_0+0.4\pi_{25}+0.2\pi_{50} & (2) \\ \pi_{50}=0.04\pi_0+0.4\pi_{25}+0.76\pi_{50} & (3) \\ \pi_0+\pi_{25}+\pi_{50}=1 & (4) \end{cases}$$

化简后,得到

$$\begin{cases} 0.24\pi_0=0.2\pi_{25}+0.04\pi_{50} & (5) \\ -0.2\pi_0=-0.6\pi_{25}+0.2\pi_{50} & (6) \\ -0.04\pi_0=0.4\pi_{25}-0.24\pi_{50} & (7) \\ \pi_0+\pi_{25}+\pi_{50}=1 & (8) \end{cases}$$

式(5)和式(7)左右两边分别相加,得到

$$\pi_0=3\pi_{25}-\pi_{50} \tag{9}$$

代入式(8),得到 $4\pi_{25}=1$

因此,$\pi_{25}=\dfrac{1}{4}$

代入式(5)和式(9)后,得到

$$\begin{cases} 0.24\pi_0=0.05+0.04\pi_{50} \\ \pi_0=0.75-\pi_{50} \end{cases}$$

解得

$$\begin{cases} \pi_0=\dfrac{2}{7} \\ \pi_{50}=\dfrac{13}{28} \end{cases}$$

因此,长期中每个边际税率(即 0、1、2 三种状态)下纳税人的比例依次为 $\dfrac{2}{7}$、$\dfrac{1}{4}$ 和 $\dfrac{13}{28}$。

(5) $\mathbf{P}^2=\begin{pmatrix} 0.76 & 0.2 & 0.04 \\ 0.2 & 0.4 & 0.4 \\ 0.04 & 0.2 & 0.76 \end{pmatrix}\times\begin{pmatrix} 0.76 & 0.2 & 0.04 \\ 0.2 & 0.4 & 0.4 \\ 0.04 & 0.2 & 0.76 \end{pmatrix}=\begin{pmatrix} 0.6192 & 0.2400 & 0.1408 \\ 0.2480 & 0.2800 & 0.4720 \\ 0.1008 & 0.2400 & 0.6592 \end{pmatrix}$

因此，当2020年某个体的边际税率为25%时，其2022年的边际税率为0%、25%、50%的概率分别为0.2480、0.2800和0.4720。

二、扩展思考题

比较本章第四节给出的5个Markov链的基本特征，如时间齐次性、是否状态空间有限、是否可约、周期性、平稳概率分布的存在性和唯一性等。

答：表7-2总结了5个Markov链示例的基本特征的对比。

表7-2　5个Markov链示例的基本特征的对比

Markov链的基本特征	① NCD 模型1 ①是④的特例	② NCD 模型2	③ 无限状态空间的随机游走	④ 有限状态空间的随机游走	⑤ 事故倾向模型
齐次性	时间齐次、时间非齐次	时间齐次、时间非齐次	时间齐次、状态空间齐次、时间非齐次、状态空间非齐次	时间齐次、时间非齐次	时间齐次、时间非齐次
状态空间	有限状态空间	有限状态空间	无限状态空间	有限状态空间	有限状态空间
是否可约链	不可约	不可约	不可约	不可约（$\alpha\neq1$ 且 $\beta\neq1$）可约（$\alpha=1$ 或 $\beta=1$，即存在吸收状态）	不可约
状态的周期性	所有状态都是非周期性的（$d=1$）	所有状态都是非周期性的（$d=1$）	所有状态的周期都为 2（$d=2$）	当 $\alpha,\beta\neq0$ 且 $\alpha,\beta\neq1$ 时，所有状态都是非周期性的（$d=1$）当 $\alpha,\beta=0$ 时，所有状态的周期为 2（$d=2$）当 $\alpha,\beta=1$ 时，两边界是吸收状态，是非周期的（$d=1$）；除两边界之外，其他所有状态的周期都为 2（$d=2$）	所有状态都是非周期的（$d=1$）
状态的遍历性	所有状态都是遍历状态	所有状态都是遍历状态		当 $\alpha,\beta\neq0$ 且 $\alpha,\beta\neq1$ 时，所有状态都是遍历状态	所有状态都是遍历状态
Markov链的周期性	周期为1，非周期链	周期为1，非周期链	周期为 2，周期链	当 $\alpha,\beta\neq0$ 且 $\alpha,\beta\neq1$ 时，周期为1，非周期链；当 $\alpha,\beta=0$ 时，周期为2的周期链	周期为1，非周期链
平稳概率分布的存在性和唯一性	存在唯一的平稳概率分布	存在唯一的平稳概率分布	不存在平稳概率分布	不可约（$\alpha\neq1$ 且 $\beta\neq1$）时，存在唯一的平稳概率分布可约（$\alpha=1$ 或 $\beta=1$，即存在吸收状态）时，至少存在一个平稳概率分布	存在唯一的平稳概率分布

本章专业术语

第一节 Markov 过程		互斥事件	Disjoint Event
随机过程	Stochastic Process	一步转移概率	One-step Transition Probability
时间空间	Time Space	初始概率分布	Initial Probability Distribution
状态空间	State Space	第三节 Markov 链的时间相依性	
马尔可夫过程	Markov Process	马尔科夫链的时间相依性	Time Dependency of Markov Chains
离散时间 Markov 过程	Discrete-time Markov Process	时间相依	Time Dependency
连续时间 Markov 过程	Continuous-time Markov Process	时间独立	Time-independent
离散时间马尔可夫链	Discrete-time Markov Chain	时间齐次马尔科夫链	Time-homogeneous Markov Chain
连续时间马尔可夫链	Continuous-time Markov Chain	时间非齐次马尔科夫链	Time-inhomogeneous Markov Chain
Markov 跳跃过程	Markov Jump Process	ℓ 步转移概率	ℓ-step Transition Probability
有限个或可列个状态空间 S	Finite or Countable State Space S	转移概率矩阵	Transition Probabilities Matrix
无限个状态空间 S	Infinite State Space S	转移矩阵	Transition Matrix
第二节 条件概率与 Chapman-Kolmogorov 方程		归一化条件	Normalisation Condition
马尔可夫性质	Markov Property	转移图	Transition Graph
Chapman-Kolmogorov 方程	Chapman-Kolmogorov Equations	第四节 Markov 链示例	
条件概率	Conditional Probability	无赔款优待系统	No Claims Discount System, NCD System
转移概率	Transition Probability	奖惩系统	Bonus-Malus System, BMS
全概率法则	The Law of Total Probability	汽车保险	Motor Insurance
全集,也称完备集	Complete Set	保单持有人	Policyholder

续表

索赔记录	Claim Record	存在性	Existence
随机游走	Random Walk	唯一性	Uniqueness
初始条件	Initial Condition	不可约的马尔科夫链	Irreducible Markov Chain
独立增量过程	Independent Increments Process	可约的马尔科夫链	Reducible Markov Chain
平稳独立增量过程	Stationary Independent Increments Process	吸收状态	Absorbing State
时间齐次	Time-homogeneous	破产概率	Ruin Probability
空间齐次	Space-homogeneous	有限状态空间	Finite State Space
奇数的	Odd	无限状态空间	Infinite State Space
偶数的	Even	长期行为	Long-term Behavior
边界条件	Boundary Condition	最大公约数	Greatest Common Divisor
反射边界	Reflecting Boundary	周期性的	Periodic
吸收边界	Absorbing Boundary	非周期性的	Aperiodic
混合边界	Mixed Boundary	遍历状态	Ergodic State
无界随机游走	Unbounded Random Walk	第六节	应用 Markov 链建模
有界随机游走	Bounded Random Walk	简单的随机模型	Simple Stochastic Model
事故倾向模型	A Model of Accident Proneness	复杂的随机模型	Sophisticated Stochastic Model
累积事故数	Cumulative Number of Accident	时间齐次模型	Time-homogeneous Model
计数过程	Counting Process	时间非齐次模型	Time-inhomogeneous Model
第五节 Markov 链的长期概率分布		估计转移概率	Estimating Transition Probability
长期概率分布	Long-term Probability Distribution	最佳估计	Best Estimate
平稳概率分布	Stationary Probability Distribution	置信区间	Confidence Interval
平稳分布	Stationary Distribution	条件分布	Conditional Distribution
初始概率分布	Initial Probability Distribution	连续观测值的三元组	Triplets of Successive Observation
极限概率分布	Limiting Probability Distribution	卡方拟合优度检验	Chi-square Goodness-of-fit Test
不变概率分布	Invariant Probability Distribution	卡方检验	Chi-square Test
不变分布	Invariant Distribution	检验统计量	Test Statistic
行向量	Row Vector	轨迹图	Trajectories Graph
列向量	Column Vector	模拟	Simulation
平稳随机过程	Stationary Stochastic Process	转移结构	Transition Structure
平稳过程	Stationary Process	结构属性	Structural Property

参 考 文 献

［1］段白鸽. 动态死亡率建模与长寿风险量化研究［M］. 北京：中国社会科学出版社，2019.

［2］段白鸽，丁北晨，沈婕. 中国的保险发展：重要特征性事实与解释［J］. 中央财经大学学报，2021(7)：25－41.

［3］张连增. 精算学中的随机过程［M］. 北京：高等教育出版社，2006.

［4］肖争艳. 精算模型［M］. 北京：中国财政经济出版社，2010.

［5］Arrow, K. J. The Organization of Economic Activity：Issues Pertinent to the Choice of Market versus Non Market Allocation［J］. Congress of the United States, The Analysis and Evaluation of Public Expenditures：The PPB System. 1969, 47－64.

［6］Beard, R. E. A Theory of Mortality Based on Actuarial, Biological, and Medical Considerations［A］. Proceedings of International Population Conference［C］. New York, 1963, 1：611－625.

［7］Coale, A. J., Demeny, P., Vaughan, B. Regional Model Life Tables and Stable Populations［M］. New York：Academic Press, 1983.

［8］Frees, E. W., Derrig, R. A., Meyers, G. Predictive Modeling Applications in Actuarial Science Volume Ⅰ：Predictive Modeling Techniques［M］. New York：Cambridge University Press, 2014.

［9］Frees, E. W., Meyers, G., Derrig, R. A. Predictive Modeling Applications in Actuarial Science Volume Ⅱ：Case Studies in Insurance［M］. New York：Cambridge University Press, 2016.

［10］Gompertz, B. On the Nature of the Function Expressive of the Law of Human Mortality［J］. Philosophical Transactions of the Royal Society, 1825, 115(1)：513－585.

［11］Hufeld, F., Koijen, R. S. J., Thimann, C. The Economics, Regulation, and Systemic Risk of Insurance Markets［M］. Oxford：Oxford University Press, 2017.

［12］Institute and Faculty of Acutaries (IFoA). Risk Modelling and Survival Analysis (CS2) Core Principles［R］. 2023.

［13］Kannisto, V. Development of Oldest-old Mortality, 1950－1990：Evidence from 28 Developed Countries［M］. Odense：Odense University Press, 1994.

参 考 文 献

[14] Kaplan, E. L., Meier, P. Nonparametric Estimation from Incomplete Observations[J]. Journal of the American Statistical Association, 1958, 53(282):457-481.

[15] Keyfitz, N. Applied Mathematical Demography[M]. New York: Springer-Verlag, 1985.

[16] Klugman, S. T., Panjer, H. H., Willmot, G. E. Loss Models: From Data to Decisions[M]. New York: John Wiley & Sons, 1998.

[17] Makeham, W. M. On the Law of Mortality and the Construction of Annuity Tables[J]. The Assurance Magazine and Journal of the Institute of Actuaries, 1860, 8(6):301-310.

[18] McNeil, D. R., Trussell, T. J., Turner, J. C. Spline Interpolation of Demographic Data[J]. Demography, 1977, 14(2):245-252.

[19] Mikosch, T. Non-life Insurance Mathematics: An Introduction with Stochastic Processes[M]. New York: Springer-Verlag, 2003.

[20] Norberg, R. The Markov Chain Market[J]. ASTIN Bulletin, 2003, 33(2):265-287.

[21] Panjer, H. H., Willmot, G. E. Insurance Risk Models. Schaumburg, Illinois: Society of Actuaries, 1992.

[22] Perks, W. On Some Experiments on the Graduation of Mortality Statistics[J]. Journal of the Institute of Actuaries, 1932, 63(1):12-40.

[23] Pressat, R. Demographic Analysis: Methods, Results, Applications[M]. New York: Aldine Publishing, 1980.

[24] Preston, S. H., Heuveline, P., Guillot, M. Demography: Measuring and Modeling Population Processes[M]. Malden, Massachusetts, United States: Blackwell Publishing, 2001.

[25] Roger, J. G., Susan, M. P. Risk Modelling in General Insurance: From Principles to Practice[M]. New York: Cambridge University Press, 2012.

[26] Shiller, R. J. Macro Markets: Creating Institutions for Managing Society's Largest Economic Risks[M]. New York: Oxford University Press, 1993.

[27] Shiller, R. J. The New Financial Order: Risk in the 21st Century[M]. New Jersey: Princeton University Press, 2004.

[28] Thatcher, A. R., Kannisto, V., Andreev, K. The Survivor Ratio Method for Estimating Numbers at High Ages[J]. Demographic Research, 2002, (1):2-15.

[29] Thatcher, A. R., Kannisto, V., Vaupel, J. W. The Force of Mortality at Ages 80 to 120[M]. Odense, Denmark: Odense University Press, 1998.

[30] Vallin, J. La Mortalité Par Génération en France, Depuis 1899[M]. Paris: Presses Universitaires de France, 1973.

[31] Wilmoth, J. R., Andreev, K., Jdanov, D., Glei, D. A. Methods Protocol for

the Human Mortality Database[DB/OL]. Version 5,http://www.mortality.org/Public/Docs/MethodsProtocol.pdf,2007-05-31.

[32] Wilmoth, J. R., Andreev, K., Jdanov, D., Glei, D. A., Riffe, T. Methods Protocol for the Human Mortality Database[EB/OL]. Version 6, https://www.mortality.org/File/GetDocument/Public/Docs/MethodsProtocolV6.pdf,2021-01-26.

图书在版编目(CIP)数据

风险理论与精算建模/段白鸽主编. —上海:复旦大学出版社,2024.9
(复旦卓越. 金融学系列)
ISBN 978-7-309-17474-8

Ⅰ.①风… Ⅱ.①段… Ⅲ.①保险精算 Ⅳ.①F840.48

中国国家版本馆 CIP 数据核字(2024)第 108035 号

风险理论与精算建模
FENGXIAN LILUN YU JINGSUAN JIANMO
段白鸽 主编
责任编辑/戚雅斯

复旦大学出版社有限公司出版发行
上海市国权路 579 号 邮编:200433
网址:fupnet@fudanpress.com http://www.fudanpress.com
门市零售:86-21-65102580   团体订购:86-21-65104505
出版部电话:86-21-65642845
杭州日报报业集团盛元印务有限公司

开本 787 毫米×1092 毫米 1/16 印张 20.5 字数 461 千字
2024 年 9 月第 1 版第 1 次印刷

ISBN 978-7-309-17474-8/F·3051
定价:68.00 元

如有印装质量问题,请向复旦大学出版社有限公司出版部调换。
版权所有 侵权必究